Heinz Schirmag

Albert Lortzing
Glanz und Elend eines
Künstlerlebens

Heinz Schirmag

Albert Lortzing

Glanz und Elend eines Künstlerlebens

Henschel Verlag

Bildnachweis

Stadtarchiv Leipzig (10), ADN/Zentralbild (14), Lippische Landesbibliothek Detmold, Lortzing-Archiv (1), Staatsbibliothek zu Berlin – Preußischer Kulturbesitz (3), Bayerische Staatsbibliothek München (1), Stadt- und Universitätsbibliothek Frankfurt/Main (1)

Szenenbilder:
Deutsche Staatsoper Berlin (2), Deutsche Oper Berlin (1), Opernhaus Leipzig (1), Theater der Stadt Heidelberg (1), Carl-Maria-von-Weber-Theater Bernburg (1), Volksoper Wien (1), Nationaltheater Mannheim (1), Das Meininger Theater (1), Elbe-Elster-Theater Wittenberg (1)

Die Deutsche Bibliothek – CIP-Einheitsaufnahme
Albert Lortzing: Glanz und Elend eines Künstlerlebens/
Heinz Schirmag. – 1. Aufl. – Berlin: Henschel Verl., 1995
ISBN 3-89487-196-2
NE: Schirmag, Heinz

1. Auflage 1995
© Henschel Verlag GmbH, Berlin 1995
Gestaltung und Satz: Ingeburg Zoschke
Schutzumschlag und Einband: Dietmar Kunz
Druck und Binden: Westermann Druck Zwickau
ISBN 3-89487-196-2

INHALT

1. KINDHEIT IN BERLIN (1801–1811) 7
   Herkunft und Elternhaus 7
   »Urania« – des Knaben Wunderwelt 16
   Wachsen und Werden in stürmischer Zeit 19

2. UNSTETE WANDERSCHAFT ... DAS DEBÜT AN DEN
   RHEINPREUSSISCHEN A-B-C-THEATERN (1812–1826)   24
   Mit Mann und Roß und Wagen – von Bühne zu Bühne ... 24
   Anfangserfolge in Aachen und Köln 31
   Gefährliche Zeiten 34
   Erster Opernversuch – ALI PASCHA VON JANINA – und
   Abschied von Köln 44

3. LIPPE-DETMOLD – EINE WUNDERSCHÖNE
   STADT ... (1826–1833) 52
   Frisch gewagt – halb gewonnen? 52
   Eine bemerkenswerte Kameradschaft 62
   Lieder- und Singspiele unter dem Damoklesschwert
   der Zensur 69
   Neue Pläne 77

4. IN LEIPZIG – AUF DEM WEG ZUR
   MEISTERSCHAFT (1833–1839) 81
   Auf neuen Wegen 81
   Maskierte Geselligkeit im »Tunnel über der Pleiße« 106
   DIE BEIDEN SCHÜTZEN – ein Schritt auf dem Neuland
   der deutschen komischen Oper 111
   Ein operndramatischer Vorstoß zur SCHATZKAMMER
   DES YNKA 126
   ZAR UND ZIMMERMANN – ein Meisterstück 129

5. JAHR FÜR JAHR EIN NEUES OPUS (1839–1842) 155
    Fischer CARAMO und die Konstitution 155
    HANS SACHS – im Gutenberg-Jahr 1840 163
    Mit Robert Blum im Schiller-Verein 170
    CASANOVA und sein Freiheitslied 174
    Neue Sturmzeichen im »Vormärz« 185

6. LICHT UND SCHATTEN DER LEIPZIGER JAHRE –
    ABSCHIED VON DER MESSESTADT (1842–1846) 189
    Der Volltreffer des WILDSCHÜTZ und die zwei tollen Tage
    im Krähwinkel Eberbach 189
    Zwischen Hoffnung und Zweifel 206
    UNDINE – ein realistisches Märchen 214
    Am Kreuzweg 223

7. NACH WIEN! – EIN GEWAGTER SCHRITT (1846–1848) 240
    »Wenn Rechtlichkeit käme als Waffenschmied ... « 240
    »Lortzing-Pfleger« in Biedermannsmaske 247
    Das Wirtshaus ZUM GROSSADMIRAL – auf der
    Leipziger Bühne 254
    »So kann es nicht bleiben ... « 265

8. IN DEN REIHEN DER ACHTUNDVIERZIGER (1848/49) 269
    »Mit der Muskete auf der Schulter« 269
    »Sieg der Freiheit oder Tod ... « 273
    REGINA – die Oper der 48er Revolution 285
    ROLANDS KNAPPEN – eine satirische Reminiszenz
    Zwischenspiel in Leipzig 306

9. DAS ENDE – AUSKLANG UND NACHKLANG (1849–1851) 324
    Abschied von Leipzig – und letzte Wanderschaft 324
    Daheim in Berlin. Der Ausklang – DIE OPERNPROBE 335
    Auf einsamem Posten 351
    Das Erbe und sein Widerhall – heute 357

ANHANG 367
    I. Quellenverzeichnis und Anmerkungen 367
    II. Chronik und Daten 379
    III. Werkverzeichnis 394
    IV. Zur Handlung der Opern 399
    V. Opern-Titelregister 400
    VI. Personenverzeichnis 404

1. Kindheit in Berlin
(1801–1811)

»... in der Kindheit goldnen Tagen,
wo noch kein Kummer die Seele drückt«
Aus Zar und Zimmermann

Herkunft und Elternhaus

In wenigen Jahren feiert die Opernwelt die zweihundertste Wiederkehr des Geburtstages von Albert Lortzing, der mit den besten seiner bis heute theaterwirksamen musikalischen Komödien als einer der populärsten und in Deutschland meistgespielten Opernkomponisten in die Musikgeschichte eingegangen ist.

Als Halbwüchsiger hatte der gebürtige Berliner mit den Eltern seine Heimatstadt verlassen, um ihnen in das Abenteuer einer wandernden Schauspielerfamilie zu folgen. Am Ende seines Lebens sehen wir den kaum Fünfzigjährigen als inzwischen weithin bekannten und namhaften, aber völlig verarmten und physisch gebrochenen Künstler wieder in Berlin – als Kapellmeister an einem prononciert politisch-satirischen Privattheater in der Berliner Schumannstraße, dem heutigen Deutschen Theater.

Dazwischen liegt der in jeder Hinsicht dramatische Lebens- und Schaffensweg eines leidenschaftlich engagierten deutschen Künstlers und Theatermannes, dessen Werk und Wirken bis in die Gegenwart lebendig ist.

Albert Lortzing wurde am 23. Oktober 1801 in Berlin, in der Breiten Straße 12, geboren. Wir können uns leicht vergegenwärtigen, wo das nahe dem Lustgarten gelegene Geburtshaus Lortzings früher zu finden war, an das heute infolge der zerstörenden Auswirkungen des zweiten Weltkrieges nichts mehr erinnert: Wir brauchen nur von der eisenbeschlagenen großen Eingangstür der heutigen Stadtbibliothek aus unseren Blick schräg nach links auf die gegenüberliegende Seite der Breiten Straße zu werfen. Dort betrieb Lortzings Vater, der am 12. Mai 1775 in Berlin geborene Johann Gottlob Lortzing, eine kleine Lederhandlung. Er hatte sie schon in jungen Jahren von seinem Vater, Johann Heinrich Lortzing, übernommen, der – wie alle seine Vorfahren – aus Thüringen stammte.

Am 5. Mai 1738 in Dreißigacker bei Meiningen geboren, war Johann Heinrich, der Großvater unseres späteren Komponisten, 1766 – vier Jahre nach dem Tode seines Vaters, Johann Jacob Lortzing – kurz entschlossen nach Berlin gegangen. Hier gelang es ihm, sich zunächst als Buchhalter bei Lohmühlenbesitzer Lutze, in der Breiten Straße 33, eine neue Existenzmöglichkeit zu schaffen.

Die Vorfahren der Lortzings waren in Thüringen als kleine Ackerbürger entweder Bader oder Abdecker; oder sie hatten das vom Landesherrn verliehene »erbliche Handwerk« eines Scharfrichters ausgeübt, ein Amt, das in den Augen vieler gewiß mit einem Makel behaftet war. Zwar galten Angehörige dieses »Berufsstandes« amtlich durchaus als »ehrbar«; doch unter den einfachen Leuten, im Volk, besaßen sie kaum Sympathie und wurden in ihrer unmittelbaren Umgebung weitgehend gemieden.

Die Geschlechterfolge der Lortzings läßt sich weit bis ins 16. Jahrhundert zurückverfolgen – bis hin zu den nachweislich frühesten Urahn unseres Komponisten, dem in Buttelstedt bei Weimar geborenen Lorentz Lertzing.[1] Dessen ebenfalls in Buttelstedt bei Weimar geborener Sohn Hans Lertzing (von nun an auch Lörtzing geschrieben), übte dort den Beruf eines Baders aus. Er heiratete am 15.11.1568 Otilia Stolberg, die elf Kindern das Leben schenkte.

Nach dem Ableben ihres Ehegatten im Jahre 1613 übernahm sie als Inhaberin dessen Badestube zu Buttelstedt, die sie dann 1615 verpachtete und drei Jahre später schließlich ihrem jüngsten Sohn Michael »gegen 82 Schock Zins jährlich« überließ. Ihr älterer, am 15.3.1578 geborener Sohn Peter entschied sich ebenfalls für den Beruf des Baders. Er starb im Jahre 1643. Von seinen vier Töchtern und sechs Söhnen interessiert uns unter den Vorfahren Albert Lortzings der 1611 als sechstes Kind geborene Johannes (Hans) Lorenz.

Trat der Familienname bis dahin in noch unterschiedlicher Schreibweise als Letzing, Loerzig oder Lörtzing auf, so hat sich Johannes Lorenz zum ersten Mal der Namensschreibung Lortzing bedient, die dann später für die Nachkommen in Berlin, urkundlich belegt, verbindlich geblieben ist.

Johannes Lortzing ist jener Vorfahre Albert Lortzings, der im Generationswechsel der Lortzing-Familie neben der Tätigkeit als Abdecker oder – nach der damals üblichen Berufsbezeichnung – als Feldmeister das sich auf Sohn und Enkelsohn vererbende Amt des »Scharf- und Nachrichters« als »ehrbarer Meister«, wie es urkundlich beglaubigt hieß, in der Vogtei Schwansee bei Weimar, in Buttelstedt, Groß-Brembach und Nermsdorf, herzoglich belehnt, ausübte. Er starb im Oktober 1679 in Neumark bei Weimar. Sein in Neumark als erster von sechs Kindern geborener Sohn, Hans Heinrich, übernahm das väterliche »Erbe« des Scharfrichteramtes. Landauf, landab als »Meister Hans« bekannt, war er Scharfrichter zunächst in Kahla bei Jena, von 1675 bis 1678 zu Schloß-Vippach bei Groß-Rudestedt bei Weimar und danach in Ohrdruf bei Gotha. Sein am 8.6.1687 in Ohrdruf geborener Sohn, Johann Jacob, entstammte der zweiten Ehe, die der Vater nach dem frühen Tod der jungen Benigna Elisabeth Wahl in Ohrdruf mit Marie Elisabeth Lobenherbst eingegangen war. Sie hatten sechs Kinder.

Johann Jacob ist der Urgroßvater unseres Komponisten. In Ohrdruf aufgewachsen, ist er dort während seiner Schulzeit sicher dem um zwei Jahre älteren Johann Sebastian Bach begegnet. In Ohrdruf besuchte der junge Bach als Schüler von 1694 bis 1700 das dortige Gymnasium.

Schon in jungen Jahren verließ Johann Jacob seinen Heimatort. Möglich, daß ihm die beklemmende Scharfrichter-Tradition zuwider war, nach der sich das blutige Handwerk vom Vater auf den Sohn, von diesem auf den Enkel vererbte, möglich aber auch der Wunsch, einmal woanders sein Glück zu versuchen – jedenfalls ließ er sich, wohl nach reiflicher Überlegung, in Dreißigacker nieder, wo er als »Gräfl. Hohenlohe'scher Kunstgärtner« eine neue Existenz fand und am 10.12.1762 verstarb. Auch seiner Ehe war reichlicher Kindersegen beschieden gewesen. Seine Ehefrau Eva Margareta, eine geborene Kämmerling aus Suhl, die er am 11. November 1716 als Neunzehnjährige geheiratet hatte, schenkte acht Kindern das Leben. Der am 5.5.1738 geborene jüngste Sohn, Johann Heinrich, ist der Großvater Albert Lortzings. Als Achtundzwanzigjähriger wagte er 1766 den Sprung nach Berlin.

Nach anfänglicher Tätigkeit als Buchhalter bei Weißgerber Lutze gelang es ihm schließlich, sich als Lederhändler selbständig zu machen, und 1779 kaufte er Haus und Grundstück Breite Straße 33, das vormals seinem Prinzipal gehört hatte. 1798 mietete er zu günstigen Bedingungen Laden und Wohnung in dem seinem Anwesen schräg gegenüberliegenden Haus Nr. 12. Nachdem er das Geschäft des Lederhandels seinem Sohn Johann Gottlob überlassen hatte, veräußerte er schließlich, schon im Ruhestand, im Jahre 1803 sein früher von Lutze erworbenes Eigentum an den Fiskus; dieser ließ später auf diesem Grundstück eines der Gebäude des kgl. Marstalls errichten. Heute befinden sich hieran angrenzend auf dieser Seite der Breiten Straße die Berliner Stadtbibliothek und das Berliner Stadtarchiv.

Haus und Grundstück Breite Straße 12. wo Johann Heinrichs Sohn, Johann Gottlob, den Lederhandel noch bis 1811 weiter betrieb, wurden später – und blieben es bis zur Zerstörung des Hauses im zweiten Weltkrieg – Eigentum des Textilkaufhauses der Firma Herzog, die hier einen zweckdienlichen Umbau veranlaßte.

Johann Gottlobs Vater verstarb am 21.9.1808. Seiner Ehe mit Johanna Sophie Bährens entstammten sechs Kinder. Unter seinen Geschwistern waren Johann Gottlob wohl zwei ganz besonders verbunden: der am 6.4.1778 geborene, um drei Jahre jüngere Bruder Johann Friedrich sowie die einzige Schwester und zugleich jüngste unter den Geschwistern, Johanna Sophie.

Der von Albert Lortzing zeitlebens verehrte Onkel Friedrich war ebenso wie Lortzings Vater von früh an ein Theaterenthusiast. Er wirkte späterhin, nachdem er 1805 Berlin verließ und nach Weimar ging, von Goethe hochgeschätzt, am dortigen Herzogl. Hoftheater als vielbeachteter Schauspieler; mit bemerkenswertem künstlerischen Erfolg machte er sich darüber hinaus auch als damals weithin anerkannter Porträtmaler einen Namen.

Albert Lortzings Tante Johanna Sophie war mit einem Geschäftsmann, Carl Eckard Wilhelm Gotzkowsky, verheiratet, dem Sohn jenes legendären »Kaufmanns von Berlin«,

Johann Ernst Gotzkowsky, den die Berliner seinerzeit als »Retter und Wohltäter Berlins« rühmten. Nach ihm sind in Berlin die Gotzkowskystraße und die Gotzkowskybrücke benannt. Dieser Großonkel Albert Lortzings, 1710 in Konitz geboren und polnischer Herkunft, hatte es in Berlin seit den 30er und 40er Jahren als Kaufmann und Großunternehmer im Galanteriegewerbe wie auch in der Sammet- und Seidenmanufaktur zu ziemlichem Wohlstand gebracht. Als während des Siebenjährigen Krieges am 3. Oktober 1760 russische Korps unter ihrem General von Tottleben die preußische Hauptstadt besetzten und der Stadt eine Kontribution von vier Millionen Thalern auferlegten, verstand es Gotzkowsky in unmittelbarer Verhandlung mit dem General, eine Herabsetzung der Zahlungsforderung auf 1,75 Millionen Thaler zu erreichen. Dies machte Gotzkowsky bei seinen Zeitgenossen mit einem Schlage zur »patriotischen« Berühmtheit. Am 10. Oktober zog von Tottleben sein Korps aus Berlin zurück. – Als dann einen Monat später andererseits Preußens König, Friedrich II., in kriegerischer Auseinandersetzung mit Sachsen, an der Spitze seiner Truppen in Leipzig einmarschierte und von der Stadt die Zahlung einer Kontribution von 1,1 Millionen Thaler forderte, war Gotzkowsky wiederum als »Vermittler« zur Stelle. Er verstand es, einerseits den König zu einer Herabsetzung dieser Forderung auf die Zahlung von 800 000 Thalern zu bewegen, damit zugleich aber auch für sich privat ein großartiges Geschäft zu machen. Er schoß generös dem Leipziger Rat umgehend die zu zahlende Summe vor – unter Bedingungen freilich, die ihm im Ergebnis einen Gewinn von 30 bis 40 Prozent einbringen sollten.[2]

Daß der gewiefte Kaufmann und Spekulant bei seinen »Staatsaktionen« auch den eigenen Vorteil zu nutzen wußte, mögen freilich nicht sehr viele geahnt oder gar gewußt haben. 1761 begründete Gotzkowsky die Königliche Porzellan-Manufaktur zu Berlin. Als zugleich auch rühriger Kunsthändler richtete er schließlich in seinem Hause, Brüderstraße 28, eine damals stark beachtete Gemälde-Galerie ein.

Eine 1763 von Holland ausgehende und auch auf Preußen übergreifende Finanz- und Handelskrise trieb jedoch wie ein Blitz aus heiterem Himmel den ehedem gefeierten, erfolgreichen »Kaufmann von Berlin« in den vollständigen Bankrott; allzu gewagt waren seine Unternehmungen, allzu riskant seine tollkühnen Spekulationen und halsbrecherischen Wechselgeschäfte. Gotzkowsky starb verarmt am 9. August 1775 in Berlin.

Johann Ernst Gotzkowskys Sohn, Wilhelm Gotzkowsky, Albert Lortzings Onkel, scheint jedoch zumindest etwas vom Unternehmungsgeist des Vaters geerbt zu haben; jedenfalls vermochte er es, späterhin wieder zu einigem Wohlstand zu gelangen. Sein Sohn Robert, der um drei Jahre jüngere Cousin Albert Lortzings, brachte es zum Kgl. Preuß. Amtmann und Domänenpächter zu Fahrland bei Potsdam.

Später, als Lortzing während seines Leipziger Engagements bereits begann, im Theaterleben von sich reden zu machen, hat er Aufenthalte in seiner Heimatstadt gern genutzt, auch die Gotzkowskys wieder einmal zu besuchen und sich dabei lebhaft der Kindheit zu erinnern, in der es so schien, als lächelte ihm auch auf seinem späteren Lebensweg – wie der Komponist des ZAR UND ZIMMERMANN seinen Titelhelden sagen läßt – »froh die Zukunft, wie in der Kindheit goldnen Tagen, wo noch kein Kummer die Seele drückt«.

Durch seine in überaus bescheidenen Verhältnissen lebenden Eltern prägten sich in Albert Lortzing vor allem jene Wertvorstellungen aus, die ihm im späteren Daseinskampf Maßstab und Ziel zu setzen vermochten. Ganz wesentlich trug dazu die schon im frühen Kindesalter erlebte Theaterleidenschaft der Eltern bei.

Liebe zur Literatur und zum Theater hatten den Vater bereits in jungen Jahren bewogen, sich einem Bildungs- und Lesezirkel anzuschließen, der in Berlin zu Anfang der 90er Jahre unter dem unmittelbaren Eindruck der aufregenden Nachrichten über die Revolution in Frankreich und den nachfolgenden Sturz der Monarchie entstanden war. Dem Zirkel gehörten fortschrittlich gesinnte, überwiegend junge Leute vor allem aus dem Berliner Mittelstand an. Man traf sich regelmäßig wöchentlich, zunächst im Haus des Musiklehrers Baumann in der Zimmerstraße 65, las mit verteilten Rollen Bühnenstücke von Lessing, Goethe, Schiller und Iffland, besonders gern aber auch Lustspiele des damals die Theaterlandschaft beherrschenden Vielschreibers August von Kotzebue. Dabei wuchs natürlich sehr schnell die Lust, selbst Theaterstücke in Szene zu setzen. Zu Goethes Geburtstag, am 28. August 1792, wagte der Zirkel seine erste Theateraufführung mit Kotzebues Schauspiel *Menschenhaß und Reue*. Das Stück war 1789 erstmalig im Druck erschienen.

Der überraschende Erfolg ihres ersten öffentlichen Auftretens ermutigte die Amateure, ihren Lese- und Theaterzirkel in einen eingetragenen Verein umzuwandeln. Nach amtlicherseits erfolgter Bestätigung eines entsprechenden Gesuchs an die übergeordneten Behörden bestimmten die Vereinsmitglieder den 28.8.1792 als Stiftungstag ihrer Laienbühne. Von nun an erfolgte Einstudierung auf Einstudierung publikumswirksamer Bühnenstücke, vor allem im Genre des Lustspiels und gängiger Familien- und Rührstücke. Die Mitgliederzahl wuchs schnell. Bald zählten kunstfreundliche und bildungshungrige Leute der verschiedensten Berufe und Bevölkerungsschichten zum Verein. Kleine Handwerker und Ladenbesitzer bildeten dabei die Mehrzahl der Mitglieder. Hauseigentümer, ein Lampenfabrikant und ein Brauereibesitzer waren in diesem Kreis die Ausnahme. Schon ein Jahr nach der Gründung der Theatergesellschaft gab man 1793 dem Bühnenverein den sinnreichen, aus der Antike entlehnten Namen »Urania« (griech. »Die Himmlische«), eine der neun Musen und in der griechischen Götter- und Sagenwelt auch Beiname der Aphrodite.

Als der Theatergesellschaft in der Zimmerstraße überraschend die Kündigung des dort gemieteten kleinen, dreifenstrigen Saales drohte, nahm man Hals über Kopf zunächst einmal einen geeignet erscheinenden größeren Raum im Hause eines Vereinmitglieds, des Graveurs Thieme, in Anspruch. Der Verein sah sich dann aber sehr bald nach einer günstigeren Behausung für das Amateurtheater um, wo Bühne und Zuschauerraum zweckmäßig eingerichtet werden sollten.

Man mietete schließlich ein großes Lokal in der Kommandantenstraße Nr. 25, ehemals eine Querstraße der Leipziger Straße – zwischen Spittelmarkt und Dönhoffplatz. Nachdem 1797 durch den neuen Grundstückseigentümer ein Neu- und Umbau des schon ziemlich verrotteten Hauses erfolgt war, konnte der Theaterverein »Urania« endlich

Einzug in seinem neuen Theater halten. Auch späterhin erfolgte noch mancher Um- und Ausbau, um den wachsenden Ansprüchen der »Liebhaberbühne« und ihres Publikums zu genügen.

Vater Lortzing fühlte sich in diesem Bühnenverein seit langem wie zu Hause, ebenso sein Bruder Friedrich, der inzwischen auch Vereinsmitglied geworden war. Möglicherweise regte sich schon damals in den Brüdern der geheime Wunsch, in der »Liebhaberbühne« das Sprungbrett für die Laufbahn eines Berufsschauspielers zu finden. Zugleich aber sollte für Johann Gottlob der Theaterverein auch zum »Ehestifter« werden, als man Friedrich Wilhelm Zieglers Lustspiel *Liebhaber und Nebenbuhler in einer Person* einstudierte. Johann Gottlob spielte den Grafen Liebenau, sein Bruder Johann Friedrich dessen Knappen Georg.

Eines Tages tauchte während der Probe ein neues Theatermitglied, ein junges temperamentvolles Mädchen auf, das – wie sich sehr schnell zeigte – echtes Komödiantenblut besaß: Charlotte Sophie Seidel. Sie entstammte einer einst aus Frankreich nach Preußen immigrierten Hugenottenfamilie de la Garde, war ein echt sanguinisches Temperament, besaß Witz und Charme und nahm durch ihr natürliches, frisches und wohl auch energisches Wesen schon bald den heiter-besonnenen und herzensguten Johann Gottlob Lortzing ganz und gar für sich ein. Und wie sich in Zieglers erwähntem Lustspiel Johann Gottlob in der Rolle des verkleideten Grafen Liebenau und Charlotte Sophie als des Waffenschmieds Töchterlein Marie auf der Theaterbühne die Hand zum »ewigen Bunde« reichten, so schlossen sie am 6. April 1799 schließlich tatsächlich den Ehebund. Das »Liebhabertheater« hatte sie nicht nur auf der Bühne, sondern fürs Leben zusammengeführt.

Albert Lortzing hat 1846 als ein zu dieser Zeit schon namhafter Opernkomponist dieses Bühnenstück als Vorlage für die Gestaltung seines Librettos zur Oper DER WAFFENSCHMIED genutzt.

Ein Jahr nach der am 5.4.1799 in der alten Berliner Domkirche vollzogenen Trauung der jungen Lortzings kam am 18. April 1800 ein Töchterchen zur Welt, das auf den Namen Bertha Elise getauft wurde. Das Kind starb zum großen Kummer der Eltern schon im achten Lebensjahr. Der als zweites Kind geborene Sohn, auf die Namen Gustav

Albert in der Petrikirche, am südlichen Ende der Breiten Straße, getauft (die Kirche wurde im zweiten Weltkrieg schwer zerstört, die Ruine später abgerissen), war als das späterhin einzige Kind der Familie um so mehr der Eltern größte Freude und ganzer Stolz. Von liebender Zuneigung und Fürsorge umgeben, bildete sich in dem Jungen schon frühzeitig eine ebenso reiche Gefühlswelt wie von Grund auf optimistische Lebenshaltung heraus. Lortzing wuchs unter kleinbürgerlichen Verhältnissen in der glücklichen Geborgenheit eines Elternhauses auf, in dem Freud und Leid mit nie versiegendem Optimismus geteilt wurden, wo – bei aller gebotenen Sorge um das tägliche Brot – Lebensfreude und tätige Zuversicht die Oberhand behielten. Der kleine Laden brachte nicht viel ein. Das Geschäft war sicher eher eine Last als eine Lust. Aber das gesellige, kunstbeflissene Treiben in der Theatergesellschaft »Urania«, die hellwache Aufmerksamkeit auch für das sich immer mehr zuspitzende politische Geschehen in und außerhalb Berlins und die Freude der Eltern über das offensichtliche Gedeihen ihres aufgeweckten Sohnes – all das bestimmte den Alltag in der kleinen, rührigen Familie. In dieser Atmosphäre verlebte Albert Lortzing seine glückliche Kindheit.

Mit liebevoller Sorge und Umsicht suchten die Eltern schon frühzeitig Talent und Begabung des kleinen Albert zu erspüren, zu lenken und zu fördern. »Schon als Knabe hatte ich viel Liebe zur Musik und komponierte – von einem Mitgliede des Orchesters, namens Griebel, im Klavierspiel unterrichtet – Sonaten, Tänze, Märsche usw.«, so berichtete Lortzing später in einer autobiographischen Skizze. »Ein Freund meines Vaters, der jetzige Direktor der königlichen Singakademie, Rungenhagen, erteilte mir den ersten theoretischen Unterricht.«[3] Als Mitglied der »Urania«, in der auch professionelle, sogar recht namhafte Schauspieler und Regisseure an Theateraufführungen mitwirkten, hatte Rungenhagen die Eltern Lortzings kennengelernt.

Angeregt durch Carl Friedrich Rungenhagen, der unter der Direktion Zelters inzwischen Mitglied der von Carl Friedrich Christian Fasch gegründeten Berliner Singakademie geworden war, trat auch Johann Gottlob Lortzing als sangesbeflissener Musikliebhaber dieser Vereinigung sowie der »Berliner Liedertafel« bei. Über viele Jahre blieben

Rungenhagen und Vater Lortzing einander freundschaftlich verbunden, wurde der spätere Professor und Leiter der Singakademie dem jungen Albert Lortzing ein väterlicher Freund.

Rungenhagen beflügelte den musikalischen Ehrgeiz des Knaben und bestärkte die Eltern in ihrem Bemühen, für einen geregelten Klavierunterricht ebenso wie für die Unterweisung im Violin- und Violoncellospiel zu sorgen. Besonders auf dem Violoncello hat Lortzing über viele Jahre hin immer wieder mit großer Freude musiziert und in seinen späteren Kompositionen die klanglichen Möglichkeiten vor allem dieses Instruments oft zu schöner Wirkung gebracht.

»Urania« – des Knaben Wunderwelt

Es war nur natürlich, daß sich bei der Theaterbesessenheit der Eltern auch für Albert Lortzing auf der Bühne sehr bald eine Welt erschließen würde, die das lebhafte Temperament und den wachen Sinn des Knaben ganz umfangen und sein weiteres Leben zunehmend bestimmen sollte. Nach wie vor waren die Eltern in der »Urania« voll engagiert. Vater Lortzing gehörte zu den Protagonisten der Laienbühne, seit er in August Wilhelm Ifflands fünfaktigem Schauspiel *Die Mündel* am 11.1.1800 in der Rolle des Kanzler Flessen mit großem Erfolg aufgetreten war. Rungenhagen spielte in dieser Aufführung den Bedienten Friedrich. Auch Charlotte Sophie gehörte längst zu den beliebtesten Darstellern des Theatervereins, der im Berliner Kulturleben wachsende Aufmerksamkeit erregte.

Es gab in der »Urania« immerhin jährlich etwa fünfzehn öffentliche Aufführungen. Alle künstlerischen, organisatorischen und personellen, aber auch finanziellen Erfordernisse und Entscheidungen lagen ausschließlich in der Verantwortung dieser demokratisch konstituierten Gesellschaft theaterfreudiger Amateure, die zugleich mit Erfolg bestrebt war, ständig namhafte Künstler als Darsteller oder Regisseure zu gewinnen.

Die Theatergesellschaft hatte sich inzwischen – wenn auch unter erheblichen finanziellen Opfern und mittels gewagter Kreditgeschäfte – in der Kommandantenstraße ein

Privattheater eingerichtet, das sich in jeder Beziehung, auch in der äußeren, aufwendigen Gestaltung, sehen lassen konnte.

Ein bereits 1794 von den Mitgliedern beratenes und beschlossenes »Bühnen-Reglement« mit »Satzungen« zu den Rechten und Pflichten der Mitglieder und den Aufgaben des Vorstands bildete die Grundlage für die demokratischen »Spielregeln« des Vereins. Danach übernahm der periodisch neu zu wählende Vorstand verantwortlich die laufende Geschäftsführung. Alle Spielplan- und Besetzungsfragen, aber auch Fragen des Finanzgebarens, notwendiger Werterhaltungen oder möglicher Investitionen für die Gebäude und Räumlichkeiten des Theaters wurden in den regelmäßig stattfindenden Mitgliederversammlungen beraten, um notwendige Entscheidungen treffen zu können.

Vater Lortzing, nicht nur ein echtes Komödiantenblut, sondern – durch seinen eigentlichen Beruf – auch mit den notwendigen Geschäftspraktiken vertraut, gehörte seit 1805 zum Vorstand des Vereins und übte die Funktion eines der beiden gewählten Vorsitzenden aus.

Die Theatergesellschaft förderte zunehmend die Gewinnung neuer Mitglieder und gewann solche vorzugsweise unter interessierten Familienmitgliedern bereits der »Urania« angehörender Akteure – Talent selbstverständlich vorausgesetzt. Alle Mitglieder hatten monatlich einen Obolus zu entrichten, immer in der je nach finanzieller Lage des Vereins durch Konferenzbeschlüsse der Mitglieder festgelegten Höhe.

Als durchschnittlicher Monatsbeitrag war von dem Mitglied etwa 1 Taler zu entrichten, ein für die meisten Amateure nicht gerade geringer Betrag. Als »Gegenleistung« erhielt jedes Mitglied drei Freibilletts für laufende Aufführungen der »Urania«. Sie wurden überwiegend von Freunden, Verwandten und Bekannten der agierenden Mitglieder beansprucht; und diese bildeten gewöhnlich das Gros des Publikums.

Aber auch aus Kreisen interessierter Theaterliebhaber gewann das »Urania-Theater« wachsenden Zuspruch und neue Zuschauer. Bald beschränkte sich der Spielplan nicht allein mehr auf Stücke des Sprechtheaters. So wurden unter Rungenhagens musikalischer Leitung auch schon kleine Singspiele und Opern einstudiert und mit Erfolg aufgeführt.

Gelegentlich durfte Lortzings Jüngster die Eltern zu den Theaterproben begleiten. Hier fand die geweckte Neugier des Knaben reichlich Nahrung, entzündete sich seine rege Phantasie. Hier war des Knaben Wunderwelt. Und es dauerte nicht allzu lange, da war der kaum Fünfjährige selbst schon ein »ordentliches« Mitglied der Liebhaberbühne. Auf der Bühne entdeckte der Junge denn wohl auch den gewiß schönsten »Spielplatz« seiner Kinderjahre. Sie sollte gewissenmaßen zum Sprungbrett für sein späteres Künstlerleben werden.

Zum ersten Mal trat Albert Lortzing im Jahre 1806 in einer Kinderrolle auf. Es war das Jahr, in dem am 14. Oktober das preußische Heer in den Schlachten von Jena und Auerstedt unter den Schlägen der von Napoleon zum entscheidenden Sturmangriff geführten französischen Truppen seine vernichtende Niederlage erleben mußte.

Während Preußens König Friedrich Wilhelm III. in die östlichen Provinzen seines Landes und schließlich bis nach Königsberg floh, marschierten Napoleons Truppen, ohne nennenswertem Widerstand zu begegnen, auf Berlin zu. Zwei Tage nach Lortzings Geburtstag, am 25. Oktober, besetzten die Franzosen Berlin; Napoleon zog in Preußens Hauptstadt ein. Berlin durchlebte aufregende Zeiten. War vor kaum mehr als zehn Jahren die preußische Armee in der Koalition mit den damals als mächtigste Staaten Europas betrachteten Verbündeten gegen die französischen Revolutionsheere gezogen, so erlebte Berlin jetzt den Zusammenbruch Preußens.

An dem Widerstand gegen die französische Besatzung entzündete sich der patriotische Geist einer schnell anwachsenden nationalen Befreiungsbewegung. Dem kleinen Lortzing konnte in der Folgezeit nicht entgehen, mit welch lebhafter Anteilnahme man im Kreise der Theatergesellschaft und auch daheim über die neuesten politischen Ereignisse debattierte.

Es erwachte das patriotische Bewußtsein nicht nur in weiten Teilen des Volkes, sondern auch bei realistisch denkenden Adligen, die sich um den Freiherrn vom Stein und die preußischen Generale Scharnhorst und Gneisenau scharten. Freiheitlich-oppositioneller Geist begann sich überall zu regen. Und bei den weiterblickenden, couragiertesten Männern im Volke entzündete sich die flammende Idee einer nationalen und damit notwendigerweise sozialen Befreiungstat.

Zu den populärsten Freiheitssängern dieser Zeit wurden der »Lützower« Kämpfer und Sänger der Befreiungskriege Theodor Körner und der Dichter Ernst Moritz Arndt.

Zu Anfang des 19. Jahrhunderts, unter den damaligen Verhältnissen in Preußen und seiner Hauptstadt Berlin aufgewachsen, ist Lortzings geistige Entwicklung frühzeitig durch die gesellschaftlichen Umweltbedingungen seiner Kindheit und Jugend und durch die lebensoffene Erziehung in seinem Elternhause entscheidend geprägt worden. Die ökonomischen und politisch-sozialen Zustände jener Zeit, Lortzings soziale Herkunft, die Erlebnisse und Erfahrungen seiner Jugend und auch sein in unmittelbarer Theateratmosphäre frühzeitig erwachendes künstlerisches Talent, das sich nur in erbittertem Existenzkampf durchzusetzen vermochte – alles das hat ihn im Verlauf seines weiteren Lebensweges mehr und mehr auch zum zunehmend politisch engagierten Künstler werden lassen.

Wachsen und Werden in stürmischer Zeit

In den allerorten sich regenden progressiven Bestrebungen fortschrittlich gesinnter Leute aller Schichten und Stände äußerte sich in Deutschland nach der Wende vom 18. zum 19. Jahrhundert der vorwärtsdrängende Prozeß des gesellschaftlichen Übergangs vom Feudalismus zum Kapitalismus. Diese Entwicklung förderte in Preußen jene Reformen, die der unerschrockene, aufklärerisch und patriotisch gesinnte Minister vom Stein seit 1807 Schritt für Schritt durchzusetzen suchte. Dem Oktober-Edikt, einer Agrarreform zur schrittweisen Überwindung der Leibeigenschaft durch eine historisch längst überfällige Aufhebung der Erbuntertänigkeit, folgte eine Reform der Verwaltung und eine von Scharnhorst und Gneisenau durchgeführte Heeresreform, die nicht zuletzt auch die Schande »preußischen Soldatentums«, den Prügelstock und das Spießrutenlaufen für den bis dahin unmenschlich drangsalierten und gedemütigten Soldaten, endlich beseitigen sollte.

In Berlin hatten inzwischen die sich überstürzenden Berichte von den erfolgreichen Aktionen kampfesmutiger Patrioten gegen die französischen Eroberer die Gemüter aufs äußerste erregt. Napoleon I. war im Verlauf der von ihm geführten Kriege, die anfangs den Zielen und der Verteidigung der bürgerlichen Revolution, der Befreiung vom feudalen Joch dienten, mehr und mehr zum Unterdrücker fremder Völker im Interesse des französischen Großbürgertums geworden. Seine Herrschaft empfand man auch in Preußen und dessen Hauptstadt Berlin von Tag zu Tag drückender.

Der preußische Diplomat, Schriftsteller und Literaturkritiker Varnhagen von Ense hat die allgemein herrschende Stimmung unter den progressiv gesinnten Berlinern beim Einzug der Franzosen 1806 zutreffend einzuschätzen gewußt, nachzulesen in seinen »Denkwürdigkeiten des eigenen Lebens«. Kaiser Napoleon mußte, wie Varnhagen von Ense in lebhafter Erinnerung an jene Zeit feststellt, »für einen rechtlosen Unterdrücker, für einen Räuber und Bösewicht gelten, und diese Meinung empfing ihren stärksten Grimm von derjenigen Seite her, wo man der französischen Freiheit anhing und ihn als deren Mörder betrachtete«.[4]

Besonders schwer betroffen waren die »kleinen Leute«. Die von den französischen Besatzern verfügten Steuern wurden unerträglich, Handel und Wandel stagnierten, die Kaufkraft des Geldes sank zusehends. Große Unzufriedenheit und wachsende Empörung über die sich verschlimmernden Zustände machten sich überall in der Bevölkerung breit.

In dieser Stimmung löste jede Nachricht über Untaten und Willkürakte des Militärs immer neue Wellen des Unwillens und der Entrüstung im Volke aus. Man erinnerte sich des inzwischen fast schon legendären Nürnberger Buchhändlers Johann Philipp Palm, dem im Sommer des für Preußen so schicksalsschweren Jahres 1806 die Verbreitung eines gegen die französische Willkürherrschaft und den Verrat deutscher Fürsten gerichteten anonymen Flugblattes – »Deutschland in seiner tiefsten Erniedrigung« – zum Verhängnis geworden war. Er wurde am 28. August

1806 von einem außerordentlichen französischen Militärgericht zum Tode verurteilt und erschossen.

Für viele wurde Palm durch seinen Opfertod zum Vorboten eines nahenden Befreiungkampfes um nationale und soziale Erneuerung, für Freiheit und Fortschritt. Mit Begeisterung nahm man deshalb auch die Nachricht von den Husarenstreichen des Schill'schen Freikorps gegen die Okkupanten oder von Nettelbeck und den tapferen Verteidigern Kolbergs 1807 sowie vom Aufruhr der Tiroler Bauern unter Andreas Hofer gegen die französische Fremdherrschaft 1809 auf. Insbesondere die Berichte von den Heldentaten des österreichischen Patrioten fesselten den heranwachsenden Lortzing.
Die Gestalt Hofers hat so nachhaltig in ihm fortgewirkt, daß er ihn mehr als zwanzig Jahre später zum Titelhelden eines eigenen Bühnenstückes wählte und die Worte sagen läßt:

»Steh' Gott uns bei, den Feind zu überwinden,
Und ist das schwere Werk getan,
Dann wird der Knechtschaft nächt'ger Schleier schwinden,
Es bricht der Freiheit Morgen an!«

In Preußen wuchs inzwischen der Unmut über die napoleonfreundliche und volksfeindliche Politik des Königs und seiner aristokratischen Lakaien. Führende Vertreter des Geisteslebens und sogar dem preußischen Staat verpflichtete Männer wie der bedeutende Kulturpolitiker und Kunsttheoretiker Wilhelm von Humboldt gerieten in ernste Konflikte mit der Obrigkeit. Unter dem Druck oppositionell gesinnter Adliger sah sich Friedrich Wilhelm III. schließlich gezwungen, der Forderung seiner Generäle nach russisch-deutscher Waffenbrüderschaft zu entsprechen. In den Befreiungskriegen 1812/13 wurden die französischen Eroberer schließlich vernichtend geschlagen.

Wilhelm von Humboldt gehörte zu den aufrechten Patrioten, die nach der Befreiung vom napoleonischen Joch von Friedrich Wilhelm III. forderten, ohne Zögern das »königliche« Versprechen der Gewährung einer Verfassung für Preußen einzulösen – doch vergeblich. Der König und seine Minister dachten nicht daran. Humboldt wurde aus dem Staatsdienst verdrängt. Der fortschrittlich-oppositionelle Geist seiner Initiative wirkte jedoch in Persönlichkeiten wie Schleiermacher, Zelter, Bettina von Arnim, Rahel Levin, der Gattin des Diplomaten Karl August Varnhagen von Ense, und anderen progressiv denkenden Repräsentanten des damaligen geistigen Lebens in Preußen nachhaltig weiter.

Johann Gottlieb Fichte, der durch seine 1807 und 1808 gehaltenen flammenden »Reden an die deutsche Nation« bekannt gewordene Philosoph, wurde 1811 der erste gewählte Rektor der neuen Universität in Berlin. Er entzündete mit seinen Vorlesungen den patriotischen Geist vor allem der studentischen Jugend. Begeistert schwärmte man für den »Turnvater Jahn«, der seit 1810 durch seine – freilich vielfach übertrieben »deutschtümelnden« – Aufrufe zum patriotischen Freiheitskampf und durch die von ihm inspirierte Eröffnung eines ersten »offiziellen« Turnplatzes in der Berliner Hasenheide geradezu ein Symbol sportlichen wie politischen Kampfgeistes wurde.

Die unauslöschlichen Eindrücke des patriotischen Aufbruchs jener Jahre mögen später – im Reifeprozeß des Künstlers Albert Lortzing – von tiefgreifender Bedeutung für sein Weltbild, seine politische Haltung und sein Wirken als Theaterpraktiker und Opernkomponist gewesen sein.

Aus der scheinbar ungestörten Sicherheit einer wohlbehüteten Kindheit wurde Albert Lortzing bereits als Elfjähriger durch den von den Eltern schon lange befürchteten Bankrott der kleinen Lederhandlung herausgerissen. Die sich auch in Preußen verschlechternde wirtschaftliche Lage während der von Napoleon 1806 gegen England verhängten »Kontinentalsperre« und der sich in Preußens Hauptstadt besonders drastisch auswirkende rapide Schwund der Kaufkraft der Masse der Bevölkerung beschwor inzwischen auch für die Lortzings das Gespenst des unmittelbar drohenden finanziellen Zusammenbruchs herauf.

Die Umstände drängten die Eltern zu einem schwerwiegenden Entschluß. Im Grunde war dem Vater wohl auch in den wirtschaftlich besseren Zeiten die ganze kommerzielle Plackerei zuwider gewesen. Das Theaterblut Johann Gottlobs und seiner Charlotte lockte beide auf einen anderen Lebensweg. Und, gewiß schon lange erwogen, faßten sie den wagemutigen Entschluß »umzusatteln«, um als Berufsschauspieler ihr Glück zu versuchen und aus der »Liebhaberei« des Theaterspiels eine neue Existenzgrundlage zu machen.

Albert mag nicht wenig erstaunt gewesen sein, als ihm die Eltern ihren Plan anvertrauten. Angesichts der früh geweckten Theaterlust wird den Jungen das verlockende Vorhaben ebenso gereizt wie seine Abenteuerlust beflügelt haben. Denn eines war klar: Es bestand für die dilettantischen Anfänger in einer professionellen Bühnenlaufbahn keine Hoffnung, etwa in Berlin unterzukommen. Wenn überhaupt, so gab es bestenfalls in der »Provinz« eine Chance. Und das konnte bei den damaligen Theaterverhältnissen nur eine Fahrt ins Ungewisse bedeuten.

Die folgenden Wanderjahre der Familie, die auf der Suche nach einem Engagement bald von Theater zu Theater zog, die nie ausbleibenden materiellen Sorgen und die Notwendigkeit, sich schon in früher Jugend um einen zusätzlichen Geldverdienst zu bemühen – dies alles mag wesentlich dazu beigetragen haben, daß Lortzing schon frühzeitig lernte, seine Umwelt kritisch zu sehen. Es mag aber auch bewirkt haben, in ihm jene Willens- und Charakterstärke zu entwickeln, die später in seinem künstlerischen Ringen um verdiente Anerkennung und schließlich im unerbittlichen, zermürbenden Kampf um die nackte Existenz so vonnöten sein sollten.

2. Unstete Wanderschaft ... Das Debüt an den Rheinpreussischen A-B-C-Theatern
(1812–1826)

> »War einst ein junger Springinsfeld,
> der wollt' auf Reisen gehn«
> Aus Der Waffenschmied

Mit Mann und Roß und Wagen – von Bühne zu Bühne ...

Einmal entschlossen, ein neues Leben auf den Brettern, die »die Welt bedeuten«, zu beginnen, brachen die Lortzings um die Jahrhundertwende 1811/12 zur Wanderschaft von Bühne zu Bühne auf. Für Albert begann die abenteuerliche Reise »auf dem Thespiskarren«. Das hieß zuerst einmal Abschied zu nehmen von Berlin – für lange Jahre, wie sich zeigen sollte.

Die Eltern wußten sicher, was sie wagten. Die Direktionen kleiner und mittlerer Stadttheater, die für die Anfänger in Frage kamen, verfügten zumeist über kein eigenes festes Bühnenensemble. Sie verpflichteten mit Vorliebe – kurz befristet – eine Schauspielertruppe, die gewöhnlich nur für eine Saison, manchmal lediglich für ein paar Monate, zusammengestellt wurde. Nach abgelaufener Spielzeit mußte dann jeder sehen, wo er blieb, und sich nach etwas Neuem umsehen.

So zogen auch die Lortzings über Jahre von einer Stadt zur anderen.

Breslau war das erste Ziel. Es war den Eltern gelungen, mit der dortigen Direktion einen – wenn auch nur auf ein halbes Jahr befristeten – Vertrag abzuschließen. Das königlich priviligierte Breslauische Theater verfügte immerhin über ein ständiges Ensemble und genoß zu dieser Zeit, weit über die schlesische Provinz hinaus, einen recht beachtlichen Ruf.

Am 4. Januar 1812 hatte Vater Lortzing sein Debüt in dem Lustspiel *Der häusliche Zwist* von August Kotzebue. Überwiegend im Lustspiel sowie als Soubrette trat auch die Mutter mit Erfolg auf. So war denn der »schwere Anfang« durchaus ermutigend und führte zugleich den noch nicht einmal zwölfjährigen Sohn in die ihn beglückende Welt seiner Wünsche. Hier erlebte er den berühmten Schauspieler Ludwig Devrient als beeindruckenden Charakterdarsteller vor allem in den Dramen Schillers und Shakespeares, aber auch als Komiker in unzähligen, damals gängigen Lustspielen, Possen und Schwänken. Tagtäglich kam der Junge auf oder hinter der Bühne mit den Leuten »vom Bau«, den Sängern und Schaupielern, Musikern und Regisseuren, zusammen; und immer häufiger durfte er selbst – wie schon bei der »Urania« in Berlin – in Kinderrollen auftreten. Soweit es möglich war, sorgten die Eltern auch jetzt für eine weitere musikalische Unterweisung des Jungen, der bereits mit naivem Vergnügen kleine Kompositionsversuche wagte. Schillers *Bürgschaft* war es, die ihn dazu erstmals anregte.

Unterdessen hatte Napoleon am 24. Juni 1812 mit 450 000 Soldaten, darunter auch vielen preußischen Hilfstruppen, seinen Feldzug gegen Rußland begonnen. Noch vor Jahresende mußten seine Truppen, die den Widerstand des sich tapfer verteidigenden russischen Volkes nicht brechen konnten, die Flucht ergreifen.

»Mit Mann und Roß und Wagen hat sie der Herr geschlagen« – so hieß es in einem Gedicht über die Vernichtung der »Großen Armee« Napoleons, das sich bald mit Windeseile verbreitete. Die Verse schrieb – noch als Primaner – unter dem unmittelbaren Eindruck jener atemberaubenden Vorgänge, von Ludwig Jahn angeregt, der spätere Gymnasiallehrer und schließlich zum Direktor des »Köllnischen Gymnasiums« in Berlin berufene Ernst Ferdinand August:

»Es irrt durch Schnee und Wald umher
Das große mächt'ge Franzenheer,
Der Kaiser auf der Flucht,
Soldaten ohne Zucht.
Mit Mann und Roß und Wagen
Hat sie der Herr geschlagen.«

Das Gedicht schließt:
»Speicher ohne Brot,
Aller Orten Not,
Wagen ohne Rad,
Alles müd und matt,
Kranke ohne Wagen,
So hat sie Gott geschlagen.«

Not und Elend blieben überall zurück, wo die Kriegsfurie ehemals friedliche Landstriche und deren Bevölkerung heimsuchte. Und der Kampf gegen den einstigen Eroberer war noch nicht zu Ende.

Bereits im Juli 1812 verließen die Lortzings Breslau, wo der Halbjahresvertrag abgelaufen und offenbar nicht verlängert worden war. Coburg war das nächste Ziel, wo die Familie nach vertraglicher Vereinbarung mit Theaterdirektor Hain diesmal immerhin ein einjähriges Engagement erwartete.

Wieder hieß es, die nötigsten Habseligkeiten zusammenzupacken und erneut auf Wanderschaft zu gehen. – Können wir uns heute überhaupt noch all die Aufregung, Mühsal und Plage vorstellen, die damals solche Art zu reisen mit sich brachte? An Eisenbahn war ja noch nicht einmal zu denken. Unter welch erbärmlichen Umständen sich vor allem die kleinen Leute auf den Weg zu machen hatten – der Phantasie sind keine Grenzen gesetzt, sich eine solche »Reise« vorzustellen. Man mietete sich – möglichst wohlfeil – ein Fuhrwerk mit Kutscher, bestenfalls eine Postkutsche; und die abenteuerliche Fahrt konnte beginnen. Nicht immer war zu gelegentlicher Rast und für die Übernachtung eine billige Herberge zu finden. Und war endlich das ersehnte Reiseziel erreicht, so konnte man noch von Glück sagen, wenn man unterwegs – auf offener Landstraße oder auf kaum befahrenen Feldwegen – von allzu großem Mißgeschick verschont geblieben war.

Nach beschwerlicher Fahrt reichlich gebeutelt, waren die drei Lortzings endlich in Coburg angelangt. Was würde sie erwarten?

Das Theater hatte gerade in jüngster Zeit einiges von seinem bis dahin recht guten Ruf eingebüßt; besonders, nachdem in der Winterspielzeit 1811/12 zahlreiche »Klamotten« seichtester Unterhaltung über die Bühne gegangen waren. Manche Aufführungen, so hieß es, hätten eher billigsten Volksbelustigungen geglichen als einigermaßen ernst zu nehmender Theaterkunst. Man hörte von Vorstellungen, in denen zum Gaudium unbedarfter Zuschauer durch Lotteriespiele ein Lamm auf der Bühne ausgelost worden sei. Kurz: Die Lortzings mußten auf alles gefaßt sein.[1]

Wir wissen im einzelnen nicht, wie sich das schauspielerische Wirken der Familie während ihres im Sommer 1813 ausgelaufenen Engagements gestaltete. Sicher ist nur, daß die materielle Not der Lortzings in dieser Zeit geradezu existenzbedrohend war.

Zum Glück für die »armen Komödianten« hatten sie gleich zu Anfang in der Gerbergasse 6 bei einer mitleidigen Seele ein erträgliches und vor allem billiges Quartier gefunden. Und da die wohlmeinende Hauswirtin schon bald merkte, daß bei den Lortzings nur zu oft »Schmalhans Küchenmeister« war, brachte sie, wann immer sie konnte, den hungrigen Mietern ein warmes Essen. Die Lage der Schauspieler-Familie gestaltete sich schon bald so trostlos, daß die Suche nach einem vorteilhafteren Engagement schon aus diesem Grunde unabweisbar wurde.

Inzwischen trieb die russische Armee unter ihrem Feldherrn Kutusow die Reste der napoleonischen Armee immer weiter nach Westen. Dies war zugleich das Signal zum unmittelbaren bewaffneten Aufbruch des Volkes auch in Preußen. – »Das Volk bricht auf – der Sturm geht los« – das brachte die allgemeine Stimmung gegen die Fremdherrschaft, bald auch über Preußens Grenzen hinaus, in allen deutschen Landen zu Ausdruck. Seit dem im Februar 1812 geschlossenen Bündnis von Kalisch vereint, waren bereits russische Truppen unter dem General von Wittgenstein und unmittelbar nach ihnen preußische Kampfeinheiten unter dem General Yorck von Wartenberg auf Berlin zu marschiert. Die französische Besetzung der Hauptstadt Preußens ging zu Ende.

Eine dann von Woche zu Woche weit über die Grenzen Preußens hinausgehende und immer stärker anschwellende Volksbewegung gegen die napoleonische Fremdherrschaft führte am 18. Oktober 1813 zur kriegsentscheidenden Völkerschlacht bei Leipzig, die Napoleons endgültige Niederlage einleitete.

Die Lortzings waren zu dieser Zeit schon in Bamberg, wo sie im September bei dem dortigen Theaterdirektor Carl August von Lichtenstein endlich ein neues Engagement gefunden hatten. – Inzwischen erfaßte der Siegeszug gegen den französischen Imperator im weiteren Verlauf des nationalen Befreiungskampfes alle deutschen Stämme und Staaten. Die sich auflösenden französischen Truppenteile strömten in wilder Flucht hinter den Rhein nach Frankreich zurück, verfolgt von den Heeren der antinapoleonischen Allianz, die am 31. März 1814 in Paris einzogen.

Die Lortzings blieben bis zum Juni 1814 am Stadttheater Bamberg. Hier hatte noch ein Jahr vor ihrem Engagementsbeginn der romantische Dichter, Komponist und Kapellmeister E.T.A. Hoffmann als Dirigent gewirkt und mit der Komposition seiner Oper *Undine* begonnen. Das Libretto schrieb ihm Friedrich Baron de la Motte-Fouqué, der aktiv an den Befreiungskriegen teilgenommen hatte und unter dem Eindruck der Volkserhebung in patriotischer Begeisterung ein damals schnell populär gewordenes *Kriegslied für die freiwilligen Jäger* – »Auf, auf zum fröhlichen Jagen ...« – verfaßte. De la Motte-Fouqué, Sohn einer Hugenottenfamilie, hatte sich unter anderem als Autor der romantischen Novelle *Undine* einen Namen gemacht, erschien dem Komponisten somit als der berufenste Librettist für seine Oper. Schließlich fand am 3. August 1816 in Berlin in dem von Carl Gotthard Langhans (dem Älteren) erbauten und am 2. Januar 1802 eröffneten Königlichen Nationaltheater am Gendarmenmarkt die Uraufführung der *Undine* statt; »Zur Feier des allerhöchsten Geburtstagsfestes Sr. Majestät des Königs Friedrich Wilhelm des Dritten von Preußen«, wie der Programmzettel verkündet.

Die Aufführung wurde beifällig aufgenommen. Es folgten weitere fünfzehn Vorstellungen – bis kaum ein Jahr später, am 27. Juli 1817, ein Feuer das Schauspielhaus des Königlichen Nationaltheaters in Schutt und Asche legte. Dem Brand fielen auch die Dekorationen und Kostüme der *Undine*-Aufführung zum Opfer. Geplante Wiederholungen der Inszenierung des Werkes waren nun nicht mehr möglich. E.T.A. Hoffmanns *Undine* geriet fortan in Vergessenheit.[2]

Albert Lortzing konnte nicht ahnen, daß er viele Jahre später, als schon Vierundvierzigjähriger und zu dieser Zeit bereits namhafter Opernkomponist, gerade auf diesen Stoff der Fouquéschen Novelle – zwei Jahre nach des Dichters Tod im Jahre 1843 – zurückgreifen würde, um als Komponist und sein eigener Librettist der Theaterwelt eine neue UNDINE als »Zauber-Oper« vorzustellen. An all das war in Lortzings Bamberger Zeit nicht einmal in den kühnsten Träumen zu denken. Zunächst war des Jungen ureigenste Domäne auf der Bühne noch immer der Auftritt in verschiedenen Kinderrollen, vornehmlich in Lustspielen und Possen, in erster Linie natürlich Kotzebuescher Provenienz. Hier konnte er seinem Spieltrieb nach Lust und Laune freien Lauf lassen.

Doch bald fand auch das Bamberger Engagement ein jähes Ende. Der dortige Theaterdirektor Carl August von Lichtenstein entschloß sich im Sommer 1816, die Stadt zu verlassen, um die Leitung des Theaters in Straßburg zu übernehmen. Die Lortzings gingen – was Lichtenstein durchaus willkommen sein konnte – kurz entschlossen mit.

In Straßburg schrieb von Lichtenstein, der seinerzeit als Sänger und Opernkomponist geschätzt war, übrigens auch seine Oper *Frauenwerth, oder: Der Kaiser als Zimmermann*, ein Werk mit jenem historisch verbürgten Hollandaufenthalt des Zaren Peter I. als Sujet. Lichtensteins Oper sollte 20 Jahre später zu einer der Quellen für Lortzings bis heute wohl bekannteste Opernschöpfung, ZAR UND ZIMMERMANN, werden.

An der neuen Wirkungsstätte lernte Lortzing den um fünf Jahre älteren Musikstudenten und späteren Kapellmeister, Komponisten, Organisten und Schriftsteller Carl Gollmick kennen, mit dem er in enger Freundschaft verbunden blieb. Wenn sich ein Kompositionsunterricht durch Gollmick auch nicht nachweisen läßt, so hat Lortzing doch ohne Zweifel so viel von ihm gelernt, daß er in der Lage war, sich autodidaktisch durch das Studium der musiktheoretischen Schriften Johann Georg Albrechtsbergers weiterzubilden. Albrechtsberger war als Meister gediegener satztechnischer Kunstfertigkeit bekannt und hatte die Lehrbücher *Gründliche Anweisung zur Komposition* und *Kurzgefaßte Methode, den Generalbaß zu erlernen* verfaßt.

Für Albert Lortzing verlief die Straßburger Zeit in scheinbarer Sorglosigkeit. Doch schwerwiegende Ereignisse warfen schon bald ihre drohenden Schatten voraus.

Das Feuer der Begeisterung, das die Befreiungskriege entfacht hatten, war in den Herzen des Volkes nicht erloschen. Das beunruhigte die restaurativen feudalen Mächte. Und die deutschen Fürsten waren entschlossen, ihre Herrschaft gegen jeden Ansturm oppositioneller Kräfte abzuschirmen und antiaristokratische Stimmungen und Bewegungen im Keim zu ersticken.

Die an den patriotischen Befreiungskampf 1813/14 geknüpften Erwartungen vieler, daß der Beseitigung der Fremdherrschaft nun auch die längst ersehnte innere Erneuerung folgen werde, wurden mehr und mehr enttäuscht. Der preußische König widersetzte sich nach wie vor hartnäckig den Forderungen nach einer Verfassung. Die Steinschen Reformen und Reformpläne blieben in vieler Hinsicht unerfüllt. Aber auch im Machtbereich anderer deutscher Fürsten kam es nach dem Sieg über Napoleon zu keinen ernsthaften Versuchen einer grundlegenden Veränderung der Lebensverhältnisse für das Volk. In ganz Europa begann eine Zeit der finstersten Reaktion. Ihre Repräsentanten trafen 1814 auf dem Wiener Kongreß zusammen, um die Landkarte Europas zu ihren Gunsten umzugestalten: Es entstand die »Heilige Allianz«, das Bündnis der feudalen Mächte Rußland, Österreich und Preußen.

Der nach dem Wiener Kongreß geschaffene Deutsche Bund war in Wahrheit ein Bündnis von 34 selbstherrlich regierenden deutschen Fürsten und 4 »freien Städten«. Dieser Verbund diente den einzelnen Territorialfürsten zur Stärkung ihr eigenen »Hausmacht« und zur erbarmungslosen Unterdrückung jeglichen gesellschaftlichen Fortschritts. Die nach wie vor bestehenden feudalen Fesseln, die das gesellschaftliche Leben an allen Ecken und Enden einengten, waren ein echtes Hemmnis für die Entwicklung und Herausbildung einer bürgerlichen Gesellschaft, die den historischen Erfordernissen entsprach und in der sich Wissenschaft und Handel auf der Grundlage kapitalistischer Eigentumsverhältnisse schneller hätten entfalten können als unter feudalen Verhältnissen.

Im Jahre 1816 führte eine verheerende Mißernte fast überall in deutschen Landen zu einer Hungersnot, die von einer erschreckenden Verteuerung aller lebensnotwendigen Existenzmittel begleitet war. Die Reallöhne sanken. Der junge Lortzing bemühte sich, durch Notenabschriften für das Theaterorchester etwas für den unmittelbaren Lebensunterhalt der Familie hinzuzuverdienen, um ihre unerträglich gewordene materielle Situation ein wenig zu lindern.

Nach Beendigung des Straßburger Engagements gingen die Lortzings schließlich nach Freiburg im Breisgau zu der damals bekannten Kochschen Theatergruppe, die im Sommer auch Abstecher nach Baden-Baden unternahm. »Während dieser Zeit«, berichtet Albert Lortzing später, »wagte ich den ersten öffentlichen Versuch in der Komposition und schrieb einen Chor und Tanz zum Kotzebueschen Schauspiel *Der Schutzgeist*, worin ich selbst die Titelrolle spielte.«[3]

Die Lust zum Komponieren ließ den musik- und theaterbesessenen jungen Mann nun nicht mehr los. Die in den folgenden Jahren zunehmende Beschäftigung mit dem Komponieren einer für den Tagesbedarf der Bühne bestimmten Gebrauchsmusik unterschiedlichsten Charakters war für ihn eine wichtige und notwendige »Lehrzeit«.

Anfangserfolge in Aachen und Köln

Nach allen nur denkbaren Widrigkeiten des »freien« Lebens als vagabundierende Wanderschauspieler wechselte die Familie Lortzing 1817 endlich zu den von Theaterdirektor Derossi geleiteten Bühnen in Aachen, Bonn, Cöln, Düsseldorf und Elberfeld über – damals kurz »A-B-C-Theater« genannt. In Aachen trat Lortzing am 14. November 1818 zum ersten Mal in einer »Männerrolle« auf: als Flurschütze Stüßi in Schillers *Wilhelm Tell*. Vater Lortzing spielte den Attinghausen, der Mutter war die Rolle der Gertrud anvertraut. Für den jungen Lortzing ganz persönlich bedeutsam sollte jedoch die Akteurin der Bertha von Bruneck werden: Es war die 18jährige Schauspielerin Rosina Regina Ahles. In Bietigheim bei Stuttgart geboren, war sie bald nach ihrem Schulbesuch als Debütantin an das Stuttgarter Theater gegangen und bald darauf, unter der Direktion Derossis, an der Bühne in Düsseldorf engagiert worden. Hin und wieder gab sie auch Gastspiele in Aachen.

Mit dem Engagement in Aachen begann für Lortzing eine entscheidende neue Etappe seines Lebensweges. Der inzwischen Achtzehnjährige entschied sich endgültig für die Schauspielerlaufbahn. Hier legte er auch mit seiner ersten Oper ALI PASCHA VON JANINA sozusagen sein musiktheatralisches »Gesellenstück« vor, das freilich erst Jahre später aufgeführt werden sollte. Schon bei seinem Opernerstling versuchte sich der Komponist zugleich als sein eigener Librettist. Er verfaßte den Text ohne unmittelbare dramatische Vorlage. Anlaß der frei erfundenen Fabel sind die damals in der Öffentlichkeit bekannt gewordenen Vorgänge um den Statthalter der Türken in Albanien, Ali Pascha, und der 1821 beginnende Befreiungskampf der Griechen, die sich 1828 vom türkischen Joch befreiten.

Die schöpferische Phantasie und unbändige Arbeitslust des jungen Komponisten mochten in nicht geringem Maße durch die Begegnung mit Rosina Regina Ahles beflügelt worden sein. Wie schon die Eltern sich an der Bühne der »Urania« fanden, so lernte auch Lortzing seine Lebensgefährtin am Theater kennen. Sie stammte – wie Albert – aus einfachen Verhältnissen. Ihr Vater, Johann Ahles, war ein Weingärtner zu Bietigheim; die Mutter, eine geborene Kohlbrey (oder nach der amtlichen Eintragung – Kühl brey), war auf den Namen Regina Dorothea getauft. Den Namen Regina erhielt dann auch die am 5.12.1799 geborene Tochter.

Am 30. Januar 1824 schlossen Albert und Regina in Köln den Bund fürs Leben. Ihre Ehe wurde sehr glücklich und hat sich in allen Bewährungssituationen gemeinsamen Lebens und Strebens als beständig erwiesen. Sie war eine wesentliche Voraussetzung seines rastlosen künstlerischen Schaffens und Wirkens. In Briefen, die Lortzing in den letzten Jahren seines Lebens an Freunde schrieb, wird das besonders deutlich.

Die Eheleute teilten ihr Leben lang Freud und Leid und blieben einander aufs engste verbunden bis zum bitteren Ende. In der 1848 entstandenen Revolutionsoper REGINA, in deren Mittelpunkt die selbstlose Großtat einer liebenden Frau während der stürmischen Zeitereignisse jenes Revolutionsjahres steht, hat Lortzing der Titelfigur des Werkes den Namen seiner über alles geliebten Frau gegeben.

Von 1819 an trat Lortzing immer häufiger in den verschiedensten Theaterstücken oder als Sänger in Opernpartien auf. Er entwickelte eine ebenso erstaunliche Vielseitigkeit in den Genres des Schauspiels wie im Bereich des Musiktheaters. Durch seine bestechende Spielgewandtheit in den unterschiedlichsten Rollen und Partien wurde er bald zum erklärten Publikumsliebling. Charakter und Temperament Lortzings, sein ursprüngliches Komödiantentum, seine darstellerische Gestaltungsfähigkeit – ausgeprägt in seiner grazilen Erscheinung wie buffonesken Wendigkeit, Schlagfertigkeit und launigen Spielfreude – eröffneten dem Schauspieler und Sänger vorrangig im heiteren Genre der Bühnenkunst die größten Wirkungsmöglichkeiten. Als Sänger »ohne eigentlich ausgeprägte Stimme«, wie später sein Freund Düringer bemerkte, überzeugte Lortzing dennoch sowohl in Tenor- als auch Baritonpartien durch Musikalität und außergewöhnliche Ausstrahlungskraft.

Lortzing sang Mozarts *Don Giovanni*, in der *Zauberflöte* den Papageno, die Titelpartie in Rossinis *Barbier von Sevilla* und trat auch in verschiedenen Spieltenor-Partien auf. So konnte er schon damals als Theaterpraktiker wichtige Erfahrungen sammeln.

Unter den Verhältnissen der »Demagogenverfolgung« wurde das Theater ein durch Kulissen, Kostüm und Maske getarnter Schlupfwinkel für mehr oder weniger komödiantisch versteckte progressive Ideen und ihre Verbreitung. Die A-B-C-Theater gehörten im damaligen Preußen zu den für das bürgerliche Publikum anziehendsten Bühnen. Im Rheinland, das auf dem Wiener Kongreß 1815 – nach dem Willen der reaktionären europäischen Imperien – dem preußischen Staat zugesprochen wurde, hatte sich bereits unter nachhaltigem Einfluß der Französischen Revolution seit 1789 eine antifeudale Bewegung entfaltet. Das französiche Beispiel wurde hier für große Teile der Bevölkerung zu einem politischen Leitbild. Schon im Spätsommer 1789 und bis in den Herbst hinein war es dort in mehreren Städten sowie auf dem Lande zu zahlreichen Kundgebungen, Unruhen und auch Erhebungen gegen feudale Willkür gekommen. Unter den Bedingungen der französischen Militärverwaltung des linksrheinischen Gebiets seit 1794 und seiner 1801 erfolgten vorübergehenden Eingliederung in die junge Republik hatten die französischen Behörden eine Reihe bürgerlicher Reformen durchgesetzt. Auch nachdem Napoleon I. sich beim endgültigen Zusammenbruch des

Heiligen Römischen Reiches Deutscher Nation 1806 zum Protektor einer sogenannten Rheinischen Konföderation aufschwang, bewirkten die seit Ende des 18. Jahrhunderts im Rheinland eingeleiteten bürgerlichen Reformen eine weitere Festigung der sich dort entwickelnden kapitalistischen Produktionsverhältnisse. Wachsender Widerstand jedoch begann sich gegen Napoleons Eroberungspolitik und gegen die deutschen Rheinbund-Fürsten, die seine Politik willfährig unterstützten, zu regen. Ihren Höhepunkt erreichte die Protestbewegung, nachdem Napoleon 1812 in seinem Eroberungsfeldzug gegen Rußland mehr als 100 000 in den französischen Soldatenrock gepreßte deutsche Untertanen in den Tod getrieben hatte und im Jahre 1813 neue Aushebungen junger Deutscher zur Auffüllung des Okkupationsheeres befahl. So kam es in verschiedenen Städten des Rheinlands, darunter in Solingen und Düsseldorf, zu regelrechten Aufständen. Sie wurden zwar niedergeschlagen, doch stand das Ende der napoleonischen Fremdherrschaft nahe bevor. Der Geist der Rebellion gegen fürstliche Willkür lebte im Rheinland auch nach 1815 – nun unter preußischer Regentschaft – weiter fort.

Die Bühnen der A-B-C-Theater und ihre Publikumswirksamkeit wurden so in der Folgezeit unter den sozialökonomischen und politischen Bedingungen Rheinpreußens mehr und mehr zu einem Barometer der progressiven politisch-geistigen Bewegungen.

Gefährliche Zeiten

Im März 1819 verbreitete sich überall in deutschen Landen die Nachricht wie ein Lauffeuer: Der Theologiestudent und Burschenschafter Karl Ludwig Sand hatte in blindem fanatischem Eifer den als angeblichen Agenten des russischen Zaren verketzerten Lustspieldichter August von Kotzebue ermordet.

In dem von Ludwig Wieland herausgegebenen *Volksfreund* wurde damals ein Bericht Kotzebues an den Zaren Alexander I. über die politische deutsche Literatur veröffentlicht. Dieser Artikel war willkommener Anlaß gewesen, den verhaßten »Nestbeschmutzer« in der Öffentlichkeit als »Volksverräter« abzustempeln.

Kotzebue – wenn auch, wie später beispielsweise Richard Wagner, noch in der Illusion von einem künftigen »Volks«-König befangen – hatte vor und während der Befreiungskriege mit emphatischem Eifer als Agitator der russisch-deutschen Waffenbrüderschaft im Kampf gegen die napoleonische Unterdrückung gewirkt und 1813 in unmittelbarem Zusammenwirken mit dem Oberkommando der russischen Armee unter General Wittgenstein in Berlin als Chefredakteur das *Russisch-Deutsche Volks-Blatt* herausgegeben und redigiert. Von 1808 bis 1812 war er in Rußland Herausgeber der politisch-satirischen Zeitschriften *Die Biene* und *Die Grille* gewesen. Und in diesem Zusammenhang war es nur folgerichtig, daß sich Kotzebue von Anfang an mit dem Freiherrn vom Stein solidarisierte, der seitens der Reaktion nicht weniger als Kotzebue des Verrats angeblicher »deutscher Interessen« an Rußland bezichtigt und politisch verunglimpft wurde.

Aufschlußreich für die politische Zielstellung des *Russisch-Deutschen Volks-Blattes* wie auch für die Gesinnung des nur zu häufig blinden Franzosenhasses bezichtigten Herausgebers ist bereits der Leitartikel in der ersten Nummer des Blattes, in dem sich Kotzebue programmatisch »an das Publikum«, die Leser, wendet:

»Laßt uns ohne Erbitterung, aber mit heiligem Ernst vereinte Kräfte aufbieten, um ein Volk zu überwinden, dessen Feinde wir ungern sind, dessen Feinde wir nur darum sind, weil es sich mißbrauchen läßt, uns dasjenige zu rauben, worauf es doch selbst einen hohen Werth legt: Die National-Freyheit ... Wir sind angegriffen, wir verteidigen uns nur; mit der Feder wie mit dem Schwerdte; denn auch dieses Volks-Blatt soll eine Maaßregel der Vertheidigung seyn. Bittere Wahrheiten wird man nur sagen, wenn unsere Feinde durch bittere Unwahrheiten uns dazu reizen ... Doch ferne sey von diesem Blatte, jene Zügellosigkeit der französischen Zeitungsschreiber nachzuahmen. Es spreche mit Kraft, mit Würde, mit Bitterkeit wo es seyn muß, aber es enthalte sich streng jeder Unwahrheit; es beleidige die geistreiche Nation nicht, die selbst unter schwerem Drucke seufzend mit Widerwillen ihre eigenen Ketten zu allen Nationen schleppt. Friede und Freundschaft mit den Franzosen! Krieg und Feindschaft ihren Tyrannen, wenn sie auch u n s e r e Tyrannen bleiben wollen.«[4]

Als ein Verehrer Molières hatte Kotzebue, ein vielseitiger, bedenkenlos vielschreibender, aber nicht unbegabter Bühnenautor, Literat und Diplomat, über Jahrzehnte hin in seinen Lustspielen seinen Zeitgenossen einen Spiegel vorgehalten, dessen krasser Widerschein wohl alles andere als schmeichelhaft war. Mit unverhohlener Ironie stellte Kotzebue in seinen Bühnenstücken die weit verbreitete pseudomoralisch verbrämte Scheinheiligkeit und Doppelzüngigkeit »ehrbarer Bürger« und erbärmlicher Spießer vor aller Augen bloß.

Dies alles spielte sich auf der Bühne mit soviel Witz, beißendem Spott und oftmals hinreißender Situationskomik ab, daß das große Publikum hierdurch immer wieder angelockt wurde und sich zu solchem Theaterspektakel hingezogen fühlte. Man brauchte sich die von Kotzebue verordnete Jacke ja nicht selbst anzuziehen, konnte sich dafür aber über den verhöhnten Mitbürger und Nachbarn halbtot lachen. Kurz: Man fühlte sich in Kotzebues Komödien der eigenen, unmittelbaren und meist erbärmlichen Wirklichkeit und ihren Problemen – dazu noch auf amüsante Weise – offenbar näher als etwa in den erhabenen Dramen und Tragödien großer Klassiker, mit all den »idealen« Bühnenhelden vergangener Zeiten, bei denen man eine Antwort auf die unter den Nägeln brennenden Fragen der überall empfundenen gesellschaftlichen Misere kaum zu finden vermochte.

Kotzebue war zu seiner Zeit und noch Jahrzehnte nach seinem Tode der Theaterdichter, dessen Werke auf allen deutschen Bühnen am häufigsten gespielt wurden. Seine alles verspottenden Stücke – so flüchtig, flach und schablonenhaft sie häufig auch fabriziert waren – brachten fast immer volle Häuser, selbst an Goethes Weimarer Hoftheater.

Lortzing ist in Lustspielen von Kotzebue häufig aufgetreten. Dabei gewann er die Erfahrung, daß sich die besten Stücke dieses Theaterdichters immer wieder als äußerst publikumswirksam erwiesen. Kotzebue verhöhnte alle und alles. Mit galligem Zynismus bedachte er in den verschiedenen Publikationen wie auch in einigen seiner Komödien besonders genüßlich die weltflüchtige Verworrenheit vieler seiner literarischen Zeitgenossen romantischer Provenienz, den Hang zu lebensfremder Spekulation und eitler Selbstbeweihräucherung. Besonders verhaßt mußte er den

Brüdern Friedrich und August Schlegel sein, die er in seinem 1800 erschienenen Bühnenstück *Der hyperboräische Esel, oder: Die heutige Bildung* – mit dem Untertitel »Ein dramatisches Drama und philosophisches Lustspiel für Jünglinge in einem Aufzug« – durch äußersten Zynismus und kaltschnäuzige Bloßstellung der Lächerlichkeit preisgegeben hatte.

Anlaß zu grimmigem Spott und Hohn waren Kotzebue seit dem Ende der Befreiungskriege immer wieder auch die 1815 in Jena gegründeten »Burschenschaften« der akademischen Jugend, unter der sich neben ehrlicher patriotischer Gesinnung allzu bald auch eine extrem nationalistische und mystische Schwärmerei bramarbasierender Maulhelden breitzumachen begann.

Die von den deutschen Burschenschaften geweckten Sehnsüchte und Ideale reflektierten sich in vielen Köpfen der studentischen Jugend als gedanklich-verworrenes Gemisch aus deutschtümelnder, christlich-romantischer Schwärmerei und illusionärer Träumerei von einer »Wiederkehr mittelalterlicher Kaiserherrlichkeit – so weit die deutsche Zunge klingt!« Nationalistische Euphorie war vielfach mit Franzosenhaß, Slawenfeindlichkeit und Antisemitismus gepaart. Da Kotzebue nun mit Vorliebe nicht nur die damals modische romantische »Weltschmerz«-Stimmung, sondern ebenso die deutschtümelnd-nationalistischen Phantastereien vieler Burschenschafter verhöhnte, zog er sich bald auch deren Haß zu.

Bei allem scheinrevolutionären Gehabe ist die antidemokratische Grundhaltung vieler Studenten nicht zu übersehen. Aufschlußreich war in dieser Hinsicht das »Wartburgfest« 1817 in Eisenach, wo die Studenten bei einer symbolischen Bücherverbrennung zwar ehrlichen Zornes gegen eine tyrannische Obrigkeit den preußischen Schnürleib, den hessischen Soldatenzopf und den österreichischen Korporalstock ins Feuer warfen, zugleich aber auch demonstrativ ein Exemplar des aus dem Geist der Französischen Revolution geborenen *Code Civil* als bürgerliches Gesetzbuch den Flammen überantworteten. Zusammen mit fraglos reaktionären Schriften unterschiedlicher Couleur ging auch die *Geschichte des deutschen Reiches* von Kotzebue in Flammen auf. Was der progressiv gesinnte Literat und Theaterdirektor Karl von Immermann vom Gros der Burschenschafter hielt, hat er in seinen *Memorabilien* ziemlich ungeschminkt festgehalten: »Das Burschenleben war ein ausgebildetes Nichtstun, eine Tabulatur phantastischer Gesetze, von Müßiggängern für Müßiggänger gegeben, ein problematischer Staat, in welchem kindische Tätigkeit, kindische Ehre, kindische Tapferkeit regierten, nebst einiger wahrer Freundschaft, Hingebung und Brüderlichkeit. Es war die deutsche Komödie, der nationale Schwank. Die mittleren Köpfe füllten damit ihre Zeit aus, bis das Gespenst des Examens herandrohte und sie zu den Studien scheuchte ...«[5]

Den radikalen Kern der sich 1818 endgültig als »Allgemeine Deutsche Burschenschaften« konstituierenden Vereinigung der akademischen Jugend bildeten die um die Brüder August und Karl Follen sowie August Daniel von Binzer gescharten, quasi geheimbündlerisch agierenden »Schwarzen« oder – wie sie sich auch zu nennen pflegten – die »Unbedingten«. Zu ihnen gehörte auch Karl Ludwig Sand. Sie alle huldigten der Idee des individuellen Terrors und ereiferten sich geradezu fanatisch bei dem Gedanken, mit Bibel und Dolch durch »geheiligten Mord« an vermeintlichen »Volksverrätern« eine »patriotische« Mission zu erfüllen.

»Das Freiheitsmesser gezückt! Hurrah! Den Dolch durch die Kehle gedrückt!« hieß es in einem der zur Mordlust anstachelnden Verse von Karl Follen. Er war es auch, von dem sich der Eiferer Sand offenbar zu seiner Mordtat aufgerufen fühlte. »Es muß etwas Ungeheures geschehen – oder es wird gar nichts geschehen!« hatte Karl Follen gelegentlich bei einer der geheimbündlerisch aufgezogenen Versammlungen seiner Anhänger herausfordernd ausgerufen. Und Sand schreitet zur Tat. Am 23. März 1819 erscheint gegen 5 Uhr nachmittags der vierundzwanzigjährige Student in »altdeutscher Tracht« unter dem Pseudonym eines Herrn »Heinrich aus Mitau« vor der Tür der Mannheimer Wohnung Kotzebues. Kotzebue läßt den Fremden eintreten. Noch ehe er sich besinnt, stürzt Sand ins Arbeitszimmer. Es gibt einen kurzen Wortwechsel; da zückt Sand plötzlich einen Dolch und stößt ihn Kotzebue mit dem Ausruf in die linke Seite: »Hier, du Verräter des Vaterlands!« – Er selbst bringt sich einen Dolchstich bei, allerdings ohne sich ernsthaft zu verletzen, und stürzt auf die Straße. Kotzebue bleibt, aus der tödlichen Wunde blutend, am Boden liegend zurück. Aus dem Wohnzimmer kommt ahnungslos das fünfjährige Söhnchen, sieht fassungslos den Vater am Boden liegen und ruft der Mutter nebenan zu: »Mama, Papa spielt Krieg!«

Auf der Straße bemerken Passanten verwundert einen auf die Knie sinkenden jungen Mann, der sich mit dem Ruf: »Ich danke dir, Gott, für den Sieg!« selbst den Dolch in die Brust stößt. Ohnmächtig sinkt der Mörder zu Boden. Die Verwundung war nicht tödlich.

Nachdem man in Sand den Mörder Kotzebues erkannt hat, wird ihm der Prozeß gemacht. Am 17. April 1820 wird er zum Tode durch das Schwert verurteilt. Drei Tage später erfolgt die Vollstreckung.

Und die geistigen Väter der Untat, die Brüder August und Karl Follen ...? Sie zogen sich bald »ins Privatleben« zurück, um biedere, wohlhabende Bürger zu werden. August Follen, der einstige Student der Philologie und Theologie sowie Mitanführer der »Schwarzen«, privatisierte zu Anfang der 20er Jahre und kaufte sich 1847 bei Thurgau in der Schweiz das Gut Liebenfeld, um sich als seriöser Gutsherr seines Lebens zu erfreuen. Sein Bruder, der Theologiestudent Karl Follen, ging 1820 ebenfalls in die Schweiz, wo er zunächst eine Anstellung an der Kantorschule zu Chur fand, wenig später aber dann einem Ruf als Dozent an die Universität Basel folgte. 1829 wanderte er nach den USA aus. Hier nahm er ein Lehramt für deutsche Sprache an der Universität Boston wahr. Danach übernahm er das »ehrwürdige« Amt eines unitarischen Predigers. Und einen solchen oder ähnlichen Weg vom »Mordspatrioten« zum braven, gutsituierten Wohlstandsbürger ist so mancher ehemalige Burschenschafter gegangen. Andere fanden in der Folgezeit den Weg zur revolutionären Demokratie und gehörten in der kommenden Revolution zur Phalanx in den Reihen der Achtundvierziger.

Sands Freveltat fand schon bald ein sehr unterschiedliches Echo. Jean Paul, bis dahin gewissermaßen ein »Idol« vieler Burschenschafter, verurteilte den Mord aufs schärfste und distanzierte sich entschieden von diesem Verbrechen. Ernst Moritz Arndt dagegen nannte es eine »patriotische« Tat.

Ein ehemaliger Burschenschafter aus dem Kreise der

»Schwarzen«, der Arzt Alexander Pagenstecher, schreibt in seinen *Lebenserinnerungen*: »Mir war Sand bisher kaum dem Namen nach bekannt gewesen. Bei dem ›Wartburgfest‹, im Oktober 1817, hatte er auch mißliebige Bücher verbrennen helfen. Seither hatte ich nichts mehr von ihm gehört. Wenige Tage aber vor seiner blutigen Tat war ein Brief von ihm an einen seiner hiesigen Freunde eingetroffen, worin er in mysteriösen Ausdrücken von großen Aufgaben und großen Opfern sprach und der uns zwar ahnen ließ, daß etwas Außergewöhnliches im Werke sei, ohne doch irgendeine Andeutung dessen, was geschehen sollte, zu erhalten ... Ich war ganz zermalmt ... Ebenso scheu und zerrüttet fand ich nachher meine Freunde.

Freilich hatten wir alle oft genug von dem Tod für die Freiheit und Vaterland gesprochen und gesungen und hielten uns jede Stunde bereit zu jedem Wagnis und Opfer, aber diese grauenhafte Wirklichkeit mit dem vollen Gepräge des Wahnsinns, dieser aller praktischen Zwecken bare wie alles natürlichen Menschenverstandes entbehrende Meuchelmord machte auf uns den vollen Eindruck eines eiskalten Bades.

Es sah aus, als ob wir alle uns vor uns selber und voreinander geschämt hätten. Indessen hielt dies erste und sehr richtige Gefühl doch nicht lange an. Einerseits waren unsere Köpfe noch zu erhitzt für eine rasche Heilung, andererseits klangen die Urteile der Menge über die Tat von Stunde zu Stunde immer entschuldigender, und es dauerte gar nicht lange, so war Sand in ihren Augen ein begeisterter Politiker und Märtyrer ..., und die Jungfrauen priesen sich glücklich, wenn sie ein Löckchen von seinem Haupte zu erhaschen wußten.«[6]

Die Mordtat machte den bis dahin völlig unbekannten Theologiestudenten mit einem Mal zum Idol in breiten Kreisen der Bevölkerung. Überall, auf offener Straße, hinter Fenstern und in Bilderläden hingen, wie sich Karl Gutzkow später erinnerte, Zeichnungen, die den Augenblick der Ermordung Kotzebues in den verschiedensten Details darstellten oder die Gefangennahme Sands zeigten. Zeichner und Lithographen produzierten Porträts des Mörders en masse und sorgten für ihre Verbreitung. Ja, selbst unter den Rauchern fand man Enthusiasten, deren Tabakspfeife das Bild des Mörders zierte.

In der allgemeinen Massenhysterie, vor allem bei breiten Schichten des Spießbürgertums, gingen die wenigen Stimmen der Vernunft unter. Möglicherweise hätte die Tat Sands als Fanal eines Aufbruchs gegen die volksfeindliche feudale Reaktion verstanden werden können, wenn eine aktive, breite Volksbewegung mit eben dieser Zielrichtung vorhanden gewesen wäre. Das war jedoch nicht der Fall. So diente denn die Missetat umgekehrt den Fürsten geradezu als willkommene Provokation. Auf einer im August 1819 von Metternich initiierten und besonders von Preußen unterstützten Konferenz in Karlsbad wurden folgenschwere Beschlüsse zur rigorosen Unterdrückung jeder oppositionellen Willenskundgebung erlassen, die der in Frankfurt am Main fungierende reaktionäre Bundestag sogleich als allgemeinverbindlich sanktionierte. In Mainz wurde eine Zentrale Untersuchungskommission gegen »demagogische und revolutionäre Umtriebe« gegründet, deren Behörden in allen dem Deutschen Bund zugehörigen Staaten rücksichtslos die Durchsetzung der von den Fürsten beschlossenen »Demagogenverfolgung« betrieben. Die Pressefreiheit wurde aufgehoben. Jeder einer fortschrittlichen Gesinnung Verdächtige konnte denunziert werden. Ihm drohten Verfolgung und drakonische Strafen. Die Universitäten, Professoren und Studenten waren der Überwachung und Bespitzelung durch borniertе Aufsichtsbehörden ausgeliefert. Lehrer wurden wegen ihrer bürgerlich-patriotischen Haltung entlassen. Literatur und Theater unterwarf man strengster Zensur.

Als Professor für Geschichte an der Universität in Bonn wurde Ernst Moritz Arndt aus dem Amte gejagt und ein Gerichtsverfahren gegen ihn eingeleitet. Den Dichter Wilhelm Hauff verurteilte man wegen angeblichen Pressevergehens zu zweieinhalb Jahren Gefängnis. Selbst gegen Männer wie den Freiherrn vom Stein und den Prediger Schleiermacher lagen Untersuchungsakten vor. Der Turnvater Jahn, als »Demagoge« verschrien, war schon im Juli 1819 in Berlin verhaftet worden. Wie Wilhelm von Humboldt wurden auch der preußische Minister Boyen, der Großkanzler Beyme und der in den Befreiungskriegen rühmlich hervorgetretene General Grolmann suspendiert, weil sie sich den Karlsbader Beschlüssen entschieden widersetzt hatten.

In dieser Situation gerieten die Theater noch mehr in den Brennpunkt der öffentlichen Aufmerksamkeit: bei den rigoros-eilfertigen Zensurbehörden durch ein zunehmendes Mißtrauen gegen jede oppositionelle Äußerung auf der Bühne und beim breiten Publikum durch ein wachsendes Interesse am Theater, da hier, trotz aller Zensur, in »verkleideter« Form und in versteckten Anspielungen politische Aussagen möglich waren und Kritik geübt werden konnte. Georg Wilhelm Friedrich Hegel, seit 1818 Professor für Philosophie an der Berliner Universität, konnte gewiß auch in diesem Zusammenhang hintergründig von der Dialektik als der »List der Vernunft« sprechen. Die schien sich darin zu äußern, daß die maßlos verschärfte Theaterzensur die Dichter und Schauspieler erst recht zum politischen Engagement provozierte. Die Bühne wurde mehr denn je zur politischen Arena, in der sich vor aller Augen ein ständiger Kleinkrieg zwischen den Vertretern des Fortschritts und denen der Reaktion, zwischen Schauspielern und Schnüfflern der Zensur abspielte. Mit den Extempores politischer Anspielungen konnte der Schauspieler seine Seitenhiebe sozusagen »zwischen den Zeilen« austeilen. Dieses Mittel zur Überrumpelung der Behörden gewann größte Bedeutung, denn mit ihm konnte der Schauspieler – wenn auch oft nur andeutungsweise – dem Stift des Zensors zum Opfer gefallene Gedanken des Dichters »vexiert« ausdrücken und ihm so manches Mal ein Schnippchen schlagen.

In dieser Zeit, den 20er Jahren, begannen Dichter wie Platen, Immermann, Grabbe, Börne und der junge Heine durch ihr politisch-literarisches Wirken von sich reden zu machen. Allen Verboten und Verfolgungen zum Trotz waren die vor allem durch Christian Dietrich Grabbe, Ludwig Börne und auch August von Platen repräsentierte kritisch-realistische Oppositionsliteratur, die politisch akzentuierte volkstümliche Literatur Ludwig Uhlands und Adelbert Chamissos, aber auch die Stimme des revolutionär-demokratischen jungen Heinrich Heine nicht mehr zum Schweigen zu bringen. Geistreiche Gesellschaftskritik übte Heine bereits seit Beginn der 20er Jahre in den *Briefen aus Berlin*, in den Schriften *Über Polen*, in der Tragödie *William Ratcliff* und in den *Reisebildern*.

Als Herausgeber der Zeitschriften *Die Waage* und *Die*

Zeitschwingen machte Börne durch seine ironisierende Entlarvung aller freiheitsfeindlichen Bestrebungen vor allem seit dem Erlaß der Karlsbader Beschlüsse auf sich aufmerksam. Aufsehen erregten auch seine *Monographie der deutschen Postschnecke* und die *Schilderungen aus Paris*.

Die Begeisterung für die Erhebung des griechischen Volkes gegen die türkische Fremdherrschaft äußerte sich in der Freiheitsdichtung Wilhelm Müllers *(Griechenlieder – Hymnen der Freiheit)*. Dem gleichen Thema sind die Freiheitslieder Uhlands gewidmet. Karl Leberecht Immermanns 1827 entstandenes Andreas-Hofer-Drama *Trauerspiel in Tirol* zeugte von der Sympathie des Dichters für die antinapoleonische Volksbewegung und den Freiheitskampf der Tiroler. In dem im selben Jahr geschriebenen Lustspiel *Scherz, Satire, Ironie und tiefere Bedeutung* geißelte Christian Dietrich Grabbe die jämmerlichen Zustände seiner Zeit mit grimmigen Spott. Seine 1829 entstandene Tragödie *Don Juan und Faust*, für die Lortzing die Bühnenmusik komponierte, war ein dramatisches Sittengemälde voll gesellschaftlicher Kritik und Anklage. Unvermindert erhielt sich aber auch die Popularität der zahllosen Komödien Kotzebues.

Die spektakulären Aufführungen der an vielen städtischen Bühnen auftretenden Schauspielertruppen privater Theaterunternehmungen erwiesen sich in diesem Zusammenhang mehr denn je als ein »kostümiertes Politikum«. So war es auch an den A-B-C-Theatern des Rheinlands.

Für die weitere künstlerische und weltanschaulich-geistige Entwicklung Albert Lortzings gewann in Aachen die Begegnung mit zwei Künstlern wesentliche Bedeutung, die sehr bald auf den jungen, vielseitigen Bühnendarsteller und angehenden Komponisten aufmerksam wurden: der Schauspieldirektor Friedrich Sebald Ringelhardt, der in Aachen gelegentlich als Schauspieler auftrat und 1820 als Theaterdirektor die Theatertruppe an der Bühne in Köln übernahm, sowie der Schauspieler Philipp Reger. Reger wurde später einer der engsten Freunde Lortzings und hat ihm für verschiedene Opernlibretti manchen Vers geschrieben. Der erfahrene, kunstsinnige Theaterdirektor Ringelhardt, allem Neuen gegenüber aufgeschlossen, allerdings immer auf ein gewinnbringendes Geschäft seiner vielfältigen Theaterunternehmungen bedacht, wurde später einer der wichtigsten Förderer Lortzings als Opernkomponist. Als lebenserfahrener Menschenkenner sah Ringelhardt nicht nur, wie sehr der junge begabte Lortzing und die schauspielerisch ebenso tüchtige Demoiselle Ahles einander zugetan waren, sondern erkannte als routinierter Theaterunternehmer auch den künstlerischen und ökonomischen Nutzen, den ihm die sympatische Schauspielerfamilie, zusammen mit der vermutlich »Zukünftigen« des jungen Lortzing, in seiner Theatertruppe einbringen würde. Die Lortzings zögerten nicht, als Ringelhardt ihnen ein entsprechendes Angebot unterbreitete. Die Familie ging nach Köln. Das bedeutete für das bereits mit Heiratsgedanken spielende junge Paar, tagtäglich gemeinsam auf der Bühne zu stehen, zugleich aber auch die Eltern weiterhin bei sich zu haben.

Erster Opernversuch – ALI PASCHA VON JANINA – und Abschied von Köln

Der 1821 ganz Europa bewegende Befreiungskampf der Griechen gegen die türkische Fremdherrschaft regte Lortzing zur Dichtung und Komposition seiner ersten Oper, ALI PASCHA, an. Wilhelm Müller, heute nur noch als Dichter der Schubertschen Liederzyklen *Die schöne Müllerin* und *Winterreise* bekannt, hatte als »Sänger des Freiheitskampfes der Griechen« durch seine *Griechenlieder* auch in Deutschland die Anteilnahme am nationalen Aufstand dieses Volkes zu wecken vermocht.

Wie die Fabelführung in Lotzings Libretto, aber auch die musikalische Gestaltung seiner griechischen Freiheitsoper zeigt, dienten dem Komponisten Mozarts *Entführung aus dem Serail* und Beethovens *Fidelio* als musiktheatralisch inspirierende Vorbilder. Lotzing spitzte den sozialen Konflikt des Handlungsgeschehens seiner Oper zu, indem er die individuelle Rettungstat seiner Helden unmittelbar mit der gewaltsamen Befreiung aller Sklaven von ihren Tyrannen verband.

Hier eine kurze Skizzierung des Handlungsverlaufs und der handelnden Personen der Oper:

Ali Bey, Pascha von Janina
Ibrahim, sein Capi Aga
Bernier, Capitain in französischen Diensten
Robert, Lieutnant, sein Freund
Arianna, eine junge Corfiotin
Ylene, ihre Vertraute
Euxion, ein junger Grieche.

Arianna ist von Seeräubern entführt und dem Pascha Ali Bey an der albanischen Küste verkauft worden. Der Pascha hält sie im Harem seines Palastes gefangen.

Auf der Suche nach Arianna gelangt der eine französische Truppe befehligende Capitain Bernier bis zum Palast. Ali Bey heißt den Fremden willkommen. Er möchte seinen ihm recht bedrückt erscheinenden Gast zerstreuen, indem er ihn einen Blick in den Harem gewährt. Unter den sich entschleiernden Haremsfrauen entdeckt Bernier seine Geliebte. Ein kurzer Blick des gegenseitigen Erkennens ist dem arglistigen Pascha nicht verborgen geblieben. Er begreift die wahre Absicht seines Besuchers und sinnt auf Rache. Arianna soll in seinem Besitz bleiben.

Scheinheilig lädt er den Fremden und dessen Gefolge zu einem üppigen Gelage ein. Da öffnet sich plötzlich ein Vorhang ... Den Gästen bietet sich ein Bild des Entsetzens: Arianna kniend und gefesselt; hinter ihr, mit gezogenem Säbel, Alis Vertrauter, der Capi Aga Ibrahim, der nur noch auf das Zeichen seines Gebieters wartet, der »Verurteilten« den tödlichen Hieb zu versetzen ...

Da fällt ein Schuß. Ibrahim sinkt zu Boden, und in den Saal stürmt mit seinen bewaffneten Soldaten Robert, Berniers Freund. Er konnte aus naheliegendem Versteck die bedrohlichen Vorgänge verfolgen, im letzten Augenblick die Mordtat an Arianna verhindern und damit gleich das Signal der Befreiung geben.

Ali und sein Gefolge werden überwältigt, Arianna und mit ihr alle Sklaven sind frei.

Bernier und Arianna sinken einander überglücklich in die Arme.

Mit dem geschichtlich verbürgten Untergang des Tyrannen Ali Pascha von Janina rückt so die befreiende Rettungstat eines französischen Seeoffiziers in den Vordergrund der Handlung. Der junge Leutnant Robert befreit mit seinen Kameraden nicht nur die von Ali Pascha gefangengehaltene Geliebte des Freundes, Arianna, mit Waffengewalt, sondern bewirkt durch seine mutige Tat zugleich die Befreiung aller Sklaven. Das Textbuch zeigt zwar noch die künstlerisch ziemlich naiv anmutende Handschrift eines Anfängers, der aber immerhin den Mut aufbringt, schon beim ersten Opernversuch zugleich sein eigener Librettist zu sein. Ungeachtet des kaum verwunderlichen Mangels an künstlerischer Reife ist dieses erste von Lortzing verfaßte Libretto, was die politisch-zeitgeschichtlichen Akzente des Sujets anbetrifft, aufschlußreich für den weiteren Weg des Opernkomponisten: Die Zeitereignisse von den Befreiungskriegen bis zur Revolution 1848/49 werden sich als die letztlich sein ganzes künstlerisches Wirken motivierenden Impulse erweisen.

Vorbild für Lortzings kompositorisches Schaffen waren vor allem die von ihm verehrten Meister der Wiener Klassik. Aber auch das deutsche Singspiel und insbesondere eine gründliche Kenntnis französischer Revolutionsopern aus dem letzten Jahrzehnt des 18. Jahrhunderts, mit denen er in der Praxis als Opernsänger über viele Jahre hinweg vertraut war, haben wesentlichen Einfluß auf seine Entwicklung als Komponist gehabt.

Von seiner kompositorischen Ausbildung her war Lortzing Autodidakt; aber schon ALI PASCHA zeigt seine beträchtliche kompositorische Begabung. Nicht allein die solide Beherrschung des Handwerks, der musikalische Einfallsreichtum, sondern auch die differenzierte musikalische Gestaltung des handelnden Personen sowie die durchaus schon bemerkenswerte Handhabung der instrumentatorischen Mittel verraten den kommenden Musikdramatiker. Manche kompositorischen Eigentümlichkeiten in späteren Opern Lortzings – wie ein Vergleich mit der mehr als 20 Jahre später entstandenen Ouvertüre zu UNDINE zeigt – scheinen hier schon vorgezeichnet.

Schroff steht der lyrisch ausdrucksvollen Stimmung des liebenden jungen Paares die bizarr und hektisch angelegte Gesangsmanier des grimmigen Ali Pascha gegenüber, bei dessen von wilden Koloraturen getriebener und in gewaltige Tonsprünge ausbrechender Partie wohl Mozarts Osmin aus der *Entführung aus dem Serail*, Beethovens Pizarro im *Fidelio* und Webers Caspar im *Freischütz* gleichermaßen Pate gestanden haben mögen.

Eine ähnlich bösartig-schauerliche Physiognomie kennzeichnet musikalisch auch die Partie des Capi Aga Ibrahim, des Paschas diabolischem Adlatus.

Die Partie des jungen französischen Leutnants Robert, der die Geliebte des Freundes vor dem Tode errettet und die Sklaven befreit, schrieb sich Lortzing sozusagen selbst auf den Leib. In der Anlage dieser Spieltenorrolle sind bereits bewußt eigene interpretatorische Erfahrungen und Vorstellungen des Bühnensängers Lortzing umgesetzt. Der vor allem von Grétry und seinen komponierenden Zeitgenossen entwickelte Gesangsstil der französischen Revolutionsoper hat hier auf die musikalische Gestaltung wesentlichen Einfluß gehabt. Deutlich erkennbar ist die spezifisch deklamatorische Behandlung des Gesangsparts, ein wichtiges kompositorisches Prinzip späterer Opern Lortzings.

Besonders emotional und ausdruckstark hat Lortzing im ALI PASCHA, wie in allen seinen späteren Opern, die Frauengestalten musikalisch ausgestattet. In ihrer Romanze und in der Preghiera »Zum Vater schau ich auf …« äußert sich in lyrisch inniger Melodik eindrucksvoll der seelische Reichtum und die innere Stärke der durch den Tyrannen bedrohten Arianna.

Den Text der Preghiera nahm der Komponist später fast unverändert in seine Oper REGINA auf.

Für Lortzing war ALI PASCHA – vor allem als dieser Opernerstling in Münster, Osnabrück und Detmold dann auch tatsächlich aufgeführt und beifällig aufgenommen wurde – ein ermutigender Erfolg. Die gründliche Beschäftigung mit der Musik Mozarts und Haydns, aber auch Schuberts und Webers half ihm, sich mit den entwickelten kompositorischen Techniken seiner Zeit immer mehr vertraut zu machen. Zweifellos ist in den bis zum Anfang der 20er Jahre entstandenen Kompositionen noch häufig eine starke Anlehnung an die großen musikalischen Vorbilder spürbar.

Vieles, was damals unter seiner Feder entstand, ist verlorengegangen, so die ersten Kompositionen aus der Knabenzeit zu Schillers *Bürgschaft* und zu L. F. Stolbergs Romanze *In der Väter Halle ruhte*, die Schauspielmusik zu Kotzebues *Schutzgeist* und eine 1821 komponierte OUVERTÜRE ALLA TURCA. In die Aachener Zeit fällt die Entstehung eines im Nachlaß aufgefundenen, jedoch unveröffentlichten ANDANTE MAESTOSO für Waldhorn und Orchester und eine Hymne DICH PREIST ALLMÄCHTIGER für Soli, Chor und Orchester auf einen Text des damaligen Stuttgarter Oberbibliothekars, des Lyrikers und Schriftstellers Friedrich von Matthisson.

Dieser mit Matthissons Text unternommene erste vokalsinfonische Versuch Lotzings war, ebenso wie das sechs Jahre später entstandene Oratorium »Die Himmelfahrt Jesu Christi«, in musikalischer Hinsicht weniger den Traditionslinien geistlicher Musik des 18. Jahrhunderts als vielmehr den operndramatischen Ambitionen und Erfahrungen des Komponisten verpflichtet. Charakteristisch dafür sind beispielsweise in Lotzings Hymne für Soli, Chor und Orchester die einprägsame Melodik, der Aufbau von Kontrastwirkungen, die farbige Instrumentierung und kräftige Stimmungsmalerei. Den Abschluß der Hymne bildet ein Lobgesang auf die Schöpfung und den Schöpfer, bei dem geistig-ideell der Einfluß Haydns und seiner Oratorien *Die Schöpfung* und *Die Jahreszeiten* unverkennbar ist. Die Dichtung Matthissons hatte Lortzing unmittelbar zu seinem ersten vokalsinfonischen Experiment angeregt. Beethoven hat drei Gedichte dieses einstmaligen Lehrers am Philantropium in Dessau, darunter *Adelaide,* vertont.

Schon kurze Zeit nach der Beendigung der Komposition zu Matthissons Hymne war der inzwischen vertraglich vereinbarte Engagementswechsel der Lortzing-Familie zu Ringelhardts Theatergesellschaft nach Köln erfolgt.

Hier wurde am 4. Dezember 1824 dem glücklichen jungen Paar das erste Töchterchen, Bertha, geboren; in der Folgezeit blieb reicher Kindersegen nicht aus. Elf Kindern hat Regina das Leben geschenkt, von denen nur sechs die Kinderjahre überlebten. So manches Mal hielt Trauer Einkehr, wenn der Tod einen hoffnungsvollen Sprößling aus dem Leben riß.

Schon das erstgeborene Kind, Bertha, ist im frühen Kindesalter, vermutlich bereits 1833, verstorben (wobei sich der tatsächliche Todestag urkundlich bis heute nicht eindeutig belegen läßt).

Nachweisbar bleibt lediglich, daß in Münster noch am 21. Dezember 1832 bei der Erstaufführung von Albert Lortzings Vaudeville DER WEIHNACHTSABEND, wie dem Programm-Zettel zu entnehmen ist, Bertha und drei ihrer Geschwister in Kinderrollen mitgewirkt haben. Zu dieser Zeit lebten von den bis dahin geborenen fünf Kindern der Lortzings noch vier; das 1827 als drittes Kind geborene Mädchen Caroline Rosalie starb bereits im Alter von nicht einmal einundeinhalb Jahren. Doch der harte und unerbittliche Theateralltag ließ kaum Zeit für langes, selbstquälerisches Grämen, standen doch den geradezu armseligen und oft genug traurigen Lebensumständen daheim in beruflicher Hinsicht zunehmend Ansprüche und Aufgaben gegenüber, die von dem jungen Künstlerehepaar das äußerste an Einsatz und Leistungsfähigkeit forderten.

Ringelhardts Theater-Gesellschaft war vertragsgemäß verpflichtet, während der jeweiligen Spielzeit nicht allein in Köln, sondern zeitweise auch auf der Aachener Bühne aufzutreten. Dabei war sein Spielplan vielfältig, aktuell und auf Publikumswirksamkeit berechnet. Zeitgenössische Novitäten der dramatischen Literatur und der Oper spielten eine bevorzugte Rolle. Aber auch die klassischen Repertoire-Stücke eines reichen dramatischen Erbes kamen nicht zu kurz. Die Familie Lortzing war dementsprechend auf der Bühne ebenso häufig wie vielseitig beschäftigt. Oft standen in der Vorstellung alle vier Lortzings auf der Bühne, so in Shakespeares *Romeo und Julia*. Hier durfte sich übrigens Lortzings Mutter in der Rolle der Amme einer ausdrücklichen Anerkennung ihrer schauspielerischen Leistung durch August Wilhelm Schlegel erfreuen, in dessen Übersetzung das Werk in Köln am 15. April 1825 zum ersten Male aufgeführt wurde. In Schillers *Braut von Messina* traten drei Lortzings auf, so am 1. Juni 1825 in Aachen, wie ein Programm-Zettel ausweist.

In Köln lernte Albert Lortzing auch Johann Friedrich Jüngers nach einer französischen Lustspielvorlage geschriebene *Comödie aus dem Stegreif* kennen. Das Vier-Personen-Stück wurde auf der Bühne einzig von der Lortzing-Familie zur Aufführung gebracht. An dieses Stück werden wir uns erinnern, wenn Lortzing viel später, bei der Wahl eines Sujets für das Libretto zu seinem letzten musikalischen Bühnenwerk, DIE OPERNPROBE, auf Jüngers Komödie zurückgreift.

Trotz seiner vielfältigen darstellerischen Aufgaben suchte und fand Lortzing noch Gelegenheit zum Komponieren. Unter den zu dieser Zeit entstandenen, besonders den Einfluß Webers und Schuberts verratenden Kompositionen sind eine JUBELOUVERTÜRE (von Lortzing mit der ergänzenden Bemerkung versehen: »Ouvertüre Es-Dur über den Dessauer Marsch«) und ein für Gesang und Gitarrenbegleitung komponiertes LIED DES SERINI zu Joseph von Auffenbergs Bühnenstück Viola erwähnenswert, das Ringelhardt während der Spielzeit 1825/26 in sein Repertoire aufnahm.

Im Herbst trat Lortzing der Freimaurer-Loge »Beständigkeit und Eintracht« in Aachen bei, zu diesem Zeitpunkt noch nicht ahnend, daß schon sehr bald ein recht bedeutsamer Engagementswechsel ins Haus stehen würde. Seine Hoffnung, den ALI PASCHA in Köln oder auch an anderen Bühnen der A-B-C-Theater zur Aufführung zu bringen, war trügerisch. Es mag sein, daß der politisch aktuelle Stoff und die sozialkritische Tendenz der einaktigen Freiheitsoper die Theaterdirektoren schreckte und ein Verbot durch die Zensurbehörden befürchten ließ; möglicherweise traute man auch dem Erstlingswerk des sich als Opernkomponist an die Öffentlichkeit wagenden jungen Mimen einen nachhaltigen Erfolg nicht zu. Jedenfalls lag die Oper noch immer daheim in Lortzings Schreibtisch. Der ansonsten für Theaternovitäten durchaus zu begeisternde Ringelhardt hielt sich zurück, wozu er umso mehr Grund haben mochte, als die Aachener Theaterintendanz zu Beginn der Herbstsaison 1826 das durch seine Theatergesellschaft dort zur Aufführung vorbereitete Drama *Die Kreuzfahrer* von Kotzebue aus fadenscheinigen Gründen verbot. Da Ringelhardt sich über das Verbot couragiert hinwegzusetzen wagte und alle Anstalten machte, die für den 4. September vorgesehene Aufführung stattfinden zu lassen, verfügte die Intendanz am Tag der Premiere kurzerhand die Schließung des Theaters. Für Ringelhardt wurde es – wollte er nicht zu Kreuze kriechen – von nun an immer schwieriger, seinen vertraglichen Verpflichtungen nachzukommen und dabei auch finanziellen Gewinn zu erzielen. Er war ja mit seiner Theatertruppe innerhalb einer Spielzeit vertraglich sowohl an die Bühne in Köln als auch – in begrenztem Rahmen – an das Theater in Aachen gebunden. Das brachte ihn bei seinen absolut unkonventionellen Spielplanpraktiken zunehmend in eine komplizierte Lage.

Einerseits überwachte die Kölner Theaterintendanz mit wachsendem Argwohn, inwieweit sich Ringelhardt in Aachen engagierte und die Kölner Bühne nicht über

Gebühr vernachlässigte; andererseits durchkreuzte die Aachener Intendanz zusehends seine realistischen und »kassengerechten« Spielplandispositionen. Da sich Ringelhardt den betont konventionellen Repertoirewünschen der Intendanz nicht beugte, drohte man ihm schließlich wegen angeblichen Vertragsbruchs mit einer Konventionalstrafe. Er entzog sich diesen Machenschaften, indem er den Rheinpreußen und den A-B-C-Theatern den Rücken kehrte und schließlich nach Sachsen ging, um sich dort bald als Theaterdirektor in Leipzig niederzulassen.

Als sich aufgrund eines entsprechenden Angebotes aus Detmold im Sommer 1826 für Albert Lortzing und seine Frau die Chance eines neuen Engagements am dortigen Hoftheater bot, zögerten beide nicht lange. Die Aussicht, den sich immer unerfreulicher gestaltenden Theaterverhältnissen in Köln entgehen zu können und wohl auch die Einsicht, als Bühnendarsteller am A-B-C-Theater mit einem Debüt als Opernkomponist nicht rechnen zu können, mag ihre Entscheidung beeinflußt haben, in die Residenz des Lippischen Fürstentums zu gehen, so schmerzlich auch die zumindest vorläufige Trennung von den Eltern sein mochte. Diese blieben vorerst in Köln, wobei sie – zumindest bis 1828 – häufig auch »Abstecher« an das Theater in Bonn führten.

3. LIPPE-DETMOLD – EINE WUNDERSCHÖNE STADT ...
(1826–1833)

»Laß uns nicht lange bleiben
der Knechtschaft Untertan!«
AUS ANDREAS HOFER

Frisch gewagt – halb gewonnen?

Nach einer strapaziösen Reise trafen die jungen Lortzings ziemlich erschöpft in Detmold ein, wo sie neue anspruchsvolle Aufgaben erwarten sollten.

Zu der jungen Künstlerfamilie gehörte die kleine Bertha mit dem am 18. Februar geborenen, inzwischen neun Monate alten Schwesterchen Charlotte Albertina Rosina, später ebenfalls kurz Bertha genannt – wohl in liebender Erinnerung an das während der Detmolder Zeit verstorbene erstgeborene Kind der Lortzings, das schon auf diesen Namen getauft worden war. Außer Albertina brachten sie aus Aachen auch Reginas kleine Nichte Christine mit nach Detmold. Christine, Tochter der Schwester Reginas, Katharina Kupfer, gehörte inzwischen gewissermaßen schon zur Familie des Künstlerehepaares und hat hier unter einer stets wachsenden Kinderschar über viele Jahre ihr wirkliches Zuhause gefunden.[1]

Einen Tag nach der Ankunft in der Lippischen Residenz schrieb Lortzing am 5. November an seine Eltern:

»Gestern Mittag um 2 Uhr sind wir gesund und wohlbehalten in der Residenzstadt Detmold angelangt. Wir haben sehr schlechtes Wetter im Durchschnitt gehabt. Den ersten Tag fuhren wir bei sehr schlechtem Wetter bis Schwelm, den zweiten bei sehr gutem Wetter (das heißt soviel, als es regnete nicht) bis zu einem einzelnen Posthause 6 Stunden hinter Iserlohn; den dritten Tag bei fürchterlichem Wetter, so daß wir am Vormittag glaubten, der Sturm würde den

Wagen umwerfen, kamen wir bis Paderborn, und am vierten Tage dann endlich bis hierher.« Amüsiert berichtet Lortzing dann, daß er mit dem Theaterintendanten »Herrn Pichler die Aufwartung beim Hofmarschall machte. Ein sehr lieber, artiger Mann, schade, daß er nicht Kalb heißt, er hat wenigstens ein Gesicht wie ein Kalb ... Pichler ist ein sehr lieber, stiller, einnehmender Mann. Er hat mich zu den Honoratioren Detmolds geführt, als: obengenannter Hofmarschall, Herrn Schloßhauptmann v. Funk, dem Oberpostdirektor u.s.w. Alle die Freundlichkeit und Artigkeit selbst. Übrigens ist Detmold eine sehr schöne Stadt, die weit mehr Dreck als Häuser hat.«[2]

Ärger bereitete gleich zu Anfang das Wohnungsproblem. Auf der Suche nach einem einigermaßen erträglichen Quartier zögerte die Familie notgedrungen nicht lange, sich für das »erste, beste« Logis zu entscheiden, um überhaupt erst einmal ein Dach über dem Kopf zu haben. Mit einer Vorauszahlung von einem Taler an die Wirtin machte Lortzing die Mietsvereinbarung gewissermaßen perfekt. Kurz danach fand die Familie jedoch durch einen Hinweis eines dem Theater nahestehenden Rezensenten im Hause einer Frau Stallmeister Wülker ein wesentlich günstigeres, vor allem um zwei Taler billigeres Logis. Schnell entschlossen disponierten die Lortzings um und zogen auf der Stelle in Frau Wülkers Haus ein. Aber da hatte der nüchtern kalkulierende Papa Lortzing die Rechnung ohne die Wirtin des ersten Quartiers gemacht. – Ausführlich berichtet er seinen Eltern, wie diese reagierte, als er ihr sagte, sie solle den Taler behalten, er habe aber inzwischen eine wohlfeilere Behausung gefunden:

»Das Weib fing einen Skandal an und sagte, sie wolle mich verklagen, ich sagte, sie solle es in Gottes Namen tun und glaubte, es sei ein Schreckschuß.

Unglücklicherweise aber haben die Theaterleute zwei von meinen Koffern zu ihr gebracht, in der Meinung, ich habe da gemietet. Wie sie den Irrtum einsehen und die Koffer wieder holen wollen, hält das infame Weib die Koffer fest und will erst die Miete haben.«[3]

Was blieb unserm guten Lortzing übrig? ... Nach anfänglichem Zögern mußte er dann wohl doch nachgeben. Die sich geprellt sehende Frau hatte inzwischen hinreichend dafür gesorgt, daß der »Skandal« längst Stadtgespräch und inzwischen auch dem Theaterdirektor Pichler zu Ohren gekommen war – das ganze wohl nicht gerade ein günstiges Renommee für das eben erst engagierte Künstlerpaar. Jedenfalls rieten Pichler und der ebenfalls schon instruierte Stadtsyndikus, sich mit der aufgebrachten Frau in Güte zu verständigen und ihr zu dem einen Taler noch vier dazuzulegen. So erhielt Lortzing denn seine »teuren« zwei Koffer zurück.

Nachdem Regina am 9. März 1827 wieder einem Mädchen mit dem Namen Caroline Rosalie das Leben schenkte, gaben die Lortzings das etwas beengte Logis bei Frau Wülker auf und mieteten sich am Kleinen Markt 43 eine geräumigere Wohnung im Landgraffschen Haus. Schnell lebten sie sich in Detmold ein und fühlten sich auch in dem landschaftlich reizvollen Umfeld der am Fuße des Teutoburger Waldes gelegenen Residenz äußerst wohl.

Was das Theater selbst betraf, so sahen sich die Lortzings in ihren an das neue Engagement geknüpften Erwartungen im ganzen gesehen nicht enttäuscht. Über seine und Reginas Wirkungsstätte in Detmold schrieb Lortzing an seine Eltern: »Das Theater ist sehr niedlich, ungleich höher als das Kölner, hat eine Menge Versenkungen, überhaupt viel Maschinerie. Meine Frau tritt am Dienstag den 7. in den *Drei Wahrzeichen* (von Clauren) auf, ich am 9. in *Johanna von Montfaucon* (von Kotzebue). Ich wollte nicht recht daran, aber er (Pichler) machte mir begreiflich, daß das Stück hier noch nicht gegeben und man sehr neugierig sei, also in Gottes Namen. Am 10. ist der *Barbier von Sevilla*, ich der Barbier. Am 12. *Preciosa*, meine Frau Preciosa. Unsere weiteren Rollen werde ich unverzüglich melden, sowie den Erfolg der ersten.«[4]

Das Theater war erst am 8. November 1825 mit Mozarts Oper *Titus* eröffnet worden und genoß das Wohlwollen des jungen Fürsten Paul Alexander Leopold, dem die Entfaltung der musischen Atmosphäre in der Residenz des Lippischen Fürstentums durchaus am Herzen lag. Die Bühne erwarb sich bald einen beachtlichen Ruf in der deutschen Theaterlandschaft. Die Vielfalt an Einstudierungen und Aufführungen sowohl im Bereich der Oper als auch des Schauspiels, des Vaudevilles, der Posse und des Schwanks von Spielzeit zu Spielzeit ist für uns heute kaum noch vorstellbar.

Der in dem Residenzstädtchen naturgemäß kleine Kreis eines theaterinteressierten Publikums bewirkte – sollte das Ensemble nicht vor leerem Hause spielen -, daß eine Premiere die andere jagte. Das bedeutete für die Künstler, Tag für Tag auf der Bühne zu stehen. Für das Lernen immer neuer Rollen und Partien blieb da nur wenig Zeit, von der kurzen Probenarbeit ganz zu schweigen.

Alles das war damals an den meisten Bühnen als »normale« Theaterpraxis gang und gäbe. Daß Lortzing unter solchen Umständen noch Zeit zum Komponieren fand, erscheint fast unglaublich. Offenbar war ihm das tagtägliche Wirken als Bühnendarsteller und der dauernde Kontakt »vor Ort« mit dem Publikum weniger eine Last als eine Quelle fortwährenden Ansporns zu eigenem schöpferischen Wirken als Bühnenautor und Komponist.

Fast unübersehbar ist die Liste der unterschiedlichsten Bühnenwerke, in denen Albert und Regina während ihres Detmolder Engagements auftraten. Sie spielten hier im Laufe der nächsten Jahre Rollen und Partien praktisch aller damals gängigen Repertoirestücke. Besonders wichtig für die weitere künstlerische Entwicklung Lortzings wurden die in Detmold aufgeführten französischen Lustspiele sowie die Opern Grétrys, Méhuls, Spontinis, Lesueurs, Dalayracs und Cherubinis. In den meisten Bühnenwerken dieser Komponisten trat er selbst als Sänger auf und erwarb sich auf diese Weise eine gründliche Kenntnis jener Opernliteratur. Hier lernte er auch eine Reihe der um die Wende des 18. zum 19. Jahrhundert in Frankreich entstandenen »Revolutions- und Rettungsopern« kennen, die ihn später – als er 1848 seine REGINA schrieb – neben den unmittelbaren Ereignissen der 48er Revolution zweifellos inspiriert und beeinflußt haben. Zahlreiche Bühnenstücke, die Lortzing später als Anregung oder Vorlage für seine Opernlibretti dienten, hat er hier kennengelernt.

Es würde zu weit führen, hier alles aufzulisten, was allein Albert Lortzing damals auf der Bühne gespielt und gesungen hat – die vielen Rollen im überwiegend komischen, aber auch tragischen Fach, die unterschiedlichsten Partien des Tenor- wie des Baritonfachs in Opern aller Spielarten. Statt der vielen, heute nicht einmal mehr dem Namen nach bekannten, damals aber zum »eisernen Bestand« des Theaterrepertoires gehörenden Werke mögen nur einige wenige Beispiele die ganze Spannweite der darstellerischen und sängerischen Aufgaben Albert Lortzings kennzeichnen: In Mozarts *Entführung aus dem Serail* der Pedrillo, im *Don Juan* die Titelpartie und in der *Zauberflöte* der Papageno wie auch der Monostratos, in Beethovens *Fidelio* der Jaquino; in Johann Schenks *Dorfbarbier* sang er den Adam, in Ludwig Spohrs *Faust* die Partie des Franz.

Besonders häufig trat Lortzing in italienischen und französischen Opern auf; erwähnt seien – unter anderen – von Auber *Maurer und Schlosser* (Roger) und *Fra Diavolo* (Lord Kookburn), von Méhul *Joseph in Ägypten* (Simeon) sowie *Une folie*, unter dem deutschen Titel *Je oller, desto besser* (Johann).

In Boieldieus *Weißer Dame* trat Lortzing als Dickson, in *Le nouveau seigneur de village* (Der neue Gutsherr) in der Partie des Johann auf. Die Titelpartie sang er in Hérolds damals viel gespielter Oper *Zampa*. Ebenfalls in der Titelpartie trat er oft in Rossinis *Barbier von Sevilla* auf. Als Gladiator konnte man ihn in Sponinis *Vestalin* erleben.

Aus dem Schauspielerrepertoire wären herauszuheben: *Die Räuber* von Schiller (Kosinsky), *Emilia Galotti* von Lessing (Prinz von Guastalla), August von Kotzebues *Die deutschen Kleinstädter* (Sperling) und der Flamberg in Heinrich von Kleists *Käthchen von Heilbronn*.

Schließlich sei aus der romantischen Dramatik noch erwähnt: *Der Geizige* von Molière (La Flèche), *Das öffentliche Geheimnis* von Carlo Gozzi (Alexander) und *Der wundertätige Magus* von Pedro Calderón de la Barca (Lätius).

Häufig ist Lortzing auch in Shakespeares Dramen aufgetreten, so in *König Lear* als Narr, im *Kaufmann von Venedig* als Bassiano, im *Hamlet* als Gustav und in der Rolle des Grafen Paris.

Daß bei den damals üblichen vertraglichen Verpflichtungen eines Bühnenmitglieds auch Lortzings Frau über Beschäftigungsmangel nicht zu klagen hatte, bedarf wohl keiner besonderen Erwähnung; und das alles bei einer »fürstlichen« Wochengage für die beiden Vielbeschäftigten von – sage und schreibe – zusammen 24 Talern ...!

Damit Lortzings Frau trotz sich wiederholt einstellender »Mutterfreuden« ihren Theaterverpflichtungen einigermaßen nachkommen konnte, war es ein Glück, ihre Nichte, Christine Kupfer, im Familienhaushalt zu wissen, die sich uneigennützig der Kinder des Künstlerehepaares annahm. Angesichts der bescheidenen finanziellen Lage der Lortzings war Alberts Hoffnung auf etwaige Gastspielangebote andernorts nur allzu verständlich; ein Gastspiel bedeutete auf jeden Fall eine kleine Aufbesserung der kargen Einkünfte am hiesigen Theater. Natürlich konnte dafür nur die ohnehin knapp bemessene Zeit während der Theaterferien im Sommer genutzt werden. Ende Juli des Jahres 1827 endlich konnte Lortzing dem Ruf des Hamburger Stadttheaters folgen, dort in der Titelfigur des *Don Carlos* von Schiller und als Carl von Ruf in Heinrich Becks *Schachmaschine* zu gastieren. Nach Detmold zurückgekehrt, forderte der Beginn der neuen Spielzeit unerbittlich seinen Tribut. Neue Rollen waren einzustudieren, neue Stücke zu probieren.

Wie zuvor in Aachen und Köln, so gewannen die Lortzings auch in Detmold sehr schnell die Sympathie des Publikums. Ganz besonderes Vergnügen bereiteten in diesem Zusammenhang Albert Lortzings Extempores, auf die man bei seinen Auftritten auf der Bühne mit Neugier wartete. Selbst auf die Gefahr einer drohenden Bestrafung ließ er keine Gelegenheit dazu aus. Geriet auf der Bühne ein Dialog ins Stocken, weil der Partner plötzlich »steckenblieb«, so baute ihm Lortzing durch die unterschiedlichsten Zwischenrufe gewöhnlich eine »Eselsbrücke«, etwa mit der Ermunterung: »Nun, so schießen Sie doch los!«

Spontane politische Anspielungen waren an der Tagesordnung. Gelegentlich von offizieller Seite gewarnt, nahm Lortzing das eine oder andere Mal auch zur Pantomime Zuflucht. Selbst wenn wieder einmal etwas mit der Bühnentechnik nicht klappte, wurde die »Panne« mit Hilfe eines pantomimischen Effekts zur Erheiterung des Publikums überbrückt.

Einmal, als er in einer Vorstellung mit dem Couplet »Ein niedliches Mädchen, ein junges Blut, erkor sich ein Landmann zur Frau« an die Rampe tritt, fällt plötzlich durch ein vermutlich technisches Mißgeschick der Vorhang. Lortzing springt geistesgegenwärtig zurück. Der Vorhang hebt sich kurz danach wieder. Die unterbrochene Szene wird wiederholt und die Vorstellung fortgesetzt. Wieder beginnt er zu singen: »Ein niedliches Mädchen ...«, – stockt jedoch an der gleichen Stelle mit seinem Vortrag, bei der im zuvor der herabfallende Vorhang unterbrochen hatte, und blickt angstvoll nach oben. Applaus und allgemeine Heiterkeit waren das Echo im Zuschauerraum.

Lortzing vergaß auf der Bühne nie den für ihn wichtigsten Partner, sein Publikum, mit dem er – oft gegen die argwöhnischen Theatervorstände – gerade dadurch unmittelbaren Kontakt hielt, daß er »aus der Rolle fiel«, wenn es die Situation ergab.

Die künstlerischen Erfolgserlebnisse mochten die beträchtlichen Anstrengungen des harten Theateralltags gewiß etwas mildern; denn die Strapazen des Bühnenbetriebs waren nicht unbeträchtlich. Nur im Winter wurde in der »Residenz« gespielt. In der übrigen Zeit des Jahres waren regelmäßige »Abstecher« nach Münster, Osnabrück und Bad Pyrmont üblich und selbstverständlich.

An neue kompositorische Unternehmungen war in jener Zeit kaum zu denken. Um so mehr beschäftigte den Komponisten der Gedanke, mit seinem ALI PASCHA in Detmold sein Glück zu versuchen. Von einer möglichen Aufführung war bei Direktor Pichler allerdings keine Rede gewesen.

Sichtlich erbost über ihn, machte Lortzing in einem Brief an seine Eltern seinem Unmut gehörig Luft: »... ich habe mich meines Benefizes halber mit Pichler etwas gekabbelt und geärgert, so daß ich mich jetzt gar nicht mehr darum bekümmere. Er will mir gleich von Anfang in Osnabrück *Don Juan* oder die *Zauberflöte* geben, meine Oper kann nicht mehr einstudiert werden. Ergo – die Direktoren sind überall Schweinehunde, und wo man sie kneifen kann, soll man es tun.«[5]

Schließlich aber sollte Lortzings Wunsch, der Öffentlichkeit seinen ALI vorzustellen, doch noch in Erfüllung gehen. Wenn auch nicht in der Residenzstadt, so kam die Oper immerhin am 1. Februar 1828 auf der Abstecherbühne in Münster zur erstmaligen Aufführung. Mit Genugtuung mag der junge Opernkomponist die Ankündigung des Theaterzettels vermerkt haben:

    ALI PASCHA VON JANINA
    oder: DIE FRANZOSEN IN ALBANIEN
    Türkische Oper in einem Act, nach einer
    wahren Anekdote,
    von G. A. Lortzing. Mitglied des hiesigen Theaters.

Als Darsteller des jungen Leutnant Robert konnte der Komponist von der Bühne her die Wirkung seiner zu künstlerischem Leben erweckten ersten Oper auf das Publikum ganz unmittelbar verfolgen und erleben. Das freundliche Echo, das ALI PASCHA bei den Theaterbesuchern fand, war für Albert Lortzing gewiß ermutigend, sich auch weiterhin auf dem anspruchvollen Feld der Oper zu versuchen.

Freilich wurde ALI PASCHA damals nur noch einmal im April desselben Jahres in Osnabrück und zuletzt am 12. April des folgenden Jahres in Detmold gespielt. Dann fiel Lortzings erster Opernversuch der allgemeinen Vergessenheit anheim.

Ganz abgesehen von den künstlerischen Unzulänglichkeiten, die des kühnen »Anfängers« kleiner Oper mit großem Thema ganz zweifellos anhafteten, hatten es Stücke solcher Art schon wegen ihrer politischen Tendenz schwer; das sollte der Komponist sehr bald auch mit seinen in den nächsten Jahrn entstehenden Bühnenwerken erfahren.

Nicht immer begegneten ihm argwöhnische Behörden mit offenem Visier. Es mochte, um Lortzing zu diffamieren und seinen künstlerischen Wirkungskreis zu denunzieren, hier und da schon genügen, wenn beispielsweise einem Bürgermeister von Münster ein aktenkundig fixierter, regierungsamtlicher Verweis erteilt wurde, in dem es heißt: »... ebenso wenig waren Sie befugt, dem Schauspieler Lortzing ein Concert zu gestatten, da derselbe als Musiker gar keinen Werth und Ruf hat.«[6]

Mir solchen verkappten Angriffen sollte sich Lortzing später noch oft konfrontiert sehen; und nicht immer vermochte er den sich hinter geschlossenem Visier tarnenden Gegner zu entdecken und die echten und falschen Freunde von Anbeginn auseinanderzuhalten. Aber im harten Existenzkampf reifte auch seine Menschenkenntnis.

Ersehnte Geselligkeit unter Gleichgesinnten suchte und fand der Komponist in Münster und Osnabrück im dortigen »Bruderbund«, einer im Detmoldischen beheimateten Freimaurerloge, deren Mitglied er wurde. In Osnabrück komponierte Lortzing 1829 acht Lieder mit Klavierbegleitung für die »St. Johannes-Loge zum goldenen Rade«. Eines dieser Lieder sollte später dadurch Bedeutung erlangen, daß er dessen Melodie in seiner Oper ZAR UND ZIMMERMANN in dem heute noch bekannten und beliebten »Zarenlied« des dritten Aktes wieder aufgegriffen hat.

Inzwischen wurde in Detmold das zu dieser Zeit an fast allen deutschen Bühnen mit großem Erfolg gespielte Deinhardtsteinsche Schauspiel *Hans Sachs* aufgeführt. Mit offensichtlichem Vergnügen berichtete Lortzing in diesem Zusammenhang seinen Eltern am 19. Mai 1828 von dem »überraschenden Glück« des der Familie bekannten Schauspielers Jakobi in Hamburg, dem dort als Darsteller des Hans Sachs »von der Hamburger Schuhmacher-Zunft ein Diplom erteilt worden ist, welches ihm und seinen Kindern und Kindeskindern, solange sie leben, freie Schuh und Stiefel zusichert. Dem guten Jakobi«, fügt Albert hinzu, »wird dies sehr angenehm sein, denn er hat eine bedeutende Familie.«[7] Wer könnte es Papa Lortzing mit seiner ebenfalls »bedeutenden« Familienschar verargen, sollte er möglicherweise auf den *Hans Sachs* vom Hamburger Stadttheater ein klein wenig neidisch gewesen sein. Jedenfalls wird er sich wohl des »guten Jakobi« wieder erinnert haben, als er wenig mehr als zehn Jahre später selbst daran ging, nach Deinhardtsteins Bühnenstück seine Oper HANS SACHS zu schreiben; ein ähnliches »Glück«, wie es dem Hamburger Hans-Sachs-Darsteller zuteil wurde, sollte Lortzing allerdings nicht beschieden sein.

Trotz der Übernahme und Einstudierung immer neuer Rollen und Partien in Schauspiel und Oper nahm die kompositorische Schaffenslust Lortzings mehr und mehr zu. Schon am 24. März 1828 gelangten in Münster *Die Hochfeuer, oder: die Veteranen*, ein »lyrisches Spiel in 1 Act von Doctor Sachs«, zur Aufführung, zu dem er die Bühnenmusik schuf.

Im selben Jahr komponierte Lortzing ein von Haydnschem Geist inspiriertes Oratorium, DIE HIMMELFAHRT JESU CHRISTI, zu dem der Osnabrücker Lehrer Karl Rosenthal den Text schrieb.

Die Musik zeugt von einem erstaunlichen Reifegrad des jungen Komponisten, sowohl hinsichtlich des musikalischen Erfindungsreichtums wie in der thematisch, auch fugiert durchgeführten Behandlung äußerst prägnant-motivischer Gedanken der ideellen Aussage; desgleichen lassen die einprägsame musikalische Profilierung der Solopartien und die differenzierte Gestaltung der Chöre, die durchgängig erkennbare Formenvielfalt und eigenwillig-wirkungsvolle Orchestrierung der gesamten Partitur aufhorchen.

Ein Chor der Engelscharen eröffnet das Werk mit einem hymnisch-getragenen Thema RELIGIOSAMENTE: »Heilig, heilig, heilig ist unser Gott«, das zu einem jubelnden Lobgesang »Allegro spirituoso« hinleitet. Eine sich mit Vehemenz entwickelnde vierstimmige Fuge über das Thema »O Heil, O Heil, dem Mittler, der versöhnet, O Heil ihm« beschließt durch den Chor der Engel den ersten Teil des Oratoriums.

Ein feierlich-erhabener Bläsersatz leitet den zweiten Teil ein, in dem die Erscheinung Jesu Christi und seine menschenfreundliche Botschaft mit der Tenor-Arie »O großes Heil ist Euch beschieden« in den musikalisch-dramatischen Mittelpunkt der »Himmelfahrt Jesu Christi« rückt. Ein Soloquartett der Seligpreisung mündet im Wechselspiel mit dem Chor und dessen schließlicher Vereinigung mit den Solostimmen in den hoffnungsfrohen Ausklang im Finale.

Das Werk wurde im Rahmen eines »Großen Konzerts« im Schauspielhaus von Münster am 15. November 1828 zum ersten Male aufgeführt. Ein Jahr später fand am 11. November 1829 in Osnabrück eine Wiederholung statt. Es ist bemerkenswert, daß dieses inzwischen selbst unter Fachleuten kaum noch bekannte vokalsinfonische Werk des Siebenundzwanzigjährigen nach fast einhundertundsechzig Jahren in Berlin wieder aufgeführt und vom Publikum beifällig aufgenommen worden ist.

Am 28. Mai 1987 – anläßlich des 750jährigen Bestehens Berlins – traten der Philharmonische Chor und das Radio-Symphonie-Orchester Berlin unter der Leitung von Uwe Gronostay in der Philharmonie mit Lortzings Oratorium vor die Öffentlichkeit. In dem auf dem Platz der Akademie im Zentrum Berlins wieder erstandenen – im zweiten Weltkrieg zerstörten – Schinkel-Bau des Schauspielhauses kam das Werk unter der Leitung von Dietrich Knothe am 11. März 1988 mit dem Rundfunksinfonieorchester und dem Rundfunk-Chor Berlin ebenfalls zu einer vielbeachteten Aufführung.

Eine bemerkenswerte Kameradschaft

Für Lortzings kompositorische Ambitionen brachte das Jahr 1828 neue schöpferische Impulse durch die überraschende Zusammenarbeit mit einem Dramatiker, der sich – wenn auch nicht in seiner Geisteshaltung, so doch in seinem Naturell und seinem individuellem Lebensstil – von ihm so ganz und gar unterschied: Christian Dietrich Grabbe.

Wie die Vormärzdichter und später Achtundvierziger Georg Weerth und Ferdinand Freiligrath – und im selben Jahr wie Albert Lortzing – in Detmold als Sohn eines Zuchthausverwalters geboren, schlug sich Grabbe in seiner Heimatstadt seit 1824 als Advokat und vier Jahre später als Auditeur des Lippischen Militärs recht und schlecht durch. Gelegentlich verfaßte er – nicht zuletzt auch zur Aufbesserung seiner pekuniären Lage – Theaterrezensionen, die von den Akteuren gewöhnlich nur als blanke Provokation empfunden wurden. Ganz »nebenbei« schrieb der geistig aufrührerische Antiphilister und plebejisch-radikale Außenseiter eine Anzahl höchst bemerkenswerter Bühnenstücke, durch die er uns heute neben Georg Büchner als der bekannteste Dramatiker des Vormärz gilt.

In seinem Streben nach einer zeitbezogenen realistischen Theaterkunst zielte Grabbe mit Bühnenwerken – vorwiegend im historischem Gewande – auf die Geißelung der ihn umgebenden restaurativen Verhältnisse im damaligen zerrissenen Deutschland. Das machte ihn für viele seiner Zeitgenossen, vor allem aber für die Obrigkeit, in höchstem Maße suspekt. Konnte Grabbe somit kaum hoffen, seine Stücke jemals auf der Bühne zu erleben, so war es ihm offenkundig ein wahres Vergnügen, durch bissige Rezensionen in der Presse den herkömmlichen Theaterbetrieb auf jede erdenkliche Weise verächtlich zu machen. Dabei machte sein galliger Spott natürlich auch vor dem Detmolder Theaterensemble nicht halt.

Eines schönen Tages bekam auch Lortzing eine Rezension in der »Dresdener Abendzeitung«, vom 24./28. April 1828, zu Gesicht, wo schwarz auf weiß zu lesen war: »Herr Lortzing spielt, was ihm so eben vorkommt: Bauernjungen, Bonvivants, Studenten (die aber bei ihm als herrenlose Kaufmannsburschen aussehen), tragische Liebhaber (in

Hamburg den Don Carlos!) und was seines Häckerlings mehr ist. Sein Organ ist schwach, seine Gebärden sind bedeutungslos, feine Mimik besitzt er gar nicht, indem seine Gesichtszüge ganz steif sind; aber seine kleine Figur versteht er auf dem Theater bisweilen herauszuputzen.«[8]

Da war es ein wenig tröstlich, daß auch die schauspielerischen Leistungen der Kollegen fast durchweg »verrissen« wurden. Und es bedarf keiner besonderen Phantasie, sich vorzustellen, daß die Schauspieler über Grabbe, bei bloßer Nennung dieses Namens, in maßlose Wut gerieten. Daß es dann ziemlich überraschend zu einer künstlerischen Zusammenarbeit und auch persönlich durchaus versöhnlichen Beziehung zwischen Grabbe und Lortzing kommen würde, mochten beide bis dahin kaum für möglich gehalten haben. Grabbe beschäftigte seit einiger Zeit die Idee einer Tragödie, *Don Juan und Faust*, mit der er sich aus zeitkritischer Sicht mit den ideellen und ethischen Postulaten des Goetheschen *Faust* auseinanderzusetzen gedachte. Durch eine zufällige persönliche Bekanntschaft mit dem eben noch öffentlich abgekanzelten Lortzing – natürlich in feuchtfröhlicher Runde – entdeckte Grabbe in unberechenbarem Stimmungswechsel in ihm nicht nur den ihm geistig verwandt erscheinenden Komponisten für die geplante Bühnenmusik, sondern zugleich auch den idealen Darsteller des Don Juan. So entstand denn jene merkwürdige »Kameradschaft« zwischen den beiden so verschiedenen Naturen, beglaubigt durch das gemeinsame künstlerische Anliegen.

Der Uraufführung am 29. März 1829, mit Lortzing in der Rolle des Don Juan und seiner Frau als Donna Anna, folgte sofort ein Verbot durch die Zensurbehörde. Von allen seinen Werken hat Grabbe überhaupt nur *Don Juan und Faust* und auch diesen nur in jener einzigen Aufführung erleben können. Er starb vereinsamt und verelendet am 12. September 1836 in seiner Geburtsstadt.

Bei der Komposition der Bühnenmusik zu Grabbes Tragödie hat Lortzing die in seinen nachfolgenden Liederspielen häufig angewandte und damals viel praktizierte Technik des Parodieverfahrens genutzt und sowohl in der Ouvertüre als auch in Teilen der musikalischen Szenen bekannte Motive und Themen aus Werken anderer Komponisten verwendet; situationsbezogene Assoziationen werden durch Zitate aus Mozarts *Don Giovanni* und Spohrs zwischen 1813 und 1816 entstandener Oper *Faust* geweckt.

Wenige Wochen nach der einmaligen Aufführung des *Don Juan und Faust* in Detmold unternahm Lortzing eine 14tägige Gastspielreise nach Köln, wo ihn die Eltern mit großer Freude in die Arme schlossen. Nach Detmold zurückgekehrt, nutzte er bald wieder die neben den täglichen Proben, Abendvorstellungen und »Abstechern« verbleibende karge Freizeit zu weiteren kompositorischen Exerzitien.

Im Winter des Jahres 1830, am 2. Februar, traf die Lortzings ein nicht vorherzusehendes Mißgeschick. Eine Feuersbrunst, deren Ursache nie geklärt werden konnte, erfaßte auch das Landgraffsche Haus am kleinen Markt 43, wo die Familie seit einem Jahr zur Miete wohnte. Man war froh, zur Zeit des Brandes außer Haus gewesen und so mit dem nackten Leben davongekommen zu sein. Aber angesichts der rauchenden Trümmer war der Kummer groß genug. Für die ohnehin nicht mit Reichtümern gesegnete Familie war es bitter, das bißchen persönliche Habe in Schutt und Asche zu sehen. Auch die tatkräftige Hilfe der Nachbarn beim Löschen hatte fast nichts mehr zu retten vermocht. So zogen die Lortzings denn als wirkliche Habenichtse in ein anderes Mietsquartier, das sie glücklicherweise gleich am kleinen Markt/Ecke Schulstraße im Haus des Schneidermeisters Hanke fanden. Zeit zum Lamentieren blieb ohnedies nicht. Das Theater verlangte von Lortzing als unerbittlichen Tribut vertraglicher Verpflichtungen nach wie vor das fast tägliche Auftreten vor seinem Publikum. Eine überraschend zustande gekommene Gastspielverpflichtung führte den Vielbeschäftigten im Sommer des gleichen Jahres nach Mannheim. Hier gastierte Lortzing am Hoftheater in seiner Paraderolle als Carl von Ruf in Becks *Schachmaschine*, darüber hinaus in vier weiteren, damals beliebten Lustspielen und in Boieldieus Oper *Der neue Gutsherr* (Le nouveau seigneur de village) in der Partie des Johann.

Von seiner Gastspielreise zurückgekehrt, nutzte Lortzing die verbleibende Zeit vor Beginn der neuen Spielzeit vor allem wieder für neue kompositorische Versuche, die er, wenn auch mit Unterbrechungen, unentwegt fortsetzte. So entstand ein Trinklied, »Schenkt ein, es lebe der Wein«, eine Vertonung des Reiterliedes zu *Wallensteins Lager* von Friedrich Schiller und eine italienische Ariette als Einlage sowie ein Quodlibet zu Breitensteins *Kapellmeister von Venedig*, ein Bühnenstück, in dem Lortzing die Rolle des Peter spielte und seine »italienische Ariette« auch selbst sang. Dieses Stück ist eine Parodie auf die ihm seelenlos erscheinende Stimmakrobatik der alt-italienischen Gesangsmanier exaltierter Primadonnen.

Wie sehr sich der Komponist von der Natürlichkeit und Einfachheit volksliedhafter Melodik angezogen fühlte, so wie sie beispielsweise Johann Adam Hiller Jahrzehnte früher in seinen Singspielen kultiviert und zur Bühnenfähigkeit entwickelt hatte, wurde offenkundig, als sich Lortzing mit einer Bearbeitung und Neuinstrumentierung des Hillerschen Singspiels *Die Jagd* zu beschäftigen begann. Am Libretto änderte er verhältnismäßig wenig; er straffte die Handlung und überarbeitete die Dialoge der Textfassung von Christian Felix Weiße mit theaterwirksamer Treffsicherheit. In den Orchesterpart, den er völlig neu instrumentierte, führte er Klarinette und Trompete ein. Desgleichen komponierte er die Ouvertüre sowie die Zwischenmusik Nr. 17, Maestoso, und den Entre-Act 2, Andante con moto, neu. Die musikalische Grundsubstanz der Gesangspartien ließ Lortzing im wesentlichen unverändert, fügte aber eigens komponierte Nummern hinzu. Für seine künstlerische Entwicklung als Komponist hat er aus der gründlichen Beschäftigung mit Hillers *Jagd* auch späterhin zweifellos Nutzen gezogen: Hillers Singspielmanier ist eine der Quellen für die dem Volkslied verhafteten Liedkompositionen in allen späteren Lortzing-Opern. Sie hatte schon früher die komischen Opern Dittersdorfs wesentlich beeinflußt, dessen Opernschaffen einen Schritt vorwärts auf dem Wege bedeutete, den Lortzing mehr als 30 Jahre nach Hillers und Dittersdorfs Tod dann beschritt.

Hillers *Jagd* in der Lortzingschen Neubearbeitung hatte gegen Ende des Jahres 1830 in Osnabrück und kurze Zeit später auch in Detmold einen alle Erwartungen übertreffenden Erfolg. Die Oper mochte mit ihrer recht naiven Darstellung eines »volkstümlichen« – seinen Untertanen in väterlicher Güte verbundenen – Fürsten auf der Opernbühne der Gesinnung vieler Detmolder Bürger und ihrem Glauben an einen »guten Herrscher« entsprochen haben.

Auch in Lortzings anfänglich vertretener Meinung über den in Detmold residierenden Fürsten Leopold Paul Alexander findet sich diese aufklärerische Idee von einem menschenfreundlichen Fürsten.
Über die Erstaufführung seiner Bearbeitung der JAGD schrieb Lortzing am 25. Dezember 1830 aus Detmold an die Eltern in Köln:
»... Am 19. Dezember wurde meine JAGD zum ersten Male gegeben und enthusiastisch vom Publikum aufgenommen, was hier ein seltener Fall ist. Doch galt dieser Enthusiasmus nicht sowohl der Aufführung als unserem durchlauchtigsten Fürsten ...«[9]
In realer Einschätzung der politischen Stimmung im weltoffeneren Köln fügte Lortzing aber mit Bezug auf den dort herrschenden preußischen Absolutismus sogleich hinzu:
»Obgleich mich die Aufnahme meines adoptierten Kindleins sehr erfreute, so machte ich zugleich die Bemerkung, daß die Oper jetzt in Köln nicht recht angebracht sein dürfte, da die verehrten Rheinländer den König, welcher immer gepriesen wird, eben nicht sehr lieben ...«[10]
Die aufrührerische Stimmung gegen die feudale Obrigkeit in den Rheinprovinzen Preußens war durch die Julirevolution in Paris ausgelöst worden, in der die verhaßte Bourbonen-Dynastie Karls X. gestürzt wurde. Zwar hob man gegen den Willen der überwiegend republikanisch gesinnten Massen in Frankreich den »Bürgerkönig« Louis Philipp als neuen Repräsentanten des Staates in den Sattel; aber ungeachtet dessen war die Julirevolution ein historisch entscheidender Schritt vorwärts auf dem Wege der weiteren Konsolidierung der bürgerlichen Ordnung.
Auch in Belgien siegte in der Septemberrevolution desselben Jahres die bürgerliche Revolution, die zur Loslösung von den Niederlanden führte. Eine Aufführung der von revolutionärem Atem durchdrungenen Oper *Die Stumme von Portici* von Auber in Brüssel war der Funken im Pulverfaß, aus dem die Flamme des offenen revolutionären Ausbruchs schon lange schwelender politisch-sozialer und nationaler Konflikte emporschlug und die Massen aus dem Parkett auf die Barrikaden trieb.
Mit wachsender Aufmerksamkeit verfolgte Lortzing die politischen Einflüsse und Wirkungen der Revolution in

Frankreich und Belgien bis hin in die scheinbare Idylle des Fürstentums Lippe-Detmold. Und was er da in dem kleinen Residenzstädtchen erlebte, mußte ihn nachdenklich stimmen. Zu Beginn seines Engagements war Lortzing der junge, kaum mehr als vier Jahre ältere Fürst Leopold durchaus sympathisch erschienen. Er hatte sich anfangs als ein Mann von aufklärerischem Geist und als Förderer einer gedeihlichen kulturellen Entwicklung seines Fürstentums erwiesen. Und wer konnte und wollte schon übersehen, daß auf seine Veranlassung – nur ein Jahr, bevor die Lortzings dort ihr Engagement antraten – ein dem wachsenden Kulturbedürfnis der Residenz gemäßes, auch architektonisch recht ansprechendes Theater erbaut worden war.

Nun aber ließen die politischen Vorgänge im Lippischen Fürstentum und das Verhalten des Fürsten dessen Gesinnung in gänzlich neuem Lichte erscheinen. Lortzing mußte erleben, daß der von ihm bis dahin so geschätzte Landesherr im Begriff war, nicht nur zur Aufrechterhaltung der eigenen Herrschaft, sondern auch zur Unterstützung der Konterrevolution in Frankreich seine »Landeskinder« in Marsch zu setzen. Schon als es im August 1830 in verschiedenen deutschen Staaten unter dem Einfluß der revolutionären Ereignisse in Frankreich zu gären begann, hatte der preußische Oberpräsident der Rheinprovinzen sogleich die strengste Überwachung »aller Ausländer« verfügt; und kurze Zeit später sanktionierte der »Bundestag« in Frankfurt/Main auch die Anmaßung Preußens, anderen Fürstenhäusern bei der Niederschlagung oppositioneller Bewegungen durch eine mitlitärische Intervention zu Hilfe zu kommen.

»Wir wollen zu Gott hoffen«, so schrieb Lortzing an die Eltern, »daß die an so vielen Orten ausgebrochenen Unruhen den Zweck haben werden, jeden Landesherrn an seine eigene Sicherheit zu erinnern und ihnen das Einmischen in fremde Angelegenheiten verbieten, denn für unseren Stand namentlich wäre ein allgemeiner Krieg keineswegs ersprießlich zu nennen, und ich leugne nicht, daß mir meiner guten Eltern wegen schon Gedanken zu Kopfe gestiegen sind, indem die Franzosen sich des Rheins am ersten wieder bemächtigen würden, was ihnen auch nicht schwer fiele, da der ganze Rhein die preußische Botmäßigkeit gerne abschüttelt. – Alles gut! Aber wie würde es mit dem Theater dort aussehen? Wir wollen das Beste hoffen!«[11]

Fürst Leopold zu Lippe schickte sich im Frühjahr 1831 an, Truppen für die Intervention gegen die revolutionäre Bewegung in Luxemburg mobil zu machen, das 1815 durch den Wiener Kongreß dem Deutschen Bund einverleibt worden war und sich 1830 durch einen Aufstand an Belgien anzuschließen gedachte.

Am 1. April 1831 schrieb Lortzing der Mutter:

»Unsere Residenz wimmelt von Soldaten und zwar kampfeslustige Lipper! Der Fürst muß 800 Mann stellen, welche nach Luxemburg marschieren sollen, wie es heißt. Diese 800 Helden zu verköstigen und zu kleiden kostet nun allerdings viel, und bis nicht Friede publiziert wird, dürfte unser Theater eine große Einschränkung zu erleiden haben.«[12]

Tatsächlich verschlechterten sich die Theaterverhältnisse in Detmold zusehends und in dem Maße, wie die Kriegskasse des Fürsten mehr und mehr Geld verschlang. Bald gab es am Theater nur noch Halbjahresverträge. »Unsere Kündigungszeit«, teilte Lortzing Anfang 1832 den Eltern in einem Brief mit, »ist ohne Bemerkung vorüber gegangen, und nun dauern die meisten Kontrakte und so auch der meinige vom 1. Mai bis 1. November, auf ein halbes Jahr, so wurden die Kontrakte im vorigen Jahr gestellt, und sehr wahrscheinlich geschah es deshalb, um der hiesigen Kammer, die wegen der bedeutenden Summen, welche die Kriegsausrüstungen verursachten, ein Geschrei hatte, das Maul zu stopfen.«[13]

Es kennzeichnet die Stimmung der Bevölkerung im detmoldischen Fürstentum angesichts der abenteuerlichen und säbelrasselnden »Militärpolitik« Paul Alexander Leopolds, wenn damals immer häufiger in der Öffentlichkeit ein Lied zu hören war, dessen sarkastischer Unterton unüberhörbar war: »Lippe-Detmold, eine wunderschöne Stadt, darinnen ein Soldat.« Der augenscheinliche Verzicht auf den damals in vaterländischen Liedern übliche »Hurra-Patriotismus« ist auffällig.

Bis zum Frühjahr 1832 beendete Lortzing die Komposition einer Bühnenmusik zu einem von Theodor Hell bearbeiteten Schauspiel Eugène Scribes. Am 9. Mai 1832 ging Hells *Yelva, oder: Die Stumme* in Pyrmont – mit der Musik von Lortzing – zum ersten Mal in Szene und fand den freundlichen Beifall des Publikums, obgleich die für dieses Bühnenstück bereits von dem Dresdener Kapellmeister Carl Gottlieb Reissiger wenige Jahre zuvor komponierte Bühnenmusik noch recht populär war. Lortzing hatte sich auch bei der Komposition für *Yelva* wieder des bereits bei Grabbes *Don Juan und Faust* praktizierten Parodieverfahrens bedient und unter anderem Zitate aus französischen Opern Cherubinis und Boieldieus verwendet. Die Ouvertüre war im wesentlichen Lortzings eigene Komposition.

Freilich konnte sich das Stück nicht lange auf der Bühne halten, und die politischen Ereignisse des Jahres 1830 und ihre Nachwirkungen drängten Lortzings politisches und künstlerisches Interesse ohnehin sehr bald auf ein anderes Feld.

Lieder- und Singspiele unter dem Damoklesschwert der Zensur

Unter dem Eindruck der durch den polnischen Aufstand im November 1830 in ganz Europa ausgelösten Begeisterung für die Freiheitsbewegung Polens gegen die zaristische Unterdrückung entstand das erste politische Liederspiel Lortzings: DER POLE UND SEIN KIND. Mit ihm reihte er sich in jene politisch-literarische Bewegung ein, durch die damals in Gedichten, Liedern und Bühnenstücken die polnischen Freiheitskämpfer nach der Niederschlagung des Aufstandes als Märtyrer der Freiheit enthusiastisch gefeiert wurden.

Platens *Polenlieder*, Holteis Liederspiel *Der alte Feldherr*, aber auch Richard Wagners *Polonia-Ouvertüre*, in der, wie bei Lortzing, die Nationalmelodie »Noch ist Polen nicht verloren« aufgegriffen wird, waren Bekenntnisse zu den Idealen des Freiheitskämpfers Tadeusz Kosciuszko und erregten damals die freiheitsliebenden Gemüter deutscher Bürger ebenso wie die das polnische Heldentum besingenden Gedichte eines Franz Grillparzer, Nikolaus Lenau oder August Graf von Platen.

Die Niederwerfung der Erhebung durch den Fall von Warschau im September 1831, nach mehr als neun Monaten unerschrockenen Kampfes gegen die verhaßte Fremdherrschaft, löste in Deutschland eine mächtige Welle der Sympathie und Solidarität mit den polnischen Freiheitskämpfern aus. Dies war unmittelbarer Anlaß auch für Lortzings erstes Liederspiel. Mit ihm stand er als Bühnenautor und Komponist in der Phalanx all jener, die sich mit den geschlagenen Flüchtlingen solidarisierten. In ganz Deutschland wurden damals zahllose Gedichte, aber auch Flugblätter und politische Schriften zur Unterstützung der polnischen Befreiungsbewegung verbreitet. Die nach der Niederschlagung des Warschauer Aufstands nach Deutschland geflüchteten Aufständischen feierte man emphatisch als Helden. Es wurden Geldsammlungen organisiert, Bankette und andere Sympathiekundgebungen zu ihren Ehren veranstaltet.

Daß auf dieser Woge einer humanitär betonten Polenbegeisterung kaum jemand an den tragischen Hintergrund der eigentlichen Ursachen des polnischen Debakels denken mochte, ist dabei nicht zu übersehen. Wer wußte schon, daß die widerstreitenden Interessen der Inspiratoren und Anführer des Aufstands in die polnische Befreiungsbewegung von Anfang an den unheilvollen Keim einer vorauszusehenden Niederlage tragen mußten. Da die heterogenen Führungskräfte dieser Bewegung sich der Kraft des aufständischen Volkes überwiegend um eigener, engstirniger Machtinteressen willen bedienten und erhoffte Reformen zur Gewährleistung menschenwürdiger Lebensverhältnisse nicht in Angriff genommen wurden, verlor der Aufstand schließlich seine politisch-soziale Basis. Das tragische Ende wurde unausweichlich.

Von alledem war keine Rede, als die überlebenden Opfer des konterrevolutionären Gegenschlags in Deutschland ersehnte Zuflucht suchten und auch fanden. Und auch in Lortzings POLEN werden hauptsächlich die aufrichtige Bewunderung des opfervollen Heldentums der aufständischen, wenn auch geschlagenen Massen und der menschenfreundliche Aspekt tätiger Solidarität spürbar.

Das einaktige Singspiel führt uns als damals hochaktuelles Bühnenstück unmittelbar in die Zeit der heimatlos durch Deutschland wandernden und ein Obdach suchenden Flüchtlinge. In einem geradezu programmatisch wirkenden Schlußgesang bekunden alle:

»Ja, noch sind wir nicht verloren,
Mich beseelt Vertrau'n,
Auf den Gott, dem wir geschworen,
Laßt uns hoffend bau'n.
Daß wir uns hier wiederfanden,
Führt uns seine Hand
Einst ins Vaterland.«

Lortzings Liederspiel strahlt die unbedingte Zuversicht aus, daß »Polen noch nicht verloren« sei, sondern seiner nationalen Auferstehung entgegengehen werde. Den Text des LIEDES VOM 4. REGIMENT als dem dramatischen Höhepunkt des Stückes entnahm er im wesentlichen dem Gedicht *Die letzten Zehn vom 4. Regiment* von Julius Mosen, dem Dichter des Andreas-Hofer-Liedes. Mosens Lied *Zu Mantua in Banden der treue Hofer war* wurde bekanntlich zu jener Melodie gesungen, der später in der deutschen Arbeiterbewegung auch der Text des populären Arbeiterliedes *Dem Morgenrot entgegen* unterlegt worden ist.

Lortzing hat in seinem Liederspiel vorrangig bekannte Musik (u. a. aus französischen Opern von Boieldieu und Auber) für den wie in ALI PASCHA selbstverfaßten Text genutzt; dagegen sind das Schlußlied – bei Verwendung der polnischen Nationalhymne – wie auch die Vertonung des LIEDES VOM 4. REGIMENT eigene Kompositionen Lortzings:

»Zu Warschau schwuren Tausend auf den Knieen:
Kein Schuß im heil'gen Kampfe sei getan!
Tambour, schlag an! Zum Blechfeld laß uns ziehen!
Wir greifen nur mit Bajonetten an!
Und ewig kennt das Vaterland und nennt
Mit stillem Schmerz sein 4tes Regiment!«[14]

Am 11. Oktober 1832 fand in Osnabrück die erste Aufführung des Liederspiels DER POLE UND SEIN KIND, oder: DER FELDWEBEL VOM VIERTEN REGIMENT statt. Lortzing selbst spielte den polnischen Freiheitskämpfer Janicky; als Janickys Kind Franzischek trat Lortzings Töchterchen Bertha auf.

Kurz danach brachte Sebald Ringelhardt in Leipzig das Stück auf die Bühne des dortigen Stadttheaters; und noch im selben Jahr kam es auch am Stadttheater in Bremen zur Aufführung.

Die Wirkung des Stückes war groß, traf doch Lortzing genau die Stimmung des Publikums, das mit seiner Sympathie für den Freiheitskampf des polnischen Volkes zugleich seiner eigenen Freiheitssehnsucht beredten Ausdruck gab. Kein Wunder also, daß die Zensurbehörden die für Münster und Berlin vorgesehenen Aufführungen zunächst verboten, zumal unter dem Eindruck der Juli-Revolution in Paris die sich häufenden Volkserhebungen in verschiedenen deutschen Kleinstaaten so manchen Fürsten zutiefst beunruhigten. Eine verschärfte Unterdrückung jeder oppositionellen Regung wurde überall spürbar. Dennoch erlebte die antifeudale Oppositionsbewegung im Mai 1832 mit einer mehr als 30 000 Teilnehmern zählenden großen Volkskundgebung in der Pfalz, auf dem nahe Neustadt gelegenen Hambacher Berg, einen weithin beachtlichen politischen Höhepunkt.

Der deutsche Bundestag, mit Sitz in Frankfurt am Main, nahm das »Hambacher Fest«, an dem auch französische und polnische Patrioten teilgenommen hatten, zum willkommenen Vorwand für drastische Maßnahmen zur verstärkten Unterdrückung jeglichen Ansatzes liberaler, demokratischer und republikanischer Bestrebungen.

Mit den am 28. Juni und 5. Juli 1832 gefaßten Beschlüssen zum Verbot politischer Volksversammlungen und politischer Vereine sowie zur weiteren Verschärfung der Zensur wurde eine zweite Welle der »Demagogenverfolgung« eingeleitet. Das bekam auch Lortzing bald schmerzhaft zu spüren. »Wie du prophezeit, liebe Mutter, so ist es gekommen«, schreibt Lortzing am 13. November aus Münster, »mein Pole ist hier verboten worden ... Das Stück spazierte hier von einem Regierungsrat zum andern, aber das Resultat war: ›Nein‹.«[15]

Erst am 25. Oktober 1833 konnte DER POLE UND SEIN KIND endlich auch in Münster – allerdings unter dem von den zuständigen Behörden erzwungenen Verzicht auf die Nennung des als »anrüchig« gewerteten Titels als DER FELDWEBEL VOM VIERTEN REGIMENT gegeben werden; indem man den unmittelbaren Zeitbezug zu eliminieren suchte, glaubte man wohl, das Stück »neutralisieren« zu können. Unter der Ungunst der politischen Umstände verschwand es jedoch sehr bald von den Bühnen und geriet in Vergessenheit.

Mit einem – zumindest in politischer Hinsicht – unverfänglicheren Werkchen, betitelt: DER WEIHNACHTSABEND. LAUNIGTE SZENEN AUS DEM FAMILIENLEBEN UND VAUDEVILLE, wartete der Komponist gegen Ende des Jahres 1832 auf. Noch kurz vor Weihnachten, am 21. Dezember, gelangte das »Liederspielchen« in Münster erstmalig zur Aufführung. Nicht ohne Anspielungen auf Zeitverhältnisse und spießbürgerlichen »Hurra-Patriotismus« geht es in diesem Liederspielchen um die alte Geschichte vom Sieg der Liebe eines jungen Pärchens über einen ältlichen Brautwerber, dem der Liebhaber des begehrten Mädchens ein Schnippchen schlägt. Als Anregung dienten Lortzing Theodor Körners einaktige Posse *Der Nachtwächter* sowie Heinrich Becks *Schachmaschine*.

Lortzing hat dieses Bühnenstück zugleich genutzt, ein paar ironische Seitenhiebe gegen verbreiteten Opernschlendrian und sängerische Eitelkeiten auszuteilen. So meint Gottlieb, über seine beruflichen Absichten befragt:
»Am liebsten ginge ich aufs Theater und spielte Komödie oder ich würde ein Sänger.
Suschen: Geh, Gottlieb, du kannst ja nicht singen.
Gottlieb: Das ist einerlei.
Heutzutage ist ein schlechter Sänger noch mehr wert als der beste Schauspieler. Ich will dir so eine Oper herunterbrüllen, daß der Plafonds samt dem Kronleuchter herunterfällt.
Suschen: Pfui, Gottlieb, das große Maul kannst du dir doch gar nicht abgewöhnen.
Gottlieb: Im Gegenteil, das muß ich mir erst recht *angewöhnen*, denn wenn die Sänger nicht so große Mäuler hätten, könnten ja jetzt nicht lauter große Opern gegeben werden; und nach den Mäulern werden dann die Gagen abgemessen.«

Wieder hat Lortzing mittels des damals vielfach bevorzugten Parodieverfahrens dem eigenen Libretto bekannte Musikstücke unterlegt, diesmal fast durchweg aus Opern von Mozart.

Diesem von ihm zeitlebens verehrten großen Meister war auch das ebenfalls begonnene einaktige Singspiel SZENEN AUS MOZARTS LEBEN gewidmet.

Die Handlung des Singspiels kulminiert in dem Widerstreit zwischen Mozart und den damals in Wien ebenso berühmten wie als Intrigant verschrieenen italienischen Komponisten Antonio Salieri. Der zu seiner Zeit durchaus erfolgreiche Italiener verzehrt sich in Haß und Mißgunst und sucht, seinen komponierenden Konkurrenten aus Salzburg durch eine üble Intrige aus dem Felde zu schlagen; das eingefädelte Ränkespiel mißlingt jedoch. Mozart bleibt Sieger.

Ob Lortzings Singspiel-Huldigung an sein großes Vorbild jemals aufgeführt wurde, läßt sich eindeutig nicht nachweisen. In seinem unermüdlichen Schaffensdrang ließ Lortzing sich jedenfalls nicht beirren und wandte sich umgehend einem neuen Projekt – mit einem ausgesprochen politischen Thema – zu; beschäftigte den Komponisten doch schon seit einiger Zeit die Idee zu einem Singspiel, das sich auf die Freiheitsbewegungen während der Jahre der napoleonischen Unterdrückung 1809 in Tirol beziehen sollte.

Die Stoffwahl entsprach der aktuellen Situation, lebte doch unter dem Eindruck der revolutionären Bewegungen in Frankreich und Belgien 1830 und den in Deutschland wieder aufflammenden freiheitlichen Regungen der antifeudalen Opposition die Erinnerung an die Tage der Befreiungskriege auf, die zwar die Fremdherrschaft beseitigt, nicht aber die Befreiung von den eigenen feudalen Zuständen gebracht hatten. Zum Helden seines neuen Singspiels erwählte Lortzing den von vielen als legendären Volkstribun verstandenen Andreas Hofer, den tapferen Anführer der freiheitsliebenden Tiroler im Kampf gegen den auf die Unterwerfung seiner Heimat zielenden Eroberungsfeldzug Napoleons im Bunde mit Bayern und einigen Hilfstruppen aus den »Rheinbund«-Staaten.

Für das selbstverfaßte Libretto fand Lortzing Anregung in Karl Immermanns zu seiner Zeit aufsehenerregendem *Trauerspiel in Tyrol*, doch beschränkt sich Lortzings Singspiel ANDREAS HOFER bei der Nutzung des literarischen Vorwurfs auf einige äußerliche Ähnlichkeiten. Er hat die Handlungsvorgänge im wesentlichen neu gestaltet und im Gegensatz zu Immermanns Trauerspiel den optimistischen Grundzug der Siegeszuversicht des kämpfenden Volkes und dessen Kampfentschlossenheit gegen die drohende Fremdherrschaft bewußt betont.

Mit dem Gesang der zur Arbeit gehenden Landleute: »Laß uns nicht lange bleiben der Knechtschaft Untertan ...« führt das Bühnengeschehen unmittelbar in die Zeit des erbitterten Widerstandes der Tiroler gegen die napoleonische Bedrohung im Oktober 1809.

Die Geschichte des ANDREAS HOFER endet in Lortzings Singspiel mit dem Höhepunkt im Leben dieses aufrechten Patrioten, der im Herbst 1809 mit seinen Freischärlern tatsächlich, ohne jede Unterstützung durch eine »reguläre« Armee, ein über 30 000 Mann zählendes französisches Heer zu schlagen vermochte. Als »Provisorischer Regent im Auftrage des Volkes von Tirol« bildete er in Insbruck eine Regierung – vorübergehend; denn nach einer erneuten Eroberung Tirols im November desselben Jahres fiel Andreas Hofer durch Verrat in die Hände des Feindes. Von einem Kriegsrat in Mantua zum Tode verurteilt, wurde er am 20. Februar 1810 erschossen.

Lortzings Singspiel mit seinem rebellischen Titelhelden und der erregenden Beschwörung des aufrührerischen Geistes der Tiroler war den Zensurbehörden natürlich verdächtig genug, um eine Aufführung unter allen Umständen zu verhindern. Das Stück wurde seiner politischen Tendenz wegen an deutschen Bühnen verboten. Es galt der aristokratischen Obrigkeit wohl geradezu als provokatorischer Aufruf zum Aufruhr gegen die eigenen Fürsten, wenn Hofer und sein Kampfgefährte Speckbacher im großen Freiheitsduett (Szene 8, Nr. 3) verkünden:

»Nicht Rachsucht, nicht des Ruhmes eitle Triebe,
Noch weniger der schnöden Habsucht Lust,
Nur echte reine Vaterlandes Liebe
Beseelt unsere treue Brust.
Steht Gott uns bei, den Feind zu überwinden
Und ist das schwere Werk getan,
Dann wird der Knechtschaft mächt'ger Schleier schwinden
Es bricht der Freiheit Morgen an.«

Musikalisch bedeutet das neue Werk einen beachtlichen Fortschritt im künstlerischen Reifeprozeß Lortzings. Entgegen seiner früheren Praxis gestaltete er diesmal nicht nur das Libretto, sondern im wesentlichen – von wenigen Entlehnungen fremder Vorbilder abgesehen – auch die

Musik eigenständiger, obwohl auch hier der Einfluß Schuberts, Webers, aber auch Kreutzers und Spohrs unverkennbar ist.

So hat Lortzing für den Chor Nr. 4, »Hör' uns, Allmächtiger«, einen nur geringfügig veränderten Text eines Gedichts von Theodor Körner verwendet und dessen Lied-Vertonung durch Carl Maria von Weber für den vierstimmigen Männerchor in ANDREAS HOFER arrangiert:

»Hör' uns Allmächtiger! Hör' uns Allgütiger!
Himmlischer Führer der Schlachten.
Vater, dich preisen wir,
Vater, dir flehen wir,
Laß' uns in Knechtschaft nicht schmachten.«

Das Orchesterzwischenspiel Nr. 8 vor der 15. Szene ist eine Reminiszenz an den Rache-Chor aus Aubers Oper *Die Stumme von Portici*, die am 28. August 1830 bei ihrer Brüsseler Aufführung das Zeichen zum Aufstand gegeben hatte.

Die wiederholten Verbote einer Aufführung seines Liederspiels DER POLE UND SEIN KIND hatten Lortzing nicht davon abbringen können, mit seinem ANDREAS HOFER als Künstler erneut ein Bekenntnis seiner politischen Gesinnung abzulegen. Ein dreiviertel Jahr nach Beendigung seiner Arbeit an dem neuen Singspiel muß er in einem Brief an die Eltern die bittere Feststellung treffen:

»... der POLE ist in Berlin, der HOFER in Wien von der Zensur gestrichen worden, da möchte einen denn doch der Schlag treffen; hat man einmal was gemacht, so wirds verboten.«[16]

Zu Lebzeiten Lortzings wurde der ANDREAS HOFER nie aufgeführt. Über 50 Jahr später ist er dann in einer Bearbeitung des früher durch seine Oper Donna Diana bekannt gewordenen Komponisten Nicolaus von Reznicek in Mainz ein einziges Mal gespielt worden.

Für Lortzing gestalteten sich die Verhältnisse in Detmold immer unerträglicher. Die Unsicherheit der Theaterverhältnisse und die politische Enge der Detmolder Residenz ließen den Wunsch aufkommen, die mißliche Lage zu verändern und Ausschau nach einem neuen, günstigeren Wirkungsfeld zu halten. Wirklich geborgen fühlte sich der Komponist im Kreis seiner Familie. Regina hatte inzwischen schon sieben Kindern des Leben geschenkt, zuletzt, am 27.3.1831, sogar Zwillingen, Carl-Theodor und Johann-Heinrich, der jedoch den Eltern schon am 27. November 1832 durch den Tod entrissen wurde. 1828 war – noch nicht einmal zwei Jahre alt – Caroline-Rosalie gestorben. Und am 27. März des Jahres 1833 hatten die leidgeprüften Eltern den Verlust der erst dreijährigen Julie Eleonore Charlotte zu beklagen.

Tief erschüttert berichtet der verzweifelte Vater in seinem Brief vom 30. März 1833 den Eltern:

»Heute morgen um halb sechs Uhr habe ich die irdischen Überreste meines Lieblings zur Erde bestattet. Was muß der Mensch alles erleiden, und wie viel kann er ertragen. Ich habe früher oft geäußert, ›wenn mir das Kind stürbe, ich wüßte nicht, was ich anfinge‹, weil (ich gestehe meine Schwachheit) seine zunehmende Liebenswürdigkeit und Anhänglichkeit mich unwiderstehlich anzog. Jetzt ist der fürchterliche Schlag geschehen; ich hätte in den ersten Augenblicken der Verzweiflung mögen mit dem Kopf wider die Wand rennen und muß wieder an mein Geschäft gehen, muß mich zwingen den Schmerz zu ertragen und – kann es auch, wenngleich schwer. Dieses ist nun das vierte Kind, das wir verlieren, und welch ein Kind! meine ganze Seele ging auf, wenn ich es nur von ferne erblickte.«[17]

Neue Pläne ...

In der Folgezeit beschäftigten sich die Lortzings immer ernsthafter mit dem Gedanken, Detmold zu verlassen und anderswo ihr Glück zu versuchen. Große Hoffnungen setzten sie auf Leipzig und sein Theater, denn zu Anfang des Jahres 1833 hatten die inzwischen bei Theaterdirektor Ringelhardt in Leipzig engagierten und dort schon heimisch gewordenen Eltern dem Sohn geschrieben, daß dieser angedeutet habe, auch die jungen Lortzings an sein Theater holen zu wollen.

Nicht ohne Hoffnung, vielleicht auch seinen ANDREAS HOFER bei dem als Theaterchef recht couragierten Ringelhardt doch noch auf die Bühne bringen zu können, antwortete Lortzing den Eltern:

»Wie angenehm uns Ringelhardts Äußerungen und Pläne überrascht, bedarf wohl keiner Auseinandersetzung, und das Resultat meiner Beratungen ist folgendes: die Sache ganz auf sich beruhen zu lassen und fürs erste abzuwarten, ob er selbst nicht den ersten Schritt tut. In Zeit von 8–12 Tagen wird die Kopie meines neuesten Werkes ANDREAS HOFER fertig sein und werde ich ihm solches zuschicken mit der Anfrage, ob ich in unserer Ferienzeit in Leipzig gastieren könne, seine Antwort so denke ich, soll mir alsdann seine Gesinnung etwas mehr offenbaren; liegt ihm etwas am Gastspiel, so liegt ihm auch am Engagement, und kurz und gut, wir können uns als dann mündlich expectorieren. ... Ich leugne nicht, daß, wenn ich an eine Existenz in Leipzig denke, sich mir eine höchst reizende Aussicht eröffnet! Nun, Gott wird's schon machen.

Geschieht, was wir hoffen, dann hat sich unser Hofmarschallamt mit den halbjährigen Kontrakten blamiert, denn ich würde am 1. August kündigen und am 1. November abreisen können.«[18]

Der Gedanke, angesichts des offenkundigen Interesses Ringelhardts an einem Engagement der jungen Lortzings möglicherweise auch einen finanziell günstigeren Kontrakt als in Detmold aushandeln zu können, mochte bei allen Überlegungen keine geringe Rolle gespielt haben. Die ohnehin nie abreißenden Geldsorgen waren gerade in letzter Zeit immer drückender geworden; und nicht nur einmal klingt in Lortzings damaligen Briefen die bittere Feststellung an, »daß man höllisch viel Geld braucht, besonders wenn eine Familie aus mehr als zwei Personen besteht«.[19] Schließlich war der Wunsch, nach Leipzig zu gehen, auch mit der Hoffnung auf ein endliches Wiedersehen und Zusammensein mit den Eltern verknüpft. Bald kamen die ersten brieflichen Verhandlungen mit Ringelhardt in Gang, und nach einigem Hin und Her um die vertraglichen Bedingungen konnte Lortzing, der die Detmolder Jahresgage von 1 300 Talern für sich und seine Frau in Leipzig wenigstens auf 1 400 Taler erhöht wissen wollte, am 17. Juli 1833 den Eltern mitteilen:

»Endlich sind wir im reinen. Ringelhardt hat mit sehr kleinen Modifikationen alle meine Forderungen bewilligt, wenn ich mich entschließe, einen zweijährigen Kontrakt zu unterzeichnen, wozu ich mich natürlicherweise bequemte. Die Abänderungen sind folgende: Im ersten Jahr keinen kontraktlichen Urlaub, wenn ich jedoch einen Gewinn erzielen könnte, so wird er sich bereit finden lassen; im zweiten Jahr kontraktlich 3 Wochen Urlaub (zwar wenig, aber das findet sich). Den Wagen für mich und die Meinigen bis Leipzig zahlt er, aber keine Bagage ... Ferner hat er mir Einhundert Taler Vorschuß angeboten, ich habe jedoch, wenn es ihm möglich wäre, um 200 Taler gebeten. Gage, Rollenfach und alles übrige hat er bewilligt, ja sogar das Fach meiner Frau mehr ausgedehnt, indem er sie neben den Mütterrollen auch in Anstandsdamen und jungen Frauen beschäftigen werde. Somit wäre die Sache in Ordnung zu unserer aller Freude und Zufriedenheit.«[20]

Offenbar erregte der Engagementswechsel der Lortzings die Gemüter theaterbesessener Detmolder Bürger ganz außerordentlich, denn Lortzing schreibt an seine Eltern:

»Mein Abgang ist durch meine bereits geschehene Kündigung bereits wie ein Lauffeuer hier herum und macht große Sensation.«[21]

Und Anfang August bestätigte er den Eltern noch einmal:

»Die Stadt Detmold (was ich kaum glaubte) bedauert nicht nur, sondern betrauert meinen Verlust wahrhaft; als das Gerücht sich dort verbreitete, soll eine ordentliche Revolte im Publikum gewesen sein; es beruht auf Tatsachen, wenn ich versichere, daß hoch und gering, ja sogar Kinder auf der Straße davon sprechen. So das Publikum – nicht so die Intendanz, das ist: der Herr Schloßhauptmann – doch mir tut die Tinte leid, die ich um diesen Jammervogel verschreibe, mündlich ein Mehreres. Osnabrück und Münster wird gleichfalls blut'ge Tränen weinen – wenn man scheidet, lernt man eigentlich erst die Leute kennen, wenngleich auf sehr verschiedene Weise.«[22]

Mit dem Ende seines Detmolder Engagements schließt zugleich auch Lortzings erste Schaffensperiode als inzwischen über die Grenzen Lippe-Detmolds hinaus bekannter, politisch engagierter junger Sing- und Liederspielkomponist ab. Besonders seine politischen Liederspiele, aber auch sein künstlerisches Zusammengehn mit dem vielfach verfemten Dichter Grabbe hatten sicherlich nicht nur die Aufmerksamkeit eines interessierten Publikums, sondern auch das Mißtrauen der Zensurbehörden auf ihn gelenkt. Je mehr Aufsehen Lortzing mit der politischen Zielrichtung seiner Bühnenstücke in der breiten Öffentlichkeit erregte, desto größer wurde der Argwohn der Zensoren.

Der sich in den antifeudalen Bewegungen manifestierende Philhellenismus mit seiner Begeisterung für den griechischen Freiheitskampf, das Bekenntnis zu den polnischen Aufständischen, die Erinnerung an den Tiroler Bauernaufstand von 1809 nach der Juli-Revolution in Frankreich – all das hatte Lortzing unmittelbar zu künstlerischer Gestaltung gedrängt, sein demokratisch orientiertes Weltbild kennzeichnend. Die Jahre an den rheinpreußischen Bühnen und in Detmold waren eine Zeit des Lernens und des Sammelns von Erfahrungen für den Bühnendarsteller ebenso wie für den angehenden Dichterkomponisten.

Wenn auch statistisch beglaubigt, so übersteigt es heute wohl unsere Vorstellungskraft, daß Lortzing als Bühnendarsteller und Sänger bis zum Ende des Detmolder Engagements bereits in 94 Opern, Singspielen und Vaudevilles und darüber hinaus in 196 Schauspielrollen aufgetreten war. So wurde er im Laufe dieser Jahre ganz selbstverständlich mit den damaligen Repertoirestücken, besonders mit der französischen Theater- und Opernliteratur und den Wiener Klassikern aufs beste vertraut. Sein Wirken als Librettist und Komponist hatte einen künstlerischen Reifeprozeß eingeleitet, den bald seine ersten bedeutsamen und aufsehenerregenden Opernerfolge in Leipzig bestätigen sollten.

Als sich der inzwischen bereits Zweiunddreißigjährige zum Engagementswechsel entschloß, ahnte er wohl nicht, daß die Leipziger Zeit über mehr als zehn Jahre hinweg die fruchtbarste und bedeutsamste seines künstlerischen Schaffens werden sollte.

*Das Geburtshaus Albert Lortzings in Berlin,
Breite Straße 12*

Privilegirtes Theater der Städte Aachen und Düsseldorf.

Ausgesetztes Abonnement.

Heute Samstag den 14ten November 1818:
Zum Vortheil des Regisseur Wolf.

Wilhelm Tell.

Ein Schauspiel in 5 Akten, von Fr. Schiller.

Personen:

Herrmann Geßler, Reichsvogt in Schwyz und Uri,		A. Wolf.
Werner Freiherr von Attinghausen, Bannerherr,		Hr Lorking.
Ulrich von Rudenz, sein Neffe,		Hr Derossi jun.
Werner Stauffacher,		Hr. Körber.
Itel Reding,	Landleute aus Schwyz,	Hr. Dunojer.
Ulrich, der Schmidt,		Hr. Boegehold.
Jost von Weiler,		Hr. Jakobi jun.
Walther Fürst,		Hr. Schmiedel.
Wilhelm Tell,		
Rösselmann, der Pfarrer,	aus Uri,	Derossi.
Kuoni, der Hirt,		Hr. Freund.
Werni, der Jäger,		Hr. Hambuch.
Ruodi, der Fischer,		Hr. Jakobi sen.
Arnold von Melchthal,		Hr. Dittmarsch.
Konrad Baumgarten,	aus Unterwalden	Hr. Rorn.
Meier von Sarnen		Hr. Zink.
Struth v. Winkelried,		Hr. Stegmann.
Jenni, Fischerknabe,		Mad Körber.
Seppi, Hirtenknabe,		Carl Grossmann.
Gertrud, Stauffachers Gattin,		Mad Lorking.
Hedwig, Tells Gattin, Fürst's Tochter,		Mad Grossmann.
Bertha von Bruneck, eine reiche Erbin,		Dem. Ahles.
Armgard,		Mad Derossi.
Mechtild,	Bäuerinnen,	Dem Ott.
Elsbeth		Mad Dittmarsch.
Walther,	Tells Knaben,	Carl Derossi.
Wilhelm,		Joseph Derossi.
Friesshardt,	Söldner,	Hr. Jakobi jun.
Leuthold,		Hr. Kraubl.
Rudolph der Harras Geßlers Stallmeister		Hr Siegmann.
Stußi, der Flurschütz		Albert Lorking.

Ein Reichsbothe, Ausrufer, Geßlerische und Landenbergische Reiter, viele Landleute, Männer und Weiber aus den Landstädten ꝛc.

* * Hr Esslair, Regisseur der Königl Würtemberg. Hof-Schauspiele den Wilhelm Tell als 1te Gastrolle.

Preise der Plätze

Logen-Platz und Sperr-Sitz 1 Franken, Parquet, Amphitheater und oberer Rang 1 Fr. Parterre ½ Fr. letzter Platz ¼ Fr.

Billets sind in meiner Wohnung, auf dem Hübner Markt, im Hause des Herrn Rueffler No. 1175 eine Treppe hoch von Morgens früh 9 bis Nachmittags 4 Uhr und Abends an der Kasse zu haben.

Alle Frei-Billets sind für diese Vorstellung ungültig.

A. Wolff, Regisseur der hiesigen Bühne.

Der Anfang ist punkt halb 7, das Ende gegen halb 10 Uhr.

*Das Leipziger Stadttheater zur Zeit des Engagements
der Lortzing-Familie*

*Das Königstädtische Theater am Alexanderplatz in Berlin.
Hier gastierte Albert Lortzing im Juni 1835 in fünf
Lustspielaufführungen sowie in Boieldieus Oper »Die weiße Dame«*

*Linke Seite:
Theater-Zettel zur Aufführung des »Wilhelm Tell« von
Friedrich Schiller in Aachen, am 14. November 1818. Hier hatte
Albert Lortzing sein Schauspielerdebüt als Flurschütze Stüßi*

Albert Lortzing.
Nach einem Gemälde von W. Souchon

Christian Dietrich Grabbe

Heinrich Laube

Carl Herloßsohn

Adolf Glasbrenner

Die Wohnung Lortzings in der »Funkenburg« im Leipziger Zentrum, nahe dem Stadttheater

Aus dem Autograph des von Lortzing seit seinem Leipziger Engagement geführten Tantième-Heftes

*Titelblatt des Autographs des Librettos zur Oper
»Die Schatzkammer des Ynka« von Robert Blum.
Musik von Albert Lortzing*

Theater der Stadt Leipzig.

Freitag, den 22. December 1837.

Zum erstenmale:

Czaar und Zimmermann,
oder:
Die zwei Peter.

Komische Oper in 3 Akten.
Musik von G. A. Lortzing.

Personen:

Peter I., Czaar von Rußland, unter dem Namen: Peter Michaelow, Zimmergeselle.	Herr Richter.
Peter Iwanow, ein junger Russe, Zimmergeselle.	Herr Lorzing.
Van Bett, Bürgermeister in Saardam.	Herr Berthold.
Marie, seine Nichte.	Dlle. Günther.
General Lefort, russischer Gesandter.	Herr Pögner.
Lord Lyndham, englischer Gesandter.	Herr Becker.
Marquis von Chateauneuf, französischer Gesandter.	Herr Swoboda.
Wittwe Browe, Zimmermeisterin.	Mad. Lortzing.
Ein Officier.	Herr Linke.
Ein Gerichtsdiener.	Herr Heinrich.
Zimmerleute.	
Braut und Bräutigam. Hochzeitsgäste.	
Einwohner von Saardam.	
Holländische Soldaten.	
Magistratspersonen. Matrosen.	

Die Handlung ist in Saardam im Jahre 1698.

Der Text der Gesänge ist an der Kasse für 4 Groschen zu haben.

39. Abonnementsvorstellung.

Preise der Plätze:

Parterre: 8 Groschen. Parket 16 Groschen.
Logen des Parterres: Ein einzelner Platz 16 Groschen.
Logen des Ersten Ranges: Ein einzelner Platz 16 Groschen.
Fremdenloge No. 25. 16 Groschen. Ein gesperrter Sitz daselbst 1 Thaler.
Logen des zweiten Ranges: Ein einzelner Platz 12 Groschen.
Erste Gallerie: 12 Groschen. Ein gesperrter Sitz daselbst 16 Groschen.
Zweite Gallerie: 8 Groschen. Ein gesperrter Sitz daselbst 12 Groschen.
Dritte Gallerie: Mittelplatz 6 Groschen. Seitenplatz 4 Groschen.

Anfang um 6 Uhr.   Ende gegen 9 Uhr.
Einlaß um 5 Uhr.

Theater-Zettel der Erstaufführung von Lortzings
»Zar und Zimmermann« am 22. Dezember 1837 in Leipzig

Theater der Stadt Leipzig.

Sonnabend, den 31. December 1842.

Zum erstenmale:

Der Wildschütz,

oder:

Die Stimme der Natur.

Komische Oper in 3 Akten, nach einem Lustspiel von Kotzebue frei bearbeitet.

Musik von G. A. Lortzing.

Personen:

Graf von Eberbach.	Herr Kindermann.
Die Gräfin, seine Gemahlin.	Mad. Düringer.
Baron Kronthal, Bruder der Gräfin.	Herr Schmidt.
Baronin Freimann, eine junge Wittwe, Schwester des Grafen.	Dlle. Günther.
Nanette, ihr Kammermädchen.	Dlle. Tanz.
Baculus, Schulmeister auf einem Gute des Grafen.	Herr Berthold.
Gretchen, seine Braut.	Dlle. Krüger.
Pancratius, Haushofmeister auf dem Schlosse des Grafen.	Herr Ballmann.

Dienerschaft und Jäger des Grafen.
Bauern und Bäuerinnen.
Schuljungen.

Der erste Akt spielt in einem eine Stunde vom Schlosse gelegenen Dorfe; der zweite und dritte Akt im Schlosse selbst.

Der Text der Gesänge ist an der Casse für 5 Neugroschen zu haben.

49. Abonnementsvorstellung.

Krank: Mad. Dessoir.

Die Billets sind nur für den Tag gültig, an dem sie gelöst sind.

Preise der Plätze:

Parterre 10 Neugroschen. Parket: 20 Neugroschen.
Logen des Parterres und Ersten Ranges: Ein einzelner Platz 20 Neugroschen.
Fremdenloge No. 25. 20 Neugroschen. Ein gesperrter Sitz daselbst 1 Thaler.
Logen des Zweiten Ranges: Ein einzelner Platz 15 Neugroschen.
Erste Gallerie: 15 Neugroschen. Ein gesperrter Sitz daselbst 20 Neugroschen.
Zweite Gallerie: 10 Neugroschen. Ein gesperrter Sitz daselbst 15 Neugroschen.
Dritte Gallerie: Mittelplatz 7½ Neugroschen; Seitenplatz 5 Neugroschen.

Anfang um 6 Uhr.   Ende gegen 9 Uhr.
Einlaß um 5 Uhr.

*Theater-Zettel der Erstaufführung von Lortzings Oper
»Der Wildschütz« am 31. Dezember 1842 in Leipzig*

Robert Blum

August Heinrich Hoffmann von Fallersleben

August von Kotzebue

Heinrich Heine

Schiller-Fest
in Leipzig,
am 10. und 11. November 1842.

PROGRAMM.

Donnerstag, den 10. November,
am Vorabende von Schiller's Geburtstag als Vorfeier des Festes im Stadt-Theater:

Wallensteins Lager.
Hierauf:
Wilhelm Tell.
(2. Act. Rütli-Scene.)
Zum Beschluss:
Die Glocke,
Gedicht von Schiller.

Zur Darstellung für die Bühne eingerichtet von Goethe

mit einem
EPILOG
von **Carl Herlossohn.**

Freitag, den 11. November,
Schiller's Geburtstag.
Um 10 Uhr feierliche Bekränzung der Gedenktafel, Begründung einer Schillerstiftung und Prämien-Vertheilung an die Schulkinder in Gohlis.

Abends 7 Uhr
findet die
Festfeier
in den Sälen des *Hôtel de Pologne* statt

und besteht aus:

1) Ouverture zu Egmont von Beethoven.
2) Festrede. „Was feiern wir am Schillerfeste," von R. Blum.
3) Vocal-Quartett von H. Schmitt, gesungen von Madame Düringer, Dlle Günther, Hr. Pögner u. Hr. Schmitt.
4) Das Schillerhaus in Gohlis von Roswitha Kind, geb. Kind, auf Ersuchen des Schiller-Vereins-Vorstandes von der Verfasserin selbst vorgetragen.
5) Vorträge (mit Beziehung auf untenstehende Bemerkung No. 2.)
6) Die Theilung der Erde von Schiller, comp. vom Capellm. Franz Roser, gesungen von Hrn Pögner.
7) Die Kraniche des Ibycus v. Schiller, gesprochen von dem Königl. Würtemb. Hofschauspieler Hrn. Th. Düring.
8) Cantate von Lortzing, vorgetragen von den Hrn. Hrn. Pögner und Schmitt, unter gefälliger Mitwirkung des philharmonischen Vereins.

Die musikalische Leitung hat Herr **Lortzing** übernommen.

Abendtafel 9 Uhr.

Bemerkungen:
1) Alle Freunde und Verehrer Schillers — Männer und Frauen — sind zur Theilnahme an dem bevorstehenden Feste eingeladen.
2) Wer zur Verherrlichung desselben irgend etwas beizutragen geneigt ist, sei es durch Vorträge im musik.-declamatorischen Theile, sei es durch Tafellieder nach bekannten Melodieen, wobei sich jedoch der Vorstand wie früher die Auswahl vorbehält, wird ersucht, die Einsendung bis zum 7. Novbr. an die Buchhandlung von *Robert Friese* zu bewirken.
3) Der Preis für ein Billet zur Tafel, wozu *zwei* Billets zur Festfeier gegeben werden, beträgt 1 Thlr. Die Billets werden am 7., 8. und 9. Novbr. im *Hôtel de Pologne* ausgegeben.
4) Die Tischordnung richtet sich streng nach Reihenfolge der Anmeldungen; Familien oder Gesellschaften, die beisammen zu sitzen wünschen, werden deshalb gebeten, ihre Couverts zusammen zu bestellen.
5) Die bei der Tafel beabsichtigten Toaste müssen der Ordnung wegen, dem Vorsitzenden der Tafel vorher angezeigt werden.
6) In so fern es der Raum gestatten sollte, werden auch Billets zur Festfeier allein à 10 Ngr. am 10. und 11. November am angezeigten Orte zu haben sein.
7) Den Mitgliedern des Schillervereins wird beim Abholen der Billets, gegen Vorzeigung ihrer Karten, ein auf das Fest bezügliches Andenken überreicht.

Leipzig, im November 1842.

Programm-Zettel zum Schillerfest in Leipzig 1842

*Aus dem von Albert Lortzing verfaßten und von seinen Theaterkollegen
mitunterzeichneten, an die Theaterdeputierten des
Leipziger Magistrats gerichteten Protestschreiben vom 16. April 1838*

*Albert Lortzing.
Nach einer Zeichnung
von Prinzhofer*

*Die Erschießung
Robert Blums
in der Brigittenau
bei Wien am
9. November 1848*

Regina
Oper in drei Acten
der Text nach vorhandenen Stoffen
frei bearbeitet
die Musik
von
Albert Lortzing

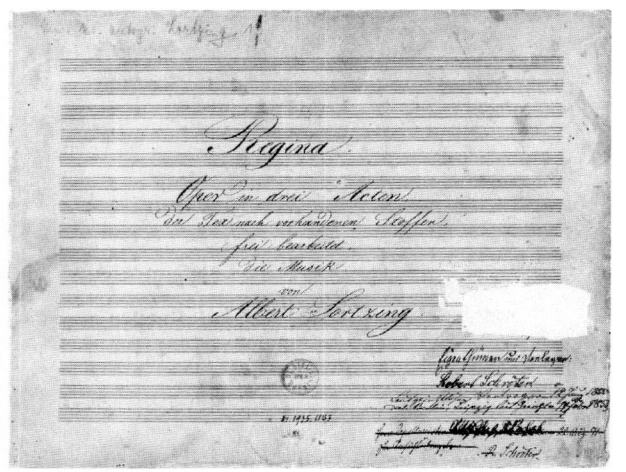

Autograph des Titelblattes der Partitur der Oper »Regina«

Der Bearbeiter.
Regina
1848
Lortzing: Um Himmelswillen, was machen Sie da mit meiner Regina?
L'Arronge: Es ist nur ein kleiner Aderlaß. Sie sehen ja, was ich ihr abschröpfe.

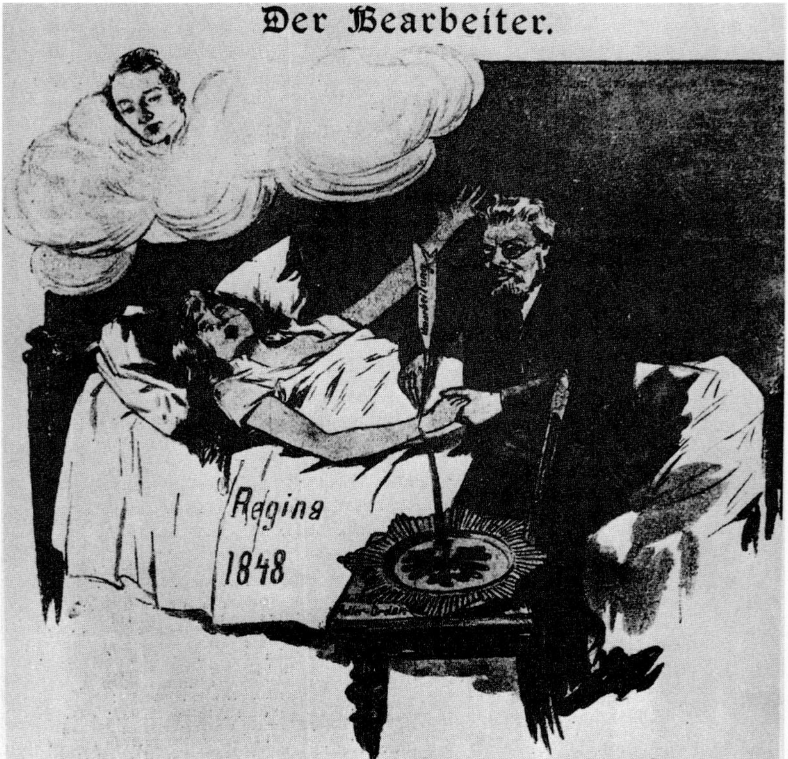

Adolph L'Arronge als Bearbeiter von Lortzings Oper »Regina«. Karikatur im »Ulk«, Berlin 1899

Frankfurter Stadttheater.

Mit aufgehobenem Abonnement.
Montag, den 20. Januar 1851.
Benefiz-Vorstellung
für
Herrn HASSEL.
(Zum ersten Male.)
Junker und Knecht.
Lustspiel in zwei Aufzügen von Fr. Kaiser.

Personen.

Graf von Hohenstein, Gutsbesitzer	Herr Haake.
Junker von Stralheim, sein Neffe	Herr Wilke.
Baron von Weißenhein, Gutsbesitzer	Herr Diehl.
Emilie, dessen Tochter	Fräulein Marsteller.
Frau von Hellstein, deren Erzieherin	Frau Köhler.
v. Buchwald,	Gäste des Grafen	Herr Held.
v. Treuberg,		Herr Krug.
Specht,		Herr Meinhold.
Gemmnig, Schloßinspector des Grafen von Hohenstein	Herr Hassel.
Feldberg, Förster	Herr Gebhard.
Der Holzmeister	Herr Zielfelder.
Frau Therese, Wittwe	Frau Röhrig.
Broni, ihre Tochter	Fräulein Hoffmann.
Rückenheim, Syndikus	Herr Heyl.
Peter,		Herr Jacobi.
Michel,	Holzschläger	Herr Schneider.
Georg,		Herr Rau.
Fritz,	Jäger	Herr Braun.
Mar,		Herr Fleisch.
Maß, Gemeinderath	Herr Ganz.
Kaspar, Gefangenwächter	Herr Wimmer.

Hierauf:
Das Solo-Lustspiel.
Intermezzo von G. Saphir.
Vorgetragen von Fräul. Hoffmann.

Zum Schluß: (Zum ersten Male.)
Die vornehmen Dilettanten,
oder:
Die Opern-Probe.
Komische Oper in einem Act, nach Jünger frei bearbeitet.
Musik von Lortzing.

Personen.

Der Graf	Herr Hassel.
Die Gräfin	Frau Röhrig.
Louise, ihre Tochter	Fräulein Tietjens.
Hannchen, Louisen's Kammermädchen	Frau Demmeny-Rey.
Der alte Baron Reinthal	Herr Leser.
Der junge Baron Reinthal	Herr Caspari.
Johann, des Letzteren Bediente	Herr Meinhold.
Martin,	Diener des Grafen	Herr Krug.
Christoph,		Herr Wimmer.
Männliche und weibliche Dienerschaft.	

Die Preise und der Billetverkauf wie gewöhnlich.
Die Freibillets sind heute ungültig.
Anfang um halb 7 Uhr. Ende gegen halb 10 Uhr.

Morgen: Dienstag den 21. Januar 1851.
Don Carlos, Infant von Spanien.
Trauerspiel in fünf Acten von Fr. Schiller.

Druck von Heller und Rohm.

Theater-Zettel der Erstaufführung von Lortzings Oper »Die vornehmen Dilettanten, oder: Die Opernprobe« am 20. Januar 1851 im Stadttheater Frankfurt am Main; einen Tag vor Lortzings Ableben

*Die Grabstätte
Albert Lortzings auf dem
Friedhof der
Sophien-Gemeinde
in Berlin*

*Das Albert-Lortzing-
Denkmal im
Berliner Tiergarten*

4. In Leipzig – auf dem Weg zur Meisterschaft
(1833–1839)

> »*Kühn mög' euer Fleiß mit kräft'gem Arm
> manchen Bau noch vollenden ...*«
> Aus Zar und Zimmermann

Auf neuen Wegen

Als Lortzing im Herbst 1833 endgültig von Detmold Abschied nahm, konnte er wohl an die neue Wirkungsstätte die berechtigte Erwartung einer grundlegenden Verbesserung der Arbeits- und Lebensverhältnisse für sich und seine Familie knüpfen. Leipzig, die Stadt der großen Traditionen deutschen Musiklebens und deutscher Literatur, war im Vergleich zur Detmolder Residenz für damalige Begriffe geradezu eine Weltstadt. Mit ihren immerhin mehr als 50 000 Einwohnern galt sie als ein wirtschaftliches und geistig-kulturelles Zentrum ersten Ranges. Allein durch die zweimal jährlich stattfindenden berühmten Messen war sie ständiger Anziehungspunkt des Handels und ein Ort der Kommunikation weit über die Grenzen Sachsens hinaus.

Die Gewandhaus-Konzerte und das Theater, Buchhandel und Universität setzten bedeutsame Akzente im kulturellen Leben der Messestadt. Hier hatten Bach und Telemann, Hiller und Weiße gelebt, hier wirkte seit Anfang der dreißiger Jahre der junge Komponist und Musikschriftsteller Robert Schumann, der 1834 die »Neue Zeitschrift für Musik« gründete. Hier begannen oppositionelle literarische Kreise unter dem Einfluß der Juli-Revolution von 1830 in Frankreich eine beachtliche Regsamkeit zu entwickeln.

Dies alles mußte auf das geistige Interesse und den politischen Verstand Lortzings ungewöhnlich anziehend wirken, weil es ihm – wie er den Eltern im Mai 1833 hinsichtlich seiner Leipziger Pläne geschrieben hatte – vor allem um »das Wirken in einer Stadt der Wissenschaften, namentlich für Musik«[1] ging.

Sichtbarster Ausdruck der gegenüber Detmold vollständig veränderten, neuen Verhältnisse war für Lortzing der Wechsel vom Hoftheater an ein städtisches Theater in einer so weltoffenen Handelsmetropole wie Leipzig. Hier durfte sich – sozusagen als »Unternehmer« – der Theaterdirektor Ringelhardt, weitab vom Dresdener Hof, durchaus einer bestimmten Selbständigkeit und in dieser Zeit sogar eines gewissen Wohlwollens der für das Theater zuständigen Stadtbehörde und ihrer Theaterdeputierten erfreuen, zumal unter den Kommunalrepräsentanten und späteren Stadtverordneten seit Beginn der dreißiger Jahre liberalere Auffassungen an Einfluß gewannen.

Ringelhardt, der 1832 von der Leipziger Stadtverwaltung das Stadttheater als Direktor gepachtet und sich vertraglich zur Zahlung einer Pachtsumme von jährlich 1000 Talern verpflichtet hatte, war Lortzing als energischer, kluger und zugleich praktischer Theaterdirektor schon von den rheinländischen A-B-C-Theatern her gut bekannt. Lortzing mochte den progressiven Theatermann mit dem erfolgssicheren Unternehmungsgeist, zumal dessen politische Gesinnung durchaus auch seinen Ansichten entsprach. Für Leipzig war es 1832 geradezu eine Verheißung, daß Ringelhardt die erste Spielzeit unter seiner Direktion mit Goethes *Egmont* eröffnete. Die oppositionellen Kreise der Stadt sahen darin mit Recht eine theaterpolitische Zielstellung, die zu den schönsten Hoffnungen berechtigte; denn damals, unter dem Damokles-Schwert der von Metternich inspirierten und von den deutschen Fürstenhäusern praktizierten »Demagogenverfolgung«, war die Aufführung des *Egmont*, der fast an allen Hoftheatern, vor allem in Preußen, verboten war, geradezu eine Demonstration politisch-oppositioneller Gesinnung. Schon die Andeutung eines Volksaufstandes, vor allem aber die Hinrichtung einer »Standesperson« auf der Bühne, mußte als eine politische Herausforderung gelten. Ringelhardt, der schon als Direktor einer Theatergruppe in Aachen mit den dort zuständigen Zensurbehörden manchen Strauß ausgefochten hatte, wagte die *Egmont*-Premiere in berechtigtem Vertrauen auf das Leipziger Theaterpublikum. Dieses hatte bereits 1830 Aubers Revolutionsoper *Die Stumme von Portici* bejubelt und durch eine demonstrative Kundgebung am 2. September desselben Jahres den Hof in Dresden in Angst und Schrekken versetzt. Damals ließ der sächsische Hof unvermittelt das Theater schließen und löste wenige Monate später das Leipziger Ensemble auf.

Inzwischen aber hatten die oppositionellen Kräfte, besonders in kaufmännischen Kreisen, sowie junge Literaten und andere Künstler, aber auch die Leipziger Studenten gewachsenes politisches Selbstbewußtsein gezeigt und bestimmten mehr und mehr die Erwartungshaltung des Publikums. Der sächsische Hof hielt sich – unter dem zeitweiligen Einfluß liberalistischer Kreise vorsichtig taktierend – vorerst noch zurück. Erst später, als in den 40er Jahren die Aristokratie ihren Einfluß bei Hofe verstärkt geltend machte, hielt man es für geboten, Ringelhardt durch die Nichterneuerung seines Pachtvertrages mittels niederträchtiger Intrigen restaurativer Kräfte innerhalb und außerhalb der Stadtbehörden aus dem Theater zu vertreiben.

Zunächst aber konnte dieser mit seinem Tätigkeitsfeld in Leipzig zufrieden sein; und er war entschlossen, das politisch interessierte Leipziger Theaterpublikum nicht zu enttäuschen. So dürfte es auch kein Zufall gewesen sein, daß er noch vor Lortzings neuem Engagement in der Spielzeit 1832/33 das Singspiel DER POLE UND SEIN KIND auf die Leipziger Bühne brachte.

Natürlich war nicht zu übersehen, daß sich Ringelhardts künstlerisch und politisch orientierter Theaterinstinkt zugleich mit einem ziemlich handfesten Geschäftssinn verband. Sein »Theatergeschäft« mußte Gewinn abwerfen, nicht nur für die städtischen Finanzen und für die das Theater verpachtende Behörde, sondern auch für ihn selbst. Und durch ein geradezu glänzendes kaufmännisches Geschick, bei allerdings ziemlich rigorosen Sparmaßnahmen, brachte er es denn auch fertig, was weder seinen Vorgängern noch seinen Nachfolgern gelingen sollte: Die übergeordneten städtischen Behörden hatten – wenn auch nicht immer ganz fristgemäß und zuweilen erst nach hartnäckigem Drängen des zuständigen Raths-Kollegiums der Stadt – nicht nur die vertraglich vereinbarte jährliche Pachtsumme regelmäßig erhalten; auch Ringelhardt selbst verließ Leipzig im Ergebnis der Kündigung, nach 12jähriger Direktion, als wohlhabender Mann. Das war nur durch strenges Sparsamkeitsregime im gesamten Theaterbereich – vor allem hinsichtlich der Personalkosten – möglich.

Dennoch: Bei aller »Knausrigkeit«, die dem Leipziger Theaterprinzipal nachgesagt und von seinen Gegnern als Waffe der Kritik geschickt gegen ihn verwandt wurde, muß man gerechterweise anerkennen, daß sich das Leipziger Theater unter seiner langjährigen Leitung durchaus eines im ganzen gesehen künstlerisch achtbaren Rufes rühmen durfte.

Was die Oper betrifft, so mag ein Blick auf das Repertoire der Spielzeiten der Jahre 1838 und 1839 genügen, das die »Allgemeine Musikalische Zeitung« am 5.2.1840 im Überblick veröffentlichte: danach standen auf dem Spielplan von

A. Adam
- *Zum treuen Schäfer* — mit 3 Aufführungen
- *Der Brauer von Preston* — mit 10 Aufführungen
- *Der Postillion von Lonjumeau* — mit 2 Aufführungen

D. F. E. Auber
- *Fra Diavolo* — mit 4 Aufführungen
- *Die Stumme von Portici* — mit 1 Aufführung
- *Gustav oder: Der Maskenball* — mit 6 Aufführungen
- *Der Feensee* — mit 1 Aufführung

V. Bellini
- *Montechi und Capuletti* — mit 2 Aufführungen
- *Norma* — mit 1 Aufführung

A. F. Boieldieu
- *Die weiße Dame* — mit 3 Aufführungen
- *Johann von Paris* — mit 1 Aufführung

G. Donizetti
- *Der Liebestrank* — mit 4 Aufführungen

J. Halévi
- *Guido und Ginevra* — mit 18 Aufführungen
- *Die Jüdin* — mit 3 Aufführungen

A. Lortzing
- CZAAR ZND ZIMMERMANN — mit 1 Aufführung
- CARAMO, oder: DAS FISCHERSTECHEN — mit 6 Aufführungen

H. Marschner
- *Templer und Jüdin* — mit 1 Aufführung

Der Vampyr	mit 1 Aufführung
W. A. Mozart	
Don Juan	mit 3 Aufführungen
Die Zauberflöte	mit 3 Aufführungen
Die Hochzeit des Figaro	mit 2 Aufführungen
Titus	mit 2 Aufführungen
Die Entführung aus dem Serail	mit 1 Aufführung
G. Rossini	
Tancred	mit 2 Aufführungen
Othello	mit 1 Aufführung
L. Spohr	
Jessonda	mit 1 Aufführung
Faust	mit 2 Aufführungen
Ch. L. A. Thomas	
1717, oder Der Pariser Peruquier	mit 1 Aufführung
C. M. von Weber	
Oberon	mit 3 Aufführungen
Euryanthe	mit 4 Aufführungen
Der Freischütz	mit 3 Aufführungen.[2]

Bedenkt man angesichts dieses Spielplans, daß an Ringelhardts Leipziger Bühne auch das Schauspiel angemessen präsent war, so darf man getrost konstatieren: In gar so schlechter Gesellschaft befand er sich mit seinen Direktionspraktiken nicht, wenn man sich erinnert, wie sich schon Goethe zu Fragen der notwendigen Ökonomie selbst eines Hoftheaters nur wenige Jahre zuvor gegenüber Johann Peter Eckermann geäußert hatte: »... will ein Theater nicht bloß zu seinen Kosten kommen, sondern obendrein noch Geld erübrigen und Geld verdienen, so muß eben alles trefflich sein. Es muß die beste Leistung an der Spitze haben, die Schauspieler müssen durchweg zu den besten gehören, und man muß fortwährend so gute Stücke geben, daß nie die Anziehungskraft ausgehe, welche dazugehört, um jeden Abend ein volles Haus zu machen. Nichts ist für das Wohl eines Theaters gefährlicher, als wenn die Direktion so gestellt ist, daß eine größere oder geringere Einnahme der Kasse sie persönlich nicht weiter berührt und sie in der sorglosen Gewißheit hinleben kann, daß dasjenige, was im Verlaufe des Jahres an der Einnahme der Theaterkasse gefehlt hat, am Ende desselben aus irgendeiner anderen Quelle ersetzt wird...«[3]

Der im selben Jahr wie Lortzing geborene Sänger, Schauspieler und Bühnenreformator Philipp Eduard Devrient hat berichtet, wie peinlich genau sich Ringelhardt in Leipzig um die pekuniären Angelegenheiten des Theaters kümmerte. Ringelhardt ging gewöhnlich unmittelbar nach Beginn der Vorstellung zur Kasse, um sich bei seinem Sekretär Robert Blum über die Tageseinnahmen zu erkundigen. Als Devrient wieder einmal am Leipziger Theater gastierte, wurde er Zeuge eines solchen Kassenrapports.

Man gab Schillers *Braut von Messina*. Es zeigte sich, daß die Vorstellung schlecht besucht war. Der »Chef« machte seinem Ärger gehörig Luft, weil die Kasse wieder einmal »nicht stimmte«; trocken bemerkte er zu Blum: »Na ja, da haben wir den Herrn Schiller! Und der Goethe ist auch so ein Schweinehund! – Morgen geben wir den *Jux*!«[4] Mit Nestroy, dessen Posse *Einen Jux will er sich machen* das Leipziger Publikum besonders amüsierte, war offenbar mehr Geld zu machen. Allerdings bewirkten Ringelhardts ausgeprägter Kunstverstand und theaterpolitischer Instinkt dennoch, daß etwa Schillers *Don Carlos* oder Goethes *Egmont* – ihrer damals durchaus zeitkritischen Brisanz gemäß – im Repertoire des Theaters einen hohen Stellenwert besaßen. Wie oft Ringelhardt freilich ein Stück spielen ließ, hing ganz vom Publikumsecho ab. Er war bemüht, den Interessen weiter Kreise des Leipziger Theaterpublikums zu entsprechen. Und das brachte ihm volle Kassen. Aber oft bewegte sich der Spielplan auch hart an der Grenze des von der Zensur gerade noch Erlaubten.

Die Theaterdeputierten des Leipziger Stadtrates wachten – als »verlängerter Arm« der offiziellen Zensurbehörde – argwöhnisch über jedes neue Spielplanvorhaben und scheuten vor direkten Eingriffen und Korrekturen in die jeweils vorzulegenden Texte neuer Stücke nicht zurück, wenn sie nicht eine Aufführung überhaupt verboten. Um einem möglichen Zensurverbot weitgehend zuvorzukommen, zeigten die Theaterdeputierten – allen voran Dr. Demuth – oft einen besonders penetranten Eifer in der Überwachung und Kontrolle des Theaters und seines Chefs, dessen demokratische Gesinnung bekannt war.

Vom nüchternen Unternehmerstandpunkt aus war Lortzing, bedingt durch seine Vielseitigkeit als Schauspieler, Sänger und Regisseur sowie vor allem als Komponist und eigener Librettist von publikumswirksamen Opern, die wahrscheinlich billigste und nützlichste Kraft am Leipziger Theater. Sicher hat Ringelhardt an Lortzing viel Geld verdient. Er hat ihn im umfassendsten Sinne »nach allen Regeln der Kunst« ausgebeutet wie kaum ein anderes seiner Theatermitglieder; und Lortzing gab sich bezüglich der kaufmännischen Raffinesse des gewitzten Theaterunternehmers keinerlei Illusionen hin, nannte er ihn doch im Familienkreis oft genug einen »alten Fuchs«. Desungeachtet bleibt die Tatsache, und dies wußte Lortzing wohl zu schätzen, daß die Leipziger Theaterverhältnisse unter Ringelhardt sein künstlerisches Schaffen und Wirken, vor allem im Hinblick auf seine erfolgreichen Bühnenschöpfungen jener Jahre, außerordentlich beflügelten. So bescheiden sich auch die 1833 mit Ringelhardt vereinbarte Monatsgage von zusammen nicht einmal 117 Talern für die beiden jungen Lortzings ausnahm, so wog doch die Befriedigung über die von Jahr zu Jahr zunehmenden Erfolge nicht nur des Darstellers, sondern vor allem des Dichterkomponisten Lortzing die anhaltende Anspruchslosigkeit der äußeren Lebensumstände in manchem auf.

Für Albert und Regina Lortzing waren natürlich alle in dieses Engagement gesetzten Erwartungen mit der Freude verknüpft, zusammen mit den Eltern wieder am selben Theater engagiert zu sein. In Leipzig begann die zweite Schaffensperiode des hoffnungsvollen Dichterkomponisten, der in Detmold gewissermaßen seine künstlerischen Lehr- und Gesellenjahre abgeschlossen hatte.

Nach Erfüllung aller bis Ende Oktober geltenden vertraglichen Verpflichtungen in Detmold traf Albert Lortzing Anfang November in Leipzig ein, wohin schon im voraus, am 19. August, seine Familie übergesiedelt war – ein recht gewagtes Unternehmen übrigens; denn schon in Detmold war Regina wieder »guter Hoffnung«, und die Familie sah neuem Nachwuchs entgegen. Regina erwartete ihre voraussichtliche Niederkunft im September.

Schon im Juli schrieb Lortzing aus Pyrmont an die Eltern: »Ihr werdet Euch wundern, so schnell aufeinander einen Brief zu erhalten, es handelt sich jedoch bloß um die Reise meiner Familie, welche wir anders überlegt und ausgedacht, nämlich, daß es doch weit besser ist, wenn ich sie voraus reisen lasse. Ich erwähnte in meinem letzten Briefe, daß die Umstände meiner Frau einen üblen Eindruck hervorbringen würden, und es würde allerdings besser sein, wenn besagte Umstände nicht obwalteten; aber bei Lichte betrachtet, handelt es sich ja bloß um eine Schwachheit des Herrn Ringelhardt, die nach bereits abgeschlossenem Engagement uns ja nicht schaden kann, und dem Publikum braucht sich meine Gattin ja nicht eher zu zeigen, als vom 1. November an, wo sie dann schon, wie ich hoffe, über einen Monat schlank sein wird.«[5]

Bei Lortzings Ankunft in Leipzig im von Regina längst wohnlich eingerichteten neuen Heim, am Ranstädter Steinweg, begrüßte ihn jubelnd die ganze Familie, und es erwarteten ihn – zum zweiten Mal seit der Geburt der Zwillinge Carl Theodor und Johann Heinrich in Detmold 1831 – wiederum »doppelte« Vaterfreuden. Als neuen Familiennachwuchs hatte Regina am 24. September einem Zwillingspärchen, Anna Charlotte und Therese Franziska, das Leben geschenkt.

Schon am 3. November gab Lortzing am Theater sein Debüt als Karl Ruf in dem damals allgemein beliebten Lustspiel *Die Schachmaschine* von Heinrich Beck. Der Erfolg war beachtlich. Lortzing wurde durch lang anhaltenden Beifall am Schluß der Vorstellung mehrmals vor den Vorhang gerufen.

Auch Regina Lortzing, die Ringelhardt vorzugsweise für das Fach der »ersten tragischen Mütter« engagiert hatte, erwarb sich als Darstellerin durch natürliche Ausstrahlungskraft und überzeugende Bühnengewandtheit sehr bald die Sympathie des Leipziger Publikums.

Albert Lortzing trat in der Folgezeit außer im Schauspiel vor allem in Opern als Tenorbuffo sowie im Baritonfach auf. Wenn auch die Kritik sich nicht immer sehr freundlich äußerte und eher noch das komödiantische Talent als seine stimmlichen Leistungen mit wohlwollendem Lob zu bedenken wußte, so wurde Lortzing doch schon sehr bald der erklärte Publikumsliebling der Leipziger.

Düringer, der Schauspielregisseur des Leipziger Theaters, mit dem Lortzing sehr bald eine enge Freundschaft verband, hat über seinen Freund treffend gesagt: »Ohne eigentliche ausgeprägte Stimme war er mit seinen musikalischen Kenntnissen und Talenten stets in der Oper verwendbar, namentlich für Spielpartien. Sein liebenswürdiges, einnehmendes Aeussere kam ihm auf der Bühne sehr zu statten. Eine schlanke Mittelfigur, mit dunkellockigem Haare, freundlich schönem Angesichte; seine hübschen dunklen Augen waren von gutmüthigem, schelmischem Ausdruck, heiter lebendig; seine ganze Erscheinung, sein ganzes Wesen voll Frohsinn und Laune, gewandt und gefällig, so auf der Bühne wie im Leben, verfehlte da wie dort niemals den angenehmsten Eindruck. Die Comödie war sein angewiesener Wirkungskreis als Schauspieler; während hier sein sprudelnder Humor sich geltend machte, konnte er trotz allen Fleisses in der Tragödie niemals die wahre Wirkung hervorbringen und nicht selten witzelte er selbst über seine ernsten Rollen.«[6]

Am 13. Januar 1834 trat das Ehepaar Lortzing zum ersten Mal gemeinsam in dem Singspiel DER POLE UND SEIN KIND auf. Die Presse war des Lobes voll:

»Herr Lortzing, den wir freundlich als den Dichter des wohlgelungenen Liederspiels begrüssen, und der gleiches Lob wie als dramatischer Künstler so als dramatischer Dichter verdient, gab den Janicky so ergreifend, so wahrheitsvoll, so zum Herzen sprechend, daß er der Dichter selbst sein mußte, um so vorzüglich reproduciren zu können. Besonders was den Vortrag der Lieder betrifft, malte der Künstler ganz meisterhaft das tiefe Gefühl, das dem Sänger fast alle Fassung raubt. Trefflich gelang auch die Szene des Wiedersehens mit Marie, wo auch Madame Lortzing die jüngere recht lobenswerth war. Die Künstlerin beherzigte die Rathschläge, die wir ihr früher in diesen Blättern gaben. Herr Lortzing wurde gerufen und dankte im Namen aller seiner Brüder.«[7]

Besonders populär wurde in Leipzig das LIED VOM 4. REGIMENT »Zu Warschau schwuren Tausend auf den Knien ...!« Die Behörden sahen jedoch gerade in diesem Lied eine Aufforderung zur Empörung gegen die eigene Obrigkeit. Und als bekannt wurde, daß es als Chor konzertant in einer öffentlichen Veranstaltung zur Aufführung gelangen sollte, wurde es durch den königlichen Kommissar in Leipzig kurzerhand verboten.[8]

Lortzing war hellhörig genug, um zu spüren, wie ihn auch hier, in Leipzig, bei allem zur Schau getragenen Liberalismus der »Stadtväter« in der Öffentlichkeit, die Zensur weiter beargwöhnte und die zuständigen Behörden nur auf eine passende Gelegenheit warteten, um ihr Machtwort zu sprechen.

Seinen ersten Urlaub im Spätsommer 1834 nutzte Lortzing zu einem schon lange erhofften Gastspiel am Weimarer Hoftheater, wo er in drei seiner Glanzrollen als »braver Komiker und angenehmer Sänger« sowohl in der offiziellen Kritik als auch vom Publikum überaus herzlich gefeiert wurde; und das für sein dreimaliges Auftreten gezahlte Gesamthonorar von 75 Talern war schließlich auch nicht zu verachten.

Gern nahm er während seines Aufenthalts in Weimar die Gelegenheit wahr, seinen Onkel Friedrich zu besuchen, der sich seit 1831 von der Theaterbühne zurückgezogen hatte und nun wieder ganz seiner alten Liebhaberei, der Malerei, widmete.

Die Gattin Friedrich Lortzings, Beate Elstermann, die sich in ihrer Schauspielerlaufbahn auf Goethes Anregung hin später Elsermann nannte und an der Weimarer Bühne als eine der besten Schauspielerinnen galt, war 1831 nach längerer Krankheit – erst fünfzigjährig – verstorben.

Ein glückliches Wiedersehen aber gab es für Albert Lortzing mit der Cousine Caroline, die eigentlich die Nichte Beate Elstermanns war, von ihr und dem Onkel aber adoptiert worden war. Caroline, ebenfalls Schauspielerin am dortigen Theater, war das erste Gretchen in Goethes *Faust* bei der Weimarer Uraufführung am 29.8.1829 und erwarb sich auch bei Gastspielen in Mannheim, Leipzig und Berlin Anerkennung. Sie heiratete 1840 in Weimar den mit Richard Wagner eng befreundeten Kapellmeister Carl August Roeckel, der zu den bekanntesten Wortführern der 48er Revolution gehörte und vor allem beim Dresdener Aufstand im Mai 1849 durch sein tapferes, unerschrockenes Verhalten hervortrat. Nach dem Sieg der Konterrevolution wurde Roeckel ebenso wie der russische Anarchist Bakunin zum Tode verurteilt. Man sperrte Roeckel ins Zuchthaus Waldheim und »begnadigte« ihn später zu lebenslänglicher Haft. 1862 wurde er, zu dem sich Richard Wagner als Freund bis zuletzt bekannt hat, amnestiert und freigelassen.

Wagners und Lortzings Wege kreuzten sich im Jahre 1834 das erste Mal in Bad Lauchstädt, wo Wagner zu jener Zeit bei Direktor Bethmann als Musikdirektor engagiert war und Lortzing einer Aufführung von Mozarts *Figaros Hochzeit* beiwohnte.

Im Sommer 1835, während der Theaterferien, führte Lortzing ein Gastspiel in seine Geburtsstadt. Hier hatte sich für ihn überraschend die Chance eines mehrfachen Auftretens als Schauspieler und Sänger am Königstädtischen Theater ergeben. Das Theater besaß einen weithin beachteten guten Ruf, und so war für den aus Leipzig kommenden Schauspieler diese Gastspielverpflichtung durchaus beachtenswert und ehrenvoll.

Neben dem königlichen Schauspielhaus am Gendarmenmarkt und der Hofoper Unter den Linden erwies sich das Königstädtische Theater längst als ein ernst zu nehmender Konkurrent im Theaterleben der preußischen Hauptstadt. Als Pferdehändler aus Dessau vor Jahren nach Berlin gekommen, hatte Carl Friedrich Cerf, der sich in der Zeit der Befreiungskriege als preußischer Kriegskommissar betätigte und es schließlich zum wohlsituierten Grund- und Hauseigentümer brachte, 1824 mit erstaunlichem Unternehmungsgeist diese private Bühne am Berliner Alexanderplatz gegründet. Ihm war der wagemutige Versuch geglückt, am 13. Mai 1822 »für sich und seine Nachkommen« eine »kgl. Konzession für die Errichtung eines Volkstheaters« zu erwirken und sich durch »Kabinettsordre vom 17. Juni 1822« für dieses Unternehmen die Erlaubnis zur Gründung einer Aktiengesellschaft zu sichern. Auf eine profitable Kapitalanlage zielend, sah sich Cerf sogleich nach passenden Geldgebern um, da sein eigenes Vermögen – vorerst noch – für die Realisierung seines kühnen Projekts nicht ganz ausreichte. Sie waren schnell gefunden; so beteiligten sich als teilhabende Aktionäre auch der Bankier Herz Beer, Vater des Komponisten und späteren Generalmusikdirektors der Hofoper unter König Friedrich Wilhelm IV., Giacomo Meyerbeer, sowie der Astronom Wilhelm Beer und der Schriftsteller Michael Beer, zwei Brüder des Komponisten.

1828 kaufte der inzwischen finanziell sanierte Theaterunternehmer auch die Aktien dieser Teilhaber auf. Cerf sicherte sich damit sowohl die alleinige Verfügung über den Gewinn, den sein geschickt geführtes Theater einbrachte, als auch die von da ab uneingeschränkte Direktion seines lukrativen Unternehmens.

Unter »eingeweihten« Theaterleuten galt Cerf als hergelaufener Dummkopf und Kunstbanause. Zahllose Anekdoten waren im Umlauf. Eine davon war unter Künstlern ganz besonders im Schwange. Es ging da um ein Vorkommnis im Büro des Prinzipals, nachdem sich dieser eine Antigone-Aufführung im Schauspielhhaus angesehen hatte. Nach dem Besuch der Vorstellung ruft Cerf seinen Diener und beauftragt ihn, die Wohnung des Verfassers dieses Stückes »einen gewissen Herrn Sophokles, sofort ausfindig zu machen«, da – wie Cerf erklärend hinzufügte – er selbst vergeblich »das ganze Berliner Adressbuch durchgeblättert und den Namen einfach nicht gefunden habe ...«[9]

Der Spielplan des Königstädtischen Theaters entsprach im großen und ganzen den Ansprüchen eines überwiegend aus dem Bürgertum und dem kleinbürgerlichen Mittelstand kommenden Publikums. Man spielte überwiegend Opern und Singspiele, aber natürlich auch die damals überall gängigen Lustspiele, Familien- und Rührstücke von Iffland, Kotzebue und Raupach.

Ein Novum des Cerfschen Unternehmens gegenüber den Berliner Hofbühnen war im übrigen die von geschäftlichen Überlegungen inspirierte und auf verstärkte Publikumsgunst orientierte Praxis eines bewußt gepflegten »Starkults«, wie ihn in diesem Stil die königlichen Bühnen in Berlin nicht kannten. Cerf verstand es, vergleichsweise hoch bezahlte Bühnenkünstler, vor allem für die Oper, als prominente Gäste zu gewinnen, die sich als »Kassenschlager« allererster Güte reichlich »auszahlten«. Damals hochberühmte Sängerinnen, wie die legendäre Henriette Sontag oder die italienische Primadonna Antonia Vial feierten unter dem frenetischen Beifall ihres Publikums wahre Triumphe.

Lortzing gastierte am Königstädtischen Theater vom 19. Juni bis zum 3. Juli – wie schon ein Jahr zuvor in Weimar – mit seinen Paraderollen in Heinrich Becks *Schachmaschine*, in dem Lustspiel *Das Fest der Handwerker* von Louis Angely sowie in Breitensteins *Capelmeister von Venedig* und trat darüber hinaus in dem heute völlig vergessenen Possen *Welcher ist der Bräutigam* und *Nach Sonnenuntergang* auf. Außerdem stellte er sich dem Publikum mit der Partie des Dickson in der *Weißen Dame* von François Adrien Boieldieu als Spieltenor vor, worüber sich die Kritik mit der Feststellung äußerte, »sein Spiel war gut und sein Gesang nicht störend«.

Natürlich nutzte er seinen Berlin-Besuch, um reihum die Verwandten und Freunde aufzusuchen, sich aber auch in der Stadt umzusehen, die er vor fast 24 Jahren das letzte Mal gesehen hatte. Sein Onkel Johann Friedrich Thomas, ein Cousin von Alberts Vater und gutsituierter Farbenfabrikant in Berlin, hatte Lortzing gleich am Tage seiner Ankunft »zu Fuß und zu Wagen durch halb Berlin geschleppt«,[10] um ihm recht viel von der Stadt zu zeigen, wo sich tatsächlich inzwischen viel verändert hatte.

Nachdem seit 1816 dem hochbegabten Baumeister Karl Friedrich Schinkel die architektonische Planung und Gestaltung bedeutender Bauten in Preußens Residenz verantwortlich übertragen wurde, nahm das städtebauliche Profil Berlins immer glanzvollere Züge an. Lortzing wird gewiß mit Erstaunen das neu errichtete Gebäude der Berliner Singakademie am Kastanienwäldchen (heute Maxim-Gorki-Theater) und davor, unmittelbar an der Straße Unter den Linden, die schon vorher – im Jahre 1818 – erbaute »Königswache«, die spätere »Neue Wache« betrachtet haben. Lortzing bewunderte den großartigen Bau des Alten Museums, eines der bedeutendsten Meisterwerke Schinkels. Und nicht wenig mag er über die vor dem Alten Museum inzwischen aufgestellte Granitschale mit einem Durchmesser von fast 7 Metern gestaunt haben. Sie war aus einem 225 Tonnen schweren Findling, den man aus den Rauenschen Bergen bei Fürstenwalde auf der Spree mit allergrößtem Aufwand nach Berlin transportiert hatte, in meisterhafter Steinmetz-Arbeit kunstvoll gestaltet worden.

Auch das neue Schauspielhaus auf dem Gendarmenmarkt, das von 1819 bis 1821 – nach der durch eine Feuersbrunst verursachten Zerstörung des früheren Langhansschen Theaterbaus – durch Schinkel errichtet und zur Uraufführungsstätte von Webers *Freischütz* wurde, wird Lortzing nicht wenig überrascht haben. Am Werderschen Markt stand Lortzing dann vor der ebenfalls durch Schinkel erbauten Werderschen Kirche – ganz in der Nähe der Breiten Straße, wo Lortzing schließlich auch sein Geburtshaus aufsuchte.

Der Onkel beließ es jedoch nicht dabei, seinen jungen

Gast durch die Innenstadt zu kutschieren; die Fahrt ging gleich weiter, über die Stadtgrenze hinaus zu den »Zelten« am Tiergarten und in das entferntere Charlottenburg, wo die Gotzkowskys inzwischen wohnten.

Schon am 20. Juni berichtete Albert seiner Regina nach Leipzig:

»Berlin ... ist wunderschön, Du hast gewiß noch keine Stadt mit solchen Straßen und Prachtgebäuden gesehen. Ins Königl. Theater habe ich noch nicht kommen können. Die Maschinka Schneider gastiert hier. In meinem elterlichen Hause in der Breiten Straße war ich bis hinten auf dem Hof, ich fand wenig verändert.

Vom hiesigen Theater zu reden ..., so kochen sie auch hier mit Wasser – und das Leipziger Volk sollte nur hierher kommen und Komödie sehen. Ich bin fest überzeugt, daß vieles, was sie hier goutieren, in Leipzig höchst mißfallen würde.

Die Königstädter Sänger waren gleich am zweiten Tag nach meiner Ankunft eingeladen.«[11]

Wenig entzückt war Lortzing von dem in Berlin grassierenden Primadonnenkult des Königstädtischen Theaters und der ihm ungerechtfertigt erscheinenden Bevorzugung und Begünstigung italienischer Gesangsstars – wie der schon erwähnten Antonia Vial. Sie hatte wohl den Zeitpunkt ihrer glänzenden Laufbahn schon überschritten, als sie in Berlin gastierte.

»Sie soll«, so schreibt Lortzing an seine Frau, »mit 6 000 Talern engagiert sein und wird vom Publikum jedesmal mit Applaus empfangen.« Und ziemlich ungehalten bemerkt er dann weiter, sie habe zwar »angenehme Mitteltöne, Kehlengewandtheit«, doch sei »die Höhe kaput, sie kann das f nicht mehr singen; und so ein Produkt wird nun als non plus ultra anerkannt, meine Landsleute, ihr seid Viehvolk!«[12]

Bei den Verwandten gab es zuerst das lange erhoffte Wiedersehen mit Tante Eleonore und deren Tochter Amalie, Lortzings Cousine. Der Vater, Wilhelm Ludwig Lortzing, ein Bruder von Alberts Vater, war als ziemlich vermögender Fabrikant bereits 1824 verstorben. Von dem zur Schau getragenen Wohlstand der »reichen Verwandten« konnte der auf Gastspielreise befindliche bescheidene Komödiant aus Leipzig, der immer von Geldsorgen geplagte Albert, der sich anschickte, mehr und mehr auch als Komponist hervorzutreten, nicht einmal träumen. In anspruchsloseren Verhältnissen lebte in Berlin eine Schwägerin seiner Mutter, Tante Schmidt, mit der Lortzing ebenfalls zusammentraf. Natürlich besuchte er auch die reichen Gotzkowskys.

Als Albert Lortzing nach Beendigung seines Berliner Gastspiels die Rückfahrt nach Leipzig antrat, konnte er – weniger finanziell als künstlerisch – mit seinem Erfolg am Königstädtischen Theater recht zufrieden sein. Zu einem insgeheim erhofften Engagementsangebot Cerfs allerdings war es nicht gekommen.

Wie sehr es den gebürtigen Berliner in der Folgezeit immer wieder in seine Geburtsstadt zog, macht sein Entschluß deutlich, schon ein Jahr später erneut eine Reise in Preußens Residenz zu unternehmen – nun zu einem rein privaten Besuch. Vermutlich lag ihm diesmal besonders am Herzen, alte Freunde und Bekannte aus der Theatergesellschaft Urania aufzusuchen. In der Urania erregte seit kurzem eine junge Schauspielerin Aufsehen: Adele Peroni, die inzwischen bereits glänzende Triumphe am Königstädtischen Theater feierte. Adolf Glaßbrenner – wie sein um fast 9 Jahre älterer Freund Lortzing ein gebürtiger Berliner – hatte sich 1835 während eines Aufenthalts in Wien Hals über Kopf in die schöne und geistreiche Künstlerin verliebt, die in der habsburger Kaiserstadt von allen Theaterenthusiasten abgöttisch verehrt wurde. Es war – ähnlich wie bei Albert und Regina – »Liebe auf den ersten Blick«, die sich später in einer glücklichen Ehe auf's beste bewähren sollte.

Als Glaßbrenner seiner Adele vor der Rückkehr nach Berlin den Vorschlag unterbreitete, ihm dorthin – für immer – zu folgen, zögerte sie keinen Augenblick. Dort angekommen, dauerte es auch nicht lange, bis sie am Königstädtischen Theater ihre in Wien begonnene Karriere mit Erfolg fortsetzen konnte.

Zu dieser Zeit erfreute sich Glaßbrenner – als ein bei reaktionären Kreisen verhaßter und vom Oberzensurkollegium argwöhnisch beobachteter Journalist und Satiriker – nicht nur in Berlin, sondern weithin in Deutschland einer wachsenden Popularität und Beliebtheit bei demokratisch Gesinnten aller Schattierungen. Seit der 1832 begonnenen

Veröffentlichung seiner humoristisch-satirischen Heftreihe »Berlin, wie es ist und – trinkt« und weiterer, kaum zu zählender Veröffentlichungen zeitkritischen Geistes wurde der volkstümliche Autor – unter seinem vielsagend-bezeichnenden Pseudonym Adolf Brennglas – zu einem der bedeutendsten literarischen Kritiker des Vormärz. Und so kann es auch nicht überraschen, daß Glaßbrenner und Lortzing – kaum daß sie einander kennenlernten – aufs engste verbundene Freunde und »Brüder im Geiste« wurden.

Als sich Adolf Glaßbrenner und seine Adele am 15. September 1840 die Hand zum Bund fürs Leben reichten, war dies zugleich das Ende des bis dahin überaus erfolgreichen Auftretens der Schauspielerin an Königstädtischen Theater. Theaterdirektor Cerf wollte und konnte sich wohl an seiner Bühne keine Künstlerin leisten, die mit einem verdächtigen Agitator und »Demagogen« verheiratet war. Denn immerhin konnte sich der stets klug taktierende Theatermann längst des Wohlwollens eines nicht hoch genug zu schätzenden Gönners erfreuen – nämlich König Friedrich Wilhelms III., der sich als ständiger Besucher des Cerfschen Theaters dort offenkundig besser zu amüsieren wußte als in seinen eigenen, betont repräsentationsverpflichteten Hoftheatern. Cerf machte sozusagen kurzen Prozeß und entließ Adele. In Neustrelitz fand das Ehepaar eine neue Heimat, Adele Peroni am dortigen mecklenburgischen Hoftheater ein Engagement auf Lebenszeit.

Wenn Lortzing seine unmittelbaren Eindrücke und Erfahrungen hinsichtlich der Berliner Theaterverhältnisse mit der eigenen Situation als Künstler am Leipziger Stadttheater verglich, so war er realistisch genug, für sich und Regina, wie wohl auch für die Eltern, der sächsischen Messestadt den Vorzug zu geben.

Ja, Lortzing fühlte sich hier inzwischen wirklich wie zu Hause. Zwar hatte man sich von liebgewordenen Bekannten in Detmold und vor allem von der lieblichen landschaftlichen Umgebung des Residenzstädtchens trennen und mit den Leipziger Verhältnissen allmählich vertraut machen müssen. Aber schon bald konnte seine Frau aus dem neuen Leipziger Heim an ihre Schwester schreiben:

»Anfangs konnten wir uns hier nicht finden ... Jetzt gefällt es uns schon besser, nachdem wir etwas bekannter geworden sind. Die Sachsen sind sehr artige, höfliche Leute.«[13]

Und an den Beethoven-Biographen Anton Schindler schrieb Lortzing später:

»Was mich betrifft, so habe ich alle Ursache zufrieden zu sein; ich darf mich der Gunst des Publikums im hohen Grade erfreuen und lebe äußerst angenehm. Wer Leipzig kennt, wird Letzteres natürlich finden.«[14]

Von Leipzig war nach Ausbruch der Juli-Revolution 1830 in Frankreich eine für den sächsischen Hof bedrohliche Welle politischer Kundgebungen ausgegangen, die dann bald auch auf Dresden, Chemnitz, Plauen und andere Städte Sachsens übergriff.So sah sich der König widerwillig zu einigen liberal gefärbten Zugeständnissen gezwungen.

Lortzing, der sich unter dem Einfluß der französischen Juli-Revolution und ihrer nachhaltigen Wirkung auf die deutsche Oppositionsbewegung bereits mit seinen in Detmold entstandenen politischen Sing- und Liederspielen auf die Seite der antifeudalen Opposition gestellt hatte, erlebte in der Folgezeit – vor allem während der 40er Jahre – eine zunehmende Radikalisierung innerhalb der oppositionellen Bewegung, aus der sich mehr und mehr eine revolutionär-demokratische Gruppierung um Robert Blum herauskristallisierte.

Schon bald gewann Lortzing in Leipzig einen Freundeskreis, der für die weitere Entwicklung seiner politischen Ansichten und künstlerischen Bestrebungen außerordentlich wichtig wurde. Die enge Freundschaft mit Robert Blum sollte dabei von besonderer Bedeutung sein. Blum avancierte vom anfänglich Liberalen zu einem der populärsten Männer der demokratischen Oppositionsbewegung, nachdem er, von Köln kommend, in Leipzig ein für sein politisch-oppositionelles Wirken fruchtbares Feld gefunden hatte.[15]

Robert Blum – als Sohn eines Faßbinders am 10. November 1807 in Köln geboren- war unter ärmlichen Verhältnissen aufgewachsen. Als erst Siebenjähriger verlor er den Vater, der 1815 an der Schwindsucht verstarb. Nachdem die Mutter sich wieder verheiratete, entpuppte sich Roberts Stiefvater bald als notorischer Trinker und Wüstling. Für den Jungen wurden die häuslichen Verhältnisse unerträglich. Trotz erwiesener Begabung ohne echte Bildungschancen, versuchte Robert zunächst als Lehrling bei einem Goldschmied, später bei einem Gürtlermeister sein Glück, um schließlich eine vierjährige Klempnerlehre abzuschließen. Nach vorübergehender Wanderschaft als Handwerksbursche kehrte Blum bald wieder nach Köln zurück, wo er eine Anstellung als Fabrikarbeiter in der Öllaternenfabrik J. W. Schmitz fand; und nachdem sein Chef 1828 das Unternehmen nach Berlin verlegte, folgte auch Blum diesem Schritt ins Ungewisse. Zwei Jahre arbeitete er weiterhin bei Schmitz, bis dieser 1830 Konkurs anmelden mußte. Stellungslos kehrte Robert Blum in seine Heimatstadt zurück. Durch erste journalistische Exerzitien und gelegentliche Veröffentlichungen seiner schriftstellerischen Versuche hatte es Robert Blum bereits verstanden, die Öffentlichkeit auf sich aufmerksam zu machen. Schließlich bot ihm 1831 der damals noch am Theater in Köln als Prinzipal wirkende Sebald Ringelhardt den Posten eines Theaterdieners an. Robert Blum nahm ohne Zögern an. Und als Ringelhardt ein Jahr später nach Leipzig ging, nahm er den literatur- und theaterbesessenen Theaterdiener gleich mit und übertrug ihm am Leipziger Stadttheater das Amt des Kassierers und Sekretärs sowie – ganz nebenbei – des Leiters der Theaterbibliothek. Solange Ringelhardt das Leipziger Theater leitete, fand Blum in ihm stets einen verständnisvollen, sozusagen stillschweigenden Förderer seiner politischen Ambitionen auch außerhalb des Theaters. Freilich blieb Ringelhardt der kühl rechnende Hausherr gegenüber seinem Bediensteten an der Kasse und in der Theaterbibliothek, wenn er zum Beispiel den ohnehin vielbeschäftigten Blum häufig genug auch mit der recht prosaischen Arbeit des Hackens und Jätens im privaten Garten des Prinzipals bedachte, wie der »jungdeutsche« Schriftsteller Gustav Kühne in Leipzig später hämisch zu berichten wußte.[16] Die Freundschaft Lortzings mit Robert Blum, dem führenden Kopf der demokratischen Linken während der revolutionären Bewegungen 1848, ist kennzeichnend für die politische Gesinnung Lortzings.

Nach 1830 entwickelte sich in Leipzig eine starke oppositionelle Bewegung, wenngleich auch hier durch die Politik des königlichen Hofes in Dresden der politischen Selbstbehauptung des Bürgertums enge Grenzen gesetzt wurden. Sachsen galt aber unter den Staaten des Deutschen Bundes, der im Grunde lediglich ein Bund deutscher Fürstenhäuser war, vor allem nach der Proklamation einer mehr oder weniger gemäßigten liberalen Verfassung vom 4. September 1831, als einer der fortschrittlichsten Staaten. Jedenfalls waren die politischen Verhältnisse infolge kräftiger oppositioneller Strömungen, denen der sächsische König Rechnung tragen mußte, ungleich günstiger für das Wirken politisch-progressiver Bewegungen als etwa die Zustände in Österreich oder in Preußen.

Nach den Ausnahme-Beschlüssen des »Bundestages« in Frankfurt am Main vom Jahre 1832, die letztlich für alle Bundesstaaten verbindlich waren und von allen Fürsten – und natürlich auch vom sächsischen König – als willkommene Rechtfertigung für eine verschärfte »Demagogenverfolgung« genutzt wurden, war bald auch in Leipzig spürbar, daß sich der Einfluß des Metternichschen Ungeistes verstärkte.

Durch den Mangel eines öffentlichen, freien politischen Lebens mit entsprechenden demokratischen Einrichtungen oder gar politischen Parteien gewannen als Geselligkeitsvereine getarnte oder als Künstlerkreise und Salons fungierende Zentren geistig-politischen Austausches – nicht zuletzt auch das Theater – als Tribüne politischer Wirksamkeit eine kaum zu unterschätzende Bedeutung. Hier entstanden und entwickelten sich damals vor allem jene gesellschaftlichen Keimzellen, aus denen die vormärzlichen oppositionellen Regungen und Aktionen in den 30er und 40er Jahren insgeheim erwuchsen. Hier fand auch Lortzing seine politische Heimat. Unter dem Deckmantel bloßer Geselligkeit suchten und fanden sich in diesen Kreisen oppositionelle Geister zu politischer Auseinandersetzung und zu Aktivitäten, denen Polizei und Zensur nur schwer auf die Spur kommen konnten. Hier – wie etwa im Leipziger »Tunnel-Verein« und ebenso auch in dem von Robert Blum später gegründeten »Schiller-Verein« – wuchsen zusehends die Kräfte, denen die Veränderung der bestehenden gesellschaftlichen Verhältnisse am Herzen lag. Dabei gingen die Auffassungen über Weg und Ziel des notwendigen politischen Kampfes oft weit auseinander.

Am Theater hatte Lortzing in Ringelhardt einen Direktor gefunden, der den Kreisen des damaligen radikalen Liberalismus in Leipzig nahestand. Ein diesen Kreisen angehörender Redakteur der satirischen Zeitschrift »Charivari«, Oettinger, war, wie Lortzing einem Freunde anvertraute, »äußerst intim mit Ringelhardt ... Sie besuchen sich gegenseitig, so wie überhaupt Oettinger ein Asyl für alle Unzufriedenen der Gesellschaft ist«[17].

Lortzing fühlte sich inmitten solcher Freunde und Kollegen am Theater mehr und mehr zu Hause. Der hier spürbare Geist überwiegend demokratischer Gesinnung übte auf den vielseitig begabten und interessierten Künstler großen Einfluß aus. Als Bühnendarsteller gehörte er längst zu den bevorzugten Publikumslieblingen, während Regina sich schweren Herzens gezwungen sah, den geliebten Beruf aufzugeben. Die zunehmenden familiären Belange drohten dem vielbeschäftigten Künstlerehepaar über den Kopf zu wachsen. Neun Kindern hatte die gerade erst Vierunddreißigjährige das Leben geschenkt, vier waren schon im frühen Kindesalter verstorben, die jetzt zur Familie gehörenden vier Mädchen im Alter von zwei bis neun Jahren und der inzwischen vierjährige Carl Theodor nahmen die Mutter daheim voll in Anspruch, zumal Vater Alberts Tagespensum zuweilen schier erdrückend wurde. Mit der Übernahme der Opernregie und den »daneben« nach wie vor bestehenden Verpflichtungen als Schauspieler und Sänger blieb nur wenig freie Zeit. Zu Hause nutzte Lortzing buchstäblich jede freie Minute zum Memorieren von Rollen und Partien der in schnellem Wechsel immer wieder neu einzustudierenden Stücke für die Sprechbühne oder das musikalische Repertoire; dazu kam die gedanklich-konzeptionelle Vorbereitung auf die Regie aller neu einzustudierenden Opern, Singspiele, Possen und Vaudevilles, nicht zu vergessen auch die Verpflichtung, in zahlreichen öffentlichen Veranstaltungen, Konzerten und Künstlertreffs außerhalb des Theaters präsent zu sein und künstlerisch selbst in Erscheinung zu treten. Wann – so fragt man sich – blieb da noch die Zeit für des schöpferischen Künstlers größte Leidenschaft – das Komponieren? Lortzing hat sich dazu mehrfach selbst geäußert: Es blieben ihm zu Hause entweder die späten Abendstunden nach der Vorstellung im Theater oder – und das waren wohl die schöpferisch glücklichsten Stunden – der frühe Morgen, wenn daheim noch alles still war und sich Lortzing mit ungehemmter Phantasie in eine produktive Stimmung fruchtbringenden Fabulierens und Komponierens zu setzen vermochte. So lag denn auch – vor allem später, als Lortzing in seinem rastlosen Schaffen eine Oper buchstäblich der anderen folgen ließ – der eigentliche Arbeitsbeginn des Meisters gewöhnlich lange vor Tagesanbruch. Das waren über Jahre die oftmals dem Schlaf geopferten »Sternstunden« im Schaffen des Komponisten. Wer würde wohl heute seinen überwiegend komischen Opern die wenig erheiternden äußeren Umstände ihrer Entstehung anmerken?

Für die Leipziger Theaterbesucher war »ihr« Lortzing bis zur Entstehung und Aufführung seiner späteren Meisteropern natürlich ausschließlich als Bühnendarsteller, vor allem als Komiker interessant. Er und seine Mutter gehörten zum festen Bestand des Ensembles, von der Presse zumeist mit Wohlwollen und manchem Lob bedacht, beim Publikum äußerst beliebt. Demgegenüber war Großvater Lortzing als inzwischen Sechzigjähriger nach nun schon fast fünfundzwanzig Jahre andauernden strapaziösen Anforderungen des aufreibenden Theaterbetriebes recht müde geworden. Jedenfalls gewährte Ringelhardt dem einstigen Mimen im Fach der »Charakter- und Väterrollen« das Gnadenbrot eines Theaterkassierers, ein für den finanzbesorgten Chef nicht gering zu schätzendes Amt, das Johann Gottlieb bis zu seinem letzten Atemzuge mit größter Gewissenhaftigkeit versah. Und so standen dann von dem früheren »Quartett« der Schauspielerfamilie nur noch Albert und seine Mutter auf den Brettern der Leipziger Bühne. Über ihre Rolle und ihr Wirken am Theater äußerte das »Leipziger Tageblatt« vom 23.11.1835:

»Herr Lortzing ist sehr brav, und bei ihm muß man nur wünschen, daß er den hiesigen Bühnen noch lange erhalten werde ... Madam Lortzing ergötzt da, wo sie ganz an ihrer Stelle ist, nämlich in chargierten Rollen, zänkischen Weibern, Berliniaden usw. usw.; aber ihr eigentlicher Wirkungskreis ist auch nur sehr beschränkt; und oft müssen wir sie in Rollen sehen, die ihr und ihrer Individualität gar nicht zusagen.«[18]

Ganz und gar unfreundlich ging dagegen das »Tageblatt« mit Sebald Ringelhardt und seinen schauspielerischen Ambitionen um, wenn es meinte, feststellen zu müssen:

»... Herr Ringelhardt ... spielt zwar nur selten, aber es

wäre gewiß besser, er enthielte sich des Auftretens ganz. Wir wenigstens können an solchen Darstellungen, wie zum Beispiel der des Baron Sturz in *Beschämte Eifersucht*, keinen Gefallen finden; denn unserer Meinung nach muß die Komik da, wo ein gebildeter, sogar feiner Mann der höheren Stände darzustellen ist, nicht darin gesucht werden, daß man das Gesicht verzerrt, barocke Stellungen macht, ein Bein in die Luft streckt, eine affectierte Sprache annimmt und den Mund schief zieht.«[19]

Schon seit einiger Zeit war unverkennbar, daß im öffentlichen Leben der Stadt einflußreiche Kräfte gegen Ringelhardt intrigierten. Diese Leute machten aus ihrer Feindseligkeit gegenüber dem eigenwilligen, dickköpfigen Chef der Leipziger Bühne kein Hehl und suchten jede sich bietende Gelegenheit, dem unerschütterlich scheinenden Prinzipal eins auszuwischen. Eine besonders üble Rolle spielte hierbei der Theateragent Louis von Alvensleben, Inhaber des Theater-Geschäftsbureaus in Leipzig und Chefredakteur der in der Messestadt erscheinenden »Theater-Chronik«. So sah Alvensleben beispielsweise schon in der bloßen Tatsache, daß Ringelhardts Tochter als Sängerin dem Theaterensemble angehörte, eine willkommene Gelegenheit, dem Theaterchef und seiner Personalpolitik in einem im »Leipziger Tageblatt« vom 18. November 1835 veröffentlichten Artikel »Über das Leipziger Theater, unter Leitung des Herrn Ringelhardt« ganz unverblümt »Cliquen- und Familienpolitik« vorzuwerfen, »wenn man die Stellung erwägt«, wie der Autor sich auszudrücken beliebte, »welche Dem. Ringelhardt einnimmt, eine Stellung, wie sie wohl noch nie eine Anfängerin fand, wenn sie nicht, wie es hier der Fall ist, zugleich die Tochter des Direktors ist.«[20]

Am 27.11.1835 veröffentlichte der Redakteur des »Leipziger Tageblatts«, Dr. A. Barkhausen, folgenden anonymen »Leserbrief« unter der Rubrik »Eingesendet«:

»Es ist schon mehrere Male vorgekommen, daß Herr Theater-Direktor Ringelhardt, am Schlusse der ausgezeichneten Vorstellungen, wie wir sie jetzt zu sehen gewöhnt sind, gerufen wurde. Jedenfalls hat das Publikum dabei beabsichtigt, Herrn Ringelhardt den ihm gebührenden Dank zu erkennen zu geben ... Herr Ringelhardt hat für gut befunden, nicht zu erscheinen ... und möchten wir demselben doch maßgeblich rathen, die Achtung, welche er einem gebildeten Publikum schuldig ist, ferner nicht aus den Augen zu setzen, da ohnehin die allgemeine Stimme nicht günstig für ihn zu sein scheint.«[21]

Ziemlich ungünstig waren für den geplagten, aber unverdrossenen Theaterchef die dem Leipziger Raths-Collegium in regelmäßigen Abständen abzustattenden Berichte der vom Stadtrat bestellten Theaterdeputierten. Diese übten als Repräsentanten der Behörde gegenüber dem verpachteten Stadttheater eine unmittelbare Überwachungsfunktion und Vorzensur aus. Und Ringelhardts Theaterpraktiken, vor allem sein Repertoire, wurden ihnen mehr und mehr suspekt. Im Protokoll einer solchen Berichterstattung im März 1835 folgt der kritisch vermerkten, auf den Direktor gemünzten Feststellung: »... Wie bekannt sind alle Theaterunternehmer geborene Feinde des Concerts« schließlich noch die Bemerkung: »Es ist eine bekannte Auffassung, daß unsere Stadt ein Theater haben muß. Allerdings wird durch dasselbe eine bedeutende Summe Geldes in Umlauf gebracht, und eine Menge Menschen erhalten dadurch ihren Unterhalt. Diese rein finanzielle Rücksicht ist es aber auch nur allein, die man beim Ringelhardtschen Theater nehmen kann; denn zu einer moralischen oder wohl gar kunstsinnigen giebt diese Bühne, welche die Leute wohl ein paar Stunden unterhält, gewiß keine Veranlassung.«[22]

Noch schien jedoch Ringelhardts Position gesichert und unanfechtbar. Und Lortzing gehörte zu den überwiegend auf Ringelhardts Seite stehenden Bühnenmitgliedern. Als von Alvensleben sich in der Presse auch weiterhin in bösartigen Angriffen auf das Stadttheater und dessen Chef erging, blieb Ringelhardt die gebührende Antwort nicht schuldig. Unter dem Titel »Einige Worte über das hiesige Theater an das Leipziger Publikum von F. S. Ringelhardt« veröffentlichte der desavouierte Theaterdirektor ebenfalls im »Leipziger Tageblatt« unter dem Datum des 28. November 1835 eine Erwiderung auf die gegen ihn erhobenen Beschuldigungen.

Auf den Vorwurf, der Spielplan des Theaters sei zu unausgewogen und könne dem kulturellen Anspruch einer Messestadt in keiner Weise genügen, antwortete er:

»Das Neue, was gut war, habe ich immer und sobald als möglich gekauft ... Alle Opern von einigem Ruf sind in

Leipzig fast zuerst in Deutschland zur Aufführung gekommen.« Ringelhardt erinnert unter andern an Heinrich Marschners *Hans Heiling*, an den *Maskenball* von Auber sowie dessen Oper *Lestoca*.

Mit einem Seitenhieb auf Alvenslebens mißglückten Versuch, sich als Lustspieldichter zu versuchen und Sebald Ringelhardt zur Aufführung eines selbst verfaßten Bühnenstücks unter dem Titel *Die dummen Streiche* zu veranlassen, heißt es dann weiter:

»Daß ich aber ... im besonderen seine (L.v.A., d.V.) ›dummen Streiche‹ nicht gebrauchen konnte, ist nicht meine Schuld.« – Den Vorwurf, er sei mit seinem Repertoire »von der Bahn der Sittlichkeit abgewichen«, parierte er mit der lakonischen Bemerkung: »Da alles censiert wird, kann ich ›von der Bahn der Sittlichkeit‹ nicht abgewichen sein.«

Wir spüren in diesen »Worten an das Leipziger Publikum« das Credo des erfahrenen Bühnenpraktikers wie ökonomisch soliden Theaterleiters, der nicht nur über keinerlei Subventionen verfügt, sondern sogar gewinnbringend arbeiten muß. Und so schreibt denn Ringelhardt weiter:

»Daß sich übrigens der Geschmack des Publikums mehr zum Lustspiel und der Posse als zum Tragischen hinneigt, das bedarf keiner Erörterung, und ich führe bloß als Beweis an, daß wir die Posse *Lumpacivagabundus* 23 Mal bei besetztem Hause gegeben haben, indem Göthes Torquato Tasso nur 1 Mal zur Darstellung kam und nicht 50 Taler brutto einbrachte ... Nachdem ich die Vorliebe des Publikums für die Oper erkannte, widmete ich dieser vorzugsweise meine besondere Sorgfalt, und ich darf sagen, daß es mir gelungen ist, zwei Jahre hintereinander eine Oper herzustellen, die sich mit j e d e r anderen in ganz Deutschland messen konnte.« Ringelhardt konnte es sich offenbar nicht versagen, von Alvensleben ganz direkt anzugehen, wenn er in seinem Artikel bemerkt, daß es der noch effektiveren Ökonomie des Theaters sicher helfen würde, »wenn Herr von Alvensleben aus edler und reiner Kunstliebe die Renten eines seiner Stammschlösser und Rittergüter dem Theater zum Unterhalt überweisen wollte ... Den Tadel«, heißt es schließlich, »welchen Herr von Alvensleben über mich als Schauspieler ausspricht, ertrage ich mit höchster Geduld, nachdem ich seine *dummen Streiche* gelesen und aus diesem genialen Werke seine Bühnenkenntnis und seine eminenten Geistesfähigkeiten erkannt habe. Dem Urteil des Publikums unterwerfe ich mich jederzeit gern und vertraue seinem mir so oft bewiesenen Wohlwollen.«[23]

Der Theaterdirektor scheute sich nicht, wenig später in einem mit Datum vom 2. Dezember 1835 an den »Edlen und Hochweisen« Stadtrat gerichteten Schreiben ohne Umschweife die Überzeugung zu äußern, daß es das Ziel seiner Gegner sei, ihn als Theaterunternehmer zu stürzen, um sich selbst dort Einfluß zu verschaffen; darum versuche man, das Publikum gegen ihn aufzuwiegeln. Empört spricht er in seinem Brief »von Helfershelfern im Verborgenen, von Kabale und Schikanen«, von Leuten, denen es nur darum ginge, »ihren Geifer wider das hiesige Theater auszugießen, zunächst den Samen der Zwietracht zwischen mir und meiner Gesellschaft auszustreuen, ... die Mitglieder von meiner Bühne zu vertreiben und endlich den gänzlichen Ruin herbeizuführen.«[24]

Mit heller Empörung reagierte die Mehrzahl der Mitglieder des Theaters auf die gegen ihren Chef gerichteten Angriffe in der Öffentlichkeit. Innerhalb seines Hauses war er zu dieser Zeit noch eine unumstrittene Autorität, in seiner Theaterleitung akzeptiert und geschätzt – nicht zuletzt von Albert Lortzing, dem der Prinzipal besonders gewogen war. Und dieses Klima des Zusammengehörigkeitsgefühls und der gemeinsamen Verantwortung aller für die Stellung, Wirkung und gesellschaftliche Anerkennung des Theaters im Leipziger Kulturleben wie auch das erfolgreiche Wirken inmitten gleichgesinnter Freunde und Kollegen begünstigte zweifellos die sich inzwischen Jahr für Jahr steigernde künstlerische Produktivität Lortzings als Opernkomponist. Aber auch als Sänger und Schauspieler und – nachdem er von seinem Vorgänger Hauser auch die Opernregie übernommen hatte – zugleich als musikalischer Spielleiter durfte sich Lortzing außerordentlich dankbarer Aufgaben erfreuen.

Im Opernfach übernahm er neben der Titelpartie in Mozarts *Don Giovanni* gleich zu Anfang auch die Tenorpartie des Maurers Roger in Aubers *Maurer und Schlosser*. In Nestroys *Lumpacivagabundus* spielte Lortzing die Rolle des Tischlers Leim, und 1834 nahm er die erste Aufführung zum Anlaß, sich für den eigenen Auftritt eine kleine Gesangseinlage, ein humorvolles Lied (»Süße Erinnerungen, wenn ich gedenke«) zu schreiben.

Durch die Vielfalt des Repertoires der Leipziger Bühnen konnte Lortzing seine bereits früher, vor allem in Detmold erworbene Bühnenpraxis und -erfahrung beträchtlich erweitern. Er selbst hat – zum Teil in brieflichen Äußerungen – wiederholt bekannt, daß vor allem Mozart, aber auch Beethoven und Weber seine großen Vorbilder gewesen seien. Robert Schumann nannte er einen »Tongeist von den höchsten Fähigkeiten«; er sprach neidlos von Spohrs »Ruf und Genie« und hatte größte Hochachtung vor Mendelssohn Bartholdy und dessen künstlerischem Schaffen, und er war bescheiden genug, sein eigenes Talent und sein künstlerisches Wirken in einem realen Verhältnis zu seinen Vorbildern zu bewerten.

Von nicht geringer Bedeutung für seine geistig-weltanschauliche Entwicklung war, daß Robert Blum Lortzing sehr schnell mit den in Leipzig wirkenden führenden Vertretern der Vormärz-Literatur bekannt machte, in deren Kreis man ihn sehr bald als eifrigen Mitstreiter aufnahm. Durch Blum lernte Lortzing den aus Österreich verjagten Journalisten und Schriftsteller Georg Carl Herloßsohn kennen, den führenden Kopf der oppositionellen österreichischen »Schriftsteller-Kolonie« in Leipzig. Dieser ehrliche Streiter einer demokratischen Volksbewegung für nationale Einheit spielte eine besonders wichtige Rolle in dem maßgeblich durch Heinrich Marschners Initiative – unmittelbar nach der Uraufführung seiner Oper Der *Vampyr* am 29. März 1828 – ins Leben gerufenen »Tunnel«-Verein.

Maskierte Geselligkeit im »Tunnel über der Pleiße»

Seit seiner Gründung fand sich in der Gesellschaft »Tunnel über der Pleiße« unter dem Deckmantel eines bloßen »Geselligkeits-Vereins« ein Kreis gleichgesinnter Oppositioneller aus Kunst und Wissenschaft zusammen. Mindestens ein- bis zweimal wöchentlich traf man sich. Dem Verein stand eine ziemlich umfangreiche Bibliothek zur Verfügung; vor allem konnte man hier täglich die neuesten Nachrichten in verschiedenen oppositionell gestimmten Publikationen wie auch die laufenden »Mitteilungen über die Verhandlungen des sächsischen Landtags« lesen und diskutieren.

Der »Tunnel« sah sich in seiner gesellschaftlichen Rolle durch eine schon vorher gegründete Berliner »Sonntagsgesellschaft« angeregt, die sich »Tunnel über der Spree« nannte. Vorsitzender des Berliner »Tunnels« war der in literarischen Kreisen ziemlich bekannte, später eher berüchtigte Schriftsteller und Kritiker Moritz Saphir, mit dem in Berlin anfangs auch Glaßbrenner zusammengearbeitet hatte, bis sich angesichts der zunehmend opportunistischen Haltung Saphirs beider Wege trennten.

Der Gründung des Leipziger »Tunnel« war bereits am 27. Januar 1828 eine Vorbesprechung späterer Gründungsmitglieder – darunter Dr. Carl Herloßsohn und der Verleger Friedrich Hofmeister – mit Moritz Saphir vorausgegangen. Schließlich wurde beschlossen, zusammen mit Heinrich Marschner und dem Buchhändler Focke einen »Tunnel-Verein« in Leipzig nach Berliner Vorbild umgehend aus der Taufe zu heben. Die erste Vereinssitzung fand im Leipziger »Hotel de Russie« auf der Peterstraße statt, was den Vorstand unter seinem Präsidenten Dr. Friedrich Gleich anfangs bewog, den Verein – nomen est omen – einfach »Sonntagsgesellschaft des Peter« zu nennen. Schließlich einigte man sich aber doch, »nach Berliner Vorbild«, auf den Vereinsnamen »Tunnel über der Pleiße«.

Die Leipziger »Tunnel«-Gesellschaft besaß, was im großen als gesellschaftlich-politisches Ziel in Deutschland noch zu erringen war, ihre eigene »Constitution«, die von Heinrich Marschner mit dessen Scherznamen »Orpheus, der Vampyr« unterzeichnet war. Der »Tunnel« hatte sein Domizil mit Bibliothek, mit Lese-, Spiel- und Konversationszimmer im ehemaligen Gasthof »Zum Birnbaum« in der Hainstraße, den der Eigentümer Pusch 1832 in seiner aufrichtigen Begeisterung für den Freiheitskampf der Polen in ein komfortables »Hotel de Pologne« hatte umbauen lassen.

Jeden Sonnabend kam man zusammen, um im Namen Till Eulenspiegels humoristischen »Blödsinn« zu treiben. Tatsächlich ging es aber darum, sich vor allem ungestört zu künstlerischen und auch politischen Fragen zu äußern, den Polizeibehörden sowie der Zensur durch irreführende »Blödeleien«, mit einer dem »Tunnel« eigentümlichen »Geheimsprache« noch zusätzlich verschlüsselt, immer wieder aufs neue ein Schnippchen zu schlagen. Welche politische Zielrichtung sich hinter der nur scheinbar aus Lust am puren Unsinn orientierten Sprechweise tatsächlich verbarg, läßt ein »philosophischer Sermon« Herloßsohns über seine Erfahrungen mit der österreichischen Reaktion und ihrer Polizei unter dem Titel »Über den Abschied« erkennen:

»Die Polizei, meine lieben Freunde, ist eine sehr wohlthätige Anstalt; denn sie ist vorzugsweise diejenige Staatsbehörde, welche am meisten für das Fortkommen der Leute sorgt. Insofern spielt denn auch die Polizei in der Geschichte des Abschieds eine große Rolle, ihr ist in dieser Hinsicht eine große Macht über das menschliche Herz eingeräumt und ihre Einwirkung dehnt sich weit aus über die Gebiete der Erinnerung. Was mich betrifft, geehrte Freunde! so hat die vaterländische Polizei zwar nicht unmittelbar für mein Fortkommen gesorgt; sie hätte es aber getan, wenn ich nicht selber rechtzeitig dafür gesorgt hätte ...

In späteren Jahren habe ich mit den Polizeiern wenig zu schaffen gehabt, ausgenommen in Leipzig, wo ich ein Buch herausgab, das seiner Vortrefflichkeit wegen confisciert wurde, und weshalb mir die Polizei den freundschaftlichen Vorschlag that, mich ein wenig in der Geographie Deutschlands umzusehen, die Luft zu verändern und die Briefe eines reisenden Satyrikers zu schreiben.«[25]

So war denn auch im »Tunnel« nicht weltflüchtige Biedermeierlichkeit, wie Außenstehende möglicherweise vermuten konnten, sondern ein lebhafter zeitbezogener Disput der vorwiegend oppositionell gestimmten Mitglieder an der Tagesordnung.

Die Polizeischnüffler und neugierigen Zensoren wurden durch eine sinnreiche Vereinsordnung geschickt überlistet. So wußten die »Tunnel«-Mitglieder sehr wohl, welcher – für die Uneingeweihten absichtlich verschleierte – Zweck in der satzungsmäßig vereinbarten, vexatorisch verklausulierten Sprachregelung lag, wonach jede Äußerung auf den Kopf gestellt wurde; Schwarz wurde Weiß, gut schlecht, geistreich »blöd«, lang kurz genannt. Jeder war gehalten, sich in »tunnelinternen« Gesprächen dieser scheinhumorigen Sprechweise zu befleißigen. Der »Blödsinn« ist nur Maske, wie ein Mitglied auf einer regelmäßig stattfindenden Sonnabend-Veranstaltung »im Namen Till Eulenspiegels« erklärte. So konnte dem Wort nach jede Äußerung auch politisch als absolut harmlos betrachtet werden, währenddessen die »Eingeweihten« aus der gedanklichen Umstellung des Gesagten den wahren Gehalt geäußerter Meinungen wie aus einer Geheimschrift abzulesen und herauszuhören vermochten. Daß man nach § 5 der »Tunnel«-Satzung sich Spitz-, Kose- oder Scherznamen gab, war gleichfalls mehr als ein bloßer Witz; dem lag erklärtermaßen die Absicht zugrunde, unter den Mitgliedern alle herkömmliche Konvention und Selbstbeweihräucherung von vornherein auszuschließen.[26]

Im »Tunnel« verkehrten politisch engagierte Mitglieder des Theaters ebenso wie Schriftsteller, Komponisten, Verleger und auch Kaufleute. Hier traf man die Verleger Otto Wigand und Raimund Härtel sowie Anton Philipp Reclam jun., den späteren Leipziger Theaterdirektor Dr. Carl Christian Schmidt und Christian August Pohlenz, den langjährigen Direktor der Gewandhaus-Konzerte. Friedrich Wieck, der Vater Clara Schumanns, die Sängerin Livia Gerhardt-Frege und die Schwester Richard Wagners, Rosalie, wie auch deren Lehrer, Musikdirektor Weinlig begegneten sich hier. Auch Karl Gutzkow und vor allem Heinrich Laube waren während ihres Leipziger Aufenthaltes dem »Tunnel« verbunden.

Wenngleich sich auch die Mitgliedschaft, vor allem nach 1840, politisch immer stärker differenzierte und von Vertretern des gemäßigten Liberalismus bis hin zu Verfechtern revolutionär-demokratischer Auffassungen reichte, so war schon die dadurch veranlaßte zunehmende politische Auseinandersetzung über die aktuellen Probleme und über die mehr oder weniger als notwendig erkannten gesellschaftlichen Veränderungen von großer Bedeutung. In welchem Maße sich in der »Tunnel«-Gesellschaft im Laufe der Jahre entschieden demokratische Tendenzen durchzusetzen vermochten, zeigte sich deutlich, als Robert Blum 1845 als langjähriges Mitglied »wegen mannigfacher Verdienste um den Tunnel« zum Ehrenmitglied des Vereins ernannt wurde.

Blum und Herloßsohn, die mit Lortzing sehr bald ein unzertrennliches freundschaftliches »Dreigespann« bildeten, führten den Komponisten bereits 1833 in den »Tunnel« ein, dem auch Ringelhardt nahestand. Am 10. Dezember 1833, einen Tag nach dem Ersuchen Heinrich Laubes um Mitgliedschaft, übermittelte auch Lortzing seine Bitte an den Vorstand, in die »Tunnel«-Gesellschaft aufgenommen zu werden. Als neues Mitglied wurde er, denn schon 1831 erfolgte die Berufung Marschners als Hofkapellmeister nach Hannover, der Spiritus rector des musikalischen Lebens im »Tunnel«. Für diesen Verein schrieb Lortzing ein TUNNEL-LIED für Tenorsolo mit Männerchor und Orchester: »Die Frauen und Mädchen, wie Rosen so rein, mit huldvoll errötenden Wangen«. Diesem Lied folgten weitere Kompositionen, die er eigens für besondere Veranstaltungen vorsah. 1834 wählte das Direktorium Lortzing als Nachfolger des plötzlich verstorbenen Pohlenz zum Musikdirektor des Vereins. Das musikalisch-literarische Programm der ersten Abendveranstaltung unter seiner Leitung zu Anfang des Jahres 1834 wurde mit seiner Ouvertüre zu dem Liederspiel YELVA eröffnet, und Lortzing selbst stellte sich, zusammen mit weiteren Kollegen des Theaters, im zweiten Teil des Programms als Sänger mit einem Vokalquartett von Baldenecker vor. An diesem Abend trat auch Richard Wagners Schwester Rosalie neben der Sängerin Livia Gerhardt auf, deren Gatte, der Orientalist Prof. Dr. Woldemar Frege, als besonders kunstsinniger Freund und Gönner des Leipziger Musiklebens galt. Auch im Hause Freges verkehrten viele »Tunnel«-Mitglieder. Lortzing traf hier wiederholt auch mit Robert Schumann und Felix Mendelssohn Bartholdy zusammen, nachdem dieser 1835 die Leitung der Gewandhaus-Konzerte übernommen hatte. Lortzing war in Freges Kreis ein gern gesehener Gast, und manche seiner Kompositionen kam in den dort regelmäßig stattfindenden privaten Aufführungen zu Gehör.

In dem ihm vertrauten Freundeskreis, ob zu Hause, im »Tunnel« oder in »Riedels Weinstube«, war Lortzing von heiterer Ausgelassenheit. Er verpaßte keine Gelegenheit, mit einem Witz herauszuplatzen oder irgendeinen humorigen Einfall überraschend zum besten zu geben.

Unbehaglich fühlte er sich in der »steifen Gesellschaft« von Leuten mit Standesdünkel, intellektueller Arroganz und sogenannter »Etikette«. In solcherlei Kreisen war Lortzing kaum wiederzuerkennen, und von der sonst bei ihm kaum zu bändigenden fröhlichen Unbekümmertheit war nichts zu merken; er wirkte dann trocken und einsilbig. Erst wenn man wieder »unter sich« war, atmete er gewöhnlich erleichtert auf, um seinen Herzen mit dem Ruf Luft zu machen: »So, nun kann's los geh'n, liebes Bruder!« Diese Redewendung verriet in ihrer sprachlichen »Eigentümlichkeit« zugleich ihren »Erfinder«, den aus Österreich-Ungarn stammenden Böhmen Carl Herloßsohn.

Zu anregender Geselligkeit fanden sich namhafte Künstler, Wissenschaftler und Schriftsteller auch in der Leipziger Loge »Baldiun zur Linde« zusammen; Lortzing trat ebenso wie Blum 1834 der Loge bei, für die er das Lied AHNUNGSVOLL, HOFFNUNGSVOLL, GLAUBENSVOLL schrieb. Zur Säcularfeier der Loge »Minerva zu den drei Palmen« komponierte er eine JUBELKANTATE. Am Theater selbst fand Lortzing in den Schaupielern und Regisseuren Düringer und Reger, beide Ehrenmitglieder des »Tunnels«, weitere treue Freunde und geistesverwandte Arbeitskollegen. Bei seinen späteren Opernschöpfungen sollten sie ihm vor allem beim »Verseschmieden«, was eingestandenermaßen nicht gerade seine stärkste Seite war, noch so manches Mal mit Rat und Tat zu Seite stehen.

DIE BEIDEN SCHÜTZEN – ein Schritt auf dem Neuland der deutschen komischen Oper

Seit 1833 begann jene bedeutsame und fruchtbare Schaffensperiode Lortzings, der wir seine bekanntesten und auf unseren Bühnen nach wie vor lebendigen Opern verdanken. Nach den ersten erfolgreichen Versuchen der Gestaltung großer Themen der nationalen Befreiungsbewegungen in Deutschland, Polen und Griechenland wandte sich Lortzing seit Mitte der 30er Jahre mehr und mehr der Problematik zwischenmenschlicher Beziehungen und Konflikte, allerdings mit gesellschaftskritischer Zuspitzung, zu. In dieser Zeit entstanden die ersten großen musikalischen Komödien Lortzings.

Bereits 1832 hatte er mit der Arbeit an einem neuen Libretto für eine komische Oper, DER AMERIKANER, begonnen. Dabei griff er auf ein durch Wilhelm Vogel nach der italienischen Komödie *La cambiale di matrimonia* (Der Ehe-Wechsel), von Camillo Federici frei bearbeitetes Lustspiel zurück, das damals zum Repertoire vieler Bühnen gehörte. Zur Ausführung der Komposition kam es nicht mehr, möglicherweise infolge der sich durch Engagementswechsel von Detmold nach Leipzig verändernden Arbeits- und Lebensbedingungen. Der unvollendete Textentwurf läßt jedoch die wesentlichen Motive des Handlungsgeschehens deutlich erkennen: Ein amerikanischer Geschäftsmann bestellt bei einem deutschen Freund zu einem beachtlichen Preis – gewissermaßen als eine Art Ware – eine Gattin. Der Geschäftsfreund erweist sich als profitgieriger Kaufmann, der um des pekuniären Vorteils willen die eigene Tochter zu verhökern beabsichtigt. Die Pläne der beiden Geschäftsleute scheitern jedoch an der Liebe des Mädchens zu einem jungen Mann, der letztlich den Plan des geldgierigen Vaters durchkreuzt.

Zielscheibe des Spotts ist der profithungrige Vater, der Kaufmann Herb, ein Harpagon, ein an diese Bühnenfigur Molières erinnernder Geizhals.

Die satirisch zugespitzte antibourgeoise Tendenz ist unverkennbar. Bezeichnenderweise fällt die Entstehung des Librettos in die beginnende Leipziger Zeit des Komponisten, wo sich Lortzing – offenkundiger und mehr als in Detmold – schnell in die recht rigorosen Ware-Geld-Beziehungen verlegerischen Geschäftsgebarens gestoßen sah.

Inzwischen hatten sich auf der politischen Bühne des Bundestages in Frankfurt am Main unter dem maßgeblichen Einfluß Metternichs für die oppositionelle Bewegung in Deutschland alarmierende Ereignisse abgespielt. In einem Beschlußprotokoll der »Wiener Ministerkonferenz« vom 12. Juni 1834 versicherten sich die deutschen Fürsten der verstärkten gegenseitigen Untersützung in der staatsoffiziellen Unterdrückung jeglicher Opposition. Diese Attacke richtete sich in besonderem Maße gegen die unübersehbare literarische Bewegung in den Reihen der bürgerlichen Opposition und vor allem gegen die beginnende Wirksamkeit solcher literarischen Vorkämpfer revolutionärer Demokratie wie Ludwig Börne, Georg Büchner und Heinrich Heine.

Unter diesen Verhältnissen drängten sich in der Literatur, aber auch in der Oper realitätsferne ein schwärmerisch verklärtes Mittelalter oder eine grausige Geisterwelt beschwörende Kunstprodukte in den Vordergrund. In Leipzig setzte 1828 der am dortigen Stadttheater von 1827 bis 1831 als Kapellmeister tätige Komponist Heinrich Marschner das Publikum durch seine Oper mit dem bezeichnenden Titel *Der Vampyr* in Erstaunen. Ein widerwärtig-mordgieriges Scheusal aus greulichem Gespensterreich steht im Mittelpunkt des grausigen Szenenablaufs der Opernhandlung.

Fünf Jahre später präsentierte Marschner in Berlin, Leipzig und in Hannover, wo er inzwischen als Hofkapellmeister wirkte, dem erwartungsvollen Publikum seine neueste Oper *Hans Heiling*. Und wieder enthüllte sich die Titelpartie als ein fluchbeladener Dämon aus finsterer Geisterwelt, der sich auf Erden seine unschuldigen Opfer sucht. Zwar war für den Kenner die bedeutende künstlerische Kreativität des in der Weber-Nachfolge stehenden Komponisten, sein erstaunliches Talent einprägsamer musikalischer Charakterisierungskunst und die in seinen Opernpartituren dramatisch-sinnfällig gehandhabte Leitmotivik unüberhörbar; die frühen Musikdramen Richard Wagners sind kompositorisch nicht zuletzt durch Heinrich Marschner beeinflußt. Dennoch: An das Theater des Vormärz waren wahrhaftig andere Ansprüche geltend zu machen.

Mit untrüglichem Gespür legte der junge Richard Wagner schon ein Jahr nach der ersten Aufführung des *Hans Heiling* sozusagen den Finger auf die Wunde, als er – wenn auch anonym – in einem in der von Heinrich Laube herausgegebenen *Zeitung für die elegante Welt* veröffentlichten Artikel vom 10. Juni 1834 den Zustand der deutschen Oper jener Zeit beklagte:

»... eine deutsche Oper ... haben wir nicht, und der Grund dafür ist derselbe, aus dem wir ebenfalls kein Nationaldrama besitzen. Wir sind zu geistig und viel zu gelehrt, um warme menschliche Gestalten zu schaffen ... Ein jeder Zuhörer freut sich über einen klaren, melodiösen Gedanken, – je faßlicher ihm alles ist, desto mehr wird er davon ergriffen; der Komponist weiß dies selbst, – er sieht, womit er effektuiert, und was Beifall gewinnt; es ist ihm auch dies sogar viel leichter, er braucht sich ja nur ganz gehen zu lassen, – aber nein! es plagt ihn der deutsche Teufel, er muß den Leuten doch weißmachen, er sei auch *gelehrt*! ... Wenn sich aber der Komponist in diesen gelehrten Nimbus hüllen will, so ist es ebenso lächerlich, daß sich das Publikum den Schein geben möchte, als verstände und liebte es diese Gelehrtheit, so daß die Leute, die so gern in eine muntere französische Oper gehen, sich dessen schämen und aus Verlegenheit das deutschtümliche Bekenntnis ablegen, es könnte etwas gelehrter sein ... warum ist jetzt solange kein deutscher Opernkomponist durchgedrungen? Weil sich keiner die Stimme des Volkes zu verschaffen wußte, – daß heißt, weil keiner das wahre, warme Leben packte, wie es ist.«[27]

In Leipzig war Albert Lortzing inzwischen schon dabei, eine im guten Sinne des Wortes volkstümliche komische Oper zu schaffen.

Am 25. Dezember 1835 fand am Leipziger Theater eine Gedächtnisfeier zu Ehren von Johann Adam Hiller statt. Es ist zu vermuten, daß Lortzings Auftritt als Töffel in Szenen aus Hillers Singspiel *Die Jagd*, die er in Detmold mit trefflichem Gespür für Bühnenwirksamkeit neu bearbeitet hatte, den letzten Anstoß gab, sich dem »populären« Genre der musikalischen Komödie zuzuwenden und selbst eine komische Oper zu schreiben. Während seines Gastspiels am Berliner Königstädtischen Theater in Boieldieus *Weißer Dame* hatte er sich ja zum wiederholten Male vom Publikumserfolg vor allem der französischen komischen Oper überzeugen können.

»Von Grétry bis zu Auber blieb dramatische Wahrheit eines der Hauptprinzipien der Franzosen«, schrieb Richard Wagner im Jahre 1834,[28] und er ergänzte diesen Gedanken im Hinblick auf die komische Oper in einem späteren Artikel über das »deutsche Musikwesen« in der Pariser »Gazette musicale«: »Die liebenswürdige Ritterlichkeit des älteren Frankreichs begeisterte aus *Boieldieus* herrlichem *Jean de Paris*; die Lebhaftigkeit, der Geist, der Witz, die Anmut der Franzosen blühte in dem ihnen völlig und ausschließlich eigenen Genre der Opéra comique. Ihren höchsten Höhepunkt erreichte aber die französische dramatische Musik in *Aubers* unübertrefflicher *Stummen von Portici*, einem Nationalwerk, wie jede Nation höchstens nur eines aufzuweisen hat. Diese stürmische Tatkraft, dieses Meer von Empfindungen und Leidenschaften, gemalt in den glühendsten Farben, druchdrungen von den eigensten Melodien, gemischt von Grazie und Gewalt, Anmut und Heroismus, – ist dies alles nicht die wahrhafte Verkörperung der letzten Geschichte der französischen Nation?«[29]

Lortzings Wahl bei seinem ersten Versuch, eine deutsche komische Oper zu schreiben, fiel auf das recht harmlose Sujet einer französischen Verwechslungskomödie, das von Gustav Cords aus dem Französischen übersetzte Lustspiel *Die beiden Grenadiere*. Der Grund dafür mag die Überlegung gewesen sein, unter den Bedingungen der inzwischen allerorts verschärften Zensur mit dem Erstlingswerk – wie in seinen früheren Liederspielen – ein Polizeiverbot zu provozieren und eine Aufführung von vornherein auszuschließen. Allerdings hatte kein anderer als der in Belgien geborene Wahlfranzose und bedeutende Vertreter der französischen Revolutionsoper, André Ernest Modeste Grétry, drei Jahre vor Ausbruch der Großen Französischen Revolution diesen Stoff für geeignet befunden, nach der Dichtung Joseph Patrats eine dreiaktige Opéra comique *Les méprises par ressemblance* (Die Verwirrung durch Verwechslung) zu komponieren. Patrat selbst formte 1792 – ermutigt durch den Uraufführungserfolg der Oper – diese zu dem Lustspiel *Les deux Grenadiers ou les Quiproques* um. In der Aufführung dieses Stückes, nach der Übersetzung von Cords unter dem Titel *Die beiden Grenadiere*, hatte Lortzing bereits den Wilhelm gespielt.

Es ist die Geschichte von zwei entlassenen Soldaten und ihren das verwirrende Geschehen auslösenden verwechselten Tornistern. DIE BEIDEN TORNISTER sollte nach Lortzings Absicht ursprünglich auch seine Oper heißen. Erst als Ringelhardt trocken bemerkte, »was können so zwei Pelzsäcke für Interesse haben«, ließ sich der Komponist bewegen, nach einem anderen Titel zu suchen. Man knobelte hin und her – besann sich plötzlich des in der Leipziger Garnison gerade erst stationierten Schützenbataillons; hieß die französische Lustspielvorlage *Les deux Grenadiers*, warum sollte die jetzt vorliegende deutsche komische Oper nicht DIE BEIDEN SCHÜTZEN heißen? So war der Titel, unter dem das Werk Furore machen sollte, ganz überraschend gefunden.

Die Handlung ist ein ziemlich anspruchsloses Verwechslungsspiel, wie man es damals in schier unzähligen Lustspielen und Possen auf deutschen Bühnen erleben konnte. Allerdings läßt das von Lortzing operngemäß gestaltete Libretto der BEIDEN SCHÜTZEN das deutliche Bestreben erkennen, das Handlungsgeschehen durch zeitbedingte Akzente zu bereichern und mit seiner Oper – so ganz »nebenbei« – auch auf die das Leipziger Publikum bewegenden politischen Ereignisse anzuspielen.

Zwei Geschehnisse erregten damals die Gemüter; das war einmal der 1834 unter Preußens Vorherrschaft entstandene Zollverein, der zwar objektiv – vor allem in ökonomischer Hinsicht und im Interesse der liberalen Bourgeoisie – einen Fortschritt darstellte, zugleich aber den preußischen Hohenzollern die Gelegenheit bot, sich als das Haupt der wirtschaftlichen Einigung der deutschen Staaten aufzuspielen.

Mit deutlicher Ironie hieß es damals in einem anonymen Flugblatt:

»Ach, deutscher Michel, freue dich,
Jetzt kannst du lustig sein!
Wir haben uns nun leidlich
Geeint im Zollverein.«

Ein anderes Ereignis beschäftigte die Leipziger Bevölkerung ganz besonders. Seit 1834 wurde der Bau einer Eisenbahnstrecke zwischen Leipzig und Dresden in Angriff genommen, die ein reichliches Jahr nach der am 7. Dezember 1836 erfolgten Einweihung der ersten deutschen Eisenbahnlinie »Nürnberg – Fürth« feierlich eröffnet wurde. Zweifellos förderte dies die industrielle Entwicklung und den wirtschaftlichen Aufschwung in Sachsen. Für die kapitalistische Privatindustrie, die den Eisenbahnbau finanzierte, eröffnete sich aber zugleich eine neue Quelle reichen Profits durch die schamlose Ausbeutung der im Schwermaschinenbau und beim Bahnbau selbst gedungenen Arbeiter. Aktienspekulanten erlebten »goldene Zeiten«, und durch betrügerische »Wechselreiterei« sowie spekulative Kredit- und Preismanipulation versuchte so mancher, »sein Glück« zu machen.

Den Plan für ein sächsisches Bahnnetz hatte der bürgerliche Nationalökonom Friedrich List schon 1833 der Öffentlichkeit unterbreitet. Um sein Vorhaben zu verwirklichen, brauchte er Leute mit Einfluß und vor allem mit

Geld. Es gelang ihm, einige interessierte Kaufleute für sein Projekt zu gewinnen. Sie witterten nicht zu unrecht ein profitables Geschäft großen Stils und gründeten zuerst einmal eine »Leipzig-Dresden-Eisenbahn-Compagnie«. Unbequem erschien den Aktionären dieser Gesellschaft nur einer: der eigentliche geistige Vater und Inspirator des Unternehmens, Friedrich List, dem es vorwiegend um den ökonomischen und politischen Nutzen eines Verkehrsmittels zum Wohle aller gegangen war. Man bootete den als lästig empfundenen »Schwärmer« schon auf der ersten Generalversammlung kurzerhand aus dem Projekt aus.

In seinem Lied (Nr. 5) im 1. Aufzug nimmt Schwarzbart, Wilhelms Freund, direkt auf Eisenbahn und Zollverein Bezug:

»Es kommt drauf an nur in der Welt,
Wie man sich dreht, wie man sich wendet;
Oft hat ein dummer Kerl viel Geld,
Indessen arm der Kluge endet.
Nur in der Schlauheit stecket das Genie,
Spricht auch die Welt: hm! hm! ei! ei! sieh! sieh!

Ein Kaufmann macht die Bude zu
Und lebt ein Jährchen bei Verwandten,
Kommt dann zurück in guter Ruh,
Von Golde strotzend, von Brillanten.
Man fragt, wie kommt's, daß er so flott stolziert?
Er hat's im Bankerotte profitiert.

Was? Durch den Bankerott ist der reich geworden? Ei, das ist ja die verkehrte Welt, indessen –

Schrein auch die Gläubiger in Scharen, ist er doch gut dabei gefahren!

Erst kürzlich bei dem Zollverband
Was mußte man für Klagen hören,
Ein Wehgeschrei erscholl durchs Land,
Die Krämer weinten blut'ge Zähren.
Sie schrieen: Wird der Zoll jetzt eingeführt,
So sind wir alle gänzlich ruiniert.

Indessen kam der Zoll und sie verkauften das Pfund Kaffee, wofür sie sechs Pfennig mehr zahlen mußten, gleich um zwei Groschen teurer, und so machten sie's mit allen Waren. Wenn nun die Leute über Teuerung klagen, so lachten sie ins Fäustchen und sagen:

Was weiß die Welt von unseren Waren, wir sind doch gut beim Zoll gefahren!
Auch bei dem Bau der Eisenbahn
War großer Dinge man gewärtig,
Kaum fingen sie zu bauen an,
So glaubte man sie fix und fertig.
Doch legte sich seitdem der Jubel sehr,
Und Klagen hört man heute desto mehr.

Aber diejenigen, die mit den Aktien schachern und die Prozentchen verschlucken, freuen sich über die Langsamkeit und sagen:

Sie wird schon fertig mit den Jahren, und wir sind gut dabei gefahren.«

Im übrigen wird in den BEIDEN SCHÜTZEN mit humorvollen Seitenhieben noch auf so manche Spießbürgerlichkeit, auf philiströse Eitelkeit und politische Ignoranz angespielt. Und wenn Wilhelms Vetter, der dumme Peter, dessen Partie bei der Erstaufführung von Lortzing selbst dargestellt wurde, vielsagend erklärt: »Genug, er *denkt*, und wer denkt, ist ein Demagoge, ... ich kenne den Codex, ich gehöre zum Amt«, so traf dies bei einem politisch gewitzten Theaterpublikum mit Sicherheit ins Schwarze.

Bezeichnenderweise sind in allen nachfolgend erschienenen Textbüchern der Oper die mehrfach auf die »Demagogenverfolgung« abzielenden Dialogstellen als »erwünschte Striche« in Klammern gesetzt. Es war ein Wagnis für Lortzing, die scheinbar harmlose Geschichte der Heimkehr der beiden Schützen durch ironisch-kritische Anspielungen auf die Verdrießlichkeit des Kriegshandwerks und auf den bürokratischen Amtsschimmel für das Publikum des Leipziger Theaters besonders schmackhaft zu machen; solche Art politischen Witzes war schon recht gefährlich unter der Zuchtknute einer penetranten polizeilichen »Demagogen«-Schnüffelei.

Am 29. Oktober 1835 hatte die sächsische Regierung noch zu allem Überfluß bei den Behörden des Deutschen Bundes in Frankfurt am Main den Antrag gestellt, in allen Teilstaaten auf dem Territorium des Deutschen Bundes sämtliche politischen Organisationen der Handwerksgesellen und Arbeiter zu verbieten, weil – so hieß es offiziell – in »diesen die Förderung revolutionärer Ideen, die von im Ausland bestehenden Vereinigungen ausgingen, dienstbar gemacht werden könne«.

Auch in Sachsen also war der königliche Hof dazu übergegangen, der besonders rücksichtslosen preußischen Reaktion nachzueifern, und es dauerte lange, ehe Lortzings SCHÜTZEN das Licht der Bühnenwelt erblicken konnten. Am 20. Februar 1837 fand endlich die erste Aufführung statt. Der Erfolg beim Publikum war groß, während sich die offizielle Fachkritik recht herablassend äußerte.

Schon bald konnte Lortzing mit Genugtuung den Siegeszug seiner Oper auf den Bühnen in Dresden, Prag, Berlin und München, Stuttgart, Gotha, Kassel, Dessau und Darmstadt verfolgen. Nur Wien ließ sich 52 Jahre Zeit, ehe diese erste komische Oper des Komponisten an der dortigen Hofbühne zur Aufführung kam. Mit einem Schlage erweckte Lortzing als Opernkomponist die allgemeine Aufmerksamkeit der Theaterwelt weit über die Grenzen seines unmittelbaren Wirkungsfeldes hinaus.

Seine wachsende Popularität als Komponist suchte er für eine Erweiterung auch seiner Gastspieltätigkeit als Bühnendarsteller zu nutzen. So wandte er sich schon wenige Monate nach der erfolgreichen Erstaufführung des Werkes in Leipzig mit einem Brief an den Hoftheaterintendanten in Coburg, Baron von Hanstein, um in diesem Sinne gleich »zwei Fliegen mit einer Klappe« zu schlagen; und wir lesen da:

»Könnte mir ... ein Gastspiel gestattet werden, welches sich von meiner Seite entweder zu Ende Juni oder Anfangs Juli bewerkstelligen ließe, so dürfte eine gegenseitige Bekanntschaft zu einem gewünschten Resultate führen.

Zugleich erlaube ich mir, einer verehrten Intendanz meine hier mit fortwährendem Beifall gegebene, bereits von den Bühnen Dresden, Braunschweig, Hamburg und Breslau verlangte komische 3aktige Oper ›die beiden Schützen‹ ergebenst anzubieten, und beträgt das Honorar für Buch und Partitur sechs Friedrichsd'or.«[30]

Daß es dem Komponisten bei einer verstärkten Gastspieltätigkeit nicht zuletzt auch auf die – trotz des ersten großen Opernerfolges – bitter notwendige Aufbesserung seiner finanziellen Lage ankam, liegt auf der Hand; man denke nur an den jüngsten Familienzuwachs und den mit Reginas zwangsläufiger Beendigung ihrer Bühnentätigkeit verbundenen Verlust ihrer Gage, so bescheiden sie auch gewesen sein mag.

Lortzings brieflicher Vorstoß zum Coburger Hoftheater hatte Erfolg. Das erbetene Gastspiel fand noch im selben Jahr statt. Und DIE BEIDEN SCHÜTZEN erlebten auch in Coburg eine Reihe erfolgreicher Aufführungen.

Für die Aufführung der Oper in Berlin im Jahre 1839 hat Lortzing eine Ariette des Suschen sowie die »Tanz-Arie« des Peter »Jetzt vorwärts, jetzt zurücke« nachkomponiert – auf ausdrücklichen Wunsch seines Freundes Louis Schneider, der bei der Berliner Erstaufführung an der Lindenoper diese Partie sang. Lortzing schrieb dem Singschauspieler, Schriftsteller und Lustspieldichter am 10. Juni 1839 nach Berlin:

»Mit Vergnügen erfülle ich Ihren Wunsch und componiere Ihnen eine komische Arie, wenn Sie mir die Worte dazu verfassen wollen; denn ohne der gewiß trefflichen Composition des würdigen Altmeisters Grétry nur im geringsten zu nahe treten zu wollen, halte ich es für angemessen, da noch Zeit ist, daß ich mich selbst versuche; behagte Ihnen meine Komposition nicht, so stände Ihnen noch immer frei, jene Arie zu wählen ... Verfassen Sie mir gute Verse zum Liede im dritten Akt. Sie kennen ja Ihre Pappenheimer, wie sie's gern sehen.«[31]

Louis Schneider lieferte prompt die gewünschten »guten Verse«, die Lortzing umgehend vertonte. In den erfolgreichen Aufführungen der BEIDEN SCHÜTZEN in Berlin konnte sich Louis Schneider als Peter mit seiner »Tanz-Arie« stets den Sonderapplaus des Publikums sichern. Sie ist von da ab endgültig in die Partitur eingegangen und hat in späteren Aufführungen an anderen Theatern den Darstellern des Peter gewöhnlich immer lebhaftesten Beifall eingebracht.

Daß DIE BEIDEN SCHÜTZEN auch hundert Jahre nach der Leipziger Erstaufführung offenbar nichts von ihrer ursprünglichen Lebenskraft und Wirksamkeit auf der Opernbühne einbüßten, beschreibt in seiner 1985 erschienenen Autobiographie »Ach ich hab in meinem Herzen ...« der weltbekannte, ein Jahr später verstorbene Tenor Rudolf Schock recht anschaulich. Schock war seit der Spielzeit 1937/38 als lyrischer Tenor am Landestheater Braunschweig engagiert. Für diese Spielzeit nahm der damalige Intendant, Dr. Schum, DIE BEIDEN SCHÜTZEN in das Repertoire des Theaters auf und bot dem jungen Anfänger, dessen spätere Weltkarriere damals noch nicht vorauszusehen war, für sein Debüt die Partie des Gustav an. Bezüglich der Wahl des Lortzingschen Werkes anläßlich der 100. Wiederkehr seiner Uraufführung sagte Dr. Schum zu ihm: »Das war Lortzings erster durchschlagender Erfolg – und warum soll es nicht auch für Sie einer werden? Da ist eine sehr schöne, aber auch sehr hohe Tenorpartie für Sie drin!«

»Ich griff begierig nach dem Klavierauszug«, erzählt rückblickend der Sänger, »und tummelte mich im Geiste als ›Gustav, Sohn des Gastwirts Busch‹, auf der Bühne. In dieser Oper kommt auch ein Tenorbuffo vor, den bei der Uraufführung in Leipzig 1837, genau hundert Jahre zuvor, der Komponist Albert Lortzing selber gesungen hatte. Diese Rolle sang hier der in Braunschweig engagierte und sehr beliebte Urenkel des Komponisten, Albert Krafft-Lortzing.

Im letzten Akt gibt es ein Couplet. Albert dichtete sich eine Strophe dazu, die er als Extempore brachte. Sie endete:

›Mein Urgroßvater sang es
vor hundert Jahren in Leipzig
und ich heute hier.
Es hat all's seine Ursach'
Ich kann nichts dafür.‹«[32]

Wie Intendant Schum vorausgesehen, wurden DIE BEIDEN SCHÜTZEN, die ihre Premiere in Braunschweig am 10. Dezember 1937 hatten, ein großer Publikumserfolg.

Der Erfolg des Werkes schon zu Lebzeiten des Meisters war augenscheinlich kein Zufallstreffer. War schon das im Original an sich recht anspruchslose Lustspiel von Lortzing geschickt in ein bühnenwirksames, zeitbezogenes Opernlibretto umgeformt worden, so zeigt die Musik eine bis dahin nicht erreichte kompositorische Reife ihres Schöpfers. Der Einfluß Webers und vor allem Mozarts Vorbild sind zwar in den BEIDEN SCHÜTZEN unverkennbar, doch weist die Partitur schon die eigene musikalische Handschrift des Dichterkomponisten auf, dessen Begabung sich vor allem durch treffsicheren melodischen Einfall, liedhafte Schlichtheit, geschickte Harmonisierung und die Fähigkeit zu musiktheatralischer Gestaltung wirkungsvoller Ensembles äußerte. Hier deutet sich bereits – vor allem in den Partien der beiden Schützen Wilhelm und Gustav – die spätere Meisterschaft in der musikalischen Charakterisierung der handelnden Personen sowie die Kunst des Instrumentierens als Mittel der musikalischen Zeichnung unterschiedlicher Charaktere an.

Nicht nur von der literarischen Quelle her, sondern ebenso in der musiktheatralischen Umsetzung der stofflichen Vorlage wird der Einfluß der französischen Opéra comique deutlich, der sich auch in den nachfolgenden Opern Lortzings nachweisen läßt. Der lebhafte Wechsel von gesprochenem Dialog, gesungenem Lied und die Handlung vorwärtstreibenden musikalischen Spielszenen, die in großangelegten Ensembles gipfeln, kennzeichnete schon das Schaffen Grétrys und seiner komponierenden Zeitgenossen im letzten Jahrzehnt des 18. Jahrhunderts. Es war Grétrys erklärtes Anliegen als Opernkomponist, seine Musik im Sinne »wahrer Deklamation« zu begreifen und zu gestalten, Musik nicht »*auf* die Worte«, im Widerspruch zum Text, sondern »*mit* den Worten« zu schreiben; und er bemerkte: »Die Musik, diese Kunst, die ich anbete, bleibt immer ein Widersinn, wenn sie sich nicht gewissermaßen mit dem Drama vermählt, dessen Schmuck sie ist, das sie belebt, indem sie die Situation verdeutlicht und ihm einen wunderbaren Zauber verleiht ... Sie bleibt ein Widersinn, wenn sie nicht jeder Person des Dramas die Sprache gibt, die ihr angemessen ist. Auch bleibt sie ein Widersinn, wenn sie mehr glänzen will, als sie es der Person und ihrer Lage gemäß dürfte. Sie bleibt schließlich Widersinn, wenn sie nicht so sehr eins ist mit der Poesie, daß man den Poeten vom Musiker gewissermaßen nicht mehr zu trennen vermag.«[33]

Jahrelang hatte Lortzing als Sänger Partien in den Werken bedeutender Repräsentanten der französischen Revolutionsoper selbst gesungen. Was Wunder, daß diese französischen Meister nun auch auf ihn als Komponist nicht ohne anregende Wirkung blieben.

Als Lortzing sich unmittelbar nach dem Premierenerfolg der BEIDEN SCHÜTZEN mit dem Plan einer neuen Opernschöpfung, dem ZAR UND ZIMMERMANN, befaßte, da beschritt er als Dichterkomponist jenen Weg, auf dem für ihn, vor allem angesichts der bestehenden Zensurfesseln, die komische Oper als musikalische Komödie die seinen gesellschaftlichen Absichten adäquate musiktheatralische Gattung wurde.

Überschaut man das Opernschaffen Lortzings, so fällt – ähnlich wie bei Schillers Bühnenwerken – auf, daß die unterschiedlichen Schauplätze des Handlungsgeschehens in seinen Bühnenwerken oder in Stücken, zu denen er Bühnenmusik schrieb, über die deutschen Grenzen hinaus die Niederlande – und indirekt Rußland – (ZAR UND ZIMMERMANN), Italien (CARAMO und CASANOVA), Frankreich (CAGLIOSTRO), Griechenland (ALI PASCHA), Rußland bzw. Polen (DER POLE), Österreich (ANDREAS HOFER, SZENEN AUS MOZARTS LEBEN, VIER WOCHEN IN ISCHL), Spanien (DON JUAN UND FAUST) und England (ZUM GROSSADMIRAL), aber auch die hochentwickelte indianische Kultur in Südamerika (DIE SCHATZKAMMER DES YNKA) umfassen.

In deutschen Landen spielen u. a. HANS SACHS (Nürnberg), DER WILDSCHÜTZ (im deutschen Krähwinkel »Eberbach«), DER WAFFENSCHMIED (Worms) und DIE OPERNPROBE.

Die Wahl der von Lortzing als bühnenträchtig gewerteten literarischen Stoffe für das eigene Opernschaffen, die sich darin widerspiegelnde Anteilnahme an der Geschichte anderer Völker, aber auch das Aufgreifen national-gestimmter musikalischer Symbole und Intonationen zeugt von der Achtung gegenüber diesen Völkern, ihrer Kultur und ihren Kämpfen.

Die Abkehr von den großen Themen nationaler Befreiungsbewegungen, die noch für die Frühwerke Lortzings bis 1832 bestimmend gewesen waren, und seine Hinwendung zu den scheinbar »kleinen« Themen individueller Konflikte in lokal begrenzterem Milieu seiner komischen Opern bedeuten keinesfalls eine Abwendung von der Wirklichkeit. Selbst Stücke, die in geschichtlicher Vergangenheit spielen, sind im Grunde lediglich Zeitstücke in historischem Gewande. Es vollzog sich in Lortzings zweiter Schaffensperiode, nach 1833, ein ähnlicher Prozeß wie später bei Guiseppe Verdi, der 1853 in einem Brief an Antoni Somma schrieb: »Obschon ich am Anfang meiner Karriere nur zögernd damit herausrückte, hat mir später meine langjährige Erfahrung die Richtigkeit meiner Ansichten über Bühnenwirkung bestätigt. (Vor zehn Jahren hätte ich z.B. nicht gewagt, den *Rigoletto* zu schreiben.) Ich bin der Meinung, daß unsere Nationaloper an zu großer Eintönigkeit leidet, so daß ich es heute ablehnen würde, solche Opernsujets, wie etwa Nabucco, Foscari etc. zu behandeln. Sie bieten höchst interessante Situationen, lassen jedoch die notwendige Mannigfaltigkeit vermissen. Immer ein und dieselbe Saite, hochtönend, wenn Sie wollen, aber einförmig im Klang. Ich will mich noch klarer ausdrücken: Die Dichtung Tassos ist vielleicht besser, aber für meine Person ziehe ich Ariost tausend Mal vor. Aus dem selben Grund stelle ich Shakespeare an die Spitze aller Dramatiker, einschließlich der Griechen.«[34]

Lortzing hat sich erst unter dem Eindruck der revolutionären Stürme des Jahres 1848 – und zum ersten Mal in völliger Unabhängigkeit von jeglicher Zensur – mit seiner REGINA wieder einem großen historischen Thema, diesmal der unmittelbar zur Tatsache gewordenen Revolution selbst, zugewandt. Aber auch in dieser Revolutionsoper ist aus der Sicht des Demokraten das große Thema aufs äußerste zugespitzter gesellschaftlicher Konflikte zugleich mit den individuellen Konflikten der handelnden Personen eng verquickt.

Wie bei Verdi besitzen auch bei Lortzing durchaus auch jene Werke eine aufs Soziale zielende Aussagekraft, die sich scheinbar nur »privaten« Problemen und Konflikten handelnder Individuen widmen. Es ist bemerkenswert, daß Lortzing die Texte für seine komischen Opern vorwiegend in französischen Lustspielen suchte, die er mit großem Geschick jeweils zu einem eigenständigen Opernlibretto umarbeitete.

Heinrich Heine hat über die französische Bühne und die Situation des Lustspieldichters bemerkt:

»Das, was man politische Freiheit zu nennen pflegt, ist für das Gedeihen des Lustspiels durchaus nicht nötig. Man denke nur an Venedig, wo, trotz der Bleikammern und geheimen Ersäufungsanstalten, dennoch Goldini und Gozzi ihre Meisterwerke schufen, an Spanien, wo, trotz dem absoluten Beil und dem orthodoxen Feuer, die köstlichen Mantel- und Degenstücke gedichtet wurden, man denke an

Molière, welcher unter Ludwig XIV. schrieb; ... nein, nicht der politische Zustand bedingt die Entwicklung des Lustspiels bei einem Volke ... Ich bemerkte zuletzt, daß die Franzosen, bei denen das Lustspiel mehr als bei uns gedeiht, nicht eben ihrer politischen Freiheit diesen Vorteil beizumessen haben; es ist vielmehr der soziale Zustand, dem die Lustspieldichter in Frankreich ihre Suprematie verdanken. Selten behandelt der französische Lustspieldichter das öffentliche Treiben des Volkes als Hauptstoff, er pflegt nur einzelne Momente desselben zu benutzen ... Eine größere Ausbeute findet der Lustspieldichter in den Kontrasten, die manche alte Institutionen mit den heutigen Sitten und manche heutige Sitte mit der geheimen Denkweise des Volkes bildet ...«[35]

Lortzing hat in der Folgezeit seine literarischen Vorbilder nicht einfach nur der Form nach zu geeigneten Opernbüchern umgestaltet. Das vielfach scheinbar nur »rein Private« seiner literarischen Vorlagen hat er zugleich immer unmittelbar ins Gesellschaftspolitische transponiert.

Unter dem Gesichtspunkt, daß Lortzing angesichts des ständigen Druckes der bestehenden Zensurfesseln im musikalischen Lustspiel die geeignetste und bestmögliche Form einer musiktheatralischen Gesellschaftskritik erkannte, sind auch die Bemerkungen Heinrich Heines zur gesellschaftspolitischen Seite des Lustspiels beachtenswert:

»... Man behauptet ..., die Deutschen besäßen kein gutes Lustspiel, weil sie ein ernstes Volk seien, die Franzosen hingegen wären ein heiteres Volk und deshalb begabter für das Lustspiel. Dieser Satz ist grundfalsch ... Nein, sie sind nicht heiterer als wir; wir Deutschen haben für das Komische vielleicht mehr Sinn und Empfänglichkeit als die Franzosen, wir, das Volk des Humors. Dabei findet man in Deutschland für die Lachkunst ergiebigere Stoffe, mehr wahrhaft lächerliche Charaktere, als in Frankreich, wo die Persiflage der Gesellschaft jede außerordentliche Lächerlichkeit im Keime erstickt, wo kein Originalnarr sich ungehindert entwickeln und ausbilden kann ...«[36]

Ein operndramatischer Vorstoß
zur SCHATZKAMMER DES YNKA

Vor der Uraufführung seiner BEIDEN SCHÜTZEN befaßte sich Lortzing im Jahre 1835 noch einmal mit der Komposition eines historischen Stoffes, zu dem ihm sein Freund Robert Blum das Libretto geschrieben hatte. Lortzing selbst berichtet:

»Im Jahre 1835, als noch keine meiner Opern zur Aufführung gelangt war, schrieb ich eine große tragische Oper DIE SCHATZKAMMER DES YNKA, Text von Robert Blum; nach dem günstigen Erfolg indessen, den meine komischen Opern hatten, wagte ich nicht, mit einer durchgängig ernsten Komposition vor das Publikum zu treten, und so unterblieb die Aufführung bis auf den heutigen Tag ...«[37]

Von der Oper ist bedauerlicherweise nur noch ein Marsch erhalten. Demgegenüber ist – entgegen früheren Auffassungen unter Musikwissenschaftlern – das von Robert Blum nach einer Erzählung Carl Wachsmanns verfaßte Libretto nicht verlorengegangen, sondern als Autograph in seinem Nachlaß gefunden worden.[38]

Die Handlung der Oper bezieht sich unmittelbar auf den heroischen Kampf des in Peru herrschenden Stammes der Inka unter Führung des als »Sohn der Sonne« verehrten Stammesoberhauptes Atahualpa gegen die spanischen Eroberer unter Francisco Pizarro in den Jahren 1532/33. Francisco Pizarro ist – wie bekannt – als blutrünstiger und gnadenloser Eroberer und Unterdrücker des freiheitsliebenden Inka-Volkes unrühmlich in die Geschichte eingegangen. Als Sohn eines spanischen Hauptmanns 1478 in Trujillo geboren, verbrachte er seine Jugendjahre als Schweinehirt, wurde dann Soldat und unternahm bald als Anführer beutegieriger Abenteurer von der spanischen Küste aus die gewagtesten Entdeckungsfahrten über den Ozean.

Sie führten ihn in den Jahren 1524/25 und 1526/27 – im Bunde mit seinen Gesinnungskumpanen Hernando de Luque und Diego de Almagro – an die Küste Ekuadors und Perus. Nach Spanien zurückgekehrt, bot sich Francisco Pizarro der spanischen Regierung unter der Herrschaft des deutschen Kaisers Karl V., der als Karl I. zugleich König von Spanien war, als Oberster Feldherr eines Feldzuges zur Unterwerfung und Kolonisierung Perus an. Die spanische Regierung zögerte nicht lange. Sie ernannte den waghalsigen Abenteurer zum Statthalter und Oberbefehlshaber Perus.

So mit regierungsoffizieller Unterstützung und Vollmacht ausgestattet, segelte Pizarro an der Spitze einer 280köpfigen Soldateska zunächst nach Panama, um von hier aus zum geplanten Raubkrieg aufzubrechen und Peru als spanische Kolonie zu unterwerfen. Im September 1533 drangen die spanischen Horden mordend und plündernd bis ins Innere des eroberten Landes vor. Der Inka-Fürst Atahualpa wurde ins Gefängnis geworfen. Für seine Freilassung forderte Pizarro ein geradezu märchenhaftes »Lösegeld« aus den Gold- und Diamantenschätzen des Inkas. Und obwohl der Gefangene dieser Forderung nachkam, ließ ihn Pizarro erdrosseln.

Nicht zufällig fanden Robert Blum und Albert Lortzing zur Gemeinsamkeit künstlerischen Schaffens, als sie sich zur Dichtung und Komposition der Oper DIE SCHATZKAMMER DES YNKA entschlossen. Mit dem historischen Stoff der peruanischen Freiheitskämpfe des 16. Jahrhunderts und der operndramatischen Gestaltung des damit vorgegebenen Sujets vermochten beide durch die Parteinahme für Völkerverbrüderung, Menschenfreundlichkeit und demokratisch verstandene Toleranz als künstlerische Werkaussage zugleich ihr eigenes Bekenntnis zu Humanität und Freiheitsliebe abzulegen.

Die Oper endet – im Gegensatz zur tragischen historischen Wirklichkeit – mit dem Sieg des um seine Freiheit kämpfenden Volkes der Inka.

Was allerdings das Ende des Pizarro angeht, so entging er – anders als in Robert Blums Libretto – in der geschichtlichen Realität letztlich seinem verdienten Schicksal nicht. Nachdem der tyrannische Eroberer 1538 seinen alten Mitverschworenen und politischen Nebenbuhler Diego hinrichten ließ, sannen Diegos Sohn und dessen Kumpane auf Rache und zettelten eine Verschwörung an, um selbst die Macht an sich zu reißen. Am 26. Juni 1541 wurde Pizarro ermordet.

Im Jahre 1982 erfuhr die Öffentlichkeit durch die Presse aus Lima: Peruanische Wissenschaftler haben Gebeine, die vier Jahre zuvor in der Krypta der Kathedrale in Perus

Hauptstadt entdeckt wurden, als die des spanischen Eroberers Francisco Pizarro identifiziert. Es wurde festgestellt, daß Pizarro an fünf Schlägen auf den Kopf starb. Es bestätigte sich nunmehr, daß Pizarros Leiche später in ein Mausoleum in die damals neu erbaute Kathedrale überführt wurde.

Düringer hat seinerzeit Lortzing gegenüber das Libretto als »ungeeignet« bezeichnet; doch vielleicht bezog sich diese Bemerkung weniger auf den dichterischen Wert als auf dessen freiheitliche Tendenz, die von vornherein Schwierigkeiten mit der Zensur erwarten ließ.

Zu einer Aufführung der Oper des künstlerischen Zweigespanns Blum/Lortzing kam es jedenfalls nicht. Daß hierfür, selbst bei Ringelhardt in Leipzig, politisch motivierte Rücksichten ausschlaggebend gewesen sein dürften, ist sehr wahrscheinlich.

Nach Lortzings Tod und dem über Jahrzehnte anhaltenden Suchen nach seinen im unmittelbar verbliebenen künstlerischen Nachlaß nicht auffindbaren Kompositionen hat es mancherlei Spekulationen und auch Legenden sowohl in Verlegerkreisen als auch unter Fachleuten gegeben. Die in der späteren Lortzing-Publizistik auftauchenden Vermutungen und Spekulationen, Lortzing habe sich von seiner eigenen Oper distanziert und sie darum selbst vernichtet, gehören zweifellos in jenen nebulösen Bereich gezielter Legenden, die zu einem biedermeierlich verfärbten »Lortzing-Bild« beigetragen haben.

Eine andere, wenn auch nicht weniger dubiose Version der Bewertung des ideellen Gehalts der SCHATZKAMMER DES YNKA finden wir in der 1987 beim Droste Verlag, Düsseldorf, erschienenen Biographie »Albert Lortzing. Libretto eines Komponisten-Lebens« von Hans Hoffmann. Der Autor schreibt: »Wären die Inka, die immer auf Eroberung und Unterjochung aus waren, die andere Völker durchaus zielbewußt verleumdeten ... so zum Kampfe entschlossen gewesen wie von Blum behauptet, hätten sie die paar Spanier dank ihrer eigenen erdrückenden Übermacht vollständig aufgerieben. Die Inka haben im entscheidenden Augenblick versagt. Nein, das war kein Lortzing-Stoff; Geschichtsklitterung hätte zudem rasch den Tod dieser Oper bewirkt ...«. Eine äußerst fragwürdige Hypothese. Denn, hält man sich an die geschichtliche Realität der auf brutale

Eroberung und Unterdrückung zielenden spanischen Aggression Pizarros und seiner Soldateska gegen das Inkavolk, so fällt es nicht schwer zu entscheiden, wer hier mit der historischen Gerechtigkeit auf dem Kriegsfuß steht – Blum oder Hoffmann.

Wer möchte angesichts des aggressiven Charakters der spanischen Kolonialfeldzüge jener Zeit und der Grausamkeit ihrer menschenfeindlichen Vollstrecker Hans Hoffmanns Meinung folgen, der über die Ursachen des Untergangs des Inkareiches resümierend das Urteil fällt: »... das Reich der Inka ... besaß imperiale Kraft – und zerbrach doch vor dem ersten harmlosen Angriff einer verwegenen Truppe überschaubarer Spanier.«[39]

Es verwundert, daß Hans Christian Worbs als Autor einer einige Jahre zuvor im Rowohlt-Taschenbuch Verlag veröffentlichten Biographie über Lortzing, die ein im ganzen gesehen realistisches Lortzing-Bild vermittelt, dem bemerkenswerten Gemeinschaftswerk der Freunde Blum und Lortzing gar keine Beachtung geschenkt hat.[40]

Zar und Zimmermann –
Ein Meisterstück

Nach dem anhaltenden Erfolg seiner ersten komischen Oper, der BEIDEN SCHÜTZEN, faßte Lortzing den Plan, angeregt durch das damals bekannte und erfolgreiche französische Lustspiel *Der Bürgermeister von Saardam oder: Die beiden Peter* von Duveyrier-Méleville, E. C. Boirie und J.-T. Merle in der deutschen Übersetzung von Christian Römer, eine neue musikalische Komödie zu schaffen. Lortzing hatte in diesem Lustspiel oft die Rolle des Marquis von Chateauneuf gespielt. Das Stück war in deutscher Übersetzung von Ferdinand von Biedenfeld schon 1822 in Bamberg aufgeführt worden. Sieben Jahre später brachte das Theater in Köln die Römersche Übersetzung auf die Bühne. Hier trat damals Lortzings Vater in der Rolle eines holländischen Offiziers auf. Das Stück fand viel Beifall und wurde an zahlreichen Theatern gegeben.

Der historisch verbürgte und geradezu sensationell anmutende Aufenthalt des russischen Zaren Peter I. als Zimmermann in Holland hatte vor allem französische Dramatiker und Komponisten zu künstlerischer Gestaltung angeregt. Der in den 80er Jahren des 18. Jahrhunderts von einem volkstümlichen Fürsten schwärmenden und an einer bürgerlichen Verfassung interessierten französischen Bourgeoisie, die sich 1789 die konstitutionelle Monarchie erkämpft hatte, mußte ein russischer Zar, der inkognito auf holländischen Werften die Kunst des Schiffbaus erlernte, um seine dabei gewonnenen Kenntnisse als Schiffsbaumeister in den Dienst des eigenen Volkes zu stellen, geradezu als Verkörperung des erträumten Ideals eines »Volksherrschers« erscheinen.

Nachdem bereits 1780 Christoph Gottlob Hempel ein fünfaktiges musikalisches Drama *Peter der Große* verfaßt hatte, wandte sich wiederum Grétry dem historischen Stoff des Holland-Aufenthaltes Peters I. zu und brachte 1790, ein Jahr nach der Fertigstellung seiner Oper *Raoul Barbe-Bleue*, die komische Oper *Pierre la Grand* mit größtem Erfolg in Paris auf die Bühne. Der Textdichter Grétrys war kein geringerer als der damals berühmte französische Schriftsteller und Dramatiker Jean Nicolas Bouilly, der Librettist von Cherubinis *Wasserträger* und Textdichter der von Pierre Gaveaux komponierten Oper *Leonore, ou L'amour conjugal*. Das Libretto der Leonore von Bouilly hat bekanntlich den deutschen Übersetzern und Bearbeitern eines Textbuches für Beethovens *Fidelio*, Joseph von Sonnenleithner, Stephan von Breuning und, für die dritte und gültige Fassung der Oper Beethovens, dem Bearbeiter Friedrich Treitschke, als ursprüngliche Vorlage gedient. Treitschke bearbeitete auch Bouillys Libretto zu Grétrys *Pierre le Grande* für eine 1814 von Josef Weigel komponierte Oper *Die Jugendjahre Peters des Großen*.

Carl August von Lichtenstein, unter dessen Direktion Lortzings Eltern von 1813 bis 1815 in Bamberg und Straßburg engagiert waren, benutzte bei der textlichen Gestaltung der von ihm komponierten Oper *Frauenwerth, oder: Der Kaiser als Zimmermann* ebenfalls diese offenbar sehr beliebte Vorlage.

Lortzing kannte die Übersetzungen und Bearbeitungen des französischen Originals durch Römer, Treitschke und Lichtenstein und nutzte sie geschickt bei der Gestaltung seines Textbuches für die inzwischen in Angriff genommene neue Oper mit dem Titel CZAAR UND ZIMMERMANN, oder: DIE ZWEI PETER. Am meisten stützte er sich auf das von Römer übersetzte Lustspiel *Der Bürgermeister von Saardam, oder: Die zwei Peter*. Das Autoren-Trio dieses Librettos hatte inzwischen, 1825, schon wieder eine erfolgreiche Neubearbeitung des Stückes als zweiaktiges Vaudeville unter dem Titel *Le bourgmestre de Sardam ou Le prince charpentier* im Théatre des Variétés in Paris auf die Bühne gebracht.

Das historisch interessante Sujet und vor allem die erstaunliche Einmaligkeit eines aus ehrlichen, patriotischen Erwägungen als Zimmermann arbeitenden Kaisers fesselte in den 20er Jahren des 19. Jahrhunderts aber auch die italienischen Opernkomponisten Vaccai und Mercadante und den englischen Komponisten Cooke. Auch sie schrieben Opern zum gleichen Thema. Nach Lortzings Tod haben Julien und Meyerbeer den Stoff noch einmal aufgegriffen. Juliens *Pietro il Grande* kam 1852 in London auf die Bühne, Meyerbeers Oper mit dem Titel *Nordstern* erlebte am 16. Februar 1854 in Paris die Uraufführung.

Bemerkenswert ist eine italienische Bearbeitung der französischen Vorlage des von Römer ins Deutsche übersetzten Lustspiels durch Gilardoni mit der von Donizetti komponierten Musik. Donizettis Werk erlebte als *Borgomastro di Saardam* bereits 1827 in Neapel seine erste Aufführung und kam in deutscher Sprache noch während der Arbeit Lortzings an seiner ZAREN-Partitur am 2. August 1837 am Berliner Königstädtischen Theater auf die Bühne. 1829 hatte in Paris eine einaktige Oper von Adolphe Adam *Pierre et Catherine* Premiere. Das Libretto stammte von Saint-Georges. Und 1835 erlebte am Hoftheater in Schwerin die Neuvertonung des gleichen Librettos durch Friedrich von Flotow als *Peter und Kathinka* ihre Uraufführung.

Heute sind all diese vielen Opern und Lustspiele, die dem Holland-Aufenthalt von Peter I. zum Gegenstand haben und vor oder auch nach dem Lortzingschen ZAREN entstanden, längst vergessen. Um so unverwüstlicher hat sich bis in die Gegenwart die Lebenskraft der von Lortzing im Dezember 1837 fertiggestellten komischen Oper erwiesen. Mit ihr erlangte Lortzing als Dichterkomponist eine Meisterschaft, die dem Werk in den folgenden Jahren und Jahrzehnten einen Siegeszug über unzählige Bühnen des In- und Auslandes sichern sollte, wie er im Auf und Ab operngeschichtlicher Entwicklungen nur wenigen Werken zuteil wird.

Bis heute zählt ZAR UND ZIMMERMANN zu den am häufigsten gespielten Opern an unseren Musiktheatern; und auch die Fachkritik ist sich inzwischen längst darüber einig, daß Lortzings ZAR zu den bedeutendsten Schöpfungen der an Werken nicht gerade reich gesegneten heiteren deutschen Opernliteratur gehört.

Lortzings ZAR UND ZIMMERMANN wurde neben literarischen und musikdramatischen Anregungen des russischen Kulturerbes auch zu einer der Quellen für eine Mitte der 70er Jahre unseres Jahrhunderts entstandene Oper *Peter der Erste* des russischen Komponisten Andrej Petrow. Er wurde international unter anderem als Komponist des Balletts *Die Erschaffung der Welt* nach Jean Effel bekannt. *Peter der Erste* ist eine große durchkomponierte Oper in 12 Bildern. Die Handlung des Werkes beginnt mit der Machtübernahme des jungen Peter und endet mit dem Sieg russischer Truppen über die schwedische Armee an der nördlichen Ostseeküste, wo Peter 1703 den Grundstein zu der künftigen Hauptstadt des russischen Reiches, sein »Petersburg«, legte.

Die deutsche Erstaufführung dieser Oper erfolgte 1978 am Opernhaus in Karl-Marx-Stadt (heute Chemnitz). Mehr als 20 Jahre zuvor hatte Lortzings Oper ZAR UND ZIMMERMANN in der Originalfassung ihre erste Inszenierung in Leningrad (heute St. Petersburg) erlebt. Das Werk fand auch hier, an traditionsreicher Stätte, am Maly-Theater, in der von Peter I. gegründeten alten russischen Metropole, die herzliche Aufnahme des Opernpublikums. Das war 120 Jahre nach seiner Uraufführung.

Die Handlung des Werkes ist beim deutschen Opernpublikum so hinlänglich bekannt, wie daraus stammende »geflügelte Worte« längst in den Volksmund eingegangen sind; man denke an des Zaren Einsicht: »O selig, o selig, ein Kind noch zu sein«, an die bekannte Feststellung der Nichte des Bürgermeisters, Marie, »Die Eifersucht ist eine Plage«, an des Bürgermeister van Betts Beschwörung »O sancta justitia« und die eitle Selbstbestätigung »O, ich bin klug und weise, und mich betrügt man nicht« oder an den Anfang seiner Chorprobe:

»Heil sei dem Tag,
an welchem Du bei uns erschienen.
Es ist schon lange her ...
Das freut uns umso mehr!«

Die um den Titelhelden und die mit ihm agierenden Personen zu Ende des 17. Jahrhunderts in Holland spielende Oper bietet eine höchst originelle Verknüfung und schließliche Entwirrung turbulenter Verwechslungsspiele, bei denen, bei aller Situationskomik, der reale historische Hintergrund nie außer Betracht bleibt.

Am 22. Dezember 1837 ging Lortzings Oper CZAAR UND ZIMMERMANN, oder: DIE BEIDEN PETER am Leipziger Stadttheater zum ersten Male in Szene. Der Komponist selbst trat in der Partie des Peter Iwanow, seine Mutter als Witwe Browe auf. Peter I. sang der Bariton Richter, als van Bett bewährte sich der beim Publikum äußerst beliebte Bassist Gotthelf Berthold, und mit der vorzüglichen Soubrette des Leipziger Ensembles, Karoline Wilhelmine Günther, war auch die Jungmädchenpartie der kecken Marie trefflich besetzt.

Die Uraufführung des Werkes geriet, aus heutiger Sicht, unzweifelhaft zu einer Sternstunde in der Geschichte der deutschen komischen Oper. Mit einem Mal wurde der erstaunliche Reifegrad sichtbar, den Lortzing als Opernkomponist, aber auch als sein eigener Librettist inzwischen erlangt hatte.

Gestaltung und Botschaft der Titelpartie in ZAR UND ZIMMERMANN zeigen Lortzing ganz im geistigen Umkreis seiner Freunde und ihrer gemeinsamen politischen Gesinnung. Und wie richtig subalterne Zensoren das neue Lortzingsche Werk und seine ironisch verschleierte Aussage einzuschätzen wußten, sollte sich sehr bald zeigen. Zensurschwierigkeiten, wie sie der Komponist zur Genüge aus seiner Detmolder Zeit kannte, stellten sich unversehens ein. In Dresden erhielt er auf das persönlich vorgetragene Gesuch hin, seinen ZAREN am Hoftheater aufführen und dirigieren zu können, einen ablehnenden Bescheid. Da Lortzing »nur« Sänger und Schauspieler und »nebenbei« Komponist, aber nicht Dirigent sei, wäre eine amtliche Zustimmung zu seinem Ansuchen nicht möglich, hieß es.

Vom Kasseler Hoftheater kam der Bescheid, daß Lortzings Oper »für die dortigen Verhältnisse nicht passe«. Später erwarb es drei Opern Lortzings, darunter den ZAREN, für eine einmalige Zahlung von je 20 Louisd'or. Das waren 113 1/3 Thaler; und davon mußte der Komponist an den Copisten für jede einzelne Partitur aus eigener Tasche noch 14 1/2 Thaler zahlen. Es blieben ihm also nicht einmal 100 Thaler; das Hoftheater aber hatte sich für ein »Handgeld« die Aufführungsrechte »auf ewig« gesichert. Die Wiener Hofoper bereitete dem ZAREN anfangs besonders große Schwierigkeiten. Und die zaristische Zensur leistete sich im Zusammenhang mit einer in Riga geplanten Inszenierung der Oper ein Glanzstück reaktionärer Borniertheit. Die Genehmigung einer Aufführung des Werkes am dortigen Theater wurde von der Forderung abhängig gemacht, Zeit und Ort der Bühnenhandlung sowie die Namen der handelnden Personen vollständig zu verändern. So kam die Oper als ein in Antwerpen im Mittelalter spielendes »Flandrisches Abenteuer« Kaiser Maximilians I.- der Zimmergeselle hieß nun Max Starnberger – zur Aufführung.

Die Fachkritik in Leipzig hatte übrigens die erste Aufführung am Leipziger Stadttheater zum Anlaß genommen, Albert Lortzings neues Werk – wie zuvor schon die BEIDEN SCHÜTZEN – mit gewohnter Herablassung oder gar Nichtbeachtung zu behandeln. Für die »Fachleute« war Lortzing der Komödiant, der den Leuten abends von der Bühne herab »seine Faxen« machte. Und so einer erkühnte sich, so mir nichts, dir nichts in die geheiligten Höhen der Opernkunst als Komponist und Librettist vorzudringen. So hat es auch, als Lortzing ein längst anerkannter Opernkomponist weit über den deutschen Sprachraum hinaus war, in den Leipziger Musikzeitschriften nicht an schulmeisterlichen »Verbesserungsvorschlägen« für Lortzings Partituren gefehlt. Das große Publikum allerdings blieb von solcherlei Beckmessereien der »Professionellen« unberührt und machte Lortzings Opern zunehmend zu »Kassenschlagern« für die Theaterdirektoren und Intendanten, zu einer willkommenen Einnahmequelle auch für den Verlag Breitkopf & Härtel, der seit ZAR UND ZIMMERMANN später fast alle Opern Lortzings herausbrachte.

Das Echo der »offiziellen« Meinung in Leipzig war anfangs allgemein zurückhaltend. Nach der Uraufführung des Zar und Zimmermann ließ sich selbst die vom Verlag Breitkopf & Härtel herausgegebene und in dessen Auftrag seit 1828 von Gottfried Wilhelm Fink redaktionell geleitete »Allgemeine Musikalische Zeitung« mit einer Rezension mehr als ein halbes Jahr Zeit, um dann endlich im August 1838 mit ihrer Kritik zu erscheinen. »Die Musik«, so schrieb Fink, »will nichts und sucht nichts, als angenehme, eingängliche Unterhaltung; sie zieht das Natürliche dem Gekünstelten vor, fragt nicht erst lange, ob irgend einmal Jemand eine ähnliche Tonreihe schon gehabt oder nicht; sie will durch leichten Flug der Melodie und des Rhythmus viel lieber gefallen, als durch streng Gearbeitetes auffallen ... nirgend fühlt man daher die Geißel der Originalsüchtelei, die in der Regel nicht aus angeborener Kraft, sondern im falsch verstandenen Armuthsstolze um sich haut ... Kurz, man sieht aus dieser Oper, was ungeschminkte Natürlichkeit, mit Talent und Geschick gepaart, für zeitgemäße Unterhaltung auszurichten vermag.«[41]

Das war immerhin eine freundlich-wohlwollend gehaltene Wertung – gewiß auch im Einklang mit den Brüdern Härtel, den Chefs des Redakteurs; denn natürlich waren die beiden Verleger an einer Verbreitung der neuen Erfolgsoper Lortzings an möglichst vielen Bühnen schon aus ökonomischen Gründen interessiert. Fink unterließ es daher auch nicht, seine Kritik mit dem ausdrücklichen Hinweis zu verknüpfen: »Die Partitur der Oper ist rechtmäßig nur vom Komponisten selbst zu beziehen. Die Ouvertüre für das Orchester aber ist in derselben, oben genannten Verlagsbuchhandlung gedruckt worden und für 1 Thlr. 16 Gr. zu haben.

Außerdem ist die Ouvertüre auch noch für 4 Hände, sehr leicht zu spielen, daselbst erschienen. Preis 16 Gr. Alle Nummern sind einzeln zu haben.«[42]

Den eigentlichen Durchbruch und nachhaltigen Erfolg erzielte Zar und Zimmermann erst mit der am 4. Januar 1839 stattgefundenen erstmaligen Aufführung in Berlin. Die anfänglich reservierte Haltung der »offiziellen Meinung« in Leipzig mag auch darin begründet gewesen sein, daß obrigkeitsbeflissene Bürger meinten, Lortzing habe mit der Figur des dümmlich-anmaßenden van Bett und seiner stereotypen Redensart: »O ich bin klug und weise – und mich betrügt man nicht« den damaligen Oberbürgermeister Deutrich vor aller Öffentlichkeit lächerlich machen wollen. Und diese Vermutung war gewiß nicht einmal so abwegig. Jedenfalls blieb Lortzing den Leipziger Behörden auch in der Folgezeit, ebenso wie Ringelhardt, ständig ein Dorn im Auge.[43]

In Preußen und seiner Residenz hingegen konnte den Kritikern wie dem Opernpublikum ein lächerlicher Bürgermeister auf der Bühne durchaus wirklichkeitsnah und der Verspottung wert erscheinen. Ja, gerade mit dieser Paraderolle vermochte der Bassist Carl Blume beim Publikum in der Berliner Hofoper höchsten Effekt zu erzielen.

Mit dem überragenden Erfolg in Berlin begann der eigentliche Siegeszug des Werkes über unzählige Bühnen, nicht nur in den Staaten des deutschen Bundes, sondern in der Folgezeit bald auch in Christiania (seit 1924 Oslo), in Stockholm, Kopenhagen, Amsterdam und Antwerpen, in Zürich und Agram (dem heutigen Zagreb). Am 8. April 1853 erlebte Lortzings ZAR in den USA seine erste Aufführung durch eine von deutschen Auswanderern in Milwaukee am Michigan-See (im Bundesstaat Wisconsin) gegründete Operngesellschaft. In den 60er Jahren kam ZAR UND ZIMMERMANN erstmalig auch in Straßburg und Brüssel, zwanzig Jahre nach Lortzings Tod schließlich in London und 1877 in Helsinki zur Aufführung.

Nach dem Berliner Erfolg meldete sich auch die von Robert Schumann gegründete und geleitete »Neue Zeitschrift für Musik« zu Wort und veröffentlichte am 19. März 1839 – unter dem redaktionellen Vermerk: »Durch Irrung verspätet« – eine kurze Rezension des Musikkritikers Truhn zur Aufführung des ZAREN an der Berliner Hofoper:

»Die Oper CZAAR UND ZIMMERMANN, die in Leipzig entstanden, zuerst aufgeführt und bei Breitkopf und Härtel im Clavierauszug erschienen ist, ging am 4. Januar bei vollem Opernhause pour la première représentation in Scene und fand, was seit langem keiner neuen deutschen Oper passirte, unbedingten Beifall. Und das mit Recht, denn sowohl das geschickt und effectvoll bearbeitete Sujet (vom Componisten und Robert Blum) als die melodiöse, oft wahrhaft humoristische Musik, die sich durch natürlichen Fluß der Gedanken, Sangbarkeit und eine discrete, gewandte Instrumentation, die fast nirgends die Singstimmen verdeckt, auszeichnet – mußte den Beifall eines unparteiischen Publicums herausfordern. Die Oper unseres Landmanns fand lebhaften Beifall; wäre er zugegen gewesen, man hätte ihn unzweifelhaft auf die Scene gerufen.«[44]

In Kenntnis des unter Künstlern weithin beklagten Fehlens jeglicher Autorenrechte in allen Staaten des Deutschen Bundes – ganz im Gegensatz zu den in Frankreich seit langem geltenden, juristisch gesicherten Regelungen zugunsten der Autoren – nutzte Truhn seine Rezension zu Lortzings ZAR UND ZIMMERMANN zu einer wenn auch vorsichtigen, so doch unmißverständlichen Kritik am Deutschen Bundestag, der Schriftstellern und Künstlern, nicht zuletzt den deutschen Komponisten den Anspruch auf ein Autorenrecht nach wie vor verwehrte:

»Werden denn die Machthaber nicht endlich einsehen, daß die Musik recht eigentlich die Kunst ist, in der es bis jetzt keine Nation der deutschen zuvorgethan ... Wird man sich nicht endlich vor Frankreich schämen, dem man alles, nur das Treffliche nicht, nachäfft? Wird man den Rest von Nationalstolz nicht endlich mit dem Genie deutscher Tonkunst fermentieren lassen und für alle deutschen Lande jenes Gesetz in Kraft setzen, durch das viele mittelmäßige Talente Frankreichs zu Ruf, Ehre und Geld gelangen? ... Wird der Deutsche Bundestag nicht auch nach dieser Seite seine segensreichen Schwingen ausbreiten? – Ich höre sagen, das Gesetz mit seiner Tantième für Dichter und Komponisten wäre wegen der verschiedenen Verfassungen deutscher Staaten, den verschiedenen Münzfüßen, den verschiedenen Theatereinrichtungen sehr umständlich einzuführen. Sehr umständlich, – also doch nicht unmöglich ... Aber die verächtliche Lauheit, die Schlaffheit in Allem, wo es gilt, für deutsche Kunst und Nationalruhm was Rechtes zu thun, läßt Euch nicht dazu kommen.«[45]

Das war ganz bestimmt auch Lortzing aus dem Herzen gesprochen. Selbst nach den Erfolgen der BEIDEN SCHÜTZEN und vor allem des ZAREN blieb die finanzielle Lage Lortzings unverändert prekär. Die Theater erwarben für eine Oper – je nach Ermesssen des jeweiligen Intendanten – mit einem einmaligen Honorar das unbegrenzte Aufführungsrecht »für alle Zeiten«. Die Höhe des Honorars bewegte sich im allgemeinen zwischen 20 und 110 Thalern und schloß dazu noch den Erwerb von Partitur und Textbuch für die Aufführung eines Werkes mit ein. Die hierfür anzufertigenden Kopien gingen dabei finanziell zu Lasten des Komponisten und kosteten ihn gewöhnlich 10 bis 16 Thaler. Und selbst nach dem Druck der achten Auflage des Klavierauszuges der Oper ZAR UND ZIMMERMANN konnte Lortzing für alle Auflagen zusammenn lediglich den Betrag von vierzig Friedrichsd'ors als Gesamteinnahme verbuchen.

Nicht selten versuchten Theaterdirektoren, aber auch Hoftheater-Intendanten Lortzings ohnehin bescheidenen Honorarforderungen noch herunterzuhandeln; manche »besorgten« sich heimlich Abschriften von Partituren und Textbüchern oder liehen sie von anderen Theatern aus, um den Komponisten »über's Ohr zu hauen« und sich ganz um ein Honorar herumzumogeln. Wenn Lortzing zufällig von solchen dunklen Geschäften durch Freunde oder Theaterkollegen erfuhr, begann ein zumeist aufreibender Kampf des Komponisten um ein Minimum seines wohlverdienten finanziellen Anspruchs.

Lortzing machte es sich sehr bald zur Gewohnheit, über einzufordernde oder real überwiesene Honorare der Theater recht gewissenhaft ein Tantième-Heft zu führen. Vielen Intendanten und Direktoren lief er mit seinen Honorarforderungen oft monate-, wenn nicht jahrelang hinterher, in manchen Fällen auch dann noch vergeblich. So fehlte es im Tantième-Heft nicht an entsprechenden Randbemerkungen. Hinter dem Namen des Aachener Theaterdirektors Hehl, der ihm für die Aufführung der Oper ZAR UND ZIMMERMANN seit langem einen Teil des vereinbarten Honorars, trotz mehrmaliger Mahnung, schuldig blieb, notierte Lortzing: »ist ein Lump«.

Im Verlaufe solcher Querelen mit dem Theaterintendanten am Hoftheater in Karlsruhe um die Honorarhöhe machte sich Albert Lortzing in einem Brief an seinen dortigen Sängerkollegen Krug Luft, der sich als Vermittler offenbar vergeblich bemüht hatte:

»Lieber Freund!

Ihr Brief mit den Ansichten Ihres Intendanten hat mich in das höchste Erstaunen gesetzt. Wenn ich schon aus Erfahrung weiß, welch ein Ökonomie-System selbst Hoftheater beobachten, so ist mir eine solche Knauserei – Sie mögen mir den Ausdruck verzeihen – von dem unbedeutendsten Privat-Unternehmer noch nicht vorgekommen: Also die armen Autoren sollen büßen, was ein – wahrscheinlich unverständiger Intendant vergeudet hat! Worauf soll der Komponist, der ohnedies in Deutschland, Gott sei es geklagt, so schlecht bezahlt wird und nicht einmal gegen den Diebstahl geschützt ist, hoffen, wenn nicht einmal die Hoftheater ihn anständig honorieren wollen.«[46]

Zweifellos stärkte der ungeahnte Erfolg des ZAREN Lortzings Selbstbewußtsein und Ehrgefühl als Künstler und ermutigte ihn, seinen Weg als Komponist deutscher musikalischer Komödien entschlossen weiterzugehen. Als überaus ehrenvoll mußte er es empfinden, als ihm nach der Berliner Erstaufführung seines neuen Werkes der Intendant der Hofoper, Graf von Redern, als Zeichen der Wertschätzung dieser Oper und ihres Schöpfers eine kostbare Vase überreichen ließ. Als eine Genugtuung mag es der gefeierte Meister auch empfunden haben, daß ihm durch die Hofopernintendanz für die Aufführung des ZAR UND ZIMMERMANN in Berlin das geradezu sensationell anmutende Honorar von 250 Thalern überwiesen wurde. Der Meister konnte es gebrauchen.

Die höchste Anerkennung aber bedeutete für ihn der Erfolg beim Publikum. Die zahllosen Aufführungen seiner Oper an fast allen deutschen Bühnen und im Ausland waren ein untrügliches Zeichen der Gunst, derer sich der Komponist bei seinen Opernfreunden zunehmend erfreuen durfte. Die Theater machten mit und durch Lortzing gute Geschäfte, und es gab hier und da auch Intendanten, die sich der profitablen Ausbeutung des Opernkomponisten – mehr oder weniger eingestanden – auch bewußt waren. Am 31. März 1840 berichtete in Leipzig die »Neue Zeitschrift für Musik« unter der Rubrik »Vermischtes« in einer kurzen Notiz: »Man erzählt sich, daß der Director des Breslauer Theaters Hrn. Regisseur Lortzing in Leipzig, dessen Oper CZAR UND ZIMMERMANN dort immer volle Häuser gemacht, einen sehr wertvollen Brillantring zugeschickt habe ... CZAR UND ZIMMERMANN hat auch in Lübeck sehr gefallen. Der Componist schreibt jetzt an einer neuen Oper HANS SACHS.«[47]

Tatsächlich ließ der Breslauer Theaterdirektor Neumann als Ausdruck seiner Wertschätzung dem »Regisseur in Leipzig« – wie er Lortzing nannte – einen Brillantring überreichen; doch leider blieben solche »wertvollen« Gesten in Lortzings Laufbahn die Ausnahme. Und selbst die Hoffnung, nach allen in Berlin – auch offiziell – empfangenen Ehren, dort seinen ZAR UND ZIMMERMANN auch selbst dirigieren zu dürfen, zerschlug sich. Auf ein entsprechendes, an die Hofopernintendanz gerichtetes Ersuchen sah er sich von der Antwort des zuständigen Hofrates Teichmann arg enttäuscht, wonach »die königliche Kapelle sich ungern von Fremden leiten ließe« und außerdem »solche immer graduierte Personen, als: bereits angestellte Kapellmeister« sein müßten.

Noch gab Lortzing nicht auf. Er entschloß sich, an der Oper Unter den Linden persönlich vorstellig zu werden. Kurz entschlossen fuhr der Meister noch im Jahre 1840 nach Berlin; und es gelang ihm sogar, bis zu dem allgewaltigen Komponisten und Chefdirigenten der Berliner Hofoper, Casparo Spontini, vorzudringen. Der von König Friedrich Wilhelm III. bereits 1820 – und das erstmalig in der Musiktheatergeschichte – zum »Ersten Capellmeister und General-Musikdirector« ernannte Maestro gab sich bei aller höfischen Etikette jovial und gesprächsfreundlich; in der Sache jedoch blieb er unzugänglich.

Mit einer gewissen Genugtuung wird Lortzing indessen die wachsende Aufmerksamkeit und Anerkennung vermerkt haben, die sein ZAR nach dem durchschlagenden Berliner Erfolg inzwischen auch bei der Fachkritik fand. Das »Stichwort« hierfür hatte zweifellos der namhafte Musikkritiker Ludwig Rellstab mit seiner in der »Vossischen Zeitung« veröffentlichten Rezension gleich nach der Berliner Erstaufführung geliefert, als er schrieb:

»Um seine zusammengefaßte Meinung über diese Oper gleich vorwegzugeben, erklärt Ref., daß er dieselbe unbedingt für das beste Werk hält, welches, solange er die kritische Feder über Musik-Aufführungen in Berlin führt, von einem jüngeren deutschen Componisten auf die Bühne gebracht worden ist. Ja es reiht sich, seinem durchschnittlichen musikalischen Werth nach, den besten Produktionen überhaupt an, die wir von gereifteren, schon durch frühere Arbeiten bekannten Musikern des In- und Auslandes im letzten Jahrzehnt auf der Bühne erscheinen sahen ... Es ist, so leicht und natürlich das Werk der Feder entfließt, doch so gereift, so besonnen, daß es weit eher das eines durch lange Studien und Erfahrungen ausgebildeten Meisters als das eines jungen Mannes zu sein scheint, der dadurch die ersten Schritte auf dem so schwierigen Terrain der Bühne versucht. Diese Eigenschaften geben dem Urtheil einen ganz besonderen Charakter; es muß summarischer ausfallen als irgendwo. Anfangs wollten wir uns Stellen anzeichnen, glückliche Gedanken, feine Wendungen, wie wir gewohnt sind, hervorzuheben; allein wir fanden bald, daß wir fast durchweg hätten anstreichen müssen, wo es darauf ankam, war der Componist immer auf dem Fleck.«[48]

Mit feinem Instinkt für historische Realität und musiktheatralischen Realismus hat Lortzing mit der Persönlichkeit Peters I. als Titelfigur der Oper eine überaus lebendige und überzeugende Bühnengestalt geschaffen. Wie richtig er die historische Rolle Peters I. als machtbewußten und zugleich tatkräftigen Reformer und Förderer der Entwicklung Rußlands zu einer europäischen Großmacht einzuschätzen wußte, zeigt die gegenüber seinem Fachkollegen Johann Christian Lobe geäußerte Bemerkung:

»Potztausend! Ein Zar von Rußland, der um des Besten seines Volkes willen sich eine Zeitlang seiner hohen Würde begibt und in fremdem Lande als gemeiner Matrose lebt und arbeitet, wäre es nicht geschichtlich beglaubigt, man würde es für eine der gröblichsten Unwahrscheinlichkeiten erklären.«[49]

Überliefert ist das Zeugnis Peters I., das ihm nach Beendigung seiner Lehrzeit als Schiffszimmermann in Saardam von seinem Lehrherrn ausgestellt wurde. Das Schriftstück ist in niederländischer Sprache abgefaßt; hier sein Inhalt in der deutschen Übersetzung:

»Ich, unterschriebener Gerrit Claesz Pool, Meister-Schiffszimmermann der octroyirten ostindischen Compagnie zur Kammer von Amsterdam, bescheinige und bezeuge als die Wahrheit, dass Peter Michaeloff (zum Gefolge der großmoskowitischen Gesandtschaft gehörig, und daraus unter denjenigen, die allhier zu Amsterdam auf der Ostindischen Schiffszimmerwerft vom 30. August 1697 bis heute gewohnt und unter unserer Aufsicht gezimmert haben), sich während der Zeit seines edeln Aufenthaltes dahier als ein fleißiger und tüchtiger Zimmermann benommen hat, als da ist im Rauharbeiten, Stosshölzeranlegen, Abkrabben, Bröwen, Hobeln, Einfügen, Behauen, Abschlichten, Bohren, Sägen, Planken- und Stoßhölzerbrennen und was einem guten und vortrefflichen Zimmermann zu thun zukommt, und hat eine Fregatte, Peter und Paul, über 100 Fuss lang, von Anfang an (am Vorderstewen und am Steuerbord) bis sie beinahe fertig war, machen helfen, und das nicht allein, sondern ist durch mich überdies noch in der Schiffsarchitectur und Zeichenkunst vollkommen unterwiesen worden, so daß Se. Edeln dieselben aus dem Grunde versteht, und das, so weit als die unseres Dafürhaltens practiciert werden kann. Zum Zeugnis der Wahrheit habe ich dies mit meiner eigenen Hand unterschrieben.

So geschehen in Amsterdam an unserem gewöhnlichen Wohnplatz bei der ostindischen Werft, den 15. Januar im Jahre unseres Herrn 1698.

Gerrit Claesz Pool, Meister-Schiffszimmermann der E.E. octroyirten ostindischen Compagnie in Amsterdam.«[50]

Das komische Pendant zu der historischen Titelfigur des kommenden russischen Staatsreformers zu Beginn des 18. Jahrhunderts ist der Bürgermeister van Bett, den als dümmlich-selbstgefälligen Repräsentanten der Saardamer »Obrigkeit« aller Spott und Hohn seiner Bürger trifft; und er wirkt um so lächerlicher, je ernster sich dieser Wichtigtuer selbst nimmt. Die komische Wirkung dieses Lortzingschen Bürgermeisters übertrifft dadurch bei weitem sein »Gegenstück« in Donizettis *Borgomastro di Saardam*, der sich nach dem Willen seiner Schöpfer von vornherein dem Publikum als erklärter Dummkopf mit dem Bekenntnis vorstellt: »Nur daß ein großer Esel ich, ist alles, was ich weiß!«

Dem Bassisten Krug, seinem Theaterkollegen am Hoftheater in Karlsruhe, der dort die Partie des van Bett in Lortzings Oper übernommen hatte, übermittelte Albert Lortzing zu Anfang des Jahres 1840 auf eine entsprechende Bitte hin brieflich eine knappe Charakterisierung dieser bis heute als eine Paraderolle aller Baßbuffos geschätzten Partie: »Die Partie des Bürgermeisters ... wird Ihnen Freude machen, sie ist unbestritten eine der brillantesten Buffo-Partien, die in neuester Zeit geschrieben sind. Sie wollen Notizen darüber, aber ich wüßte wirklich keine zu nennen, welche nicht klar darlägen. Der Charakter ist hochkomisch, dumm – wichtig – nun – das alte Stück wird ihnen ja bekannt sein. Einige übertreiben, und das ist nicht gut. Die Rolle ist durchaus nicht zum Faxenmachen geeignet.

Berthold wirkt durch seine trockene Komik. Blume in Berlin ist in nobler Haltung besser. Ich bin von Ihrer Einsicht im Voraus überzeugt, daß Sie der Rolle die richtige Seite abgewinnen.«[51]

Und einige Zeit später, als Krug dem Komponisten gegenüber sein Bedauern darüber aussprach, daß die Intendanz in Karlsruhe im ganzen genommen wenig Interesse für Lortzings Oper zeigte, antwortete Lortzing dem Kollegen kurz und bündig: »Sie verlieren dabei am meisten, denn die Baßbuffos können mir einmal wirklich eine Ehrenpforte bauen.«[52]

»O ich bin klug und weise«, verkündet van Bett der Öffentlichkeit, und jeder sieht, daß er die Inkarnation der Dummheit ist. Die Persiflage auf die »gottgewollte« Obrigkeit und auf das dieser Obrigkeit huldigende Spießbürgertum in der Vormärzliteratur, besonders durch Heine und die zahlreichen Vormärzdichter um Herwegh, Prutz und Pfau sowie durch Lortzings komische Opern, hat in den 30er und 40er Jahren manches zur Aufrüttelung des deutschen Michel und zur Entfaltung oppositioneller Stimmungen in der anwachsenden demokratischen Bewegung beigetragen.

Heine hat in seiner Erinnerung aus Krähwinkel's Schreckenstagen jenen Typ eines Bürgermeisters persifliert, der uns sofort an seinen »Amtkollegen« van Bett denken läßt:

»Wir, Bürgermeister und Senat,
Wir haben folgendes Mandat
Stadtväterlichst an alle Klassen
Der treuen Bürgerschaft erlassen:

Ausländer, Fremde sind es meist,
Die unter uns gesät den Geist
Der Rebellion. Dergleichen Sünder
Gottlob! Sind selten Landeskinder.

Wer auf der Straße räsonirt.
Wird unverzüglich füsilirt;
Das Räsoniren durch Gebärden
Soll gleichfalls hart bestrafet werden.

Vertrauet eurem Magistrat,
Der fromm und liebend schützt den Staat
Durch huldreich hochwohlweises Walten;
Euch ziemt es, stets das Maul zu halten.«

Auch van Bett ist ein »Fremden«-Schnüffler, denn besonders Ausländer kommen ihm immer als »homo suspectus« vor – wie er Peter Iwanow einmal bezeichnet.

Wenn Lortings ZAR nach dem ungewöhnlichen Erfolg der Berliner Erstaufführung Anfang 1839 auch in der Folgezeit so nachhaltig seine Publikumswirksamkeit behielt, dann lag dies wohl in erster Linie an der politischen Relevanz des Stoffes und seiner meisterhaften musik-theatralischen Umsetzung. In seinem bereits erwähnten Gespräch mit dem damals bekannten Musikpublizisten Lobe, über das dieser in seinen 1869 erschienenen Erinnerungen unter dem Titel »Consonanzen und Dissonanzen« glaubwürdig berichtet, sagte Lortzing durchaus treffend: »Der Schauspieler hat einen Vorteil, der den meisten dramatischen Dichtern abgeht, die Bühnenkenntnis ... Wie prächtig liest sich manche Tirade, mancher Witz im Buche, und wie ohne allen Effekt verpuffen sie auf der Bühne. Umgekehrt sieht manches gedruckt nach nichts aus und schlägt, lebendig dargestellt, zündend in die Seelen. Da lernt man endlich erkennen, was die *Stellung* der Reden und Szenen zu bedeuten hat. Darum sollte eigentlich jeder dramatische Dichter eine Zeitlang Schauspieler sein. Goethe und Schiller haben geschauspielert; schlecht, aber es hat ihnen doch genützt, daß sie selber auf der Szene gewesen.«[53]

Im Hinblick auf die zweifellos glückliche Wahl, die Lortzing mit der literarischen Vorlage seines ZAREN traf, ging der Meister in seinem Gspräch mit Lobe auch auf einige Werkstattprobleme ein, die für die Arbeitsweise des Dichterkomponisten äußerst aufschlußreich sind:

»Mit meiner Bühnenkenntnis ausgerüstet, durfte ich mich wohl an die Bearbeitung guter Stücke wagen. Und doch – wie lange habe ich nach einem passenden Sujet suchen müssen. Glaubte ich endlich ein solches gefunden zu haben, so fragte ich mich vor allem, ob es musikalische Situationen enthalte. Szenen, durch welche Gefühle angeregt werden. Die merkte ich mir zuerst an. Hier Gelegenheit zu einem Liede, dort zu einer Arie, da zu einem Duett, Ensemble, Chor usw. Fand ich das in dem Stücke so war ein Stein vom Herzen. Nun begann ich eine andere Arbeit, eine kritische, sozusagen. Ich fragte: Welche sind die wirkungsreichsten Szenen darin? Welche sind schwächer oder gar verfehlt? Bei den schwächeren galt es dann, sie zu verbessern; die verfehlten beseitigte ich gänzlich. So gewann mein Plan nach und nach die Gestalt, die ich für die Oper brauchte, und damit waren Hauptgebirge überstiegen. Der Dialog war leicht geändert, und die Verse ... na, du meine Güte, welcher Mensch flickt denn heutzutage nicht seinen Vers zusammen; und zumal Opernverse! Zu was sich dabei anstrengen? Muß doch alles, was die Poesie ausmacht, tiefe, große Gedanken, blühende Bilder, Reinheit des Reims, Glätte und Fluß der Sprache usw. durch den Komponisten zu Asche verbrannt werden, damit der Phönix Musik daraus entstehen könne.«[54]

Kennzeichnend ist für die opernästhetische Position auch Lortzings Ansicht zu interpretatorischen Problemen und zur Bedeutung bühnenwirksamer Gesangspartien für den Erfolg einer Oper. In bezug auf seinen ZAREN meinte er:

»Das Stück ist freilich nicht übel, und für dieses Genre mag auch meine Musik den unbefangenen Leuten genügen. Allein, was das Stück so allgemein auf das Theater gebracht hat, verdanke ich noch einem anderen Umstand ... Rollen, Freundchen, ... Rollen heißt das Zauberwort, welches dem dramatischen Dichter wie dem Komponisten die Pforten der Bühnen öffnet. Es gibt Sänger mit wenig Stimme, die jedoch ziemlich gute Schauspieler sind, und wiederum Sänger, die gut singen, aber schlecht spielen. Hat man nun ein Stück gefunden, das für jene gute Spiel-, für diese hübsche Singrollen absetzt, so ist ein günstiger Erfolg ziemlich sicher. Am besten reussiert man mit solchen Partien, die selbst von geringeren Theatersubjekten nicht todt zu machen sind, die sich von selbst spielen, wie im Zar der Bürgermeister und Peter der Große. Mit der ersteren Rolle ist noch keiner durchgefallen, und ebenso kann als Zar keiner durchfallen, wenn er nur sein Lied tonvoll herauszuschmachten vermag. Als Spieler darf er ein steifer Peter sein, das widerspricht der Figur des Zaren nicht ... Daran denken die Deutschen am wenigsten, daß es in Opern die Sänger, überhaupt in Theaterstücken die

Schauspieler sind, welche als eigentliche Glücksmacher der Dichter und Komponisten zu betrachten sind.«[55]

Zar und Zimmermann zeigt Lortzings bereits erreichte Meisterschaft in der kompositorischen Gestaltungsfähigkeit. Schon das Andante in Moll zu Beginn der Ouvertüre – ganz ungewohnt in den herkömmlichen Gefilden komischer Opern – läßt aufhorchen; ein folkloregestimmtes, tänzerisches Motiv mit fremdländisch anmutendem Duktus führt im Allegro die musikalische Exposition der Ouvertüre fort, um dann in das Eingangsthema der Violinen und schließlich zu einem ausgelassenen Leggieremento überzugehen.

Mit einem frischen Chor der arbeitenden Zimmerleute in der Introduktion des ersten Aktes und dem darauffolgenden Zimmermannslied des Zaren hat Lortzing das für die Entwicklung der komischen Oper schon bei Grétry vereinzelt hervortretende Moment arbeitender Menschen, die zugleich die Lust sinnvoller Arbeit besingen, als ein typisches Gestaltungsprinzip in sein Opernschaffen eingeführt.

Schon in Grétrys *Pierre le Grand* wird dem Publikum ebenfalls ein einleitender »Arbeitschor« als musiktheatralische Exposition offeriert. Fast in allen nachfolgenden Opern Lortzings finden wir die nach seinem Tod kaum mehr auftretende, erst im 20. Jahrhundert wiederkehrende musiktheatralische Darstellung des auf der Opernbühne arbeitend handelnden Menschen.

In ihrer optimistischen Grundhaltung äußern sich die Zimmerleute zu Beginn des ersten Aufzugs in Zar und Zimmermann ähnlich wie schon in Grétrys *Oper Pierre le Grand*.

Bei Lortzing eröffnet der Chor die Introduktion Nr. 1 mit den Worten:

»Greifet an und rührt die Hände,
Baut des Schiffes stolze Wände!
Greifet an!
Rastet nicht in der Pflicht!
Tag für Tag, Schlag auf Schlag!
Handwerksmann hat seine Plagen,
Lust zur Arbeit hilft sie tragen.

Zar
Dieses Wogen, dieses Streben –
Wie es doch mein Herz so hoch erfreut,

>   Der ist glücklich, der sein Leben
>   Solcher Arbeit stets geweiht.
> Iwanow
>   Froher Mut, leichtes Blut,
>   Und dazu ein frohes Lied,
>   Das aus vollem Herzen sprüht –
>   Das ist gut.
> Chor
>   Recht, ganz recht, was soll gelingen,
>   muß man mit Gesang vollbringen.«

In Grétrys *Pierre le Grand* singen die Zimmerleute:
> »Travaillons et chantons,
> Redoublons de courage,
> Que les fatiques de l'ourrage
> Se dissipent dans nos chansons.
> Le Fort
>   Chassons la mélancoli,
>   Et livrons nous à la gaìté;
>   L'est le baume de la santé,
>   L'est le charme de la vie.
> Pierre
>   Trésors, honneurs, sceptre et couronne
>   Vous n'offrez tous qu'un faux bonheur.
>   Rarement avec nous on peut
>   Livrer sons coeur
>   Au doux egarement que la gaìté nous donne.«[56]

In den meisten Opern hat Lortzing übrigens dem Chor nicht weniger als den Solisten höchst differenzierte Aufgaben gestellt. Die berühmt gewordene »Chorprobe« aus dem dritten Akt gehört diesbezüglich zu den köstlichsten Glanzpunkten der Opernliteratur. Diese vom Bürgermeister van Bett großspurig geleitete klippenreiche Chorprobe ist bis heute eine der populärsten Szenen auf dem Gebiet der komischen Oper. Weltberühmt wurde der »Holzschuhtanz« im Finale Nr. 16 des dritten Aufzugs.

Mit der musikalisch-theatralischen Zeichnung des Bürgermeisters van Bett hat Lortzing den Prototyp eines Baßbuffo-»Helden« geschaffen, der bis heute zu den beliebtesten Partien aller Sänger dieses Fachs gehört. Die große, sich mit anmaßenden Oktavsprüngen exaltierende Auftrittsarie »O sancta Justitia« ist mit ihrer psychologischen Charakterisierung ein Kabinettstück musiktheatralischer Parodie. Schon in dem Versagen van Betts beim großen F in der Tiefe offenbart sich die Großmäuligkeit des beschränkten Bürgermeisters absolut treffsicher. Als Ersatz muß schließlich das Fagott als »Lückenbüßer« einspringen. Wenn van Bett in eitler Eigenliebe seine »ausdrucksvollen Züge, dieses Aug' wie ein Flammbeau« bewundernd, sich selbst verzückt als »einen zweiten Salomo« preist, dann wird durch das hämisch gackernde Lachen des Fagotts das Orchester zum Verbündeten des den einfältigen Bürgermeister auslachenden Publikums.

Wieder fällt hier, wie auch in den späteren Opern Lortzings, das Vorbild Grétrys und die musikalische Differenziertheit seiner Gestaltungsmittel auf. Zur spezifischen Rolle des Orchesters als Mittler zwischen Bühnengeschehen und Publikum in seinen Opern äußerte Grétry: »Zwar ist es unseren Augen verborgen, doch indem es begleitet, unterstützt, verstärkt, sich mitunter sogar in Gegensatz zum Gesang des Darstellers begibt, spricht es sozusagen für die Menge, die an den Ereignissen teilnimmt.«[57]

Dem Bombast der Partie des van Bett stehen in anderen Partien der Volksmusik abgelauschte Liedintonationen gegenüber, die für alle Opern Lortzings charakteristisch und ein an die deutsche Singspieltradition anknüpfendes wesentliches stilistisches Merkmal seines Opernschaffens sind.

Für das Lied des französischen Gesandten »Lebe wohl, mein flandrisch Mädchen« hat Lortzing unmittelbar eine Melodie niederländischer Folklore verwandt. Liedhafte Melodik ist Peter Iwanow, seiner Braut Marie, aber auch dem Zaren in den Mund gelegt. Mit Recht wies schon der mit Lortzing bekannte und damals geschätzte Kapellmeister Vincenz Lachner, als Nachfolger seines Bruders Franz Lachner von 1836 bis 1873 Kapellmeister am Theater in Mannheim, den Vorwurf einzelner Fachkollegen zurück, Lortzing habe »nur die Zeichnung von Philistern und Pedanten getroffen«. Lachner stellte fest, daß »Lortzing nicht allein in der Zeichnung der obengenannten Charaktere sehr glücklich gewesen« sei, sondern er wußte auch »das geschwätzige Mädchen, den dummdreisten Jungen und den vorlauten Burschen trefflich zu charakterisieren.«[58]

Außerdem, meinte Lachner, »sind fast in allen seinen Vorwürfen philisterhaft angelegte Charaktere *Hauptfiguren*, denen er als solchen auch größere Sorgfalt zuwenden und sie mit Vorliebe behandeln mußte. – Dann gefällt sich der Deutsche überhaupt, in der Philisterei und dem Pedantismus eines Dorfschulzen, Amtmanns, Schulmeisters, Stubengelehrten und Quacksalbers den Gegenstand seiner Ironie zu suchen ... «[59]

Man kann sagen, daß neben den großen, mit Vehemenz sich steigernden Ensembles das Lied in Lortzings Opern – in Fortführung der deutschen Singspieltradition des 18. Jahrhunderts – eine markante Eigenheit seines Schaffens bildet. Der Komponist erschließt uns in seinen Opern an Kulminationspunkten der Handlung häufig den Gemütszustand, die augenblickliche Grundstimmung einer Person durch ein strophisches Lied, das er seinem »Helden« in den Mund legt. Aus deutscher Volkslied-Intonation, ihrer Natürlichkeit und Schlichtheit schöpfend, vermag Lortzing den Liedgesang in seinen Opern als wirksames Mittel musikalischer Charakterzeichnung zu handhaben.

Bei aller Empfindungstiefe sind jene strophischen Lieder frei von volkstümelnder Sentimentalität und billiger Effekthascherei. Ihre unmittelbare Wirksamkeit und Popularität entspringt der durchweg eingängigen und für den Hörer nachvollziehbaren Melodik, der betont motivischen Wiederholung und Variierung, nicht zuletzt aber auch der textlich einprägsamen Refraingestaltung.

Unter dem Gesichtspunkt des dramaturgischen Aufbaus sind die Strophenlieder in Lortzings Opern im Auf und Ab des Handlungsbogens und ihrer musikalischen Faktur ein wirkungsvoller Ruhepunkt der Besinnung oder Rückbesinnung auch für das Publikum. Das gilt in vollem Maße auch für die Szene im dritten Akt der Oper, wenn Peter I. sich erinnert: »Sonst spielt' ich mit Zepter und Krone ...!«

Um Lortzings Lied für den Zaren gab es bekanntlich schon zu seinen Lebzeiten, ja bereits auf der Generalprobe vor der ersten Aufführung in Leipzig, einen heftigen Disput, wovon wir durch Lortzings Sohn Hans wissen. Die Komposition des Liedes stammt schon aus der Detmolder Zeit, doch es erscheint dem Meister als Ruhepunkt und Reminiszens geeignet, das Nachsinnen des Zaren, kurz vor seiner Rückkehr nach Rußland, musikalisch treffend zum

Ausdruck zu bringen. Die Verse mit dem von Lortzing stammenden, seither geflügelten Wort »O selig, o selig, ein Kind noch zu sein!« hatte der Theaterkollege und Freund des Komponisten Philipp Reger verfaßt. Bei der Generalprobe sang der Baritonist Richter die erste Stophe des Zarenliedes, als der Kapellmeister Stegmayer ärgerlich abklopfte: »Sie, Lortzing, wollen's wirklich das Ding singen lassen? – Ich mein' halt, wir streichen's weg.«

Der Baritonist meinte: »Ich will gar nichts gegen das Lied sagen, es singt sich gut, wenn's auch 'n bissel fad ist.«

»Keine Note wird geändert, das bitte ich mir aus!«, schreit Lortzing. Nun mischte sich auch noch Demoiselle Günther ein, welche die Marie sang: »Ja, ich fürchte auch, nach meiner munteren Szene das sentimentale Lied, das kann nichts machen; es ist auch viel zu weichlich für den Zaren.« »Potstausend«, legte nun Lortzing los, »warum soll denn ein Fürst, der doch schließlich auch ein Mensch ist wie wir alle, inmitten seiner Herrschersorgen nicht auch einmal weich empfinden und mit Wehmut der Jugendzeit gedenken? Jagt nur eure allgemeinen Ideen zum Teufel und dringt ins wirkliche Leben ein, wie Shakespeare und Goethe getan, da werden die schroffen Kategoriemenschen von der Bühne verschwinden und wirkliche darauf erscheinen.«

Zu Lortzings Leidwesen ließ nun der Baritonist Richter bei der Erstaufführung das Zarenlied tatsächlich fort, angeblich wegen Heiserkeit. Als es dann aber bei der nächsten Aufführung gesungen wurde, fand es beim Publikum einen solchen Anklang, daß es der Sänger mehrmals wiederholen mußte.[60]

Ganz unbestritten hat das »Lied des Zaren« beim großen Opernpublikum an Beliebtheit bis heute nichts eingebüßt. Und so erwies sich denn Lortzings Einfall, die Melodie eines der in Osnabrück acht Jahre vor der Leipziger Erstaufführung seines ZAREN komponierten Logen-Lieder für die »St. Jonnes-Loge zum goldenen Rade« seiner Titelgestalt in den Mund zu legen als Glücksfall für die nachhaltige Wirksamkeit einer Komposition, deren ursprünglicher Text noch ganz vom ideellen Anliegen der Freimaurerloge bestimmt gewesen war:

»Zwei Sterne, hochoben, am himmlischen Zelt,
beleuchten, bestrahlen, beglücken die Welt;
die Freundschaft, die Liebe , dem Maurer bekannt,
verbünden die Herzen und knüpfen das Band.
Steht Freundschaft und Liebe im engen Verein,
dann selig, dann selig ein Maurer zu sein.«[61]

Es dürfte Lortzing, dessen Bescheidenheit bei seinen Freunden und Kollegen bekannt war, verdientermaßen Genugtuung bereitet haben, als er schon während der nächsten Messe in Leipzig ähnliches erleben konnte wie das, was Heinrich Heine über die Wirkung des Weberschen *Freischütz'* nach der Uraufführung der Oper 1821 in Berlin berichtete. Alle sangen damals in Berlin das wie ein »Schlager« populäre »Wir winden dir den Jungfernkranz«. Jetzt, nach dem Bekanntwerden des ZAREN, hörte man in Leipzigs Straßen die inzwischen schon populären Melodien Lortzings, von denen das Zarenlied zweifellos zu den beliebtesten gehörte. Bezeichnenderweise haben seit damals ganze Generationen von Lortzing-Interpreten dieses Lied zwar herablassend als unangemessen gemütvoll diffamiert – wenn auch auf der Bühne mit sich stetig wiederholendem Erfolg dargeboten –, zugleich aber jene vierte Szene des ersten Akts, Nr. 3, mit Rezitativ und Arie des Zaren bedenkenlos gestrichen, in der musikdramatisch die Charakterzüge des machtgewohnten, unerbittlichen Herrschers spürbar werden.

Aufschlußreich ist in dieser Beziehung wieder jenes Gespräch Lortzings mit seinem skeptischen Fachkollegen Lobe, der erklärte, daß er gegen das Zarenlied im dritten Akt »vom höheren dramatischen Standpunkt aus einen bedeutenden Einwand zu machen habe«, und die Frage stellte: »Halten Sie für möglich, daß ein Peter der Große so sentimental zu denken und zu empfinden vermocht hätte wie Text und Musik denken und fühlen?« – Lortzing erwiderte: »Alle Hagel, was hätte ich tun sollen? Das Lied wurde vom Publikum besonders beifällig aufgenommen. Für wen schreibe ich denn aber, wenn nicht für das Publikum? – Und ist denn das Lied in der Tat so unwahr? ... Kennen wir denn irgendeinen Menschen so genau, um behaupten zu können, *diesen* Gedanken und *diese* Empfindungen kann er absolut in keinem Moment seines Lebens gehabt haben? Und zumal, wenn es sich um öffentliche Charaktere, Staatsmänner, Herrscher, Kaiser, Könige handelt! Was erfahren wir von ihnen?! Ihre politischen Taten, die von dem Amt, nicht von dem Herzen dirigiert werden, dazu einige Anekdoten, flüchtige Züge, oft erfunden, oft verdreht, von Schmeichlern oder Feinden! Der Mensch soll noch geboren werden, der niemals eine weiche, wehmütige Stunde hätte ... Aber da soll der Bösewicht nur schlechte Gesinnung und Gefühle, der Gute nur edle Gedanken und Empfindungen haben. So ist es nicht in der Natur. Jeder kann auch einmal wie dieser, dieser einmal wie jener denken und fühlen.«[62]

Die große Arie des Zaren im ersten Akt hebt den Titelhelden sogleich betont aus der Lustspielsituation heraus, in die er inkognito gerät. In anderen Opern jener Zeit hatten die »Herrscher« auf der Bühne gewöhnlich einen biedermeierlich-harmlosen Habitus, wie etwa der volkstümliche Fürst im schlichten Jägerwams in Konradin Kreutzers 1834 entstandenem *Nachtlager von Granada*. Bei Lortzing bleibt der Zar während des ganzen Handlungsablaufs durchweg der politisch handelnde Mensch. Im Sinne der aus der bürgerlichen Aufklärungsbewegung erwachsenen Tradition der französischen Revolutionsoper zeigt uns Lortzing in ZAR UND ZIMMERMANN die Titelgestalt als einen seinem Volke bewußt verbundenen Herrscher und damit in seinem Gegensatz zu realen absolutistischen Monarchen der Zeit. Bei aller Turbulenz des heiteren Operngeschehens hat Lotzing die historische Stellung des Zaren nicht verwischt, sondern die politischen Konturen seines Helden klar umrissen.

Für die musikdramatische Deutung des Persönlichkeitsbildes der Titelfigur stellt die große Arie Peters im ersten Aufzug das notwendige Pendant zu dessen Lied der Reminiszenz im dritten Aufzug (O selig, o selig, ein Kind noch zu sein) dar. Allegro resoluto beginnen Rezitativ und Arie Nr. 3 des Zaren, der soeben von einem verräterischen Komplott seiner sich bisher heuchlerisch tarnenden Widersacher in Moskau erfahren hat: »Verraten! Von euch verraten! Denen ich Vertrauen und Liebe geweiht.«

Der Gedanke an das Glück des Volkes gewinnt in den Augen des aufgeklärten Herrschers schließlich die Oberhand:

»Was auch die Mitwelt nicht erkannte,
Von Nebelschleier noch umhüllt,
Wir sehen dann aus jenem Lande
Das Volk der Nachwelt dankerfüllt.
Drum sehnt sich mein Geist nach Licht und Wahrheit.«

An die Saardamer Werftarbeiter richtet der nach Rußland zurückkehrende Zar die Abschiedsworte:
»Mich ruft die ernste Pflicht zum höheren Ziele!
Doch wenn auch fernes Land und Meer uns trennt:
Ihr denkt freundlich dann an den Zimmermann!
Lebt wohl!
Kühn mög' euer Fleiß mit kräft'gem Arm
manchen Bau noch vollenden.«

Nach der Berliner Erstaufführung des ZAREN mag den Komponisten besonders das anerkennende Urteil Adolf Glaßbrenners erfreut haben. Glaßbrenner wußte seit längerem um das mäßige Echo der Leipziger Uraufführung ebenso wie um die Hoffnung, die sein Freund Albert auf einen Erfolg des Werkes in Berlin setzte.

Im Mai 1838 hatte Glaßbrenner eine Gastspielverpflichtung für eine literarisch-musikalische Veranstaltung nach Leipzig geführt, um hier zusammen mit Lortzing und anderen Solisten des Leipziger Theaters ein satirisch-heiteres Programm zu gestalten. Die »Allgemeine Musikalische Zeitung« berichtete über diese, vom Publikum beifällig aufgenommene Abendveranstaltung: »Am 26. Mai gab Herr Adolph Glaßbrenner im Hôtel de Pologne eine humoristische Vorlesung, worin die Stücke im Berliner Dialekt vorzüglich ansprachen ... Ganz besonders erwünscht wirkten die *Käferknaben*, komisches Quartett von F. H. Truhn, gesungen von den Herren Swoboda, Lortzing, Pögner und dem Komponisten. Es ist eigenthümlich, schön und ergötzlich gehalten und sehr zu empfehlen.«[63]

Mit Neugier und einiger Erwartung ließ es sich Glaßbrenner nicht nehmen, ein reichliches halbes Jahr später die Erstaufführung von ZAR UND ZIMMERMANN in der Berliner Lindenoper zu besuchen. Seine Erwartungen wurden nicht enttäuscht, und so schrieb er dem Freund in Leipzig postwendend einen Brief, um ihm gebührendes Lob und uneingeschränkte Anerkennung für das gelungene neue Werk auszusprechen. Schon am 13. Januar 1839 schrieb Lortzing an Glaßbrenner zurück:

»Lieber Bruder! Du beschämst mich in der Tat – so viel Lob als Du über mich oder mein Opus ausschüttest, verdient es nicht – wenn verständige Leute einen so lobhudeln, was soll man dann von unverständigen erwarten; aber Du bist sehr gütig, und ich danke Dir von Herzen. Ernsthaft: Der Erfolg meiner Oper hat mich überrascht; ich rechnete auf freundliche Nachsicht meiner lieben Landsleute und infolge deren auf eine bescheidene, freundliche Aufnahme, aber diesen brillanten Erfolg hätte ich mir nicht träumen lassen ... Hinsichtlich der Primadonna, die in meiner Oper fehlt, muß ich Dir bemerken, daß ich mich nach der Decke strecken mußte; ich schrieb die Oper für unser Personal, denn wenn hier meine Oper nicht gefällt, so kann ich sie nirgendwo zur Aufführung bringen ... Über Rellstabs Bericht nach der ersten Aufführung habe ich mich recht gefreut – er sagt vieles, worüber ich ganz mit ihm einverstanden bin ... Wenn nur aus Berlin viel Gutes berichtet wird, so denke ich, soll's schon gehen – ›ich bau' auf Gott und meine Euryanth‹! – Sobald werde ich wohl noch nicht nach Berlin kommen können – ich war 12 Tage unpäßlich und mußte daher das Repertoire stören, kann demnach jetzt keinen Urlaub verlangen; besuchen tu' ich dich auf jeden Fall.

Nochmals sage ich dir meinen innigsten Dank für deine Aufmerksamkeit, glaub gewiß, daß es zu schätzen weiß

dein aufrichtiger Freund

Lortzing.«[64]

So, im Hochgefühl des ungeahnten Erfolgs seines ZAREN, konnte es nicht überraschen, daß sich der Meister ohne Pause anschickte, seinem Publikum bald ein neues Werk zu offerieren.

5. Jahr für Jahr ein neues Opus
(1839–1842)

»Freiheit! Freiheit!
Meiner Seele mächtig, heilig Element ...«
Aus Casanova

Fischer Caramo und die Konstitution

Das in Leipzig jährlich wiederkehrende Volksvergnügen des »Fischerstechens« bot Lortzing eine willkommene Anregung zu einer neuen komischen Oper, für deren Sujet er – wieder durch umsichtige Ausschau nach einer französischen Vorlage – einen geeigneten Lustspielstoff in der zweiaktigen Opéra bouffon *Cosimo* von Eugène Prosper Prévost und den Librettisten A. Vilain de Saint-Hilaire und Paul Duport fand. Von Karl Blum erschien zwei Jahre später eine deutsche Übersetzung, *Bergamo*, in Berlin, derer sich Lortzing jedoch nicht bediente. Diesmal übersetzte und bearbeitete er das französische Original selbst und folgte damit zum erstenmal – wie später noch einmal in seinem Cagliostro – einer französischen Vorlage unmittelbar.

Mit großer Schaffenslust machte er sich an die Arbeit. Karg bemessen war angesichts der zahlreichen Verpflichtungen des innerhalb und außerhalb des Theaters vielseitig beschäftigten Künstlers die Zeit, um an der neuen Oper zu arbeiten. Zusätzlich übernommene Regieverpflichtungen beanspruchten ihn in erheblichem Maße, und zuweilen glaubte sich der Meister gerade in diesem Aufgabenbereich überfordert.

Außerhalb des Theaters war Lortzing im »Tunnel« äußerst rührig und gehörte dort zu den aktivsten und geachtetsten Mitgliedern. Und dennoch vergaß der Vielbeschäftigte nicht, sich – wann immer er zu Hause sein konnte –

der geliebten Familie zu widmen. Das Glück der mit Kindern reich gesegneten Ehe, vor allem die Liebe zu seiner Frau und die Verbundenheit mit den Eltern, waren für Lortzing ein immerwährender Born schöpferischer Arbeitslust.

Dazu kam noch der Freundeskreis und der dort pulsierende Meinungsaustausch über die brennenden Probleme nicht nur in der Theaterwelt, sondern auch der Tagespolitik. Und bot sich hier und da Gelegenheit, den Abend auch einmal bei geselligem Umtrunk in »Riedels Weinstube« (später »Schramm und Haring«) zu verbringen, um mit Freunden zu plaudern, dann waren wiederum das Theater und die Politik vorrangige Themen. Refugium zu schöpferischer Erholung blieb aber nach wie vor die inzwischen bezogene neue Wohnung auf der Großen Funkenburg (heute Funkenburgstraße), wo sich die Lortzings gemütlich eingerichtet hatten.

In der Atmosphäre der Geborgenheit im Kreis der Familie und im gesellschaftlichen Kontakt mit gleichgesinnten Freunden entfaltete Lortzing eine erstaunliche Produktivität als Opernkomponist. – »Mein Mann ist sehr fleißig, er muß viel Komödie spielen, denn er ist hier sehr beliebt, und außer dem Komödiespielen componirt er auch noch sehr fleißig«, schrieb Lortzings Frau in dieser Zeit an ihre Schwester.[1] Dabei war der Fleiß bei Lortzing stets mit geistiger Regsamkeit und überquellender musikalischer Erfindungsgabe verbunden. Und der ständige unmittelbare Kontakt des Sängers und Schauspielers mit dem abendlichen Theaterpublikum und dessen lebendiges Echo auf das Bühnengeschehen mögen seine kompositorische Arbeit noch zusätzlich beflügelt haben.

Seine Theatererfolge basierten auch auf seiner Beliebtheit beim Publikum sowie bei den meisten Kollegen am Theater selbst. Seine Heiterkeit, Lauterkeit und sein natürlicher Charme waren von gewinnender Anziehungskraft. Wer allerdings in dem von Natur aus frohen, liebenswerten und überaus geselligen Lortzing einen lebensfremden Träumer ohne Zivilcourage und Kampfeslust vermutete, der irrte sich. So wie er seine Kunst und seinen politischen Standpunkt temperamentvoll verfocht, hat er auch mit seinen Bühnenwerken von Beginn an – angesichts der ihn umgebenden politischen Verhältnisse – bewundernswerte

Aufrichtigkeit der künstlerischen Gesinnung und politischen Mut bewiesen.

Wenn Lortzing während seiner gesamten Laufbahn, trotz seiner schon damals erreichten künstlerischen Anerkennung, von keinem Hoftheater als Kapellmeister akzeptiert worden ist und andere, zumeist weit weniger profilierte, aber subalterne Fachkollegen von den Intendanten bevorzugt wurden, dann war das offensichtlich kein »Pech« des Bewerbers und auch keine Frage einer angeblich zweifelhaften Befähigung zum Kapellmeister, wie seine Gegner in Leipzig später behaupteten, um seine Vertreibung aus dem Stadttheater zu motivieren. Spätestens in Wien, aber auch während seiner letzten Schaffenszeit in Berlin nach 1849, hat die fachliche Wertschätzung vorurteilsfreier Musikkritiker – und dazu gehörte immerhin auch ein Ludwig Rellstab von der »Vossischen Zeitung«, der durchaus kein Freund Lortzings und seiner künstlerischen Position war – bestätigt, daß er als Kapellmeister Beachtliches leistete. Rellstab hat noch im letzten Lebens- und Schaffensjahr des Komponisten, in dem er in Berlin am Friedrich-Wilhelmstädtischen-Theater die Leitung eines erst jungen, wenig erfahrenen Orchesters übernahm, anerkennend hervorgehoben:

»... Schließlich sei uns erlaubt, dem Dirigenten, Herrn Lortzing, Glück dazu zu wünschen, daß er auch sein Orchester schon auf einen so guten Höhepunkt gebracht hat.«[2]

Bei den Hoftheatern und ihren fürstlichen Mäzenen war Lortzings Wirken schon seit den ersten Jahren seines Kölner Engagements und den späteren in Detmold und Leipzig nur zu bekannt. Das war kein den fürstlichen Höfen willkommener Theatermann. Selbst in Leipzig sollten sich nur zu bald die ersten Schatten künftiger Querelen und Machenschaften gegen Ringelhardts und Lortzings Bestrebungen am dortigen Theater ankündigen. Lange schon war auch das von Lortzing bei seinen Auftritten auf der Bühne gern gebrauchte Mittel des Extempore den restaurativ gesinnten oder zum Opportunismus neigenden Amtsträgern nicht nur bei den städtischen Behörden ein Dorn im Auge.

Um so mehr wußte das Publikum »seinen« Lortzing zu schätzen. Es begrüßte mit größtem Vergnügen ebenso die verschiedenen politischen Anspielungen in seinen Opern, wie es auch beim Auftritt Lortzings auf der Bühne manche aktuellen »Spitzen« ex tempore nicht selten mit Jubel quittierte.

Einige anektotisch anmutende Episoden waren in dieser Hinsicht beim Theaterpublikum im Schwange; so auch diese: Auf der Bühne hatte Lortzing als Schauspieler einen besonders großen Publikumserfolg in seiner Darstellung des *Reisenden Studenten,* einem Vaudeville von Louis Schneider. Da capo verlangte das Publikum jedesmal das Couplet »Ungeheure Heiterkeit ist meines Lebens Regel«. Die Zuschauer jauchzten geradezu vor Vergnügen, wenn Lortzing durch die bei ihm immer zu erwartenden Extempores seine meist lokalpolitisch gezielten Witzeleien vom Stapel ließ und so buchstäblich »aus der Rolle fiel«.

Eines Tages verfügte der Theaterdeputierte Dr. Demuth kurzerhand die Streichung des Couplets. Lortzing sang es in der nächsten Vorstellung trotzdem. Dr. Demuth veranlaßte eine Geldstrafe von 20 Talern oder 3 Tage Arrest. Lortzing wählte den Arrest als »kleineres Übel«, um Geld zu sparen. Als er in einer folgenden Vorstellung des *Reisenden Studenten* wieder auftrat und das ihn jubelnd begrüßende Publikum mit Spannung sein »gefährliches Couplet« erwartete, trat er an die Rampe, verbeugte sich, blickte vorsichtig in Demuths Loge und sagte: »Ich weiß nicht, bei diesem liebevollen Empfange überfällt mich eine ungeheure Heiterkeit. Aber mehr zu sagen, verbieten mir Demuth und Bescheidenheit!« – Stürmischer Beifall war das Echo im Zuschauerraum. Demuth aber verschwand schleunigst aus der Loge.

Die Duett-Einlage (»Komm, folge er mir«) in diesem Erfolgsstück stammte übrigens von Lortzing selbst.

Die Arbeit an dem frisch in Angriff genommenen Projekt einer dreiaktigen komischen Oper unter dem Titel CARAMO, oder: DAS FISCHERSTECHEN ging rasch voran. Schon im Spätsommer konnte Lortzing die Arbeit an der Partitur abschließen, und am 20. September 1839 ging das neue Werk wieder an der eigenen Wirkungsstätte in Szene. Es sei hier kurz der Handlungsablauf skizziert, zumal wenig gespielte oder gar vergessene Lortzing-Opern in den herkömmlichen Opernführern naturgemäß nur selten Berücksichtigung finden. In den folgenden Kapiteln soll deshalb ebenfalls auf das Handlungsgeschehen in entsprechenden Werken eingegangen werden.

Die Handlung des CARAMO spielt – ungeachtet ihrer Verknüpfung mit dem in Leipzig traditionell begangenen Fest des »Fischerstechens« – in einem kleinen italienischen Winkelfürstentum des adelsstolzen Marquis von Farambolo, wo wir im höchst amüsanten Durcheinander turbulenter Verwechslungsspiele einer Gesellschaft unterschiedlichster sozialer Provenienz begegnen:

>   Enrico, Prinz von Forli
>   Marquis von Farambolo
>   Rosaura, seine Tochter
>   Graf Arnoldo, Vertrauter des Prinzen
>   Graf Carlo, Kammerherr
>   Willibaldo, Haushofmeister des Marquis
>   Caramo, ein junger Fischer
>   Angela, seine Braut

Die Handlung führt uns ins Schloß Farambolos, wo des Nachts ganz überraschend Prinz Enrico von Forli eintrifft. Seiner allzu mutwilligen Streiche wegen hat ihn der Fürst, sein Vater, für einige Monate dorthin in die Einsamkeit geschickt, damit er endlich – den Verlockungen der Residenz entzogen – zur Besinnung kommen möge.

Der alte Marquis von Farambolo, dem die Ankunft des Prinzen gemeldet wird, kommt dessen Ankunft nicht ungelegen. Er plant, natürlich nicht uneigennützig, seine Tochter Rosaura mit dem Prinzen zu vermählen. Rosaura freilich hat ganz andere Wünsche und Pläne; denn sie liebt insgeheim schon lange den Grafen Carlo, der ihr ebenso leidenschaftlich zugetan ist. Aber auch Enrico hat einen Horror vor einer manipulierten Heirat. Er läßt sich mutwillig zu einem Schabernack hinreißen und tauscht mit dem unbekümmerten Fischer Caramo die Kleidung, um sich als »einfacher Mann aus dem Volke« unerkannt in neue amouröse Abenteuer stürzen zu können. Indessen soll sich Caramo als Prinz Enrico ausgeben. Caramo spielt seine neue Rolle mit aller Schläue und sichtlichem Vergnügen. Doch zugleich quält ihn unerträglicher Liebeskummer. Seine Braut ist seit kurzem auf unerklärliche Weise verschwunden. Doch plötzlich erscheint seine vermißte Angela im

Schloß, erkennt ihren Caramo aber nicht. Sie berichtet, daß sie von Prinz Enrico entführt wurde.

Caramo will sich rächen und ist entschlossen, die Rolle des Prinzen jetzt unter allen Umständen weiterzuspielen. Er ergreift eine passende Gelegenheit, es dem »richtigen« Prinzen heimzuzahlen: Man führt ihm – als der vermeintlichen »Hoheit« – Enrico vor, der des Diebstahls einer kostbaren Börse bezichtigt wird. Vergeblich gibt sich Enrico als Prinz zu erkennen. Man glaubt ihm nicht, und Caramo läßt den Beschuldigten verhaften und arretieren.

Das Fest des »Fischerstechens« beschließt das abenteuerliche Geschehen. Der Schleier aller Verwechslungen und Verwirrungen lüftet sich, als Graf Carlo die Mitteilung überbringt, der Fürst habe seinem Sohn Enrico inzwischen verziehen und dessen Rückkehr in die väterliche Residenz verfügt. So können sich die Liebenden einander glücklich in die Arme sinken – Rosaura und Graf Carlo, Caramo und Angela.

Die Aufnahme des CARAMO beim Publikum war freundlich, doch den Erfolg des ZAREN konnte die neue Oper nicht wiederholen, trotz der durchaus bühnenwirksamen Handlung und einer Musik, die Lortzing, stets gegen sich selbst ein unnachsichtiger Kritiker, als eine seiner besten bezeichnete.

Einzelne Motive aus dem CARAMO hat der Komponist in einigen seiner später entstandenen Opern erneut aufgegriffen. Das läßt sich nicht zuletzt an der Wiederkehr so manchen musikalischen Gedankens der CARAMO-Partitur sowohl in REGINA als auch im WILDSCHÜTZ, im WAFFENSCHMIED und in der UNDINE, ja selbst in seinem letzten Werk, der OPERNPROBE, ablesen. Die Ouvertüre seiner 1848 entstandenen Revolutionsoper REGINA deckt sich zum Teil fast notengetreu mit der CARAMO-Ouvertüre.

Das später aus Lortzings UNDINE bekannt gewordene Ballett am Ende des zweiten Akts enthält ebenfalls Allegro und Coda des Balletts aus der Oper CARAMO, nahezu unverändert.

Heute besteht unter Musikwissenschaftlern und Theaterpraktikern, die sich mit Lortzings Oper eingehender beschäftigt haben, kaum ein Zweifel an der beachtlichen kompositorischen Qualität und Bühnenwirksamkeit dieses Werkes.

In keiner anderen komischen Oper Lortzings werden höfischer Dünkel und elitäre Borniertheit so angriffslustig attackiert wie hier. Der Freiheitsgedanke wird in der Haltung des unerschrockenen Fischers Caramo besonders deutlich. Der ungewollt in die Rolle eines vermeintlichen Prinzen gedrängte Fischer versucht, seine »neue Position« im Sinne strafender Gerechtigkeit gegenüber dem Entführer seiner Braut Angela, dem Prinzen Enrico, und zugleich im Interesse der eigenen Landsleute zu nutzen. Caramo läßt den aristokratischen Verführer dingfest machen und heiratet Angela.

Im französischen Original entschließt sich der Fischer und vermeintliche Prinz zur Flucht mit Angela, nachdem er von dem Entführungsversuch des wirklichen Prinzen erfahren hat. Bei Lortzing dagegen ist die Mitteilung von dem Schurkenstreich des Prinzen der dramatische Knotenpunkt des weiteren Handlungsverlaufs, indem Caramo Rache schwört und seine »prinzliche« Rolle weiterspielt.

Der Marquis von Farambolo, eine der trefflichsten Lortzingschen Baßbuffo-Partien, will seine Tochter Rosaura gegen deren Willen »standesgemäß« an den vermeintlichen Prinzen verkuppeln. Mit Behagen stellt der Marquis bei erstbester Gelegenheit dem in seinem Hause versammelten »uralten« Adel des Landes den von allen für den Prinzen gehaltenen Fischer vor; Caramo »belorgnetiert den Cirkel ...« und stellt fest:

»Nun, so viel sehn' wohl auch die Blinden,
Eine Sammlung dieser Art
Ist nicht überall zu finden.
Unter allen ist auch nicht
Ein vernünftiges Gesicht.«

So manches parodistische Element der CARAMO-Partitur weist bereits auf den späteren Offenbach und seine gesellschaftskritische Parodie hin.

Natürlich macht sich Caramo über die Servilität subalterner Kriecher gegenüber einem vermeintlichen Fürstensproß mit gelassenem Spott lustig. Und in genüßlicher Ironie schwelgt er angesichts des »hochwürdigen« Entsetzens im Hause des ahnenstolzen Marquis bei dem bloßen Gedanken an eine Mesalliance. Politisch ins Schwarze trifft es, wenn Lortzing seinem Caramo vieldeutig den Gedanken in den Mund legt, »den Prinzen und seine Constitution« hochleben zu lassen.

Caramo, der sich – incognito – in der Rolle eines Prinzen durchaus gefällt, malt sich aus, wie er als »volksfreundlicher Herrscher« regieren würde:

> »Das wird ein Herrscher! wird dann jeder sagen,
> Von dem sich einstens was erwarten läßt.
> Er lacht und singt, thut keinem 'was zu Leide,
> Und alle rufen: Heil dem Fürstensohn!
> Heil ihm, heil ihm! Und seiner Constitution!«

Wer im Parkett des Theaters hätte wohl nicht den politischen Sinn dieser Worte verstanden, mit denen sich im Vormärz die Forderung nach demokratischer Souveränität des Volkes verband?

Verdienstvoll hat 1963 das Kleine Haus der Städtischen Theater in Leipzig Lortzings CARAMO unter dem Titel DAS FISCHERSTECHEN wieder auf die Bühne gebracht, in textlicher Neufassung von Dietrich Wolf, Leo Nedomansky und Christoph Hamm und in der musikalischen Einrichtung von Walter Hessel. Der Erfolg beim Leipziger Publikum hat den an der Wiederaufführung Beteiligten recht gegeben, die auf die Theaterwirksamkeit und Lebensfähigkeit dieser Lortzing-Oper bauten.

Um den CARAMO wurde es zu Lortzings Lebzeiten bald still. Der herrschenden öffentlichen Meinung war die kritische Tendenz des Werkes sicherlich suspekt, und entsprechend vorsichtig und zurückhaltend waren die Theaterdirektoren in der Frage einer eventuellen Aufnahme des neuen Bühnenwerkes in den Spielplan.

Nachdem der Leipziger Verleger Friedrich Hofmeister Lortzings erste komische Oper, DIE BEIDEN SCHÜTZEN, gewinnbringend herausgegeben und Härtel mit dem CZAAR UND ZIMMERMANN in seinem Verlag inzwischen ebenfalls gute Geschäfte gemacht hatte, fand Lortzing für den Druck und die Emission seines CARAMO diesmal keinen Verleger.

Verhallte auf der Opernbühne der Ruf Lortzings nach der »Constitution«, so wurde er auf dem unmittelbaren Schauplatz des politischen Geschehens seit der Jahreswende 1839/40 immer lauter.

HANS SACHS – im Gutenberg-Jahr 1840

Seit 1840 vollzog sich ein für die weitere politische Entwicklung bis zum Vorabend der 48er Revolution entscheidender Umschwung in der oppositionellen Bewegung, besonders in der bisherigen Hochburg der Reaktion, in Preußen. Die bürgerlich-liberale Bewegung nahm einen bisher nicht gekannten Aufschwung.

Die 400jährige Wiederkehr der Erfindung der Buchdruckerkunst wurde für alle fortschrittlichen Geister in deutschen Landen zum äußeren Anlaß politisch bewegender Feierlichkeiten und Kundgebungen. Sie nahmen häufig den Charakter einer unüberhörbaren Demonstration für Freiheit, Konstitution und nationale Einheit an. Den fürstlichen Machthabern und ihren volksfeindlichen Regierungen waren diese politischen Aktivitäten äußerst verdächtig und sichtlich unbequem. In Preußens Hauptstadt Berlin wurde durch vorsichtigen, aber nachhaltigen halboffiziellen Druck von oben die Durchführung geplanter Feierlichkeiten praktisch unmöglich gemacht. Um so mehr wog die Tatsache, daß die weltoffene Messestadt Leipzig, wohl auch unter dem Einfluß liberaler Kreise der städtischen Behörden, als Mittelpunkt des deutschen Buchhandels der Vorbereitung eines festlichen Buchdruckerjubiläums größte Aufmerksamkeit widmete. Die Teilnahme von mehr als 40 000 Menschen krönte die offenkundig politisch orientierte vierte Säcularfeier in Leipzig, ein Volksfest großen Stils. Die zur »Überwachung« entsandte Polizei wagte nicht, in das als provokant gewertete Treiben der Massen einzugreifen, unter denen sich auch namhafte Schriftsteller und Künstler von Ruf aus allen Teilen Deutschlands befanden.

Für Lortzing war dies alles – ebenso wie etwa für Mendelssohn Bartholdy, der eine *Gutenberg-Kantate* schrieb – Anlaß, sich nach der Fertigstellung seines CARAMO der Komposition einer neuen Oper zuzuwenden, mit der er dem Anliegen des Gutenberg-Jubiläums auf eigene Weise gerecht zu werden gedachte. Nach dem Drama *Hans Sachs* von Johann Ludwig Deinhardtstein, das 1828 am Königlichen Schauspielhaus am Gendarmenmarkt in Berlin mit einem von Goethe eigens verfaßten Prolog uraufgeführt worden war, schrieb der Freund und Theaterkollege Philipp Reger das Libretto, dessen sich Lortzing bei der Komposition seiner neuen Oper bediente. Er hatte das damals in der Theaterwelt viel beachtete Bühnenwerk schon während seines Detmolder Engagements kennengelernt.

Im Mittelpunkt der Opernhandlung steht – wie später in Richard Wagners *Meistersingern* – der historisch und literaturgeschichtlich verbürgte Schuster und Poet Hans Sachs.

Bei der Umgestaltung der Deinhardtsteinschen Vorlage in ein wirksames Opernlibretto erweiterte Lortzing den Kreis der handelnden Personen durch die Einführung der für den Handlungsverlauf bedeutsamen Partien des Lehrbuben Görg und seiner Angebeteten Kordula, der lieblichen Nichte des Goldschmieds Steffen. Wir erkennen in Görg den Vorläufer des David in Wagners *Meistersingern von Nürnberg*, dem sich dort allerdings die etwas ältlicher erscheinende Amme Magdalene als Partnerin zugesellt. (Eine originelle Duplizität ist es gewiß, wenn wir dem bekannten David-Motiv in den Meistersingern bereits in Lortzings CARAMO begegnen.)

Lortzings Titelhelden kennzeichnen auffällig Charakterzüge und Haltungen, die wir im Umfeld des Meistersinger-Wettstreits später im Wagnerschen Walter von Stoltzing wiederentdecken.

In Lortzings HANS SACHS begegnen uns als Personen der Handlung:
    Kaiser Maximilian I.
    Meister Steffen, Goldschmied
    Kunigunde, seine Tochter
    Kordula, seine Nichte
    Hans Sachs, Schuster und Meistersinger
    Görg, dessen Lehrbursche
    Eoban Hesse, Ratsherr von Augsburg
    Meister Stott, erster Merker
    Erster und zweiter Ratsherr
    Zwei Bogenschützen
    Frau Saberl, eine Zeltwirtin.

Die Handlung der FEST-OPER MIT TANZ IN 3 ACTEN führt uns zu Anfang in die Werkstatt von Hans Sachs. Es ist Feierabend, und die Gesellen verlassen die Arbeitsplätze. Zurück bleibt Görg, der Lehrbursche des Meisters. Gar zu gern wäre auch er ein Meistersinger.

Görg liebt Meister Steffens, des Goldschmieds Nichte Kordula. Ihr möchte er zu ihrem morgigen Namenstag eine besondere Freude machen. Da entdeckt er in der Werkstatt ein Gedicht des Meisters und nimmt es kurzerhand an sich, um es der Geliebten zu schenken.

Überraschend erscheint ein Fremder, der sich nach Hans Sachs erkundigt, als dieser auch schon die Werkstatt betritt. Der Meister hört von dem unbekannten Besucher mit Erstaunen, daß selbst am kaiserlichen Hofe schon von ihm als weithin bekanntem Schuster und Meistersinger gesprochen werde.

Dem Meister ganz ungelegen kommt plötzlich der eitle, aufgeblasene Ratsherr Eoban Hesse von Augsburg, um sich seine Stiefel ausbessern zu lassen. Hans Sachs, der Meister Steffens Tochter Kunigunde liebt, weiß nur zu gut, daß er in Eoban einen gefährlichen Nebenbuhler vor sich hat. Dieser erfreut sich längst des Goldschmieds Gunst, der in dem Ratsherrn – entgegen dem Willen der Tochter – bereits den »standesgemäßen« künftigen Schwiegersohn sieht. Unbeirrt sind Sachs und seine Kunigunde einander in Liebe verbunden. So setzt denn der junge Meister seine ganze Hoffnung auf den am folgenden Tag während eines großen Volksfestes stattfindenden Wettstreit der Meistersinger. Die Rivalen werden Sachs und Eoban Hesse sein.

Der zweite Akt führt uns in den Saal der Meistersinger-Schule. Im Sängerwettstreit unterliegt Hans Sachs seinem Gegner, der den Merker Stotter und die Preisrichter insgeheim schon vorher für sich einzunehmen verstand, zumal der in Nürnberg vom Volk verehrte Schuster bei den anderen Meistern wie auch bei den Ratsherren durchweg verhaßt ist. So erhält denn Eoban Hesse den Preis der Meistersinger.

Auf dem Volksfest erregt Görg mit dem übermütigen Vortrag des seinem Meister heimlich entwendeten Liedes allergrößten Beifall. In fröhlicher Ausgelassenheit stimmt er auf allgemeinen Wunsch nach einer »Zugabe« noch ein heiteres Liedchen über die »Schusterzunft« an – ohne zu bemerken, daß er inzwischen den gestohlenen Liedtext des Meisters verloren hat.

Währenddessen trifft Hans Sachs, abseits allen Volksvergnügens, noch einmal mit Kunigunde zusammen; ihrer hoffnungslos erscheinenden Lage zum Trotz schwören die beiden einander unverbrüchliche Liebe und Treue. Sie werden von Steffen, Eoban und deren Gesinnungsfreunden überrascht, und die erwünschte »Bloßstellung« des geschmähten Schusters wird zum willkommenen Anlaß, die anwesenden Ratsherren zu dem Entscheid zu bewegen, Hans Sachs aus Nürnberg zu verbannen.

Der dritte Akt führt in Steffens Haus, wo Kunigunde in Trauer und Schmerz des aus der Stadt vertriebenen Geliebten gedenkt, während Kordula durch eifriges »Kartenlegen« die Cousine mit der Prophezeiung zu trösten sucht: »Er kehrt zurück!« Und tatsächlich steht Sachs mit seinem Lehrburschen plötzlich im Zimmer. Nachdem beide die Stadt verlassen hatten, war ihnen auf ihrem Wege eine Reiterschar begegnet, aus deren Reihen jener Fremde auf Hans Sachs zuging, der noch am Vortage nach dem Meister gefragt hatte. Nun bewegt der Unbekannte den aus Nürnberg Verbannten zur Umkehr; denn der Kaiser werde dort noch heute den Streit um den Preis der Meistersinger schlichten. So kehrt denn der Schuster mit seinem Lehrburschen zurück. Noch weiß Sachs nicht, daß ihm Görg am Vortag ein Gedicht entwendet und es später verloren hat; noch weniger ahnt der Meister, daß sein Gedicht durch Zufall in die Hände Maximilians I. gelangte.

Inzwischen hat Meister Steffen, nunmehr auch zum Bürgermeister der Stadt erkoren, vom Kaiser jenes Lied mit dem Auftrag erhalten, ihm den Dichter vorzustellen. Steffen und Eoban sind ratlos; doch Eoban Hesse sinnt auf einen Ausweg: Er wird sich selbst als Autor des Gedichts ausgeben. Im prächtigen Festsaal der Stadt Nürnberg tritt der Augsburger Ratsherr vor den Kaiser und dessen Gefolge – und entlarvt sich mit seinem von allen Anwesenden als unsinnig empfundenen Vortrag als armseliger Plagiator, zumal sich der geistige Hochstapler als unfähig erweist, auch nur eine Zeile »seines« Gedichts auswendig vorzutragen.

Nun glaubt Kordula ihrem Görg einen Dienst zu erweisen, wenn sie vor dem Kaiser kundgibt, Meister Sachsens Lehrbursche sei der wahre Verfasser, wovon sie sogar überzeugt ist. Doch Görg offenbart unumwunden den wahren Sachverhalt.

Hans Sachs, als der echte Dichter anerkannt und gefeiert, erhält nicht nur mit allen Ehren seine Bürgerrechte der Stadt Nürnberg zurück, sondern darf sich auch mit Kunigunde zum glücklichen Lebensbund vereinen. Der »große Unbekannte« aber war kein anderer als Kaiser Maximilian selbst, der sich aus Liebe zur Dichtkunst des von seinen Widersachern bedrängten Schuster-Poeten freundlich angenommen hat.

»Der Liebe Glück, das Vaterland« – ein Vers des von Düringer verfaßten Strophenlied-Textes im zweiten Akt der Oper – stand als Motto über dem Werk, das am 23. Juni 1840 unter dem Namen der Titelgestalt am Leipziger Theater uraufgeführt wurde.

Ganz im Gegensatz zu dem als Vorlage für Lortzings Oper dienenden Deinhardtsteinschen Drama, in dem Sachs nicht nur von den Ratsherrn und den anderen Meistern, sondern auch vom Volk gehaßt wird, verkörpert Lortzings Titelfigur echte Volksverbundenheit. Er ist der vom Volk geliebte und nur von bornierten Ratsherrn und Meistern gehaßte Schuhmacher mit ungebrochen-freiheitlichem, lauterem Sinn, zudem ein überaus sympathischer und – im Unterschied zu Wagners Meister Sachs – ein recht junger Liebhaber aus der ansonsten »seriösen« Meisterzunft.

Wenn der Titelheld im Verlauf des dramatischen Geschehens von der städtischen Obrigkeit und den verknöcherten Vertretern der Meisterzunft aus Nürnberg vertrieben wird, mag es einem fast erscheinen, als habe hier eine schlimme Vorahnung Meister Lortzings Feder geführt, den schon wenige Jahre später in Leipzig ein ähnliches Schicksal erwarten sollte. Freilich gesteht der Komponist seinem Opernhelden – noch immer, wie beim ZAREN, von der Idee eines »volksfreundlichen Fürsten« bewegt – gern einen Deus ex machina als Lösung zu. Kaiser Maximilian I. läßt dem Liebling des Volkes, Hans Sachs, schließlich Gerechtigkeit widerfahren.

Über die Erstaufführung des HANS SACHS anläßlich des Buchdrucker-Jubiläums berichtete Robert Schumann in der von ihm bereits 1834 begründeten *Neuen Zeitschrift für Musik*: »Zur Vorfeier hatte Herr Albert Lortzing eine neue komische Oper HANS SACHS geschrieben, die die früheren desselben Componisten an Frische, Leichtigkeit und Lieblichkeit noch übertreffen soll. Ich selbst konnte der Vorstellung nicht beiwohnen. Die Aufführung soll aber höchst erfreulich sein und hat den Componisten reichen Lohn gebracht. Mehrere Nummern wurden da capo verlangt und Beifall durch Kränzewerfen und Hervorrufen blieben nicht aus. Es steht uns in den nächsten Tagen eine zweite Aufführung bevor.«[3]

In der Tat bedeutete die neue Oper ganz offenkundig einen weiteren Schritt nach vorn auf dem Wege kompositiorischer Reife und Meisterschaft. Bemerkenswert ist die nach ZAR UND ZIMMERMANN und dem CARAMO verstärkt entwickelte Technik der thematischen Verarbeitung musikalisch-dramatischer Gedanken im Sinne leitmotivischer Gestaltungsprinzipien.

Die musiktheatralische Gestaltung der Arien und Lieder, Chöre und Ensembles zeichnet sich durch treffsichere Charakterisierung der Individualität der einzelnen Personen, ihres Milieus wie auch der widerstrebenden Haltungen gegeneinander wirkender sozialer Gruppierungen im Streit um den »Sängerpreis« aus. Momente polyphoner Klangwirkungen der ineinander verwobenen Chöre lassen ebenso aufhorchen wie die aus großartigen Ensembles brillant hervortretenden A-cappella-Sätze von schönster vokaler Wirkung. Das Klangbild der Partitur zeugt zugleich von der ausgeprägten Instrumentierkunst des Komponisten – bis hin zur nuancenreichen, tonmalerisch-effektvollen Situationsschilderung, etwa beim Ziehen des Schusterpechdrahts in Sachsens Werkstatt oder bei Kordulas Kartenmischen in Kunigundes Zimmer.

Wie schon beim ZAREN erklingt auch in Lortzings HANS SACHS als Introduktion ein Lied auf die Arbeit, diesmal der Schustergesellen:

»Auf munter! Brüder, munter!
Die Arbeit gibt uns Kraft;
Und stets wird man gesunder,
Wenn man recht tüchtig schafft.«

Selbstbewußt erklärt Hans Sachs:

»Zwar ziert mich nicht der Ehre Schein,
Nicht Ordensband und Titel,
Doch Nürnbergs wack'rer Bürger sein,
Das ehrt mich – selbst im Kittel.«

Einen leitmotivisch entwickelten musikalischen Gedanken finden wir im Schusterlied des Görg, wenn er gesteht: »Das Herz will ich bewahren dem Leib im Heimatland«, sowie beim sich wiederholenden Ausruf des Meisters: »Es hat der Kaiser mein gedacht ...« und im Schlußvers seines Bekenntnisses:

»Nicht Reichtum macht das Leben schön,
Nicht Pracht und hohe Ehren;
Wie oft muß man sie klagen seh'n
Und wahrer Lust entbehren!
Das Herz allein schafft Freud' und Pein.
Als ich des Busens Drang verstand,
ich auch der Lieder Quelle fand:
Der Liebe Glück, das Vaterland!

Sachs ist ein Mann des einfachen Volkes. Beim Singe-Wettstreit zwischen dem jungen Meister und seinem intrigierenden Widersacher Eoban Hesse ist die Meisterzunft zwar für den Ratsherrn Hesse, das Volk aber auf seiten des Schuhmachermeisters:
»Es wird ihm schon gelingen, den Preis sich zu erringen, wir zweifeln nicht daran!«

Leider fand – ebenso wie CARAMO – auch Lortzings Oper HANS SACHS trotz ihres kompositorischen Ranges, mit dem sie zumindest dem des später entstandenen WAFFENSCHMIED kaum nachsteht, keine weitere Verbreitung auf deutschen Bühnen.

Gelegentlich wird Lortzings »Fest-Oper« hier und da noch einmal aufgeführt, wie beispielsweise in der Spielzeit 1983/84 am Thomas-Müntzer-Theater in Eisleben.

Besondere Aufmerksamkeit fand Lortzings HANS SACHS in Heidelberg. Nach der Aufführung des Werkes während der »Heidelberger Schloß-Spiele 1987« schrieb der Rezensent der »Rhein-Neckar-Zeitung« am 11.08.1987 unter der Überschrift »Der vielgeliebte Unbekannte«: »Die Oper ›Hans Sachs‹ ... scheint durchaus ›revolutionäre Elemente‹ zu enthalten und die ›Sehnsucht nach nationaler Identität‹ widerzuspiegeln.«[4]

Tatsächlich hatte das Gutenberg-Jahr der oppositionellen Bewegung und den nationalen Bestrebungen aller demokratischen Kräfte des Volkes neuen Auftrieb gegeben. Noch im selben Jahr entstand im Freundeskreis um Robert Blum aus diesem Geiste auch der Gedanke einer künftig alljährlich stattfindenden, politisch akzentuierten Schiller-Ehrung.

Mit Robert Blum im Schiller-Verein

Zu Anfang der 40er Jahre wurde Robert Blum zum Initiator der Gründung eines »Schiller-Vereins« in Leipzig.

In Leipzig-Gohlis hatte Schiller in einem bescheidenen Gartenhaus gewohnt. Dort dichtete er sein bekanntes *Lied an die Freude*, das Beethoven bei der Komposition seiner *IX. Sinfonie* programmatisch aufgriff. Der durch Blum in Verbindung mit den seit 1840 organisierten jährlichen »Schiller-Feiern« gegründete Verein entwickelte sich bald zu einem bedeutenden Zentrum der Vormärz-Bewegung in Leipzig. Neben den regelmäßig stattfindenden Versammlungen und zahlreichen literarisch-musikalischen Veranstaltungen wurde auch sehr bald das politische Wirken des Vereins, der sich 1842 endgültig konstituierte, über Leipzig hinaus spürbar. Aus einem Brief Robert Blums vom 27. Oktober 1840 ist bereits ablesbar, von welchen Zielsetzungen er sich bei der mit der ersten »Schiller-Feier« (am 9. und 10. November) beabsichtigten Gründung des Vereins leiten ließ:

»Sollte es so ganz nutzlos sein, ... Schillers historisch-prophetische Bedeutung, sein Streben für Freiheit und Wahrheit auf diese Weise darzulegen ...? Ich paraphrasiere Schiller, sagend:

›Und wär's auch einer Feuerflocke Wahrheit nur,
In diese trübe Masse hingeworfen,
Wie fruchtbar wirkt sie in den Schoß der Zeit!‹

Wir reden in diesem Jahre in einem Saale vor Fünfhundert, wir hoffen im Laufe des nächsten Jahres die Mittel herbei, Schillers Wohnung in Gohlis durch die einfachste Gedächtnistafel der Nachwelt zu bezeichnen, feiern ein öffentliches Fest und reden zu Fünftausend, und wir veröffentlichen in beiden Fällen, was wir sprachen, durch die Presse und reden so zu dreißig Millionen! Wir wecken in unserer nächsten Umgebung den Sinn für solche Versammlungen und Verhandlungen, wir stellen dem Volke ein Beispiel mehr hin, daß und warum man Schiller feiern solle und geben doch vielleicht Anregung zur Nacheiferung.«[5]

Lortzing war als enger Freund Blums einer der ersten, die sich aktiv dem Schiller-Verein anschlossen. Die meisten seiner Freunde, darunter Düringer und Reger, wurden dessen Mitglieder. Auch einige »Jungdeutsche«, darunter Heinrich Laube, traten ihm bei. Mit den Vertretern der gemäßigt-liberalen »Jungdeutschen« hatte Lortzing allerdings nicht viel im Sinn. Die Schwächen der Repräsentanten des »Jungen Deutschland«, vor allem ihr Drang zu unverbindlich-allgemeinen, pseudorevolutionären Phrasen und die schon von Heinrich Heine kritisch vermerkte unmotivierte, nur scheinbar den »Zeitgeist« beschwörende äußerliche »Tendenz« in der Literatur der Gutzkow und Laube, der Kühne und Mundt, waren nicht Lortzings Sache. Sein in jahrelanger Bühnenpraxis erworbener realistischer Sinn und sein politisches Engagement in dem um Robert Blum gescharten Kreis Oppositioneller bewahrten ihn auch als Künstler vor den augenscheinlichen Schwächen der »Tendenzpoesie« des »Jungen Deutschland«. Überhaupt stand Lortzing als konsequenter Demokrat in Leipzig dem zu republikanischen Ideen neigenden Flügel damaliger Liberaler näher. Als Gründungsmitglied des 1840 in der Messestadt entstandenen Literaten-Vereins, der ersten deutschen Schriftstellervereinigung, gehörte Lortzing von Anfang an auch hier dem Kreis um Robert Blum an.

Laube beobachtete als Mitglied dieses Vereins die wachsende Autorität Blums mit steigendem Mißtrauen. »Unsere literarischen Eigenthumsinteressen wurden nur nebenbei wie Stiefkinder behandelt«, beklagte er sich später. Seinem Unmut über die von Robert Blum betriebene Politisierung des »Literaten-Vereins« machte er mit der Bemerkung Luft: »Und Robert Blum, obwohl gar nicht Schriftsteller, führte die Linke des Vereins unentwegt zu politischen Äußerungen. Diese Stürme im Glase Wasser verkündeten die Stürme im Staate.«[6]

Feindselig stand Laube deshalb auch dem Wirken Blums und seiner Gesinnungsfreunde im Schiller-Verein gegenüber. Mit nachdrücklicher Entrüstung konstatierte er noch lange nach der 48er Revolution, auf die 40er Jahre zurückblickend:

»In Leipzig stieg die Radicale Richtung von Jahr zu Jahr, und selbst der Schiller-Verein wurde ein Tummelplatz für dieselbe ... Ein unscheinbarer Mann, Cassierer am Leipziger Theater, wurde Bibliothekar des jungen Vereins, betonte den politischen Charakter des Vereins mit glaubenssicherem Nachdruck und entwickelte sich langsam als Robert Blum.«[7]

Tatsächlich gewannen die Vertreter der demokratischen Linken um Robert Blum in Leipzig in den 40er Jahren wachsenden Einfluß. Außer Lortzing gehörten zu den Freunden Blums die späteren radikalen Linken der Revolution von 1848, Friedrich Saß und Georg Günther, ein Schwager Blums, sowie der Verleger Otto Wigand. Durch Blum lernten die Freunde in Leipzig auch Herwegh, Hoffmann von Fallersleben und republikanisch gesinnte Männer des politisch-oppositionellen »Hallstein-Kreises« um den süddeutschen Politiker Johann Adam von Itzenstein kennen, der später zur Linken in der Frankfurter Nationalversammlung gehörte.

Lortzings unmittelbares gesellschaftliches Tätigkeitsfeld außerhalb des Theaters blieb der Schiller-Verein. Hier lernte er auch den Schriftsteller und Publizisten Rudolf von Gottschall kennen, der wegen seiner politischen Gesinnung von der Breslauer Universität exmatrikuliert worden war. Lortzing hat später zu Gottschalls Schauspiel *Ferdinand von Schill* die Bühnenmusik geschrieben und den Freund bei der Berliner Erstaufführung dieses Werkes am Friedrich-Wilhelmstädtischen Theater im Jahre 1850 ein letztes Mal wiedergetroffen.

Gottschall bewunderte in Leipzig Blums leidenschaftliches politisches Engagement ebenso wie dessen erheiternde, alle mitreißende Geselligkeit, die er stets geschickt für alle möglichen politischen Zwecke nutzbar zu machen verstand. Wie Gottschall später in der Erinnerung an die Leipziger Zeit erzählte, war Blum in der Öffentlichkeit nur »ein dem Anschein nach behaglicher Bierpolitiker mit einer impertinenten Nase, die keck in die Welt hineinspringt« und die Gottschall »den Constitutionellen Leuchtturm Sachsens« zu nennen pflegte. Sein summarisches Urteil über Blum: »Ein sehr tüchtiger Kerl, mit viel Phlegma und großer Redegewandtheit!«[8]

Blum hatte damals zur Tarnung der von ihm vielfältig in die Wege geleiteten politischen Aktivitäten und zur weiteren Ausdehnung der organisierten Oppositionsbewegung in Leipzig und darüber hinaus neben dem Schiller-Verein auch einen »Redeübungsverein« sowie eine »Kegel-Gesellschaft« ins Leben gerufen.

Am politisch bedeutendsten blieb jedoch auch in der Folgezeit der Schiller-Verein. Das gesellschaftliche, vor allem musikalisch-literarische Leben dieses Vereins regte Lortzing als Komponist unmittelbar dazu an, den als Künder der Freiheit verehrten Dichter durch ein musikalisches Bekenntnis zu ehren. Hatte Lortzing schon als Knabe den Versuch gemacht, Schillers *Bürgschaft* zu vertonen, so fand er jetzt neuen Anlaß, Schillersche Verse in Musik zu setzen. So entstand zunächst eine Vertonung des Gedichtes *Das Mädchen aus der Fremde* und der Verse *Würde der Frauen*. Lortzing vertonte auch Schillers Gedicht *An den Frühling* und arrangierte für Chor und Orchester das von Carl Friedrich Schulz komponierte *Lied an die Freude*. Für den Verein schrieb er eine zu den Schiller-Feierlichkeiten 1842 aufgeführte *Schiller-Kantate*, deren textliche Intentionen offenkundig auf Robert Blum als Autor verweisen. Diese Kantate war ein programmatisches Bekenntnis Lortzings zu den politischen Idealen, die in der Vormärz-Bewegung mit Schillers Dichtung und seinen Freiheitsdramen verknüpft wurden.

Nicht nur – worauf Blum in allen Festreden anläßlich der jährlichen Schiller-Feierlichkeiten immer wieder Bezug nahm – Schillers *Räuber*, sondern auch sein *Wilhelm Tell* oder der *Don Carlos* galten in der Vormärz-Bewegung geradezu als politisches Fanal. An vielen Bühnen Deutschlands standen die Freiheitsdramen Schillers auf den Verbotslisten der Zensur.

Im Schiller-Verein gewann Lortzing durch die vielfältigsten politischen und künstlerischen Auseinandersetzungen in den Versammlungen und Vorstandssitzungen sowie bei der Beratung und Vorbereitung der zahlreichen Veranstaltungen wesentliche Eindrücke und Anregungen, die sein geistiges Weltbild prägen halfen.

Schon das Festprogramm der ersten Schiller-Feier in Leipzig am 9. November 1840 war kennzeichnend für die politisch-literarische Position des Vereins. Auf dem Programm stand unter anderem die *Jubelouvertüre* von Carl Maria von Weber, die Vertonung eines Schiller-Gedichtes von Lortzing und Schillers *Lied an die Freude*. Teile aus *Don Carlos* bildeten einen der Höhepunkte der Veranstaltung, die einen Tag später im Stadttheater fortgesetzt und mit einem Prolog von Carl Beck eingeleitet wurde. Der

Glanzpunkt des Abends war die Aufführung von Schillers Jugendwerk *Die Räuber*. Zum Festkomitee gehörten Robert Blum, Philipp Düringer, der Buchhändler Robert Friese, der Messerschmied Carl Löwe und Stadtrat D. Seeburg. Die »Leipziger Allgemeine Zeitung« berichtete über das »Erste Schiller-Fest in Leipzig«:

»Unser Leipzig, das so oft schon seinen zarten Sinn und seine innige Teilnahme für die höchsten Interessen des geistigen Lebens bewährt, hat durch die Begehung des Schiller-Festes aufs neue gezeigt, daß es dem Rufe der Grazien und Musen ebenso bereitwillig folgt wie der Stimme Mercur's ... Der Hauptbestandtheil ... war die ›Festrede‹, gehalten von Robert Blum. Der Redner zeigte, daß die Feier Schiller's ein Nationalfest der Deutschen sein müßte ... Diese Rede, sowie die folgenden Vorträge, unter denen sich ... mehrere Compositionen unseres talentvollen Lortzings, der die musikalische Leitung übernommen hatte, auszeichneten, wurden mit dem ungetheiltesten Beifall, ja mit wahrer Begeisterung aufgenommen ... Einen gewaltigen Eindruck machte das zum Schluß gesungene *Lied an die Freude*, in welches das ganze versammelte Publikum einstimmte.«[9]

Eine Frucht künstlerisch-politischen Reifens des Meisters war zweifellos auch das nächste Projekt, dem sich der Opernkomponist in seiner Leipziger Zeit zuwandte. Es entstand sein Casanova, eine komische Oper in drei Akten. Wieder, und diesmal in der Gestalt einer aus den aristokratischen Konventionen ausbrechenden Persönlichkeit, steht im Mittelpunkt dieser Oper die Idee der Freiheit und des Rechts auf Glück für alle Menschen.

Casanova und sein Freiheitslied

Das Jahr 1841 galt – wo immer es die Verpflichtungen am Theater und gesellschaftliche Obliegenheiten zuließen – in erster Linie der Arbeit an der neuen Oper. Alberts Frau sah indessen erneut ihrer baldigen Niederkunft entgegen. Am 23. Februar schenkte sie dem Töchterchen Marie das Leben. Die Familie konnte nicht ahnen, daß dem Kind kaum mehr als ein Jahr zu leben vergönnt sein sollte, es starb am 1. April 1842. Gegen Ende des Jahres 1841, am 2. Dezember, traf die Lortzings bereits ein harter Schlag durch den plötzlichen Tod des von allen, auch den Theaterkollegen verehrten, inzwischen sechsundsechzigjährigen Gottlob Lortzing. Doch der Monatsspielplan des Theaters war unabänderlich. Am Silvesterabend hob sich für ein erwartungsfrohes Publikum der Vorhang für die Premiere der Oper CASANOVA.

CASANOVA, die Titelfigur der Oper, geht zurück auf jene berühmte historische Persönlichkeit, deren Memoiren weltbekannt wurden. Der abenteuerliche Rebell Giovanni Jacopo de Seingalt Casanova war der Bruder des im 18. Jahrhundert in Italien geborenen, später in Deutschland lebenden und in Dresden als Direktor der Kunstakademie verstorbenen Malers Giovanni Battista Casanova.

Als Anregung für seine neue Musikkomödie diente Lortzing das französische Vaudeville *Casanova au Fort de St. André* von Etienne Arago Varin und Desvergers, das 1836 am Pariser Théâtre des Vaudevilles mit beachtlichem Erfolg seine Uraufführung hatte. Auf deutschen Bühnen wurde das Stück dann bald durch zwei verschiedene Bearbeitungen bekannt, die eine von Ludwig Osten, eine zweite von dem damals als Schauspieler und Dramatiker geschätzten, bis 1837 als Direktionsmitglied des Hamburger Stadttheaters wirkenden Karl August Lebrun. Albert Lortzing nutzte für die Arbeit an seiner Oper das französische Original wie auch Lebruns ins Deutsche übertragene Bearbeitung, gestaltete jedoch das Libretto für den CASANOVA fast völlig neu.

Die Opernhandlung führt uns unmittelbar in die Zeit der historisch verbürgten kurzen Gefangensetzung Casanovas auf Fort St. André und seiner tollkühnen Flucht. Bekanntlich wurde Casanova später von der klerikalen Inquisition wegen »gotteslästerlicher« Schriften verurteilt und in Venedig zu einer fünfjährigen Gefängnishaft im Jahre 1755 in die berüchtigten Bleikammern für Strafgefangene geworfen. Mit erstaunlichem Mut und äußerster List gelang ihm auch hier die Flucht.

Nach seinem unglaublich abenteuerlichen Leben gewährte der auf Schloß Dux im Norden Böhmens lebende Graf Waldstein im Jahre 1785 dem inzwischen sechzigjährigen Casanova, diesem ehemals so kühnen Glücksritter, ein Gnadenbrot; er übertrug dem rebellischen Außenseiter die Stelle des Schloßbibliothekars. Casanova nutzte sie ausgiebig zur Befriedigung seiner schriftstellerischen Leidenschaft. Als er am 4. Juni 1798 dreiundsiebzigjährig starb, hinterließ er der Nachwelt eine Vielzahl vor allem kultur- und sittengeschichtlich bemerkenswerter Werke. Am berühmtesten wurden seine 1828 bis 1838 in Leipzig zuerst erschienenen »Memoires, écrits par lui-même« in 12 Bänden.

Das Handlungsgeschehen in Lortzings CASANOVA zeigt den Titelhelden am Beginn seines einzigartigen Abenteurerlebens als einen bereits ausgeprägten, starken und ungestümen Charakter. Casanova ist die alles bewegende Triebkraft in dem ihn umgebenden Ensemble unterschiedlichster Individuen und sozialer Gruppierungen im Spannungsfeld der aufregenden Handlung.

Ein Blick auf das Personenverzeichnis der Oper:
    Johann Jacob Casanova de Seingalt, Offizier
    Busoni, Kommandant des Forts St. André
    Rosaura, seine Nichte
    Gambetto, ein reicher Venezianer, Busonis Vetter
    Rocco, Kerkermeister im Fort, Invalide
    Bettina, seine Tochter
    Peppo, Schließer, Bettinas Bräutigam
    Fabio, Gastwirt, ein ehemaliger Diener von Casanovas Vater.

Der erste Akt spielt auf der Insel Murano, der zweite in Fort St. André und der dritte in der Villa des Kommandanten auf Murano:

Nahe der Villa des Festungskommandanten Busoni vergnügen sich am Strand der Insel Murano Gondolieri und Landleute bei fröhlichem Gelage. Der trinkfeste Rocco vom Fort St. André, seine Tochter Bettina und ihr Bräutigam Peppo gesellen sich hinzu. Man erzählt sich von einem mysteriösen Duell, bei dem ein angesehener Aristokrat verwundet worden sein soll. Bei dem Täter müsse es sich um den von den Frauen überaus verehrten Offizier Casanova gehandelt haben.

Bisher gelang es ihm, sich einer Verhaftung zu entziehen. Er ist zuerst einmal auf ein neues Liebesabenteuer mit einer geheimnisvoll »in Schwarz gehüllten« Dame aus, und als Abbé verkleidet findet er die heiß Begehrte bei Einbruch der Dunkelheit ganz in der Nähe der Villa Busonis.

Leidenschaftlich sinken sie einander in die Arme. Casanova ahnt nicht, daß es sich bei der »großen Unbekannten« um niemand anderes als Rosaura, die Nichte des Festungskommandanten Busoni, handelt; und vorerst will sie sich dem stürmischen Liebhaber auch noch nicht zu erkennen geben.

Als der Kommandant mit Rocco, Peppo und einer Schar diensteifriger Polizisten auftaucht, die nach dem gesuchten Duellanten fahnden, stellt sich Casanova ritterlich der Polizei. Er befreit damit seinen ihm freundschaftlich verbundenen Sekundanten, den man fälschlicherweise eingesperrt hatte, weil er sich als Casanova ausgab, um diesem einen Freundschaftsdienst zu erweisen. Casanova wird abgeführt. In Fort St. André findet Casanova in dem politischgewitzten Kerkermeister Rocco einen ihm wohlgesonnenen Kameraden und heimlichen Verbündeten. Rocco gewährt dem liebenswerten kecken Arrestanten recht angenehme »Haftbedingungen«.

Casanova findet genügend Zeit für die ausgiebige Befriedigung seiner künstlerischen Leidenschaft – er schriftstellert, malt und musiziert, geht mit Vergnügen aber auch handfesteren Passionen nach, macht Bettina – sehr zum Ärger Peppos – den Hof und erteilt ihr mit Lust sogar ein wenig Gesangunterricht.

Bald erfahren Rocco und Bettina durch Peppo, daß Busonis Nichte noch am selben Tage mit dem Vetter des Kommandanten, Gambetto, Verlobung feiern wird. Busoni kann gar nicht begreifen, daß sich Rosaura hierzu – nur der Not gehorchend, nicht dem eignen Triebe – durchgerungen hat. In Wahrheit sieht sie in einer Verbindung mit dem ungeliebten, reichen Galan lediglich die letzte Chance, ihren Vater, dessen Schiffe allesamt untergegangen sein sollen, vor dem drohenden Bankrott zu bewahren.

Unterdessen erscheint mit Erlaubnis des Festungskommandanten Gambetto in Casanovas »Kabinett« auf Fort St. André, um dem Gefangenen genüßlich von der bevorstehenden Verlobungsfeier zu erzählen. Rosaura hat inzwischen eine Zusammenkunft mit Busoni, Rocco und Peppo arrangiert, um Casanova über ihre präkere Lage aufzuklären. Ihr Plan mißlingt jedoch, da sich Busoni den Spaß erlaubt, Rosaura als seine Frau vorzustellen, woraufhin Casanova zu zweifeln beginnt, ob er tatsächlich Gambettos

Geliebte vor sich hat. Er verabschiedet die Besucher unter dem Vorwand, sich eines verstauchten Fußes wegen zu Bett legen zu müssen. Mit dem währenddessen eingeschlafenen »Aufseher« Rocco allein, gelingt es Casanova, durch ein Fester zu entwischen und aus der Festung zu fliehen.

Am Abend wird in Busonis Villa der Maskenball eröffnet, auf dem Gambettos Verlobung mit Rosaura gefeiert werden soll. Gambetto fällt in einem grünen Domino durch sein geckenhaftes Benehmen höchst unangenehm auf, während Bettina ganz aufgeregt erzählt, daß sie eben ein maskierter Gast gepackt und leidenschaftlich geküßt habe; das – so meint sie, nicht zu Unrecht – kann nur Casanova gewesen sein.

Gambetto ist ziemlich beunruhigt, denn er fürchtet in diesem einen gefährlichen Nebenbuhler. Auf ein infames Ränkespiel abzielend, beauftragt er Peppo, Gerichtsdiener anzufordern. Den feigen Intriganten peinigt maßlose Angst; denn er hat einen wichtigen Brief unterschlagen, aus dem hervorgeht, daß sich Rosauras Vater um seine Existenz keine Sorgen mehr zu machen braucht. Seine vermeintlich gesunkenen Schiffe sind inzwischen wohlbehalten im Hafen eingelaufen. Damit entfällt für Rosaura der moralische Druck, durch eine Geldheirat den Vater finanziell zu sanieren. Gambetto hätte dann das Nachsehen; denn seine Angebetete würde ihm zweifellos den Laufpaß geben.

Zu allem Überfluß wird ihm – der allgemein als ein Kumpan Casanovas gilt – in diesem Augenblick von Rocco ein Begnadigungsschreiben zur weiteren Aushändigung an Casanova übergeben. Beide Briefe versteckt Gambetto in seinem Domino. Er will sie dem »Freund« erst aushändigen lassen, wenn er nach erhoffter Vermählung mit Rosaura längt unterwegs auf einer Hochzeitsreise ist. Aber sein Plan wird durchkreuzt. Casanova erscheint und versteht es, unter allerlei Vorwänden mit Gambetto die Maskerade zu tauschen. So findet der Glücksritter unerwartet die inhaltsschweren Briefe in »seinem« Kostüm. Gambetto ist vor aller Augen bloßgestellt, Casanova in seiner Ehre rehabilitiert und frei.

Lortzing umriß das Bild seiner Opernfigur in einer Anmerkung des Textbuches in folgender Weise:

»Casanovas Charakter ist feurig, ritterlich, zugleich ein

Gemisch von Keckheit, Leichtsinn und Muthwillen. Sein Gang ist fein, edel und rasch, so auch seine Sprache. Er wird selten sentimental, nur dann und wann ernst, doch gewinnt sein Muthwille gleich wieder die Oberhand. Den respectiven Darstellern seiner Rolle ist vor allem Feuer und Leichtigkeit im Spiele zu empfehlen.«

Lortzings neuer Titelheld ist schon nicht mehr – wie etwa der Zar oder auch der Kaiser Maximilian in HANS SACHS – der »volksfreundliche Fürst«, ein im Vormärz vielfach erträumter Deus ex machina zur Veränderung deutscher Zustände. Hier, in seiner neuen Oper, bricht ein unerschrockener Aristokrat aus den Standesfesseln aus, um ein freier Mensch zu werden. Zum ersten Mal wird direkt und unmittelbar republikanische Gesinnung zu einer Grundtendenz der künstlerischen Aussage.

Das persönliche Bekenntnis Casanovas, das als Leitmotiv die Vorgänge auf der Bühne erhellt, findet im Freiheitslied des Titelhelden beredten Ausdruck:

»Gebt dem Knecht in Sklavenbanden,
Gebt ihm allen Glanz und Pracht,
Was ist Gold, sind Diamanten,
Wenn der Freiheit Licht nicht lacht!
Gebt, daß Leben ihm nicht fehle,
Erst, wonach sein Busen brennt:
Freiheit! Freiheit! *Meiner* Seele
Mächtig, heilig, Element.
Fühlt der Vogel seine Flügel,
Hebt er sich zur Sonn' empor,
Frei von jedem ird'schen Zügel
Quillt sein Freiheitslied hervor;
Unbewußt des Vögleins Kehle
Preist, was es nur fühlt – nicht kennt:
Freiheit! Freiheit! *Seiner* Seele
Mächtig, heilig, Element.«

Die Verse hatte sich Lortzing wieder von seinem Freund Düringer schreiben lassen. Sie wurden zum Motto der Oper und ihrer ideell-künstlerischen Aussage. In dem für seine Bewachung verantwortlichen Rocco, einem Invaliden, findet Casanova einen Gesinnungsfreund, der aus seinen republikanischen Ansichten (zweiter Akt, Nr. 7) kein Hehl macht:

»Man kann es in der Bibel lesen,
Wie schön es war im Paradies;
Denn Republik ist schon gewesen,
Als Eva in den Apfel biß.
Es lebten friedlich Mensch und Vieh
Freidenkend wie die Nobili ...«

Und ein kleiner Seitenhieb gegen die damaligen »Prunk- und Schauopern«-Inszenierungen der Werke Giacomo Meyerbeers, der durch königliche Gunst an der preußisch-königlichen Oper 1842 Generalmusikdirektor wurde, findet sich in Roccos Couplet des 2. Aktes:

»Wie prunklos doch in früher'n Zeiten
Die Kunst in ihren Werken war!
Man sah in Opern niemals reiten,
Man stellte schlicht die Wahrheit dar;
Verschmähte eitlen Flitterglanz
Und Feuerwerk und Furientanz,
Sah einfach schöne Melodien
Die Leute ins Theater zieh'n.
Das ist nun allerdings historisch wahr,
Doch heutzutage nicht mehr anwendbar.«

Heinrich Heine, der übrigens das Erscheinen der Memoiren Casanovas sehr beifällig aufnahm, hat in dem Wunsch, dem äußeren Gepränge der Pariser Opernszene zu entfliehen, seine Meinung über den pomphaften Aufführungsstil der Opern Meyerbeers in dem Gedicht »Ruhelächzend« nicht weniger offenherzig als Lortzing durch Roccos Couplet kundgetan:

»Hier bist du sicher vor Musik,
Vor des Pianofortes Folter,
Und von der großen Oper Pracht
Und schrecklichem Bravourgepolter.
Hier wirst du nicht verfolgt, geplagt
Vom eitlen Virtuosenpack
Und vom Genie Giacomos
Und seiner Weltberühmtheitsclaque.–«

Rocco ist bei Lortzing sozusagen die Stimme des einfachen Volkes. Er hat das Herz auf dem rechten Fleck. »Sein Lieblingsthema ist Euch bekannt«, sagt ein Gondoliere, »drum hurtig Euer Glas zur Hand.« Und die Gondolieri rufen Rocco zu: »Die Republik, sie lebe hoch!« Rocco hebt das Glas: »Spitzbuben, ihr kennt meine schwache Seite« und ruft enthusiastisch: »Die Republik!«, und alle stimmen ein: »Sie lebe hoch!«

Daß sich diese Gesinnung bei Lortzing durch einen weinseligen Kerkermeister, eine Vorwegnahme des späteren Straußschen *Fledermaus*-Frosch aus dem »fidelen Gefängnis«, äußert, spricht für die Gewitztheit seines Schöpfers.

Ein sozusagen »kontrapunktisches« I-Tüpfelchen auf die republikanischen Anspielungen Roccos stellt das Chor-Fugato der Polizei dar. Köstlich ist die Parodie auf die von dem dummen Peppo zur Hetzjagd auf Casanova herbeigerufenen Polizeidiener.

Diese Persiflage scheint 25 Jahre später ihre Nachbildung in den *Banditenstreichen* Franz von Suppés gefunden zu haben, der vor und während der Revolution 1848 in Wien der Kapellmeisterkollege Albert Lortzings am Theater an der Wien war.

Den Spuren Casanovas folgend, naht angstschlotternd die Polizei:

»Ganz behutsam, still und leise,
Schreitet zu und mit Bedacht,
Nur auf solche schlaue Weise
Fängt man Schelme bei der Nacht.
Mögen Stürme sich erheben,
Nahen sich das Weltgericht,
Mag der Erdenball erbeben,
Polizei, die zittert nicht.
Jeder Mensch hat seine Schwächen,
Manchem es an Muth gebricht,
Doch das können wir versprechen,
Polizei, die zittert nicht.«

Daß Roccos und Casanovas Freunde, die fleißigen und lebensfrohen Gondolieri und die Mädchen, immer wieder von der Freude sinnvoller Arbeit singen, überrascht uns nach dem ZAREN nicht mehr. Bemerkenswert ist auch – wie schon im CARAMO – das südländisch timbrierte Kolorit in der Instrumentation.

Natürlich ist Casanovas Freiheitsdrang noch ganz ungezügeltes Streben nach einer mehr oder weniger nur individuell verstandenen persönlichen Freiheit; aber durch Casanovas Sympathie beim einfachen Volk und vor allem durch seine »Seelenverwandtschaft« mit Rocco und den Freiheitsidealen dieses eingefleischten Republikaners transponiert Lortzing das ideelle Leitmotiv individuellen Freiheitsdranges zugleich in ein allgemein-menschliches Anliegen.

Die persiflierende Charakterzeichnung Busonis, des Spießbürgers mit dem hochgestochenen Titel eines »Commandanten«, mit seinen musikalisch nachäffenden »aufwärtsstrebenden« Melodiefloskeln, die musikalische Skizzierung des politischen Banausen Peppo und des ebenso dummen wie eitlen reichen Venezianers und Widersachers Casanovas, Gambetto, mit seiner gestelzten musikalischen Phraseologie, unterstreichen die gesellschaftskritische Aussage durch die adäquaten künstlerischen Mittel der musikalischen Komödie. Schlichtheit charakterisiert die musikalische Sprache Casanovas sowie Rosauras, der Nichte Busonis, und Bettinas, der Tochter Roccos. Rocco selbst gefällt durch den witzig pointierten musikalischen Coupletstil.

Das Libretto hat Lortzing bei nur geringer Inanspruchnahme Düringers und Herloßsohns bei einigen Arien-Versen in Anlehnung an die französische Vorlage selbständig verfaßt.

Die Erstaufführung am Silversterabend 1841 in Leipzig erregte beachtliches Aufsehen. Lortzings CASANOVA trat zugleich in unmittelbare Konkurrenz mit anderen Novitäten, die Donizetti, ein Verwandter Franz von Suppés, und Halévy damals der Öffentlichkeit vorstellten. Am 14. Januar 1842 schrieb das »Leipziger Tageblatt«: »... Im Fache der Oper hat sich besonders Donizetti lebhaften Beifalls durch seine *Favoritin* zu erfreuen gehabt; doch wetteiferte mit ihm Halévys *Guitarrenspieler* von Scribe. Noch zuletzt erfreute uns der talentvolle Lortzing durch eine neue Oper CASANOVA ...«

CASANOVA gehört zweifellos zu den besten Werken Lortzings und steht hinsichtlich der Meisterschaft musiktheatralischer Gestaltung den heute noch ständig im Repertoire zu findenden Lortzing-Opern in nichts nach.

Dennoch – nur wenige Bühnen, beispielsweise in Darmstadt und Stuttgart, nahmen nach der Leipziger Erstaufführung das Werk noch in den Spielplan auf.

Zwar hat 1934 in Braunschweig der Versuch einer Wiederaufführung des CASANOVA in textlicher Neubearbeitung von Fritz Tutenberg vorübergehend die Aufmerksamkeit auf das vergessene Werk zu lenken vermocht; aber der Bearbeitung haftete der Mangel an, das Handlungsgeschehen mehr oder weniger in die rein private Sphäre der Liebesabenteuer des berühmten Titelhelden zu verbannen. Eine absolute Verballhornung des Stückes leisteten sich 1944 Rolf Lauckner als Text-»Bearbeiter« und der Komponist Mark Lothar als »bearbeitender musikalischer Arrangeur«, als sie im Auftrag der nazistischen »Reichsstelle für Musikbearbeitungen« in Berlin Lortzings Text in die geschmacklose Liebesaffäre eines *Casanova in Murano* verfälschten und das ganze dann – mit musikalischen Anleihen bei anderen Lortzing-Opern – an der Berliner Staatsoper im März 1944 zur Aufführung brachten. Im Juni desselben Jahres folgte noch eine Inszenierung dieser »Bearbeitung« am Magdeburger Stadttheater. Doch sie hat einer Neuentdeckung des Werkes eher geschadet als genützt.

Eine erfolgreiche Wiederaufführung erlebte 1962/63 Lortzings CASANOVA (in textlicher Neufassung von Hans R. Scheibe) am Bernburger Carl-Maria-von-Weber-Theater und in der Spielzeit 1985/86 am Theater in Oberhausen. Warum sollte also nicht auch weiterhin eine Neubelebung der fast vergessenen köstlichen Musikkomödie für unsere Bühnen lohnenswert sein?

Daß sich die »Fachkritik« seinerzeit gerade mit dem CASANOVA recht schwer tat, überrascht schon nicht mehr. Die beiden musiktheoretischen Zeitschriften in Leipzig übten vorerst wieder einmal betonte Zurückhaltung. Ein dreiviertel Jahr nach der ersten Aufführung des CASANOVA meldete sich die »Neue Zeitschrift für Musik« durch eine mit K. gezeichnete Rezension am 16. September 1842, nur drei Monate vor der zu erwartenden Uraufführung des WILDSCHÜTZ, zu Wort:

»Lortzing hat sich mit Schnelligkeit eine große Popularität erworben, und seine Opern sind so weit die deutsche Zunge klingt, auf allen Bühnen heimisch geworden. Damit ist die unzweifelhafte Gunst des größeren Publikums allerdings unterzeichnet und besiegelt; aber die Popularität hat für die Kritik nur einen bedingten Werth, denn in nicht vielen Fällen konnte die Intelligenz ›Amen‹ sagen, wenn die Masse ›Halleluja‹ rief ... Von den 5 Opern, welche Lortzing bereits der musikalischen Welt geschenkt hat, gewann er zuerst mit seinem CZAAR UND ZIMMERMANN eine durchgreifende Bedeutung und Ruf. Von einem glücklichen Sujet, wie von günstigen Umständen unterstützt, wurde die Oper bald überall mit großem Beifall gegeben ... Und wenn auch der Musiker nicht durchweg sein ›Concedo‹[10] rufen konnte, und vorzugsweise nicht einen bestimmten, eigenthümlichen Styl, eine stets fertige Form, eine durchaus saubere, erfahrene Instrumentierung vermißte, so wäre doch auch der Anspruch an eine Meisterschaft unbillig gewesen, da Lortzing mit seinem CZAAREN die ersten Schritte in die Arena der dramatischen Musik gethan hatte ... Hätte Lortzing damals die Umstände mit klarem Auge erfaßt, und den richtigen Standpunkt erkannt, auf dem er sich dem gesamten Publikum gegenüber befand, so hätte er auch zu der Einsicht kommen müssen, daß nun seine ganze Anstrenung dahin gerichtet sein müsse, die Gunst der Menge immer inniger zu fesseln und zugleich den höheren Anforderungen zu genügen, um a l s o fest in die allgemeine, unbedingte Anerkennung hinein zu wurzeln. Aber es scheint, daß Lortzing auch sein Glück für blankes, nicht zu schmälerndes Verdienst nahm, und ohne wirklich gewonnene Sicherheit doch in seinen Schöpfungen zu sorglos, zu sicher wurde ...«

Und, indem er sich endlich dem eigentlichen Gegenstand der Rezension zuwendet, meint der »Kritikus« zum CASANOVA:

»Was nun die Oper in musikalischer Hinsicht betrifft, so will sich ein eigentlicher Fortschritt darin nicht recht wahrnehmen lassen ... so sind die Hoffnungen der Musiker, die auf eine Durchklärung seines Talents rechneten, noch unerfüllt geblieben ... In CASANOVA sind die Spuren, daß Lortzing dem deutschen Opernpersonal (nur diesem?!; d.V.) noch von wesentlichem Nutzen sein kann; aber auch, daß seine Sendung bald erfüllt sein dürfte.«[11]

Nun haben nicht nur das damalige Publikum, sondern die Theaterfreunde bis heute ihr Urteil über die andauernde Lebensfähigkeit einiger seiner besten Musikkomödien gesprochen; und selbst zu Lebzeiten des Komponisten konnte die nicht selten geradezu hämische Herabminderung seines musikalischen Schaffens und Wirkens den beim breiten Publikum anerkannten Meister nicht irritieren, so sehr er sich zugegebenermaßen auch – wie er einmal in einem Brief an seinen Freund Reger bekannte – über »die gelehrt sein wollenden Musiker« ärgerte. Und er mochte wohl seinem Ärger ein wenig Luft machen, wenn er dem bissig hinzufügte: »Ich kann ihnen aber nicht helfen, diesen armseligen Subjekten, die selber nichts leisten können, aber alles andere bekriteln ...«[12]

Und wenn er auch mit seinem CASANOVA die bittere Erfahrung machen mußte, daß dessen ungestümer Freiheitsruf und das »Hoch« auf die erhoffte Republik sehr bald auf den wenigen Bühnen verhallte, die sich des Werkes überhaupt angenommen hatten, so waren doch in der politischen Realität zu dieser Zeit die Sturmzeichen kommender revolutionärer Bewegungen auch in Leipzig nicht mehr zu übersehen.

Neue Sturmzeichen im »Vormärz«

Unter den Bedingungen des Verbots der Bildung politischer Parteien im ganzen Machtbereich des Deutschen Bundestages gewann in Leipzig der Schiller-Verein als Vereinigung Oppositioneller in den 40er Jahren bis zum Ausbruch der Revolution zunehmend politische Bedeutung.

Das Verbot der »Leipziger Allgemeinen Zeitung« war ein Signal für die zu erwartende Verschärfung und Zuspitzung der politischen Situation auch im Königreich Sachsen. Die Reaktion sah mit Argwohn, daß die Führung in der oppositionellen Volksbewegung zunehmend in die Hände der konsequentesten Vertreter des fortschrittlichen Bürgertums überging, das sich auf die wachsende Teilnahme breiter Volksschichten im Kampf gegen die noch immer halbfeudalen, partikularistischen deutschen Verhältnisse stützen konnte. Das Spießbürgertum aber verharrte zumeist in devoter Knechtseligkeit und suchte Trost in einer biedermeierlich anmutenden Abkehr von den öffentlichen Angelegenheiten und der »großen Politik«. Der Spießer träumte mehr denn je von der Scheinidylle gemütvoller Behaglichkeit, kultivierte eine »machtgeschützte Innerlichkeit«.

Im ganzen gesehen wurde jedoch die – ebenso wie in Preußen – seit 1840 auch in Sachsen immer deutlicher zutage tretende Veränderung der Kräfteverhältnisse im politischen Leben spürbar. Die sozialökonomische Grundlage dieser Entwicklung bildete der bereits in den 30er Jahren einsetzende wirtschaftlich-technische Aufschwung in Sachsen. In den sich verstärkenden oppositionellen Bewegungen und der verschärften gesellschaftlichen Auseinandersetzung trat jetzt die Bourgeoisie selbst mit ihren eigenen ökonomischen und politischen Ansprüchen entschieden in den Vordergrund.

Schon hatten sich innerhalb der bürgerlich-oppositionellen Bewegungen zwei mehr und mehr auseinanderstrebende Richtungen herausgebildet; die eine, mehr gemäßigte, repräsentierte vor allem die Interessen des sächsischen Besitzbürgertums. Die gemäßigten Liberalen waren von vornherein kompromißbereit gegenüber dem sächsischen Hof und zugleich betont preußenfreundlich gestimmt. Sie ersehnten ein liberal reformiertes Preußen als den wünschenswerten Vollstrecker der nationalen Einigung Deutschlands. Die andere, demokratische Richtung wurde von Robert Blum angeführt.

Es ist bezeichnend für Lortzings Haltung, daß er seit Beginn seines Engagements in Leipzig bis zuletzt zum engsten Kreis der politischen Gesinnungsfreunde Blums gehörte. Die offenkundige Übereinstimmung beider in politischen Fragen ist auffallend, und es war dem jahrelang von der Zensur beargwöhnten Lortzing ganz sicher aus dem Herzen gesprochen, als Blum in den »Sächsischen Vaterlandsblättern« den Vorschlag zur Gründung »eines Vereins für die Befreiung der Presse« unterbreitete, deren Mitglieder sich verpflichten sollten, »die Censur für etwas Unmoralisches und Verwerfliches zu halten«.

So mußte es Lortzing geradezu reizen, angesichts der ihn umgebenden jämmerlichen Zustände eine Persiflage des deutschen »Krähwinkeltums« auf die Opernbühne zu bringen. Als Inkarnation des Spießbürgertums war der Begriff des deutschen »Krähwinkel« schon durch Jean Pauls Satire *Das heimliche Klagelied der jetzigen Männer* in die Literatur eingeführt und vor allem durch Kotzebues Lustspiel *Die deutschen Kleinstädter* als Schauplatz der grotesken Auswüchse spießbürgerlicher Denk- und Lebensweisen seit 1803 allgemein bekannt. Auch Heinrich Heine hat ihn später als Inbegriff blinden Obrigkeitsglaubens und erbärmlichen Untertanengeistes in seiner politischen Lyrik aufgegriffen.

Lortzing verwendete für sein neues musiktheatralisches Vorhaben August Kotzebues Lustspiel *Der Rehbock, oder: Die schuldlos Schuldbewußten* als Vorlage für das Libretto. In diesem Stück war er selbst als Schauspieler oft aufgetreten.

Für das Schiller-Fest 1842 vollendete Lortzing inzwischen seine schon seit langem geplante und konzipierte SCHILLER-KANTATE. Im selben Jahr sollte ihn eine unvorhergesehene zusätzliche, aber reizvolle Aufgabe als Sänger erwarten. Felix Mendelssohn Bartholdy plante, seine 1841 in Berlin aus der Taufe gehobene Komposition *Antigone* von Sophokles auch in Leipzig zur Aufführung zu bringen.

Lortzing ließ sich die Gelegenheit nicht nehmen, für den verehrten Kollegen, der sich mit der »Tunnel«-Gesellschaft, aber auch mit dem Schiller-Verein ideell verbunden fühlte, anläßlich seiner Ankunft in Leipzig ein »Begrüßungsständchen«, ein Vokalquartett für Männerstimmen zu komponieren. Der von Lortzings Hand stammende Text beginnt mit den Worten: »In der Stadt, die Du jetzt auf's Neue durch Deine Kunst begeisterst, begrüßen wir Dich heut' mit Deinem eigenen Sang.«[13]

In den nächsten Wochen und Monaten war auch Lortzing als Sänger mit Eifer an der Einstudierung und Vorbereitung der geplanten *Antigone*-Aufführung beteiligt. In einem Brief vom Januar 1842 an den Leipziger Theaterdeputierten Demuth betonte Mendelssohn Bartholdy ausdrücklich, »daß, den früheren Versprechungen gemäß, alle Solosänger in den Chören mitwirken« müßten; »und zwar muß im ersten Chor das Soloquartett (das sind ja wohl Schmidt, Poegner, Lortzing und Kindermann) und die übrigen im zweiten Chor mitwirken«.[14] Nach mehrwöchiger intensiver Probenarbeit konnte der Theaterzettel des Stadttheaters am 5. März die erste Leipziger Aufführung der »*Antigone*, Tragödie mit Chören von Sophokles, übersetzt von J. J. C. Ponner. Musik vom Capellmeister Dr. Felix Mendelssohn Bartholdy« verkünden. Unter den Solisten des Ersten Chores waren die Namen der Herren Schmidt, Ahlers, Lortzing, Ludwig, Pelz, Poegner und Anschütz vermerkt.

Der romantische Gräkomane auf dem preußischen Königsthron, Friedrich Wilhelm IV., hatte »seinem« Kapellmeister Mendelssohn Bartholdy ein Jahr zuvor die Aufgabe gestellt, als Komponist zur Wiederbelebung der antiken griechischen Tragödie beizutragen; bei der Uraufführung der *Antigone* glänzte denn auch der König im Neuen Palais zu Potsdam durch »allerhöchste« Anwesenheit. Mendelssohn sollte jedoch in der Folgezeit – wie sich bald herausstellte – in Friedrich Wilhelm IV. keinen sehr förderlichen obersten Dienstherrn kennenlernen. Und es mag dies für Lortzing im Zusammenhang mit der Anwesenheit des Komponisten zur Aufführung in Leipzig und ihrer Wirkung auf snobistische, der königlich-preußischen Gräkomanie ebenfalls verfallene Philister ein Anlaß gewesen sein, in das Libretto seiner neuen Oper DER WILDSCHÜTZ, oder: DIE STIMME DER NATUR eine gezielte Parodie auf des Preußenkönigs Schrulle eines überspannten »Griechenkults« einzuflechten. Nachdem man unter dem Eindruck der offenkundig falsch verstandenen *Antigone* Mendelssohn Bartholdys in den Straßen Leipzigs, in Cafés und Salons, hier und da wohl auch im Theater, »Sophokles-Krawatten« als Dernier cri der Mode zur Schau trug und sich sogar mit *Antigone*-Zitaten, wie etwa »Strahl der Sonne, du schönstes Licht ...«, begrüßte, war Lortzings Persiflage auf den »Griechen-Tick« des preußischen Königs und seine nachäffenden Sophokles-Schwärmer höchst zeitgemäß.

Doch inzwischen mußten, bei aller intensiven Arbeit Lortzings am WILDSCHÜTZ, noch manch andere künstlerische Verpflichtungen eingelöst werden. Ein Gastspiel in Pyrmont, wo er alte Bekannte und Kollegen aus vergangenen Zeiten wiedersah, unterbrach den Rhythmus des gewohnten Arbeitsalltags in Leipzig. Und außerdem war ja im Hinblick auf das bevorstehende fünfzigjährige Bestehen des Berliner Liebhabertheaters »Urania«, dem Lortzing stets – auch aus der Entfernung – und inzwischen als berühmt gewordenes Ehrenmitglied verbunden geblieben war, noch ein ehrenvoller kompositorischer Auftrag zu erfüllen.

6. LICHT UND SCHATTEN DER LEIPZIGER JAHRE – ABSCHIED VON DER MESSESTADT
(1842–1846)

»Beschlossen ist's im Weltenplan,
ich werd' ein hochberühmter Mann«
AUS DER WILDSCHÜTZ

Der Volltreffer des WILDSCHÜTZ und die zwei tollen Tage im Krähwinkel Eberbach

Für die Gründungsfeierlichkeiten der »Urania« am 28. und 29. August 1842 schrieb Lortzing zum Festspiel »Uranias Festmorgen« nach einem Text von Heinrich Smidt, einem damals bekannten Romanschriftsteller und Novellisten, die Musik, die programmatisch mit den Klängen der Marseillaise beginnt und damit die großen Ideen der Französischen Revolution assoziiert, in deren Geist 1792 der Berliner Bühnenverein ins Leben trat. Mit seiner Festmusik hatte Lortzing nicht nur den Freunden und ehemaligen Bekannten in der »Urania« seine alte Verbundenheit, sondern vor allem auch seine Treue zu den politischen Idealen der Gründer dieses Vereins bekundet. Und noch 1892, zur Hundertjahr-Feier der »Urania«, gedachte man in einem aus Anlaß des Jubiläums veranstalteten »Festspiel« von Otto Franz Gensichen des Altmeisters und ehemaligen »Urania«-Mitglieds Albert Lortzing:

> »Und immer, wenn im Lauf der Zeiten
> je fünfundzwanzig Jahre floh'n,
> beging mit frohen Festlichkeiten
> sie drei der Jubiläen schon.
> Und dieser Jubiläen keines
> hat je ein Festprolog entbehrt,
> ja, Albert Lortzing selbst hat eines
> durch seine Tonkunst hoch geehrt!
> Er, der als Mitglied selbst erfahren,

was dieser Bund den seinen war,
Er brachte ihm vor fünfzig Jahren
die Festmusik zum Festspiel dar.«

Kaum hatte Lortzing Kunde von der am 28. August 1842 aufgeführten und mit Jubel applaudierten Festspielmusik, da standen die Vorbereitungen der für den Herbst desselben Jahres wiederum vorgesehenen Veranstaltungen des Schiller-Vereins unmittelbar bevor.

Neben den Proben zur Erstaufführung seiner Schiller-Kantate bemühte sich Lortzing um die organisatorische Kleinarbeit für die geplanten Festlichkeiten. Inzwischen aber drängte auch die Zeit für die notwendigen ersten Proben zu seiner neuen Oper, die – wie schon ein Jahr zuvor der CASANOVA – am Silvesterabend in Szene gehen sollte.

Bedenkt man, daß der Komponist im »Hauptberuf« ja noch immer als Schauspieler und Sänger fast Abend für Abend auf der Bühne stand, von den Plagen des pausenlosen Einstudierens neuer Rollen und Partien und den Proben zu den ziemlich rasch aufeinanderfolgenden Inszenierungen einmal ganz abgesehen, so wird der Stoßseufzer begreiflich, den wir einem am 19. September an den Theaterkollegen Krug in Karlsruhe gerichteten Brief entnehmen:

»Was meine Person anbelangt, so habe ich alle Ursache zufrieden zu sein, ich lebe in angenehmen Familienverhältnissen, sowie in angenehmen Verhältnissen überhaupt und darf, da das Glück in bezug auf die Verbreitung meiner Opern mich vor vielen Andern begünstigt hat – wohl mit meinem Lose zufrieden sein; nur bei einem fühle ich mich unbehaglich: beim Komödiespielen, und ich ergriffe gern eine Gelegenheit, um von der Bühne zu treten und, den Taktstock in der Hand, mich vor dieselbe zu stellen – wenn sich eine annehmbare böte. Aber solche sind selten, und ich werde wohl noch ein Weilchen, vielleicht – Zeit meines Lebens – Rollen hineinfressen müssen; das Rollen-Spielen ließe ich mir allenfalls noch gefallen, aber das Lernen – o lieber Freund, es ist schauderhaft, wenn man nun so gern des Morgens seiner Lieblingsbeschäftigung huldigen möchte und sich selbst bei den Haaren zum Memorieren zwingen muß! aber das ist nun einmal nicht anders, denn die Direktoren sind so unbillig zu verlangen, daß man für die Gage auch noch Komödie spielen soll. – Unser Direktor, der zwar – wenn Sie sich erinnern, am Anbeginn seines Unternehmens klagte, hat sich ein schönes Gut in Schönfeld erübrigt und ist Ökonom mit Leib und Seele.«[1]

Als Lortzing diesen Brief schrieb, war er bereits mit Feuereifer dabei, die Arbeit an seinem neuen Werk, dem WILDSCHÜTZ, zu beenden. Und am 31. Dezember 1842 bot sich dem Leipziger Publikum dann auf der Bühne des Stadttheaters eine musikalische Komödie dar, die sich nicht nur als ein glänzender Höhepunkt im bisherigen künstlerischen Schaffen Lortzings erwies, sondern – im Blick auf sein Gesamtwerk – bis heute als die gelungenste Schöpfung unter allen seinen komischen Opern gelten darf.

Kotzebue, dem er die Anregung zu seinem Libretto verdankt, hat zweifellos viele, die damaligen Alltagsbedürfnisse der Theater befriedigende Stücke geschrieben, die heute allein noch von literaturwissenschaftlichem und theatergeschichtlichem Interesse sind. Andererseits kann nicht übersehen werden, daß Kotzebue auf dem in deutschen Landen über Jahrhunderte hin nur recht karg bestellten Feld des Lustspiels auch einzelne Werke schuf, die in ihrer gesellschaftskritischen Sicht eine beachtliche Höhe bühnenwirksamer Aussagekraft erreichten, wie die *Deutschen Kleinstädter*, die *Pagenstreiche*, die *Beiden Klingsberg* und nicht zuletzt der *Rehbock, oder: Die schuldlos Schuldbewußten*.

Goethe, der den in Weimar 1761 geborenen Kotzebue von dessen Jugend an kannte und den später so theaterwirksamen Lustspieldichter durchaus schätzte, hat jahrelang dessen beste Lustspiele auf die Weimarer Bühne gebracht. Über Kotzebue hat er sich unter anderem in »Dichtung und Wahrheit« ziemlich eingehend geäußert und aufrichtig bekannt:

»Er hat mir Gelegenheit gegeben, manche andere, ja das ganze Publikum kennen zu lernen; ja, was noch mehr ist, ich finde noch öfters Anlaß, seinen Leistungen, denen man Verdienst und Talent nicht absprechen kann, gegen überhinfahrende Tadler und Verwerfer in Schutz zu nehmen. Betrachte ich mich nun gar als Vorsteher eines Theaters und bedenke, wie viele Mittel er uns in die Hand gegeben hat, die Zuschauer zu unterhalten und der Kasse zu nutzen, so wüßte ich nicht, wie ich es anfangen sollte, um den Einfluß, den er auf mein Wesen und Vornehmen ausgeübt, zu verachten, zu schelten oder gar zu leugnen; vielmehr glaube ich alle Ursache zu haben, mich seiner Wirkungen zu freuen und zu wünschen, daß er sie noch lange fortsetzen möge.«[2]

Ungeachtet dessen hegte Goethe aber zugleich ein fortdauerndes Mißtrauen gegenüber dem erfolggewohnten Beherrscher damaliger Theaterrepertoires. Dem »Weimarischen Geheimrat« war wohl der zeitpolitisch-aggressive Spott und der ungenierte Hohn, der sich in vielen Lustspielen Kotzebues über Aristokratie und Philistertum ergoß, zu vordergründig, um nicht das eigene ästhetische Gefühl und die Neigung zu politischer Mäßigung zu verletzen.

Nach der ersten Aufführung des *Rehbock* in Weimar im Sommer 1815 erhielt Kotzebue zu seiner größten Freude einen Brief der Mutter Goethes, in dem sie mitteilte: »*Der Rehbock* gefällt Goethe sehr, er hält ihn für eines Deiner besten Lustspiele. Bei den Proben ist er immer gegenwärtig gewesen und hat sich bald todt gelacht. Er schob auch seine Reise in das Bad auf, um es erst spielen zu sehen. Da die Damen zum Teil die Nasen gerümpft, so höre ich, hat er ihnen seine Meinung darüber gesagt.«[3]

In den besten Lustspielen Kotzebues wird der Einfluß des von ihm besonders hoch verehrten Molière erkennbar, von dem er – ebenso wie von anderen französischen Lustspieldichtern – einige Stücke ins Deutsche übersetzt und für die deutsche Bühne bearbeitet hat.

Immerhin vertrat Börne, der hinsichtlich der Trauerspiele Kotzebues ein strenger Kritiker war, gelegentlich einer Aufführung eines Lustspiels von Kotzebue die Meinung:

»Welch ein tiefer Brunnen voll klarer, frischer erquikkender Laune ist Kotzebue, welch ein wohltätiges Geschenk des Himmels. Bedenkt man, daß dessen Lustspiele schon dreißig Jahre alle deutschen Bühnen versorgen, daß unter denen, die ihnen zugehört, Niemand ist, den sie nicht ergötzen, zählt man die fröhlichen Stunden zusammen, die sie jedem Einzelnen, sowohl beim Lesen als beim Vorstellen, gemacht, dann kommt die große Rechnung heraus, daß ein einziger Mann der Schöpfer eines glücklichen Jahrhunderts war. Der Mensch ist undankbar, aber der

Deutsche ist es am meisten. Wie hätte das Altertum, wie London und Paris einen solchen Mann verehrt.«[4]

Seume, Wieland, Jean Paul und in gewisser Weise auch Schiller haben sich mehrfach positiv über Kotzebue geäußert.

Bouilly, der Autor französischer Bühnenstücke mit revolutionären Sujets, dessen Schaffen immerhin einen Beethoven zur Arbeit an seinem *Fidelio* anregte, antwortete auf eine an ihn gerichtete Frage »Was haben Sie an Kotzebues Talent bemerkenswerth gefunden?«: »Die wahrste Empfindsamkeit ... Die Gemüthsbewegungen, die er verursacht, sind tief empfunden ... Ja, und ich betrachte es als eine Ehre, die Feinde Kotzebues die meinigen nennen zu können.«[5] Schließlich sei nicht vergessen, daß Kotzebue Beethoven auf dessen ausdrücklichen Wunsch hin nicht nur mit Vergnügen sein 2teiliges Festspielpoem *König Stephan* und *Die Ruinen von Athen* zur Vertonung überließ – die Erstaufführung fand am 9. Februar 1812 zur Eröffnung des Neuen Theaters in Pest statt –, sondern daß der damals schon berühmte Meister sich noch wenige Tage vor dieser Aufführung, am 28. Januar 1812 mit folgendem Brief an Kotzebue wandte: »Hochverehrter, hochgeehrter Herr! Indem ich für die Ungarn ihr Vor- und Nachspiel mit Musik begleitet, konnte ich mich des lebhaften Wunsches nicht enthalten, eine Oper von ihrem einzigen dramatischen Genie zu besitzen; möge sie romantisch, ganz ernsthaft, heroisch, komisch, sentimental sein, kurzum wie es ihnen gefalle, werde ich sie mit Vergnügen annehmen; freilich würde mir am liebsten ein großer Gegenstand aus der Geschichte sein und besonders aus den dunkleren Zeiten, zum Beispiel des Attila etc. doch werde ich mit Dank annehmen, wie der Gegenstand auch immer sei, wenn etwas von ihnen kommt, von ihrem poetischen Geiste, das ich in meinen musikalischen Geist übertragen kann.«[6]

1815 und 1817 erschien in Leipzig beim Verlag P. G. Kummer ein Opernalmanach Kotzebues mit einer Vielzahl vorwiegend komischer Opernlibretti, deren betont gesellschaftskritische Tendenz augenfällig ist. In seinem Geleitwort bot Kotzebue seinen komponierenden Zeitgenossen diese Operntexte mit dem Bemerken an, daß sich verschiedene Komponisten immer wieder mit dem Wunsch an ihn gewandt hätten, ein bühnenwirksames Opernbuch zu erhalten; mit einem Opernalmanach wolle er solchen vielfach geäußerten Wünschen entgegenkommen. Von den insgesamt 17 Operntexten Kotzebues machten damals immerhin so namhafte Komponisten wie Reichardt, Kreutzer, Schubert, Spohr und Boieldieu Gebrauch.

Ein von Friedrich Heinrich Himmel vertontes Gedicht von Kotzebue, »Es kann ja nicht immer so bleiben«, ging früher als weithin bekanntes Lied in den deutschen Volksliedschatz ein und wurde mit seiner Anspielung auf die deutsche Zerrissenheit unter den Verhältnissen Metternichscher Restaurationspolitik damals viel gesungen:

»Es kann ja nicht immer so bleiben, hier unter dem
wechselnden Mond;
es blüht eine Zeit und verwelket, was mit uns die
Erde bewohnt.
Wir sitzen so fröhlich beisammen und haben uns alle
so lieb,
erheitern einander das Leben, ach, wenn es doch
immer so blieb!
Doch, weil es nicht immer kann bleiben, so haltet
die Freude recht fest;
wer weiß denn, wie bald uns zerstreuet das Schicksal
nach Ost und nach West!
Und sind wir auch fern voneinander, so bleiben die
Herzen sich nah;
und alle, ja alle wird's freuen, wenn einem
was Gutes geschah.
Und kommen wir wieder zusammen auf
wechselnder Lebensbahn,
so knüpfen ans fröhliche Ende den fröhlichen
Anfang wir an!«

Friedrich-Heinrich Himmel komponierte 1804 das Singspiel *Fanchon, das Leiermädchen* zu dem Text von Kotzebue, für das Albert Lortzing noch während der Detmolder Jahre eine Gesangseinlage, »O laß dein Herzchen nicht mehr pochen«, komponierte.

Es war ein guter Griff, mit dem sich Lortzing nunmehr ein besonders erfolgreiches Lustspiel Kotzebues, den *Rehbock*, als Textvorlage für den WILDSCHÜTZ sicherte. Lortzings Oper und ihres schulmeisterlichen Titelhelden tragikomische Geschichte spielt in einer winzigen süddeutschen Grafschaft im Jahre 1803, dem literarischen Geburtsort des Jean-Paulschen *Krähenwinkel* in der Zeit tiefsten Verfalls des vor dem endgültigen Zusammenbruch stehenden Heiligen Römischen Reiches Deutscher Nation.

Friedrich Engels schrieb über die damaligen deutschen Zustände um 1800: »Das alte Deutschland ... bestand aus Gott weiß wie vielen kleinen Staaten, Königreichen, Kurfürstentümern, Herzogtümern, Erzherzog- und Großherzogtümern, Fürstentümern, Grafschaften, Baronien und freien Reichsstädten ... Das ganze Land war eine lebende Masse von Fäulnis und abstoßendem Verfall. Niemand fühlte sich wohl ... ein gemeiner, kriechender, elender Krämergeist durchdrang das ganze Volk. Alles war überlebt, bröckelte ab, ging rasch dem Ruin entgegen, und es gab nicht einmal die leiseste Hoffnung auf eine vorteilhafte Änderung ...«[7]

Als Lortzing mit seiner neuen Musikkomödie die Eseleien eines wildernden Dorfschulmeisters und seiner gräflichen Herrschaft in den »zwei tollen Tagen« des Eberbacher Krähwinkel auf die Bühne brachte, waren zwar die äußeren Attribute jenes »Heiligen Römischen Reiches« von der Landkarte verschwunden, nicht aber die eigentlichen Ursachen und nachwirkenden Folgen seines Untergangs.

Die Titelfigur der Oper sollte ursprünglich den Namen »Basedow« erhalten, eine Anspielung auf jenen von 1723 bis 1790 lebenden Philanthropen und Schulreformer Johann Bernhard Basedow. Goethe, der Basedow persönlich begegnet ist, hat in »Dichtung und Wahrheit« ein recht anschauliches Porträt dieses »Reformators« von fürstlichen Gnaden gezeichnet. Danach waren »die basedowischen Gesichtszüge zusammengepackt und wie nach innen gezogen ...«, seine Augen »tief im Kopfe, klein, schwarz, scharf, unter struppigen Augenbrauen hervorblickend«; und »Basedows heftige rauhe Stimme, seine schnellen und scharfen Äußerungen, ein gewisses höhnisches Lachen, ein schnelles Herumwerfen des Gesprächs« betonend, rundete Goethe das Bild dieses Mannes ab: »Ruhen konnte er niemand sehen; durch grinsenden Spott mit heiserer Stimme reizte er auf, durch eine überraschende Frage setzte er in Verlegenheit und lachte bitter, wenn er seinen Zweck nicht erreicht hatte ...«[8]

Vor Beendigung seiner Arbeit am W<small>ILDSCHÜTZ</small> gab Lortzing in Abkehr von seiner ursprünglichen Absicht seinem Titelhelden schließlich den nicht weniger »sinnreichen« Namen Baculus (»Stöckchen«), möglicherweise, um Mißdeutungen bei einem Vergleich mit dem »geschichtlichen« Schulreformer vorzubeugen.

Mit dem WILDSCHÜTZ ist Lortzing auf dem Gebiet der musikalischen Komödie in jeder Hinsicht ein »Volltreffer« gelungen. Und wenn das Publikum plötzlich, mitten in der Ouvertüre, durch einen hinter dem Bühnenvorhang abgegebenen Flintenschuß aufschreckt, dann ist auch das mehr als nur ein lustiger »Knalleffekt«.

Führen wir uns kurz vor Augen, wa sich da im gräflichen »Machtbereich« Eberbach zwischen und mit den Dorfleuten und ihrer »Herrschaft«, kulminierend in dem haarsträubenden Konflikt des Schulmeisters mit seinem »gnädigen Herrn«, abspielt:

Die Ouvertüre stimmt den Theaterbesucher musikalisch bereits in die Vorgeschichte der Komödie um den Dorfschulmeister Baculus ein, der »standesgemäß« auf seiner Verlobungsfeier den Gästen mit einem Rehbraten imponieren möchte, aber dadurch auch zum Wilddieb im gräflichen Tierpark wird; denn aus der eigenen Tasche kann der arme Teufel einen repräsentativen Festtagsbraten nicht bezahlen.

Man schreibt das Jahr 1803, und wir erleben zu Anfang des turbulenten Geschehens die Verlobungsfeier des schon etwas ältlichen Dorfschulmeisters mit seinem jungen Gretchen, das er vor Jahren einmal als verwaisten Pflegling zu sich nahm. Nun ist das inzwischen herangewachsene Mädchen »heiratsfähig« und verspricht sich von einer Verbindung mit dem achtbaren Lehrer für die Zukunft eine erstrebenswerte »gehobenere« Stellung unter den Dorfbewohnern.

Freilich, mit dem von Gretchen gewünschten Rehbraten, mit dem sie die Gäste »traktieren« wollte, wird es nichts. Sie hatte ihren zunächst widerstrebenden Bräutigam dazu gedrängt, im Tierpark des Grafen eines repräsentablen Festtagsschmauses wegen zu wildern. Baculus gab nach und versuchte sich als »Wildschütz«, wurde jedoch als gemeiner Wilddieb ertappt. Und nun – mitten in der Verlobungsfeier – überrascht ihn ein von einem Boten des Schlosses überbrachtes Schreiben mit der bösen Nachricht, daß ihn der ob des Jagdfrevels erboste Graf »auf der Stelle aus dem Amte jagt und er sich zum Teufel packen soll«. – Guter Rat ist teuer.

Gretchen wäre gar zu gern bereit, aufs Schloß zu gehen, um den Grafen mit weiblicher List umzustimmen; aber das will natürlich der eifersüchtige Bräutigam nicht. Ein im Dorf auftauchender Student bietet sich an, als junge Braut verkleidet, aufs Schloß zu gehen und für den armen Schulmeister ein gutes Wort einzulegen. Baculus ahnt nicht, daß es sich bei dem verkleideten »Studenten« in Wahrheit um die Schwester des Grafen, die Baronin Freimann, handelt. Die Geschwister haben sich seit ihrer Kindheit nicht gesehen. Sie will nun ihren Bruder besuchen, um bei dieser Gelegenheit auch einen gewissen Baron Kronthal kennenzulernen, der sich im Schloß als Stallmeister tarnt, in Wirklichkeit aber der Bruder der Gräfin ist, wovon auch diese noch nichts ahnt.

Als vorgebliche Braut des Schulmeisters geht die Baronin mit Baculus aufs Schloß. Graf und Baron sind von der Schönen entzückt. Der Baron bietet Baculus sogar 5 000 Taler, wenn dieser »ihm seine Braut abtritt«. Baculus ist irritiert und vergißt ganz, daß es bei diesem Geschäft ja um den »Studenten«, nicht aber um sein Gretchen daheim geht. Er stimmt dem Handel zu.

Natürlich wird aus dem Geschäft nichts, nachdem der Schulmeister am Tag darauf dem entrüsteten Baron das »richtige« Gretchen offeriert. Die Katastrophe scheint unaufhaltsam. Da erfährt schließlich der Graf, daß Baculus in der Dämmerung »anstatt eines Rehbocks seinen eigenen Esel erschossen« hat, Grund genug, den ertappten »Wilddieb« in seinem traurigen Amte zu belassen.

Offenkundige Erleichterung aber äußern die »gnädigen« Herrschaften darüber, daß sich Graf und Baronin ebenso wie die Gräfin und der Baron als bis dahin unerkannte Geschwister begrüßen können. Man überspielt die vorher geäußerte, durchaus nicht nur platonische Zuneigung füreinander mit der Beteuerung: Unschuldig sind wir alle! Und so kann sich denn nicht nur der schulmeisterliche Wilddieb, sondern auch der gräfliche Schürzenjäger als professioneller »Wildschütz« in vorwiegend weiblichen Gefilden mit aller Bravour rehabilitieren.

Immerhin: der Graf behält seinen Schulmeister, der

Schulmeister seinen Grafen. Nur des Schulmeisters Esel ist tot. Der Teufelskreis hat sich vorerst einmal wieder geschlossen: In Eberbach ist alles beim alten. Das ironisch pointierte Sittengemälde deutscher Zustände ist perfekt. Baculus' tolldreister Ausbruch aus der Eberbacher Ordnung in die Gefilde der Wilddieberei enthüllt sich im Ergebnis als Schuß auf den eigenen Esel, als komplette Eselei des »Wildschützen« selbst.

Die Exposition der Komödie erfolgt musikalisch mit dem ersten Takt des Werkes. Schwelgerisch-jubelnd beginnt die Ouvertüre mit vollem Orchester und beschwört zunächst die Atmosphäre doppelgewichtiger Festtagsstimmung am Vorabend des Geburtstages des Grafen von Eberbach herauf, da Baculus und Gretchen noch ziemlich arglos ihr Verlobungsfest feiern.

In dieser Stimmung wird der Graf auch am darauffolgenden Morgen (zum Beginn des dritten Akts) den Schloßpark betreten und in seiner großen Arie den Göttern »Heiterkeit und Fröhlichkeit« huldigen.

Schon drängt sich das Gratulationsthema der sich auf den gräflichen Geburtstag vorbereitenden Eberbacher Landleute (Finale des dritten Akts) hervor, als die Aufmerksamkeit des Hörers unmittelbar auf die Spuren des im gräflichen Park herumstreunenden Baculus gelenkt wird. Die überstürzten, hastigen Sprünge des Wilddiebs machen die dahineilenden Passagen der Streicher und Holzbläser unvermittelt hörbar. Ihnen folgen die sich zwischen Schwärmerei und energiegeladener Tatkraft bewegenden Themen der zu erwartenden, ihren Witwenstand lobenden Baronin. Doch schon wieder beherrscht des Wildschützen eilende Hast am Orte der geplanten Missetat das musikalische Geschehen. Die sich modulierend in musikalischer Steigerung deutlich reflektierende Unruhe entlädt sich in einem thematisch kunstvoll gearbeiteten Durchführungsteil der Ouvertüre, und plötzlich – im Moment äußerster Spannung – ertönt, nun schon von der Bühne her, der vermaledeite Schuß des Jagdfrevlers.

Die nachfolgenden kleinen, trippelnden, mehrfach stokkenden Halbtonschritte des im Netz des Parkwächters zappelnden Baculus verklingen, die schon bekannten Themen der von dem bedrängten Schulmeister als Retterin begrüßten Baronin gewinnen musikalisch die Oberhand, bis schließlich das Motiv gräflicher Jagdlust, an der Baculus schmählich frevelte, erklingt, dem der Hörer später auf Baculus' und Gretchens Verlobungsfest im ersten Akt der Opernhandlung wiederbegegnen wird. Aufgepeitscht und bewegt von den tumultartigen Geschehnissen im hartnäckig aufklingenden Motiv des begangenen Jagdfrevels endet schwungvoll die Ouvertüre. Das Spiel kann beginnen.

Unter musikdramaturgischem Aspekt ist bemerkenswert, daß Lortzing im WILDSCHÜTZ wie schon in ZAR UND ZIMMERMANN einen für die Entwicklung der Oper in der ersten Hälfte des 19. Jahrhunderts wichtigen Schritt in der musikalisch-künstlerischen Gestaltung vorangig. Beim Übergang vom Dialog zu einer nachfolgenden musikalischen Nummer wurde im herkömmlichen deutschen Singspiel der eigentliche Handlungsablauf aufgehalten und unterbrochen. Bei Lortzing greift die musikalische Szene demgegenüber häufig bereits in die Sprechszene ein, insbesondere in seinen Duetten in großer zweiteiliger Form, und führt die Handlung so gesteigert fort, ganz im Sinne der schon seit Grétry in der französischen Oper unmittelbar aus dem gesprochenen Wort erwachsenden musikalischen Szenen.

Ein excellentes Kabinettstück ist in Lortzings WILDSCHÜTZ zweifellos die berühmte Billard-Szene des Quintetts Nr. 11 im zweiten Aufzug der Oper: Es ist spät geworden, und der Graf hat »huldreichst« gestattet, daß Baculus und seine »Braut« im Schloß übernachten. Bei hereinbrechender Nacht nehmen Baron und Graf das Billardspiel zum willkommenen Anlaß, jeweils den anderen Spielpartner – weniger mit den Queues auf dem Billardtisch, als bei der im Zimmer sitzenden und strickenden Schulmeister- »Braut« – als Nebenbuhler auszustechen. Doch müssen die abenteuerlustigen Herren alle Hoffnung auf ein Tête-à-tête mit der vermeintlichen Braut fahrenlassen, als plötzlich – im Negligé – die Gräfin mit hoheitsvoll-strafendem Blick im Salon erscheint. Es verschlägt den aufgeregten Herren angesichts Ihrer »Majestät« geradezu die Sprache. Sekundenlange Stille tritt ein, ehe – gravitätisch anmutend – im Pianissimo ein musikalisches Motiv von vier Tönen der Streicher, in rhythmischen Halbe-Werten sich wiederholend, »magisch« die Situation umkreist, in der die Gräfin hinter dem Pathos ihrer vorwurfsvollen Erkundungen ihre Entrüstung zu verbergen sucht.

Szene für Szene zeichnet Lortzing mit musikdramaturgischer Folgerichtigkeit und mit treffsicherer Charakterisierungskunst.

Glanzpunkt seiner meisterhaften Gestaltungsfähigkeit im WILDSCHÜTZ ist zweifellos die Titelfigur der komischen Oper, der Schulmeister Baculus. Und die Paradenummer der Opernbassisten bis heute, die »5 000-Taler-Arie«, ist mehr als nur ein ausgefallener und ungewohnter, in der Opernliteratur seltener Glanzpunkt musikalischer Charakterzeichnung und zugleich bravouröser Aktschluß.

Wort für Wort, Gedanke für Gedanke, ja selbst im musikalischen Habitus und in der Gestik der Figur entsteht das Konterfei eines geistig hochstapelnden, wichtigtuerischen Philisters, der zwischen beklemmendem Zweifel und ungehemmter Großmannssucht hin und her gerissen wird und uns in seiner komischen Selbsttäuschung dennoch ein mitleidiges Lächeln abgewinnt. In großspurig-anmaßenden und doch eher ratlos erscheinenden Sprüngen, heftig auftrumpfenden Triolen, in punktierter, hüpfender Melodik und aufwirbelnden Vierteln mit nachfolgend sich ständig wiederholenden Oktavsprüngen über vier Takte hinweg stellt Baculus musikalisch sein unverwechselbares Selbstbildnis vor, hinter dem das Kotzebuesche Lustspiel-Vorbild, der griesgrämige und in jeder Beziehung abstoßende Pächter Grauschimmel, weit zurückbleibt.

In Lortzings Musikkomödie von den »schuldlos Schuldbewußten« bezieht das Komische seine Wirkung wesentlich aus dem Widerspruch zwischen Sein und Schein. Lortzing kannte die Wirkung des *Rehbocks*. Der WILDSCHÜTZ sollte sie noch übertreffen.

Rückblickend auf die erfolgreichen ersten Aufführungen des WILDSCHÜTZ in Leipzig, aber auch unter dem Aspekt interpretatorischer Probleme an Bühnen, die in der Folgezeit den Aufführungsanforderungen dieser Oper häufig nicht gerecht wurden, hat der Komponist in einem Brief an seinen Freund Gollmick einen aufschlußreichen Vergleich zwischen den Werken ZAR UND ZIMMERMANN und WILDSCHÜTZ angestellt:

»... mit meinem ZAREN, sage ich, war es ein eigen Ding. Mag sein, daß das Sujet etwas Pikantes hat, mag sein, daß mir die Musik nicht mißglückt ist – die Oper ist auch zu leicht darzustellen, und die letztere Eigenschaft hat nicht wenig dazu beigetragen, sie durch die Welt zu bringen. Nehmen Sie jede Rolle, und Sie werden mir recht geben ... Ganz anders verhält es sich mit meinem letzten Kindlein WILDSCHÜTZ, das Buch erachte ich für vortrefflich. Ich würde das Wort nicht gebrauchen, wenn es von mir wäre; ich habe es allerdings opernmäßig bearbeitet, aber das gute Gerippe war doch vorhanden. Die Musik ist am Ende nicht von der Art, daß sie den Text geradezu umbrächte, und dennoch war der Erfolg der Oper an einigen Bühnen zweifelhaft. Warum? – Ich muß wiederholt das alte Lied singen – unsern deutschen Sängern mangelt durchschnittlich die Leichtigkeit des Spiels, des Vortrags, mit einem Worte, die zu dieser Operngattung erforderliche Salongewandtheit ...«[9]

Mit der ihm eigenen Bescheidenheit erwähnte Lortzing hier seine eigene Leistung als Librettist kaum, die vollständig nur zu würdigen ist, wenn man das Original des *Rehbock* von Kotzebue mit dem Text des WILDSCHÜTZ vergleicht. Lortzing hat Kotzebues Lustspiel nicht nur operngemäß umgestaltet, sondern auch eine Reihe wesentlicher, auf größere Theaterwirksamkeit zielende Veränderungen vorgenommen und manches hinzuerfunden.

Den bei Kotzebue anonymen Schauplatz des Geschehens hat der Komponist mit der Kennzeichnung des Ortes der Handlung als einer »Grafschaft Eberbach« (!) ins Licht eines gräflichen Mini-Machtbereiches gerückt, in dem sich die zwei tollen Tage der »schuldlos Schuldbewußten« abspielen. Ist der Graf bei Kotzebue ein ungeschliffener brutaler Leuteschinder, der sich nicht scheut, auf seine Untertanen mit der Hetzpeitsche loszugehen, so ist Lortzings Graf von Eberbach zwar auch ein Zwergdespot mit Herrscherlaunen, aber einer von der »feineren« Art, ein aristokratischer Lebemann voll Eleganz und Charme. Kotzebues Graf ist widerwärtig, der Graf von Eberbach quasi ein »Don Juan« im Taschenformat.

Die Gräfin ist bei Lortzing eine schon ältliche Dame, was die ungezügelte Lust des Grafen zu Seitensprüngen nicht ganz unverständlich erscheinen läßt. Im *Rehbock* ist sie eine absolut fade, nichtssagende »feine« Frau. In der Gräfin von Eberbach hat Lortzing eine Parodie auf »Mode-Tick«

und elitären Bildungsdünkel gestaltet, die das Kotzebuesche »Vorbild« geradezu vergessen läßt.

Die Figur des Haushofmeisters Pancratius wurde von Lortzing erfunden. Pancratius ist ein possenhafter, verkümmerter Mini-Hofnarr, der mit seiner stehenden Redewendung »Wie närr'sch« sich selbst ebenso wie seine gräfliche Umwelt durchaus treffend charakterisiert. Der Hauptfigur des WILDSCHÜTZ, dem Schulmeister Baculus, steht in Kotzebues *Rehbock* als Pendant und »Vorbild« der Pächter Grauschimmel gegenüber. Grauschimmel und sein Gretchen sind in ihrer moralischen Verderbtheit durchweg ekelhaft und abstoßend. In nichts erinnert Lortzings WILDSCHÜTZ-Held mit seiner Verlobten, dem kessen Gretchen, an den wildernden Grauschimmel und sein vulgäres Ehegespons.

Was Lortzings Bevorzugung gesprochener Dialoge in allen seinen Opern anstelle des in der Opera buffa der Italiener üblichen Secco-Rezitativs oder des Rezitativo accompagnato angeht, so wissen wir durch seinen Kollegen Johann Christian Lobe, daß sich seine diesbezügliche Auffassung aus der Erfahrung ergab, die er selbst mit seinen Sängerkollegen mehr als 25 Jahre hatte sammeln können. Auf die Behauptung Lobes, das Rezitativ sei doch angesichts der Spezifik der Oper eigentlich »natürlicher« als der gesprochene Dialog, entgegnete der Komponist: »Die Kunst ist doch nur da, um in ein Verhältnis mit den Menschen zu treten. Wir haben eine Anzahl Eigenschaften, auf welche die Kunst so berechnet sein muß, daß sie uns die ganze Zeit über, wo wir ihr nahegerückt sind, angenehm erregt. Kommen in der Oper Momente vor, die uns gleichgültig lassen, oder gar Mißstimmung, Langeweile, Überdruß bringen, so sind das die wahren unnatürlichen Momente, und solche verursacht am öftersten, und ich behaupte bei der durchkomponierten Oper unausbleiblich, das viele Recitativ. Was hilft es, daß der Kopf es natürlicher nennt, wenn das Herz dabei gähnt? ... Ich behaupte, alle Verteidiger der Recitativ-Oper teilen im Innersten meine Empfindungen, kein Einziger empfindet auf die Dauer einen wirklichen musikalischen Genuß dabei. Es ist ... die Idee des Zweckmäßigen, von der manche Ästhetiker ihren Verstand bestechen lassen ...«[10] – Von diesen grundsätzlichen Überlegungen ging Lortzing im weiteren Verlauf seines mit

Lobe geführten Gespächs zugleich zu unmittelbar theaterpraktischen Erwägungen über: »Ja, und sehen Sie«, meinte er, »was nützt das schönste Recitativ? ... Die Deutschen können es ja nicht singen. Falsches Pathos hören sie fast von jedem. Woher kommt das? Weil sie übersehen, daß sie bloßen musikalischen Dialog zu singen haben; sie können oder wollen den Sänger nicht vergessen. Den Klang ihrer Stimme zu zeigen, bleibt ihnen stets Hauptsache, der sie die Wahrheit des Ausdrucks unbedenklich opfern ... Mir ist immer bei solchen Gelegenheiten, als hörte ich den Sänger denken: ›Paßt mal auf, Leute, was das für ein prächtiger und wohllautender Ton ist, den ich da in der Kehle habe und festhalte. Habt ihr so was schon in eurem Leben gehört.‹ Und nun vollends das Recitativ parlando in der komischen Oper! Au, Au! Es wird mir da jedes Mal zu Mute, als ob der Sänger einen Harnisch oder ein Panzerhemd anhätte.«[11]

Der seinerzeit weit über Österreich hinaus geschätzte Wiener Musikkritiker Eduard Hanslick traf später in seinen bemerkenswerten Überlegungen über »Die moderne Oper« hinsichtlich dieser spezifischen Problematik die Feststellung:

»Ich teile Lortzings Überzeugung, daß der gesprochene Dialog in der größten Mehrzahl der deutschen komischen Opern ganz unentbehrlich sei. Er entspricht einesteils der Eigentümlichkeit unserer Sprache, andernteils der nationalen, im Singspiel ruhenden Wurzel der deutschen Oper ... Die französischen Sänger der Opéra comique sind uns darin das beste Vorbild und der beste Beweis zugleich, daß das Störende der Prosa sich unendlich mildern läßt, indem man sie gut spricht.«[12]

Mit dem WILDSCHÜTZ hatte Lortzing in jeder Beziehung ein meisterhaftes, in sich vollkommenes Werk geschaffen, das nicht nur den überragenden Glanzpunkt unter seinen eigenen musikalischen Komödien darstellt, sondern ein beachtlicher Höhepunkt in der operngeschichtlichen Entwicklung des 19. Jahrhunderts überhaupt war.

Dem Leipziger Triumph des WILDSCHÜTZ am Vorabend des beginnenden 43er Jahres folgte eine außergewöhnliche Erfolgsserie des Werkes in Berlin und Breslau, in Dresden, Stralsund, Riga und auf unzähligen weiteren Bühnen des In- und Auslandes. Die Oper wurde ins Französische übersetzt und erschien als LE BRACONNIER bei Meissonier gedruckt als Klavierauszug. In Belgien erfolgte die dortige Erstaufführung an der Königlichen Oper zu Antwerpen im Jahre 1936.

Der Erfolg des WILDSCHÜTZ bewog endlich auch in Leipzig tonangebende professionelle Kritiker, dem Komponisten einen »entscheidenden Fortschritt in der Form und der Instrumentierung« wie auch »eine glückliche Hand« bei der Stoffwahl zu konzidieren. So vermerkt denn der schon erwähnte CASANOVA-Rezensent am 19.1.1843 in der »Neuen Zeitschrift für Musik« unter Bezug auf den *Rehbock* als Vorlage zum WILDSCHÜTZ: »Das Stück ist reich an drastischen Scenen und Lortzing hat es mit großer Geschicklichkeit in eine Oper umzuwandeln gewußt ...«

Allerdings glaubt der Rezensent dann den Schöpfer des WILDSCHÜTZ in Schutz nehmen zu müssen, wenn er weiter schreibt: »Man wird vielleicht hier und da den Vorwurf erheben daß Einzelnes ein wenig in's Gebiet der Zote hinüberstreift, doch kann man leider nicht in Abrede stellen, daß Lortzing darin nur den Anforderungen des großen Publikums entgegenkam, dessen verwöhnter Gaumen nur noch von stark gewürzten Speisen gekitzelt wird, und auf das nur effectuirt, was recht grobdrähtig ist und wie Faustschläge trifft. Dem herrschenden Geschmack des Publicums aber eine andere Richtung zu geben, ist nur einem Genie vorbehalten.« Als Mißgriff bezeichnet es der Kritiker, »daß Lortzing in der Person der Gräfin die Schwärmerei für die Antigone persifliert ...«. Und die Musik? – Sie ist nach Auffassung des Rezensenten »die Frucht eines leichten, gefälligen Talents, das von praktischer Bühnenkenntnis kräftig unterstützt wird. Wer sich bei derselben« – heißt es dann in gewohnter Herablassung – »auf den kritischen Dreyfuß setzen will, wird keine große Rechnung finden, denn sie erwärmt weder das Herz durch tiefes Gefühl, noch beschäftigt sie den Geist durch neue Ideen. Lortzing singt leicht und unbekümmert vor sich hin, zwar stets der Situation angemessen, aber nur in wenigen Fällen dieselbe erhebend.« Und man verspürt geradezu den Hauch der Resignation des Kritikus, wenn er schließlich resümiert:

»Wird Lortzing auch nicht viel zum neuen Erblühen der deutschen Oper beitragen, so sorgt er doch für das tägliche Bedürfnis und hält den Geschmack des Publicums wenigstens auf der Stufe, auf welcher es sich befindet, wofür ihm mit Recht der Dank und Beifall des Theaterbesuchers zukommt.«[13]

In seiner mit Al. gezeichneten Rezension vom 19.Juli desselben Jahres gesteht der Kritiker der »Allgemeinen Musikalien Zeitung« dem Opernkomponisten die freundliche Feststellung zu:

»Einen Lobspruch verdient Herr Lortzing überhaupt und fast durchgängig; er wird nie langweilig, und weiß zur rechten Zeit zu enden, und Referent ist überzeugt, daß der tödtliche Rotstift der Opernregie gerade in seinen Opern die wenigsten Opfer fordert.«

Liest man die »Kritik« dann allerdings Zeile für Zeile, so entpuppt sie sich als einziger Sermon penetranter Besserwisserei eines vorweggenommenen »Merker« im Habitus des späteren Beckmesser aus Wagners *Meistersinger*; kaum eine Nummer, irgendeine musikalische Szene des WILDSCHÜTZ, für die der »Kenner« nicht überaus wichtige und unabdingbar erscheinende Abänderungen und »Verbesserungen« zur Korrektur der Partitur parat hat. Natürlich fehlt es nicht an Tadel, etwa wegen eines Mangels »an Frische und Bedeutsamkeit« hier und einer »zu matten Form« da, auch nicht an dem »leisen« Warnruf, sich nicht »mit transrhenanischen Federn schmücken« zu wollen, wo doch »die ersten zwei Takte« des Chors der Verlobungsgäste »die leise Erinnerung ... an den Eingangschor des Adamitischen Postillions wecken könnten« (!) Dennoch. Der »hilfreiche« Kritiker zeigt dann schließlich doch noch »Verständnis« für den Opernmeister und die ihm anzukreidenden Fehler in seiner Partitur: »quando-quidem bonus dormitat Lortzingus«; fast so viel Verständnis wie die alten Lateiner für ihren Homer, die – etwas freundlicher zwar – meinten: »Quandoque bonus dormitat Homerus« (Zuweilen schläft auch der gute Homer).[14]

Keinesfalls allerdings schliefen die Gegner Ringelhardts und all derjenigen, die sich am Theater dem kreativen Leitungsstil ihres Prinzipals verbunden fühlten. Zu ihnen gehörte auch Albert Lortzing, der – zusammen mit Philipp Reger – in den praktischen Direktionsgeschäften des Chefs zu dessen unmittelbaren Vertrauten zählte. So war es denn auch gang und gäbe, daß Ringelhardt bei vorübergehender Abwesenheit Lortzing wie auch Reger für die stellvertretende Geschäftsführung der Theaterdirektion mit aller damit verbundenen Verantwortung betraute. Das mußte gewiß das Mißtrauen der auf Ringelhardts Sturz hinarbeitenden politischen Kräfte auch gegenüber Lortzing, Reger und deren Gesinnungsfreunden unter den Mitgliedern des Theaters nur noch vertiefen.

Zwischen Hoffnung und Zweifel

Das inzwischen angebrochene Jahr 1843 warf für Lortzing erste düstere Schatten voraus. Unter dem Vorwand künstlerischer Unzulänglichkeiten führten die dem Bürgermeister Johann Carl Groß nahestehenden Kreise, beeinflußt von Karrieremachern um jeden Preis, den ersten Schlag gegen Theaterdirektor Ringelhardt. Er erhielt die Kündigung seines Direktionsvertrages für das Jahr 1844, wobei ihm unter anderem vor allem der Vorwurf gemacht wurde, er habe der Oper zu viel Förderung angedeihen lassen, das klassische Schauspiel vernachlässigt und »dem Publikumsgeschmack in übertriebenem Maße« Rechnung getragen. Lortzing ahnte nichts Gutes. Doch noch schien es für ihn selbst keinen Grund zu übertriebener Sorge zu geben, so sehr ihn auch diese Kündigung bedrücken mußte.

Mit Bestürzung sah Lortzing kurze Zeit später gelegentlich der Säcularfeier der Gewandhaus-Konzerte den völlig verzweifelten Musikpädagogen, Chordirigenten und Kapellmeister Christian August Pohlenz, der – bis Mendelssohn Bartholdy ihre Direktion 1835 übernommen hatte – die Gewandhaus-Konzerte leitete und später Direktor der Leipziger Singakademie war. Betroffen hörte Lortzing, wie Pohlenz – jetzt ein einsamer, von niemandem mehr beachteter, zutiefst unglücklicher Mann – auf die Frage, wie es ihm gehe, resigniert antwortete: »Wißt Ihr, mir geht's gar nicht mehr, ich bin schon tot.« Am nächsten Tag starb Pohlenz an einem Schlaganfall.

Dem zutiefst erschütterten Lortzing trugen die Freunde im »Tunnel« die Nachfolge in der musikalischen Direktion an, die Pohlenz dort innegehabt hatte. Er zögerte nicht, diesem, ihn ehrenden Wunsch der Freunde und Kollegen zu entsprechen. Neben dem Schiller-Verein nahm ihn nun auch die »Tunnel«-Gesellschaft neben seiner eigentlichen künstlerischen Tätigkeit am Theater zunehmend in Anspruch.

Für das »Tunnel«-Karnevalsfest am 28. Januar 1843 verfaßte Lortzing einen Zwei-Akter mit Musik. DIE ÜBERGABE DES ZOPFES KARLS DES GROSSEN AN DIE FRISEUR-INNUNG ZU SCHILDA. Jeder wußte die politisch hintergründige Tendenz des Stückes zu deuten.

Auf den offiziell bekundeten Wunsch der Direktion der »Tunnel«-Gesellschaft, Albert Lortzing in der Nachfolge des plötzlich verstorbenen Gewandhausdirigenten Pohlenz zu sehen, erwiderte der Meister brieflich am 22. März 1843: »Nehmen Sie den innigsten Dank für den mich ehrenden Antrag, den ich mit wahrem Vergnügen annehme und zugleich die Versicherung, daß ich stets bedacht sein werde, ihrem geschätzten Vertrauen wie meinem würdigen Vorgänger Ehre zu machen.«[15]

Lortzing mag sich im »Tunnel« um so heimischer gefühlt haben, als es hier unter den damaligen Bedingungen der Verfolgung jeglicher Opposition vielfältige Möglichkeiten gab, in Versammlungen und Veranstaltungen die zeitpolitischen Probleme unter humoristischem Deckmantel kritisch zu beleuchten. So lesen wir beispielsweise auf dem Programmzettel einer Veranstaltung, für die Ringelhardt – wie immer – die Räume des Stadttheaters gastlich zur Verfügung gestellt hatte, unter anderem, daß in einem Maskenzug erscheinen:

»Der Hanswurst mit der Fahne des Zeitgeistes,
begleitet von Till Eulenspiegel, dem Schutzpatron
des ›Tunnels‹, und zwei ›Arlequins‹
Der Actienspekulant
Die spanische Hofsängerin, im Triumphwagen
erscheinend
(Lortzing), geleitet von drei Herren in Gestalt eines
Papageien, Satyr und Affen
Der Mäßigkeitsverein ...
Der große Unbekannte (Dichter)
Krähwinkler Volksunterricht ...
Die Emanzipation der Juden. Es erscheinen
drei polnische und drei deutsche Juden,
Rothschild und der Papst
Die Expedition nach Constantine, ein franz. Soldat
und General Clausel auf einem Krebs reitend

Das große spanische Finanzgeheimnis
Die neue Babylonische Buchhändlerbörse
Emancipation der Frauen
Der Kaiser von China und sein Hofstaat.«

Dem handschriftlichen Szenarium können wir entnehmen, daß es in diesem Programm um zeitpolitische Probleme ging. Till Eulenspiegel erscheint, aller Muckerei abhold, als Schutzpatron des »Tunnels« und verkündet »Maskenfreiheit und Freiheit der Narrenpeitsche über alle Torheit der Mitwelt. Der Aktienspekulant geißelt alle Arten von Aktien, die am Ende den Aktionär um sein Geld bringen ...« Auf die europäische Politik und die »Quadrupelallianz« spielt die spanische Hofsängerin, von Lortzing dargestellt, an. Hieb auf Hieb gegen die Reaktion in Deutschland und speziell gegen die Zensur folgen zahlreiche Bezüge auf Leipziger Lokalprobleme. Rothschild, der mit dem Papst in Finanzunterhandlungen steht, firmiert seine Bank »Gott und Rothschild«, um »seine alleinseligmachenden Geschäfte« um so ungestörter fortsetzen zu können: Selbst Sonnen- und Mondschein werden in Zukunft nur für »Scheine« zu haben sein.

Im weiteren Verlauf des Programms wird ironisch festgestellt, daß die angeblich »von oben« geförderte Emanzipation der Frauen in Wahrheit Rückschritte mache, in dem man sie seitens des Bundestages in Frankfurt am Main aus der »Kammer« in die Kinderstube verwiesen habe. Die Repräsentanten des Krähwinkler »Volksunterrichts« brüsten sich damit, es zu verstehen, junge Volksredner zum öffentlichen Reden abzurichten; denn es werde ihnen »auf eine faßliche Weise eingeprügelt, was sie sagen dürfen. Diese Methode des Prügelns« erklären sie, »haben wir bei uns für das öffentliche Wohl als die zweckmäßigste erkannt.«[16]

In dem traditionellen Anliegen des Vereins, zur Linderung sozialer Not unter der Leipziger Bevölkerung unmittelbar Solidarität zu üben, blieben sich – ungeachtet aller politischen Meinungsverschiedenheiten – die Mitglieder in ihrer übergroßen Mehrheit einig. Hatte der »Tunnel« schon 1832 aus Solidarität mit den damals, nach der konterrevolutionären Niederschlagung des polnischen Aufstandes, in Sachsen auftauchenden polnischen Flüchtlingen Geld- und Kleidersammlungen veranstaltet, so übte man sich auch in der Folgezeit, vor allem durch Geldspenden, in der praktischen Unterstützung von Arbeitslosen, kinderreichen Arbeiterfamilien und Hungernden, vor allem aus dem Vogtland. Der »Tunnel« half auch, als in Reichenbach im Vogtland unzählige ohnehin schon arme Leute durch eine große Feuersbrunst ihrer letzten Habseligkeiten beraubt worden waren. Initiator der solidarischen Hilfsaktion war vor allem Lortzings Freund Herloßsohn.

Diese praktische Solidarität hatte gerade bei Herloßsohn, Lortzing und ihrem engeren Freundeskreis im »Tunnel« besonderes Gewicht, da sie im Unterschied zu den wohlhabenderen Mitgliedern aus dem Leipziger Bürgertum, vor allem des Verlagswesens und Buchhandels, selbst von nicht geringen Existenzsorgen bedrängt waren.

Gesetzlichen Autorenschutz im heutigen Sinne gab es auf dem Boden des damaligen deutschen Bundes nach wie vor nicht. Und noch immer hing die Zahlung von Honoraren und Tantièmen für Schriftsteller und Komponisten von dem mehr oder weniger guten Willen der Verleger und Theaterdirektoren ab. Der Diebstahl geistigen Eigentums »im großen Stil« schien für kleinkarierte, doch geriebene Geschäftemacher bei den stets »gängigen« Lortzing-Opern besonders verlockend; heimlich abgeschriebene Partituren und Textbücher wurden an Theaterdirektoren verschachert und dann für Aufführungen genutzt, von denen der Komponist bestenfalls zufällig, wenn überhaupt erfuhr. Nicht selten wurden unter der Hand erstandene Abschriften Lortzingscher Partituren und Libretti von Theater zu Theater weitergereicht. Der Komponist konnte dann sehen, wo er blieb.

In Mainz verhökerte ein gerissener Handelsagent skrupellos kopierte Opernpartituren und Texte, um sich privat zu bereichern. Ein Versuch des Komponisten, sich Recht zu verschaffen und gegen den Betrüger beim Bundestag zu Frankfurt einen Prozeß anzustrengen, blieb ohne Erfolg. Besonders schlimme Erfahrungen machte Lortzing mit dem betrügerischen Mißbrauch seiner Opern durch gewissenlose Hoftheater-Intendanten, die den Dichterkomponisten nur zu häufig schamlos zu prellen suchten. Die von Lortzing während der Leipziger Jahre und auch danach akkurat geführte »Tantième-Kladde« spricht Bände.

Als ihm zu Ohren kam, daß in Hamburg der »hochverehrte« Intendant Graf Hahn ZAR UND ZIMMERMANN und den WILDSCHÜTZ an seiner Bühne spielte, ohne das Notenmaterial und den Text ordnungsgemäß beim Komponisten oder dem Verlag in Leipzig erworben zu haben, beließ es der wiederum betrogene Autor nicht mehr bei schriftlichen Abmahnungen. Er verklagte den Grafen und opferte seine ohnehin karg bemessene Zeit für langwierige Prozeßstreitigkeiten, die dann letztendlich doch ausgingen wie das »Hornburger Schießen«.

Nach den Aufführungen des ZAREN und der BEIDEN SCHÜTZEN am Deutschen Theater in Petersburg hatte er ebenfalls seine liebe Not, sich ein angemessenes Honorar zu verschaffen. In seinem Brief vom 5. August 1845 – zu dieser Zeit erschien die Finanzlage des großen Familienhaushalts geradezu hoffnungslos – schrieb Lortzing seinem inzwischen in Mannheim engagierten Freund Reger:

»Gegenwärtig liege ich mit Petersburg in den Haaren. Das Sauvolk hat zwei Opern von mir gegeben und will nicht bezahlen – ja – es prunkt förmlich noch mit seiner Dieberei; aber ich will mit ihnen schon fertig werden.«[17]

Und noch am selben Tage – nach lange vergeblichem Bemühen – schrieb er »An Se. Hochwohlgeboren«, den Direktor des Deutschen Theaters in Petersburg, Herrn Peter von Helmersen:

»Geehrter Herr! Es dürfte Ihnen vielleicht nicht ganz unbekannt sein, daß ich mich wegen des Honorars der beiden Opern CZAR UND ZIMMERMANN und DIE BEIDEN SCHÜTZEN an die mir bezeichnete Behörde, Herrn Generaldirektor v. Gedeonow, wiederholt gewendet habe.

Heute erhalte ich von Sr. Exellenz die Weisung, daß meiner Bitte wegen des Hororars (zwanzig Stück Friedichsd'or für jede Oper) nicht Genüge geleistet werden könne, indem ausländische Produkte nie in Rußland honoriert würden ... Ich kann kaum glauben, daß es der Wille Sr. Majestät des Kaisers, des gnädigen Beschützers jeder Kunst sei, sein deutsches Hoftheater solle auf diese Weise die Werke ausländischer Autoren erlangen. Ich habe demzufolge Sr. Exzellenz dem Herrn von Gedeonow erwidert, daß ich mich mit dieser Antwort nicht abweisen ließe, sondern daß Äußerste wagen würde, mein gutes Recht zu erlangen. Es ergeht daher, hochgeehrter Herr, an Sie meine ergebenste Bitte, Herrn v. Gedeonow zu bewegen, sich meiner Bitte zu fügen, indem es ihm nur unangenehm sein dürfte, wenn ich den Fall zur Öffentlichkeit brächte, auch bin ich willens, den Schutz Ihrer Majestät, der gnädigen Kaiserin, in Anspruch zu nehmen, deren Landsmann zu sein ich das hohe Glück habe.«[18]

Wir wissen nicht, ob der Meister mit diesem brieflichen Vorstoß Erfolg gehabt hat. Sicher ist nur das eine: Solcherlei aufreibende Querelen mit Theatern außerhalb und innerhalb des Landes gehörten zu Lortzings Alltag – bis an sein Lebensende.

So mußte er, bei einem zwangsläufig äußerst bescheidenen Lebensstil der Familie, immer wieder um kleine Ersparnisse besorgt sein, die als Notgroschen für noch schlechtere Zeiten dienen konnten. Er sollte das wenig Ersparte leider nur allzu bald schon benötigen. Der bevorstehende Direktionswechsel am Theater und der damit verbundene Wegzug Ringelhardts verhießen nichts Gutes.

Mitte Mai 1843 verließ Düringer das Leipziger Stadttheater, um sein neues Engagement in Mannheim anzutreten. Und bereits einen Monat später, während Lortzing schon daran ging, sich mit einer neuen Oper, diesmal aus literarisch-romantischen Gefilden märchenhafter Wassergeister, zu beschäftigen, bei der er den »Verse-Schmied« gar zu gern in die Arbeit am Libretto einbezogen hätte, schrieb er dem Freund, nicht ohne Wehmut:

»›Wer wird nun meine Pfeile schnitzen?‹ Jetzt hab ich etwas unter der Feder, wo deine Poesie reichen Stoff fände, aber – Kuchen!«[19]

Daß sich inzwischen auch Lortzings Kollege Reger mit der Absicht trug, nach Frankfurt am Main in ein neues Engagement zu gehen, war nicht weniger schmerzlich; wieder würde ein vertrauter Gesinnungsfreund das Leipziger Ensemble verlassen, und auch er hatte als »Poet« des Komponisten bei der »Reimerei« der Operntexte manchen guten Dienst erwiesen. Reger verließ, wie beabsichtigt, die Messestadt ein Jahr später.

Am 12. Mai 1844 schließlich legte Ringelhardt aufgrund des ihm von den Behörden gekündigten Vertrages sein über 12 Jahre lang ausgeübtes Amt als Direktor und Pächter des Städtischen Theaters nieder. Letzte Aufführung unter seiner Leitung war Spohrs Oper *Faust*. Von Mai bis

August blieb das Theater geschlossen; die spielfreie Zeit wurde zur Renovierung und zur Installierung einer Gasbeleuchtung benutzt. Daß Lortzing und alle anderen Kollegen in dieser Zeit keine Gage erhielten, war für die Betroffenen natürlich fatal.

Ein Brief, durch den Lortzing erfuhr, daß der Berliner Onkel Friedrich und Tante Caroline schwer erkrankt waren, veranlaßte den Neffen, mit ein paar Notgroschen aus der »stillen Reserve« und den »Zwangsurlaub« am Theater nutzend, zu einem kurzen Besuch der Verwandten nach Berlin zu fahren.

Er fand die Tante in einem gesundheitlich hoffnungslosen Zustand; sie kann – wie Lortzing daheim später der Familie berichtete – »im strengsten Sinne des Wortes weder leben noch sterben und leidet sehr ... Der Onkel ist, wenn auch nicht wie die Tante, doch auch sehr leidend.«[20] Die einzige angenehme Nachricht, die der besorgte Neffe nach Leipzig mitnehmen konnte, war die überraschende Mitteilung über einen Gewinn von 80 Talern in der »Berliner Lotterie«. Die Hälfte des bescheidenen »Geldregens« hatte allerdings Freund Reger zu beanspruchen, mit dem Lortzing seit längerer Zeit auf eine gemeinsame Losnummer Lotterie spielte; nicht nur in Berlin übrigens, sondern auch in Leipzig. Hier war es inzwischen üblich, daß Lortzing, Reger und ein paar andere Theaterkollegen auf die »Lumpazi-Nummer« setzten, auf die in Nestroys Posse *Lumpazivagabundus* vorkommende Glücksnummer 3759 also.

Nach Lortzings Rückkehr aus Berlin sollte sich, schneller als erwartet, ein lange gehegter Wunsch erfüllen, als der am 10. August 1844 neu eingeführte Theaterdirektor Dr. Schmidt den vielseitigen Meister und dessen bühnenerfahrene Mutter nicht nur sofort engagierte, sondern dem überglücklichen Komponisten auch die inzwischen frei gewordene Kapellmeisterstelle anbot.

Nun war Lortzing in seinem neuen Verantwortungsbereich nicht unerfahren. Schon früher hatte er bei Aufführungen seiner Opern an anderen Bühnen hier und da Gastdirigate übernommen. Noch im Sommer 1844 war er der Einladung seiner Freunde Düringer und Reger gefolgt, die ihm vorgeschlagen hatten, die Aufführung eigener Werke an den Theatern in Mannheim beziehungsweise in Frankfurt am Main zu leiten.

Am 3. Juli 1844 dirigierte der Komponist den ZAREN in Mannheim, wo er zudem mit seinem alten Freund Düringer Erinnerungen austauschen konnte; am 20. Juli kam dann in Frankfurt am Main unter seiner musikalischen Leitung der WILDSCHÜTZ zur Aufführung. Hier, in Frankfurt, sah nun Lortzing nicht nur seinen Freund Philipp Reger, sondern auch den ihm seit langem verbundenen Kollegen Gollmick wieder.

Beide Gastspiele Lortzings wurden ein ungewöhnlich großer Erfolg für den Künstler. Nach der Aufführung des ZAREN in Mannheim konnte er seiner Familie in Leipzig glücklich berichten: »Gestern war mein Ehrentag. Er war glänzend. Schon in der Probe wurde ich vom Orchester, nachdem ich ihm vorgestellt, mit lautem Applaus empfangen; desgleichen gestern Abend bei meinem Eintritt vor sehr zahlreichem Publikum. Der Beifall war nach jeder Nummer und jedem Actschluß außerordentlich. – Schließlich Herausrufung. Ich hielt eine Rede und wäre beinahe vor Verwunderung über mich, daß ich *nicht* steckenblieb, steckengeblieben.«[21]

Als Ehrengeschenk erhielt Lortzing vom Theater zur Erinnerung an sein Mannheimer Gastspiel einen Taktstock mit silbernem Griff und einer eingravierten ehrenvollen Widmung. Er unternahm nun noch einige Tagesausflüge, machte einen Abstecher nach Heidelberg und Baden-Baden und sah sich in der Lichtenthaler Vorstadt auch das alte kleine Häuschen an, wo er als Kind gewohnt hatte und wo die Erinnerung an die schon damals armseligen Lebensverhältnisse der Eltern wieder in ihm wach wurde.

Lange hielt es Lortzing nicht bei den alten Freunden und Bekannten – fern von Leipzig. Nicht allein die Sehnsucht nach der Familie, auch das neue Opernprojekt, UNDINE, trieb den rastlosen, tatendurstigen Künstler zu schneller Rückkehr. Gerade heimgekehrt, erreichte Lortzing die kaum noch überraschende Nachricht, daß die Tante in Berlin im Sterben liege. Am 26. Juli machte er sich also erneut auf den Weg in seine Heimatstadt, um der Tante das letzte Geleit zu geben.

Daheim am Theater erwartete den neu berufenen Kapellmeister inzwischen viel Arbeit. Es begannen die Orchesterproben in Vorbereitung der für den 10. August vorgesehenen Eröffnung der ersten Spielzeit unter der Direktion von Dr. Karl Christian Schmidt. Für das erste Dirigat Albert Lortzings hatte der neue Direktor Mozarts *Don Juan* bestimmt. Es sollte für den inzwischen längst namhaften Opernmeister ein beachtlicher Erfolg gleich zu Beginn seiner so lange erstrebten Kapellmeisterlaufbahn werden.

In der »Allgemeinen Musikalischen Zeitung« war unter »Nachrichten« in einer kurzen Rezension zu lesen:

»Die Ensembles und das Finale gingen exakt und rund; und namentlich macht der Chor eine gute und volle Wirkung, wie denn überhaupt das Ganze von Herrn Lortzing, der von der Oper und dem Lustspiele ganz zurückgetreten ist und mit Herrn Netzer in die musikalische Leitung sich teilt (warum und woher beide Herren den etwas pompös klingenden Titel: Capellmeister genommen haben, hat Referent noch nicht erfahren können), tüchtig und sicher dirigiert wurde.«[22]

Nun, die Überraschung des Referenten über den »etwas pompös klingenden Titel« wird dem Meister wohl nur ein leichtes Schmunzeln entlockt haben. Schon am 20. August hatte er, nicht ohne eine gewisse Genugtuung, Freund Düringer über die Eröffnung der Spielzeit mitgeteilt:

»Erste Oper war *Don Juan*. Mein Debüt. Ich weihte in der Vorstellung meinen Taktstock ein, legte ihn jedoch nach der Introduktion wieder ins Futteral, weil er mir zu schwer wurde, und ich dadurch einen Einfluß auf die Tempi fürchtete. Gesehen hat ihn die Welt, schwingen sehen in der *Don-Juans*-Ouvertüre, was will ich mehr.«[23]

UNDINE – ein realistisches Märchen

Im Glücksgefühl der erfolgreich begonnenen Kapellmeistertätigkeit wandte sich Lortzing nun, 1844, mit Elan der Arbeit an seiner neuen Oper zu. Und je mehr er sich mit dem UNDINE-Stoff der gleichnamigen Novelle de la Motte-Fouqués auseinandersetzte, desto stärker fesselte ihn das bewegende Geschick der von Lebenssehnsucht erfüllten, doch hart geprüften Wasserjungfrau. Es störte den Dichterkomponisten nicht, daß Fouqués Novelle schon E. T. A. Hoffmann zur Komposition einer Oper gleichlautenden Titels angeregt hatte. Von Hause aus Jurist und inzwischen als Kapellmeister wie als Maler und Dichter bekannt, hatte sich Hoffmann 1811 von Fouqué selbt ein Libretto schreiben lassen, das ihm, nach eigener Aussage, für die Komposition seiner *Undine* vortrefflich erschien. Im Unterschied zu E. T. A. Hoffmann gestaltete Lortzing – wie überwiegend schon bei seinen komischen Opern – auch für das neue Werk das Libretto selbst.

Lortzings Hinwendung zum UNDINE-Stoff bedeutete keineswegs – wie manche meinten – eine vorübergehende Abkehr des Komponisten von bereits erreichten ästhetischen Positionen in seinem realistischen Opernschaffen. Ganz im Gegenteil verfolgte er den bisher beschrittenen Weg realistischen Musiktheaters konsequent weiter.

Es ist kein Zufall, daß die ästhetisch-künstlerischen Intensionen seiner Oper dem 30 Jahre zuvor entstandenen Werk E. T. A. Hoffmanns direkt entgegengesetzt sind. Lortzing hat die musiktheatralischen Gestaltungsmittel hier bewußt gegen weltflüchtige, rückwärtsgewandte Tendenzen romantischer Aussage eingesetzt. So begegnen wir unter den handelnden Personen bei Lortzing auch nicht zufällig neben den schon aus Fouqués *Undine* bekannten Hauptfiguren dem von Lortzing frei erfundenen Buffopaar Veit und Kellermeister Hans. Beiden kommt im Verlauf des Geschehens keine geringe Bedeutung zu, und auch in musikalischer Hinsicht stellen die zwei komischen Partien – bis heute – ein nicht zu unterschätzendes Wirkungselement der Oper dar.

Lortzings Oper UNDINE ist ein realistisches Märchen im Spannungsfeld des Widerspruchs zwischen einer in gesellschaftlich-moralischen Konventionen erstarrten Welt und ihrem aus humanistisch-ethischer Sicht ersehnten Gegenentwurf; ein Konflikt, der sich hier ideell im »Reich des Wasserfürsten« gleichermaßen auf »des Meeres und der Liebe Wellen« spiegelt, wie der österreichische Schriftsteller, Dramatiker und Lyriker Franz Grillparzer sein 1834 geschriebenes und 1840 im Druck erschienenes Märchendrama nannte, das auf die griechische Sage von Hero und Leandros zurückgeht. Während allerdings in Grillparzers lyrisch-dramatischen Schauspiel eine schicksalhaft-pessimistische Grundidee vorherrscht, stellt Lortzings als Oper dramatisierte UNDINE gewissermaßen die ideelle Umkehrung dar.

Im Unterschied zu Fouqués Novelle *Undine* und Grillparzers Märchendrama *Des Meeres und der Liebe Wellen* werden bei Lortzing im leidenschaftlichen Austragen echter zwischenmenschlicher Konflikte und Katastrophen alle schein-dämonischen Kräfte und »übersinnlichen Naturschauer« zur symbolhaften Verkörperung ethischer Werte und Maximen. Sie erscheinen und wirken unmittelbar in der uns vielfältig vorgestellten »Vaterfigur« des Kühleborn und seiner durch ihn repräsentierten Welt humanen Geistes.

Abweichend von Fouqués Novelle, in der uns Bertalda als ein »anmutiges Mädchen« erscheint, ist sie bei Lortzing als Gegenspielerin Undines eine herrschsüchtige und dünkelhafte, herz- und mitleidlose Pseudo-Aristokratin; herrschsüchtig auch in der Liebe. Sie ist bereit und fähig, ihren vermeintlichen Besitzanspruch an den ihr einst ergebenen Ritter auch oder sogar gerade nach seiner Vermählung mit Undine rücksichtslos geltend zu machen; dabei ist ihr jedes Mittel recht.

Wenn Lortzing sich nach gründlicher Auseinandersetzung mit dem Stoff und seiner opernmäßigen Umsetzung, angeregt und bestärkt von Theaterkollegen, entschloß, seine Oper nicht mit einer imaginären Erlösung durch einen mystischen Liebestod ausklingen und den treubrüchigen, aber reuigen Geliebten der liebesstarken Undine nicht »romantisch« sterben zu lassen, sondern ihn in ein glückliches Leben an der Seite der wahrhaft von Herzen Liebenden zu führen, so wird hier das humanistische Anliegen des Werkes deutlich.

Huldigte Hoffmann der Lieblingsidee deutscher Romantiker, jener Vision von einem »menschheitsbefreienden« Liebestod, der auch in Wagners *Fliegendem Holländer*, im *Tannhäuser* und in *Tristan und Isolde* bestimmende Leitidee werden sollte, so ging Lortzing ganz bewußt einen anderen Weg.

Im ursprünglich vorgesehenen Schluß seiner Oper trifft Hugo von Ringstätten der – allerdings ganz und gar irdische – unerbittliche Tod. Doch dann gaben Einwände des Theatermalers Mühldorfer in Hamburg während der Vorbereitungen der dortigen UNDINE-Erstaufführung Lortzing den letzten Anstoß zu einer nochmaligen Umarbeitung des Finales. An Reger schrieb er im Dezember 1844 betreffs der Argumente Mühldorfers noch mit gewissen Bedenken: »Er hat aus theatralischem Gesichtspunkte betrachtet recht, wenngleich gegen die poetische Gerechtigkeit arg verstoßen wird!«[24]

Einer Grundidee der humanistischen Aussage des Werkes entspricht die Botschaft des »Schwanensangs«, mit dem Undine in ihrer Bedrängnis zur Rückkehr in ihr heimatliches »Reich der Wassergeister« ermutigt wird:

»Schwanensang,
Schwanenklang
Tönet wieder
Auf Dich nieder.
Wo der Meineid nimmer wohnt,
Wo nur ew'ger Friede thront.«

Der »Schwanensang« vereinigt am Schluß der Oper die heimgekehrte Undine und den reuigen Ritter Hugo mit Kühleborn und den Wassergeistern.

Der menschenfreundliche Gehalt des »realistischen Märchens« und sein optimistischer Ausklang sind evident, wobei das lebenspralle, von Lortzing in die Opernhandlung dramaturgisch sinnvoll eingeführte Buffo-Paar Hans und Veit der Realistik beabsichtigter »Entzauberung« des Geschehens dient.

Zu Lortzings Enttäuschung zeigten sich die Kritiker nach erstmaligem Bekanntwerden der Oper ziemlich skeptisch und vielfach geradezu ablehnend. Sie trauten dem Dichterkomponisten das vermeintliche »Streben nach den erhabenen Höhen der Romantik« weder zu, noch wollten sie es ihm zubilligen. Dabei waren sie nur Opfer des eigenen Mißverständnisses, Lortzing habe einen »Seitensprung« auf ein seiner Kunst nicht angemessenes Feld geistreicher Weltflucht gewagt, und übersahen, daß er in seiner UNDINE romantische Attribute nur als Synonyme höchst realer menschlicher Vorgänge genutzt hatte.

Es gab allerdings auch zustimmende Meinungen unter professionellen Rezensenten. So schrieb beispielsweise der damals als sachkundiger Musikschriftsteller und -kritiker geschätzte Komponist Carl Gollmick über die Aufführung der Oper in Frankfurt am Main in der »Allgemeinen Musikalischen Zeitung«, die inzwischen Johann Christian Lobe als verantwortlicher Redakteur leitete:

»Viel wird wieder über den Wert der Musik gestritten.

Doch sind die Sachverständigen darüber einig, daß sich Lortzings reiches Talent auf's Neue bekundet, und er in diesem Werk wahre Schätze der Harmonie niedergelegt hat. Von einer aphoristischen, unruhigen und phantastischen Originalität verwöhnt, wollen wir an eine solide, klare und nicht nach Effecten jagende kaum noch glauben. Aber Lortzing lass' es gut sein, die Zukunft, die Schlichterin alles Reellen, wird entscheiden.«[25]

In UNDINE hat Lortzing unter Beibehaltung der seit dem ZAREN entwickelten unmittelbaren musikalisch-dramatischen Fortführung gesprochener Dialogszenen die Form der großen musikalischen Szene wesentlich erweitert und vielgestaltig zu großen »durchkomponierten« Komplexen ausgebaut, wobei das Hervortreten rezitativischer Gestaltungsmittel besonders auffällt.

Der Dramaturgie des Operngeschehens folgend, fällt in UNDINE durchgängig die leitmotivische Verarbeitung der verschiedenen musikalischen Themen als Reflex vielschichtiger Sinnbezüge oder psychisch-ideeller Assoziationen der Bühnenvorgänge auf.

Dabei wird das Orchester in spannungsvollem Wechselspiel und bei gegenseitiger Durchdringung mit den Gesangspartien zum »Instrument« der Gedankenwelt und Seelensprache der an den schicksalsreichen Vorgängen beteiligten Akteure.

Das gewichtige Kühleborn-Motiv ist ein bewegendes – immer wieder neu variiertes – musikalisches Symbol des bohrenden Gewissens der Titelgestalt. Dieses Motiv läßt uns bis kurz vor dem befreienden Schluß der Opernhandlung nicht los und klingt selbst in das Thema des hellichten Schwanensangs noch warnend hinein.

Der innigen gesanglichen Melodik Undines steht die musikalisch exaltierte Haltung ihrer Widersacherin Bertalda gegenüber. Musikalisch-dramatisch wird in der Figur des Ritters Hugo der Zwiespalt des Helden in lebensentscheidenden Grundkonflikten nachgezeichnet.

Liedhaft eingängig sind die Partien des Buffo-Paares Hans und Veit angelegt. In der musikalischen Physiognomie der Tenorbuffo-Partie des findig-munteren Burschen Veit greift Lortzing auffallend betont ein Intervall-Symbol wieder auf, das er schon in früheren Opernschöpfungen dem »kleinen Mann« aus dem Volke in den Mund gelegt hatte. Ebenso wie in unzähligen deutschen Volksliedern – u. a. in *Hab' mein Wagen voll geladen, Im Frühtau zu Berge, Im Märzen der Bauer, Die Gedanken sind frei* – begegnen wir in Lortzings Spieltenor-Partien immer wieder einem ähnlichen, nur geringfügig abgewandelten melodischen Grundmodell, das durch Quartsprung und nachfolgende große Terz im Funktionsraum eines Quartsext-Akkord am Liedanfang auffällt. Auch der Chor der Schulkinder im WILDSCHÜTZ greift eine entsprechende Intonation auf, die uns zugleich an das Volkslied *Wir sind die Musikanten und komm'n aus Schwabenland* erinnert.

Wie sehr dem Komponisten seine UNDINE am Herzen lag, zeigt ein Brief an Düringer, den er noch am 11. Juli 1850 aus Berlin nach Mannheim schrieb:

»Ihr wollt die Frankfurter Partitur leihen, das ist mir nicht lieb. Frankfurt kaufte nämlich die Oper von einem gewissen Direktor Beurer, welcher (damals in Magdeburg) die allererste Partitur von mir empfing. Die zweite erhielt Hamburg, und nach der Aufführung daselbst habe ich die Oper eigentlich erst eingerichtet, weil sie Längen, Breiten usw. enthielt, wofür ich mich selbst hätte ohrfeigen mögen, weils doch sonst nicht meine Art ist. Ich zweifle nun nicht, daß ein anderer die Langweiligkeiten wird beseitigt haben, ob es paßt, ist eine andere Frage; ich habe sogar für Wien zum zweiten und letzten Akte einen anderen Schluß gemacht ... und ... auch zur Ouvertüre habe ich in Wien einen anderen – wirksameren Schluß gemacht.«[26]

Lortzings Hoffnung, dieses Werk – sozusagen traditionsgemäß – zuerst am Leipziger Theater zur Aufführung bringen zu können, war trügerisch. Der neue Direktor zeigte kühle Zurückhaltung, so daß sich der Komponist während der Zeit der endgültigen Fertigstellung der Oper gegen Ende des Jahres 1844 nach einer anderen Bühne umzusehen gezwungen sah, bis sich endlich im folgenden Jahr günstigere Aussichten in Hamburg und danach in Magdeburg eröffneten.

In Sorge um das Schicksal seiner neuen Oper erfuhr der inzwischen durch verstärkte Anzeichen einer Gicht geplagte Komponist durch seinen Intimus Robert Blum die vertrauliche, wenn auch kaum faßbare Mitteilung, daß die Theaterdeputierten der städtischen Behörden in Übereinstimmung mit den Absichten und Wünschen des Theaterdirektor Dr. Schmidt, darauf aus seien, ihm – angeblich aus Sparsamkeitsgründen – zu kündigen.

Lortzings Vorahnungen nach Ringelhardts Weggang vom Theater schienen sich somit zu bestätigen. In seinem Brief vom 4. März vertraute er sich Philipp Düringer in Mannheim an:

»Nicht allein die Aussicht auf Engagementslosigkeit, bei meiner Familie sehr zu bedenken, sondern hauptsächlich wie du wohl fühlst, der kränkende Gedanke, zum erstenmale in meinem ganzen Leben, und bei meinem Namen in der Bühnenwelt, bei dem Bewußtsein der Tüchtigkeit in meinem Fache, wegen lausiger paar hundert Taler gekündigt zu werden. Aber die Rechnung ist sehr klar. Ich habe 1000 Taler, meine alte Mama 150 Taler (jeweils: jährlich!, d. V.). Er engagiert sich einen Kapellmeister mit 6 bis 800 Taler. Es gibt deren genug, die gern nach Leipzig kommen, also spart er ein paar hundert Taler bei mir und die Gage meiner Mutter!«[27]

Zu dieser Zeit erwartete Lortzings Frau Regina ihr elftes Kind, und durch einen mit dem 21. März 1845 datierten Brief erfuhr Düringer somit wenig später von seinem Freund und »lieben Bruder«:

»Am 15. morgens 6 Uhr hat mich meine Gemahlin mit einem Sohne beschenkt, und zwar ist die Expedition so schnell gegangen, daß weder Arzt noch Hebamme zugegen waren, und ich – wie schon früher einmal – Accoucheur spielen mußte und mich als solcher ganz gut gemacht habe. Frau und Kind befinden sich vollkommen wohl ... Dank für deinen Freundestrost; behaglich werde ich mich aber erst fühlen, wenn ich meiner Zukunft gewiß sein werde. Übrigens soll es mir ein Triumph sein sagen zu können, der Dr. Schmidt hat mich fortgejagt, gerade so wie Ringelhardt mit Stolz seine Aufkündigung erzählte, und ich schmeichle mir, daß der Fall in Leipzig Sensation machen wird.«[28]

Tatsächlich waren bereits am 6. Februar die Würfel gefallen, die Kündigung besiegelt. Im Protokoll über eine interne Besprechung der Theaterdeputierten mit Direktor Dr. Schmidt am selben Tage hieß es lakonisch:

»Herr Theaterdirektor Dr. Schmidt erscheint vor der Theaterdeputation und zeigt an, daß er genötigt sei, den Capellmeister Lortzing ... zu kündigen, dagegen bereits

mit dem Musikdirektor Steegemaier in Unterhandlung getreten sei und diesen bereits hier rühmlichst bekannten Mann, der sich auch in Bezug auf sein moralisches Betragen ganz geändert habe, allen Erwartungen nach gewinnen werde. Demselben wird zu dieser wesentlichen Aenderung der Consens der Deputation ertheilt.
Nachrichtlich bemerkt   Julius A. Baumgaertner«[29]

Offiziell erfuhr Lortzing von dieser definitiven Entscheidung zunächst nichts. Er war jetzt voll und ganz mit der Fertigstellung seiner Oper beschäftigt; denn inzwischen rückte der langersehnte, wenn auch mit einigem Bangen erwartete Termin der Aufführungen in Hamburg und in Magdeburg heran, wo man sich entschlossen hatte, dieses Werk auf die Bühne zu bringen. Durch Verzögerungen der Aufführungsvorbereitungen in Hamburg kam das Theater in Magdeburg unbeabsichtigt zu der Ehre, die Stätte der Uraufführung von Lortzings UNDINE zu werden.

Nach der Premiere war in der »Magdeburgischen Zeitung« zu lesen: »Mit Recht können wir stolz darauf sein, das neueste Werk eines unserer beliebtesten deutschen Componisten früher noch als alle anderen Bühnen über unsere Bretter schreiten zu sehen, zumal da die pecuniären Mittel unseres als Privatunternehmen bestehenden Theaters so beschränkt sind, daß sie denen des unbedeutenden Hoftheaters nachstehen müssen. Es ist jedoch allbekannt, mit welchem Eifer die deutschen Hoftheater die Aufführung von neuen Nationalwerken aufzuheben wissen, bis selbst wandernde Truppen ihr Repertoire damit geschmückt haben. Lortzings neuestes Werk verdient unter allen im Zeitraum von mehreren Jahren entstandenen Opern die meiste Beachtung und Anerkennung.«[30]

Nach der endlich am 25. April 1845 in Hamburg erlebten Aufführung seiner Oper bekannte der bescheidene und gegenüber sich selbst stets kritische Komponist, auch im Hinblick auf die inzwischen schon laut werdenden Beckmessereien aus den Reihen der Fachkollegen, seinem Freund Reger Anfang Mai:

»Vorgestern bin ich von meiner Reise zurückgekehrt und ... wenn Du in den Blättern liesest, daß die Aufnahme der Oper eine glänzende gewesen sei, so ist das wohl zuviel gesagt; die Aufnahme war eine für mich höchst ehrenvolle und muß glänzend werden, wenn eine bessere Besetzung erfolgt.

Ich sage Dir, es traf wieder alles zusammen, um der Oper den Hals zu brechen. Jenny Lind hatte das Publikum ausgesogen. Mit mir zog das herrlichste Wetter ein, wo in Hamburg alles aufs Land eilt. Die Darstellerin der Bertalda (Mad. Fehringer) wird drei Tage vor der Vorstellung krank und Mad. Cornet übernimmt die Partie. Undine ist ein junges, halberwachsenes Mädchen mit einer guten Stimme, Anfängerin im höchsten Grade und kaum sechsmal auf der Bühne gewesen; der Tenorist ist höchst unbeliebt beim Publikum. Unter solchen Umständen sollte eine neue Oper gegeben werden und gefallen! Ich baute auf Mühldorfer, und er hat am Erfolge des ersten Abends großen Anteil. Das Publikum rief uns mehrere Male! Ich wurde rauschend im Orchester empfangen.

Jetzt zur Oper selbst: sie muß gefallen. Du weißt, ich bin strenger Richter über mich selbst, aber ich versichere Dir, daß Musikstücke vorkommen, deren Effekte ich nicht geahnt hätte. Den Beweis, daß die Oper ohne alle Zutat gefallen muß, hast Du von Magdeburg; der dortige Direktor brachte die Oper ein paar Tage früher heraus als Hamburg, hatte gar nichts angewendet, und sie gefiel so sehr, daß sie viermal hintereinander gegeben wurde; in Magdeburg, das will etwas sagen. Kurz, lieber Philipp, ich glaube meinem jüngsten Kinde ein günstiges Prognostikon stellen zu können ...«[31]

Und an Düringer schrieb Lortzing mit einem Seitenblick auf die nörgelnde »Fachkritik« kurze Zeit danach:

»Weit entfernt behaupten zu wollen, daß Sujet und Musik nicht ihre Mängel hätten, so kenne ich die Quellen, aus denen die lieblosen Berichte entsprungen, ziemlich genau. Sänger und Orchester waren in Hamburg von der Musik sehr befriedigt.«[32]

Ja, Lortzing kannte sie, seine offenen oder versteckten Widersacher. Und inzwischen war, seine Abwesenheit am Leipziger Theater ausnutzend, die Verschwörung gegen ihn schon in vollem Gange.

Am Kreuzweg

Am 30. April 1845 aus Hamburg wieder nach Leipzig zurückgekehrt, erhielt Lortzing schon am darauffolgenden Tage die offizielle Kündigung seines Engagements, »aus Rücksicht auf seine Gesundheit«, wie es zynisch hieß, währenddessen hinter seinem Rücken die Behauptung verbreitet wurde, er habe als Kapellmeister versagt.

Und dennoch – obwohl Lortzing nach allem, was er bisher durch Blum schon wußte und eigentlich kaum noch einen Zweifel an dem kurz bevorstehenden Ende seines Leipziger Engagements haben konnte – mochte er noch immer nicht an das Schlimmste glauben, sondern hoffte trotz allem noch auf eine plötzliche Wende seiner »desparaten Lage«. Jetzt aber, den Kündigungsbrief in den Händen, eine in jeder Hinsicht bedrückend-bittere Zukunft für die ganze Familie vor Augen, traf ihn die Katastrophe wie ein Blitz aus heiterem Himmel.

Seinem Freund Düringer schrieb Lortzing:

»Ich habe mich also richtig von Dr. Schmidt kündigen lassen. Für die Außenwelt mag das allerdings zu mancherlei Deutungen Veranlassung geben ... Beim Magistrat hat Schmidt folgende Gründe vorgebracht; er müße die Musikdirektionen ändern; mit Netzer sei das Orchester unzufrieden, und ich schien das Geschäft allein nicht abhalten zu können, indem es mich zu sehr angreifen würde; man sähe mir auch die Anstrengungen an. Nun habe ich armes Luder allerdings, vom Oktober an, an Gicht furchtbar gelitten und bin durch die schlaflosen Nächte völlig abgemagert; habe aber meiner Schmerzen ungeachtet nicht eine Minute Störung verursacht, und diesen Umstand erfaßt er nun, einen Grund zu meiner Entlassung vorzubringen.«[33]

Wie Lortzing vorhergesehen hatte, verbreitete sich die Nachricht von seiner Entlassung in Leipzig, vor allem natürlich beim Theaterpublikum, wie ein Lauffeuer. Und als Lortzing in Erfüllung der ihm vor Eintritt des Entlassungstermins noch obliegenden Verpflichtungen am Abend des 3. Mai vor Beginn der Vorstellung die Orchesterwanne betrat und zum Taktstock griff, hallten ihm nicht enden wollende Ovationen seines Publikums entgegen. Während der Vorstellung unterbrach stürmischer Beifall nach jeder Nummer der Oper den Fortgang der Aufführung. Der

Abend wurde zu einer einzigen demonstrativen Sympathiekundgebung für ihn.

»Lortzing hierbleiben! Lortzing hierbleiben! Lortzing hierbleiben ...«, hatten die Opernbesucher am Schluß der Vorstellung gerufen und den Meister immer wieder vor den Vorhang geholt. Einen Tag später, am 4. Mai 1845, kam es während der Aufführung von Schillers *Kabale und Liebe* zu einer noch ungestümeren Demonstration des Publikums gegen die Kündigung Lortzings und ihre Urheber. Mit fadenscheinigen Ausflüchten suchten sich die Regisseure Stürmer und Marr und schließlich auch der an die Bühnenrampe tretende Direktor Dr. Schmidt zu rechtfertigen und aus der Affäre zu ziehen. Der Theaterdirektor veröffentlichte im »Leipziger Tageblatt« zwei Tage später die Erklärung, daß die Direktion die Verantwortung für alle Entscheidungen trage und daß sie allein in Übereinstimmung mit der vorgesetzten Behörde, »Personal und Ausgaben den Kräften und Mitteln des Theaters anpassen« müsse, »wenn dasselbe auf solider Grundlage beruhen solle«.

Als bereits namhafter Opernkomponist erhoffte sich Lortzing auf der Suche nach einer Kapellmeisterstelle an anderen Theatern einige Chancen; er wurde enttäuscht. Bewerbungen beispielsweise in Berlin und Darmstadt blieben unbeantwortet.

Zwar bot sich überraschend ein Jahresengagement in Königsberg an; aber für nur eine Spielzeit erschien Lortzing eine Zusage zu riskant. Auch Ringelhardt, inzwischen Direktor des Deutschen Theaters in Riga, hätte Lortzing gern engagiert; doch das lag dem Meister wohl allzuweit von der Heimat entfernt.

Für Lortzing begannen Tage und Wochen quälender Ungewißheit. Dennoch hatte er die Hoffnung auf eine mögliche Wende seiner Lage noch nicht aufgegeben. Da erhielt er plötzlich und ganz unerwartet im Mai einen Brief des Theaterdirektors Pokorny aus Wien, der dort das Theater an der Wien leitete und Lortzing überraschend ein Engagementsangebot unterbreitete. Ein unverhoffter Lichtblick! Er konnte wieder neuen Mut schöpfen. Doch der Entschluß, endgültig nach Wien zu gehen fiel ihm, der in Leipzig inzwischen heimisch geworden war, recht schwer. Auch ein Besuch Pokornys, der den Komponisten am 25. Januar in Leipzig höchstpersönlich aufsuchte, um mit ihm die Bedingungen für ein eventuelles Engagement als Kapellmeister auszuhandeln, vermochte Lortzings Skepsis kaum zu mindern. Er gewann vielmehr den Eindruck, daß der Wiener Theaterunternehmer möglicherweise gekommen sei, um die vorher brieflich avisierten Vertragsverhandlungen eher rückgängig zu machen als zu fördern.

Mit bitterer Ironie schrieb Lortzing am 21. Oktober 1845 an Reger:

»Wenn der gewisse Posa sagte: ›Das Leben ist doch schön‹, so war der Mann gewiß nie außer Engagement, oder hat Privatvermögen gehabt, denn mit allem Respekt vor jenem Kürassier, ich möchte dies Leben doch stellenweise manchmal für ein anderes geben ... Ins Theater komme ich gar nicht; es ist mir, als gehörte ich nicht dahin, oder die Menschen betrachteten mich mit mitleidigen Blicken, indem sie fragen möchten: ›Du armer Teufel treibst dich ja immer noch ohne Engagement herum!‹ ... Anbei sende ich Dir zwei von Blum verfaßte und mir bei meiner Abendfeier nebst silbernem Lorbeerkranz überreichte Gedichte, von denen das erste und eine darauf von Blum gehaltene Rede mich zu Tränen rührten ... Hier macht das Ausweisen verschiedener Literaten und sonstiger Männer, welche sich etwas frei aussprachen, viel Aufsehen.«[34]

Das Bekanntwerden der Entlassung erregte die Leipziger Öffentlichkeit nach wie vor. An Christine Kupfer schrieb Lortzings Mutter, darauf bezugnehmend:

»Von Lina hast du schon den hiesigen Skandal erfahren und daß Onkel mit Wien verhandelt ... Wegen Onkels Abgang von hier ist eine wahre Rebellion; Herr Oettinger schimpfte in seiner Zeitung auf greuliche Weise; aber was hilft's, er nennt den Onkel den Glanz der Leipziger Bühne, wenn nur erst alles überstanden wäre.«[35]

Mit Ende der Spielzeit verlor der Meister sein Engagement. Der Schlag gegen Lortzing, und vorher schon gegen Ringelhardt, bald danach folgerichtig auch gegen Robert Blum, war von langer Hand vorbereitet gewesen. So hatten Heinrich Laube und seine Freunde schon um die Mitte der 30er Jahre begonnen, vor allem in der Presse Angriffe gegen Ringelhardt und das von ihm geleitete Leipziger Theater zu entfesseln. Im Herbst 1842 hatten sich die Theaterdeputierten Demuth und Vollsack bereits entschieden gegen Ringelhardt ausgesprochen, so daß der Städtische Rat am 27. Oktober 1842 bereits den Entschluß faßte, den »Kontrakt mit Ringelhardt aufzukündigen und eine freie Konkurrenz für die Bewerbung eines neuen Direktors und Pächters für das Theater« auszuschreiben. Und am 3. April 1843 hatte sich, von Laube inspiriert, der Literaturverein schließlich mit einer Eingabe an den Städtischen Rat gewandt, um die Durchsetzung eines »Programms« einer »nach Meinung des Vereins« notwendigen grundlegenden Veränderung der theaterpolitischen Zielsetzung zielstrebig in die Wege zu leiten. Der Eingabe war als Anlage ein Artikel aus der »Zeitung für die elegante Welt« beigefügt, die ganz unter dem Einfluß »jungdeutsch-liberaler« Ideen stand. Der Artikel umriß die Absichten des Literaturvereins und seiner vorwiegend um Laube gescharten Anhänger und gipfelte in der Mahnung, daß man im Theaterleben nicht, wie das Ringelhardt getan habe, an die Stelle von Geist und Talent die »blanke Ökonomie« setzen könne. Leipzig sei sehr wohl in der Lage, ein gutes Theater zu unterhalten. Und geschickt ließ Laube als Beauftragter des Literatenvereins in seinem Begleitschreiben die Bemerkung einfließen:

»Wir bitten schließlich, in dieser unserer Teilnahme für ein wichtiges Bildungsinstitut der Stadt auch ein Zeichen derjenigen Hochachtung und Erkenntlichkeit zu erblicken, welche wir dem Hochedlen Rate schuldig zu sein glauben für jeglichen dem Literatenstande Leipzigs gewährten Schutz und Schirm.«[36]

Solcherlei Schmeicheleien zahlten sich – wie später sichtbar wurde – wohl aus. Nachdem Dr. Schmidt die Theaterdirektion übernommen hatte, wurde die Oper im Spielplan stark zurückgedrängt. In den Vordergrund traten jetzt Stücke von Laube, Gutzkow und Bauernfeld.

Lortzing hatte sich seit Beginn der von den Stadtverordneten und Theaterdeputierten in den 30er Jahren gegen Ringelhardt und das Theater gerichteten Attacken entschieden auf die Seite des Theaterdirektors gestellt. Und als die Stadtverordneten bereits Mitte April 1838 soweit gegangen waren, im »Leipziger Tageblatt« die Leistungen des Theaters und seines Direktors durch eine diffamierende »Kritik« in Verruf zu bringen und das Gerücht zu lancieren, Ringelhardt werde im darauffolgenden Jahr die Theaterpacht gekündigt, richtete Lortzing am 16. April ein Protestschreiben an die Theaterdeputierten.

Dem Inhalt des von Lortzing verfaßten Schreibens schlossen sich durch ihre Unterschriften auch Lortzings Kollegen Berthold, Ballmann, Th. Dessoir, Poegner, Schenk, Reger, Bandiro, Düringer wie auch Lortzings Mutter an.

»Trotzdem«, hieß es in Lortzings Brief, »daß das geehrte hiesige Publikum uns oft und häufig die ehrenwertesten Zeichen seiner Zufriedenheit gab und uns fast nach jeder Vorstellung durch Beifall und Hervorrufen ermunterte, sehen wir von den verehrten Stadtverordneten ein Verdammungsurteil über unsere Leistungen und Bestrebungen ausgesprochen, wie es noch nie vorher in der härtesten Kritik ausgesprochen wurde ... Wir stehen dagegen schutz- und ratlos, denn der arme Künstler muß auf das heilige Recht der Selbstverteidigung verzichten; aber wir fragen uns mit Entsetzen, wohin soll es in dem humanen, gastlichen, kunstsinnigen, freundlichen Leipzig mit uns kommen, wenn heute vom Katheder herab unser moralischer, morgen in öffentlicher Versammlung unser künstlerischer Ruf und mit ihm unsere ganze Existenz vernichtet wird? – Denn mögen wir auch für Leipzig selbst einen Trost finden in dem Widerspruch, der sich zwischen den Urteilen des Publikums und dem seiner Repräsentanten kundgibt; der beglückende Beifall verhallt in den Räumen des Theaters, indessen die immer fertige Schreibsucht unserer Widersacher ... ein Urteil wie das vorliegende in alle Welt posaunt.« Und im Hinblick auf die erklärte Absicht der Stadtverordneten in Verhandlungen mit dem Stadtrat und auf den erwähnten Artikel im »Leipziger Tageblatt« vom 13.4.38, Ringelhardt »per Michaelis 1839« zu kündigen, hieß es in dem Protestbrief: »Ist aber unser geistiges Wohl und unsere Zukunft also gefährdet, so ist es unsere materielle der Gegenwart noch mehr.«

Die Unterzeichner des Protestschreibens brachten unmißverständlich ihre Solidarität mit Ringelhardt zum Ausdruck; zugleich ließen sie erkennen, daß sie die Angriffe auf ihn letztlich als gegen sich selbst gerichtet werteten. Sie erklärten dementsprechend: »Somit wäre denn unsere nächste hiesige Existenz nicht einmal gesichert und wir müßten ... auf ein anderweitiges Engagement bedacht sein, sobald die Möglichkeit, ein solches zu erlangen, sich darbietet ... Schließlich müssen wir die Bermerkung hinzufügen, daß wir weit entfernt sind, hier gegen Herrn Dir. Ringelhardt klagen zu wollen und erklären vielmehr einstimmig, daß wir denselben als einen ebenso humanen und gerechten wie sachverständigen und tüchtigen Bühnenleiter achten; nur mit dem größten Bedauern würden wir auf eine Lösung unserer contractlichen Verhältnisse mit demselben antragen, wenn wir – wie es hier der Fall zu sein scheint – durch die Sachlage dazu gezwungen werden.«

Lortzing und die Mitunterzeichner seines Schreibens an die »Wohllöbliche Theater-Deputation« sprechen schließlich »ebenso höflich als dringend« den Wunsch nach »einer baldigen Erklärung« aus, »damit wir« – so heißt es weiter – »in den Stand gesetzt werden, gegen einen gänzlich trostlosen Zustand die geeigneten Rechtsmittel zu ergreifen.«[37]

Das war unmißverständlich!

Am 21. April 1838 war Lortzings Protestschreiben in der Plenarsitzung des Ratskollegiums zur Sprache gekommen. Was die »Beschwerde von Lortzing und Consorten betrifft«, so meinten die Ratsherren, »ihr nur insoweit Berücksichtigung widmen zu können, als es ohnehin von Interesse und in der pflichtmäßigen Stellung des Rathes zu dem Theater-Institut als notwendig befunden wurde, die Herren Stadtverordneten zur Motivierung ihres zweymal ausgesprochenen mißfälligen Urteils, welches man in Anschauung der gesetzlichen Kompetenz auf sich beruhen ließ, aufzufordern.«[38]

Damals wagte man unter den gegebenen Umständen den beabsichtigten Generalangriff gegen Ringelhardt, seine Spielplanpolitik und seine Verbündeten im Ensemble noch nicht. Der Vertrag mit ihm wurde noch einmal verlängert. Wie sich später herausstellte, schliefen die Gegner in der Folgezeit nicht. 1844 war es schließlich soweit: Ringelhardt mußte gehen; und auch »Lortzing und Consorten« hatte man nicht vergessen. Reger und Düringer kündigten zum Zeitpunkt des Weggangs Ringelhardts von selbst und nahmen ein neues Engagement an; Lortzings Schicksal am Theater war lange besiegelt, ehe er es selbst wußte.

In der Spielplanstrategie des Leipziger Theaters unter der Leitung von Dr. Schmidt wurde nun vor allem die durch Laube seit langem propagierte und als »bildungsfördernd« drapierte Repertoire-Konzeption durchgesetzt. Die elitäre Auffassung der Jungdeutschen, daß das Volk mittels der Kunst durch die »Gebildeten« auf deren »Niveau« gehoben werden müsse, fand so in der »neuen« Theaterpolitik ihren beredten Ausdruck. Welche Art »Bildung« auf der Bühne verabreicht werden sollte, machte der neue Spielplan ziemlich deutlich. Aber die Rechnung war ohne das Publikum gemacht. Immer mehr Plätze im Zuschauerraum blieben leer, und die Folgen für die Theaterkasse konnten nicht ausbleiben.

Verärgert über das Publikum, meinte Laube, als sich am Ende der Spielzeit erste Anzeichen einer finanziellen Krise bemerkbar machten in unbelehrbarem Trotz, nach seiner Auffassung scheine »ein Rettungsweg in der völligen Beseitigung der Oper« zu liegen. Bezeichnenderweise trennte sich schließlich am 1. Mai 1847 auch Robert Blum schweren Herzens vom Leipziger Theater. Er begründete seinen Entschluß vor allem damit, daß »sich sein bisheriges Amt mit seiner politischen Laufbahn nicht mehr recht vertrüge«.[39]

In den folgenden Jahren geriet das Theater immer mehr in die Krise, und während der 48er Revolution erreichte das Kassendefizit unter Dr. Schmidts Bemühungen um einen Spielplan der politischen Enthaltsamkeit einen solchen Tiefpunkt, daß sein Rücktritt von der Theaterdirektion unvermeidlich wurde.

Überaus sorgenvoll war inzwischen das Leben unseres Komponisten! Es ging letztlich um die Frage der Existenz seiner ganzen Familie, um notwendige Lebens- und Schaffensbedingungen, wie sie unter Ringelhardt einst so schöne Früchte gezeigt hatten.

Doch Lortzing resignierte nicht; und je mehr Zeit ihm jetzt – freilich ungewollt – außerhalb des Theaters blieb, um so rastloser widmete er sich seinen nach wie vor beachtlichen Verpflichtungen im Schiller-Verein und in der »Tunnel«-Gesellschaft.

Inzwischen bereitete der Verein erneut eine Schiller-Ehrung vor. Im Auftrag des Vereinsvorstandes bemühte sich Lortzing im Herbst 1845, persönlich mit Mendelssohn Bartholdy zusammenzutreffen, um von dem Kollegen ein neues Vocal-Quartett für die Schiller-Feier zu erbitten. Da Lortzing bei seinem ersten Besuch vor verschlossener Tür stand, schrieb er schließlich am 26. Oktober 1845 an den Komponisten:

»Verehrtester,
so geht es wenn der Mensch malheur haben soll. Freitag Morgens verfügte ich mich in Ihre Wohnung um zu erfahren – daß Sie vor wenigen Minuten abgereist waren. Mein Besuch betraf die Schillerangelegenheit. Dr. Heller (der sich ihnen bestens empfehlen läßt) eröffnete uns zu unserer großen Freude, daß Sie den erhabenen Gedanken gefaßt, uns mit einer Composition unter die Arme zu greifen, welches mir Herr Konzertmeister David, den ich gestern sprach, bestätigte, ist dem so und sind Sie dessen noch willens? – wenn es noch nicht geschehen *wäre*, so würde ich mir zu proponieren erlauben, ein Quartettchen oder dergleichen, vielleicht für beiderlei Geschlechter und möglichst *ohne* Pianoforte-Begleitung zu componieren, da unser Raum sehr beschränkt ist – etwas Vocales wäre uns am liebsten – am 11ten ist die Aufführung. Gestattet es Ihre Zeit – ich meine der Euripides oder der König von Preußen, so lassen Sie mich gütigst wissen, ob und was wir zu hoffen haben.
Freundlichst grüßend und mit aufrichtiger Hochschätzung

Ihr Albert Lortzing«[40]

Und das Protokoll über die »Beratung des Schiller-Vereins-Vorstandes vom 29. Oktober 1845« vermerkt:
»Lortzing hat die musikalischen Angelegenheiten besorgt, die Thomaner gewonnen und an Mendelssohn geschrieben; ebenso an Reißiger (Richard Wagners Kapellmeister-Kollege an der Dresdener Hofoper und Komponist der Oper *Die Felsenmühle*, deren Ouvertüre im Rundfunk zuweilen heute noch zu hören ist. D.V.) wegen einer Ouvertüre.«[41]

Ein am 30. Oktober geschriebener Brief Lortzings an Mendelssohn Bartholdy läßt vermuten, daß dieser schon ein anderes Werk für die bevorstehende Schiller-Feier vorgesehen hatte; denn Lortzing wendet sich an den Kollegen mit den Worten:

»Geehrter Herr,
wenn gleich nach dem provisorischen Entwurf des Programms zur zeitigen Feier ein Vocal Quartett uns sehr wünschenswert gewesen wäre, so hieße es Ihre Güte mit Undank lohnen, wollte man ein bereits in's Leben gerufenes Werk zurückweisen. Ich werde demnach eine Änderung im Programm treffen und bitte Sie recht sehr uns Ihre Composition möglich bald anhier zu senden, damit ich dieselbe ausschreiben lassen und einstudieren kann. Empfangen Sie im Voraus den Dank der Menschheit durch Ihren ganz ergebenen

Albert Lortzing

PS Heute Abend werde ich mich an Ihren Werken erfreuen.«[42]

Ein Dankbrief Lortzings vom 12. November zeigt dann, daß Mendelssohn Bartholdy schließlich eigens für das Schiller-Fest 1845 das Vocal-Quartett nach dem Gedicht »Die vier Weltalter« von Friedrich Schiller komponiert hat. Lortzing berichtete dem Komponisten über den Erfolg der Aufführung:

»Geehrter Herr!
Ich sage Ihnen im Namen des Schiller-Comittees den herzlichen Dank für Ihre freundliche Bereitwilligkeit, mit welcher Sie zur Verherrlichung der gestrigen Feier beigetragen. Ihr liebliches, von den Damen Bamberg, Günther-Bachmann und den Herren Schneider und Kindermann sehr brav vorgetragenes Quartett fand, wie das nicht anders zu erwarten war, den rauschendsten Beifall und bitte ich schließlich um die Erlaubnis, die reizende Komposition in einem gegen Ende des Monats von mir veranstalteten Konzerte wiederholen zu dürfen.

Ihrer gütigen – wahrscheinlich persönlichen Genehmigung entgegensehend, grüße ich Sie mit bleibender Hochachtung als
Ihr ergebener

Albert Lortzing

Leipzig, den 12. November 1845«[43]

Am 29. November 1845 fand die von Lortzing gewünschte Wiederholung im Rahmen eines »großen Vocal- und Instrumentalconzertes« unter seiner eigenen Direktion im Leipziger Theater statt. Lortzing nutzte die Gelegenheit zugleich, seine am Leipziger Theater nun doch für die kommende Spielzeit geplante UNDINE schon jetzt der Öffentlichkeit bekannt zu machen. So brachte er im zweiten Teil des Konzerts die Ouvertüre der Oper zu Gehör; und einige seiner Kollegen stellten sich dem Publikum mit Gesangsnummern der UNDINE vor. Bemerkenswert ist auch ein Blick auf das Programm des ersten Teils des Konzerts, in dem Lortzing als Dirigent sein Publikum mit der von Hector Berlioz 1844 vollendeten zweiten Ouvertüre zu dessen Oper *Benvenuto Cellini* bekannt machte; sie wurde in Deutschland als Ouvertüre *Römischer Karneval (Le Carnaval Romain)* populär, und ihre Aufführung war 1845 für das Leipziger Konzertleben eine Aufmerksamkeit erregende Novität ersten Ranges.

Hier das Programmverzeichnis des ersten Konzertteils:
»1. Der römische Carneval, Ouvertüre von Hector
  Berlioz (neu)
2. Declamation von Herrn Marr
3. *Der Sänger*, aus Schillers Gedicht: *Die vier
  Weltalter*, als Vocal-Quartett componiert von Felix
  Mendelssohn Bartholdy (neu), gesungen von
  Frl. Bamberg, Frau Günther-Bachmann,
  Herrn Kindermann und Herrn Schneider
4. Arie von Mozart, gesungen von Fr. Strampfer,
  geb. von Ottenburg
5. Declamation von Fr. Günther-Bachmann
6. Erstes Finale aus der Op.: HANS SACHS vom
  Concertgeber.«

Es mag Lortzing wohltuend berührt haben, daß ihm die Theaterkollegen ihre Verbundenheit sichtbar bekundeten, indem sie an der künstlerischen Gestaltung des Programms unentgeltlich mitwirkten, mit Ausnahme des Orchesters, von dem sich nur der Violin-Virtuose Ferdinand David an der Solidaritätsaktion des Ensembles für den entlassenen Lortzing beteiligte, die für Lortzing ein freundschaftliches »Geschenk« von 270 Talern einbrachte.

»Deutschland läßt seine Komponisten nicht verhungern, habe ich doch wenigstens auf ein paar Monate wieder zu leben!!!«[44] bemerkte der aus dem Theater Verjagte, nicht ohne Sarkasmus, kurz danach in einem Brief an Philipp Reger – verbittert ob seiner entwürdigenden Lage, zugleich aber auch dankbar für die wohlgemeinte »Spende« seiner ehemaligen Kollegen.

Die Familie konnte sie gut gebrauchen, denn inzwischen bedrückte den Stellungslosen die Sorge um die nackte Existenz geradezu beängstigend. Schon saß der Meister wieder – wie einstmals in den Wanderjahren von Breslau bis ins Rheinland – in seiner nun übermäßig vorhandenen »Freizeit«, oft von früh bis spät, vor einem Packen von Noten und Notenpapier – nicht etwa, um zu komponieren, sondern um gegen ein jämmerliches Entgeld fremde Kompositionen zu k o p i e r e n. Der Komponist sah sich dazu verdammt, in ermüdender Kleinarbeit zu Opern aus fremder Feder alle Orchester- und Gesangsstimmen für ein beschämendes »Handgeld« auszuschreiben.

Aber damit war auf die Dauer die Existenzfrage nicht zu lösen. Was also tun? An irgendeine »Schmiere« gehen oder sich und die Familie durch Gastspiele als Sänger oder Komiker durchschlagen und wieder ein unstetes Wanderleben – wie die Eltern früher – führen? Oder vielleicht doch das Angebot Pokornys annehmen, nach Wien gehen?

Die Ersparnisse des stellungslosen Kapellmeisters und Komponisten schmolzen schnell dahin. Und so erschien ein Gastspiel als Dirigent seiner Oper UNDINE in Ballenstedt immerhin als ein Lichtblick in der Düsternis des bedrückenden Alltags.

Doch schließlich mußten selbst die in einigen Wertpapieren angelegten, aus früheren Honoraren und Tantièmen stammenden »Rücklagen« angegriffen werden; denn – so Lortzing in einem Brief gegenüber Düringer:

»... man muß hin und wieder ein Papierchen – in besseren Zeiten gewonnen – versilbern, das tut wehe; indessen es muß sein, denn woher nehmen und nicht stehlen!

Die Mitglieder der Bühne verehrten mir ... bei solennem Mahle einen silbernen Lorbeerkranz ... Ich denke dabei an deinen, den du von hier mitgeschleppt – das waren noch Zeiten – ach lieber Bruder! ...«[45]

Anfang März des folgenden Jahres erhielt die Familie aus Berlin die Nachricht, daß Onkel Johann Friedrich in Berlin seinem lange mit großer Geduld ertragenen Leiden erlegen war. Lortzing fuhr nach Berlin, um dem Verstorbenen bei der Beerdigung einen letzten Gruß zu entbieten. In Berlin wurde dem »armen Musikus« eröffnet, daß ihn der ihm stets wohlwollend gesonnene Onkel außer anderen Hinterbliebenen der Familie in seinem Testament mit einem Legat von 1 500 Talern bedacht hatte. Und so kehrte Lortzing denn ganz unerwartet mit seinem – wenn auch nicht überwältigenden, jedenfalls aber höchst willkommenen – Erbteil zur dankbaren Familie in Leipzig zurück. Dennoch blieb die bange Frage, wie denn auf weitere Sicht alles werden solle.

Der größte Trost für Lortzing in seiner deprimierten Verfassung war die ihn umgebende Liebe Reginas, der Kinder und der guten alten Mutter. Besondere Freude hatte die ganze Familie an dem jüngsten Sprößling, den die Eltern auf die Namen Philipp, Viktor, Ferdinand, Johannes – mit dem Rufnamen Hans – hatten taufen lassen. »Hänschen« war dem Vater, wie er bekannte, »ein Labsal in allem«. Um so bitterer mußten es die Lortzings empfinden, ihre Kinder jetzt in geradezu ärmlichen Verhältnissen aufwachsen zu sehen und die nun offen zutage tretende Existenznot des Elternhauses, trotz aller Mühe, vor ihnen nicht verbergen zu können.

Wenigstens gab dem bekümmerten Familienvater der nach wie vor anregende Verkehr mit den noch in Leipzig verbliebenen engsten Freunden aus dem »Tunnel« und dem Schiller-Verein einigen Mut.

Vor allem fand Lortzing in seinen Freunden Herloßsohn und Blum einen starken, selbstverständlichen moralischen Halt. Seit den politisch brisanten Leipziger Ereignissen vom 12. August 1845 war Robert Blums Popularität und seine Autorität in der oppositionellen Bewegung außerordentlich gestiegen.

Am 12. August protestierte die Leipziger Bevölkerung in einer Massendemonstration gegen die Verfolgung der oppositionellen deutsch-katholischen Bewegung durch die sächsischen Behörden. Die deutsch-katholische Bewegung, in der auch Robert Blum eine maßgebliche Rolle spielte, erfaßte sowohl Teile des katholischen Bürgertums als auch des Kleinbürgertums. Ihre Anhänger lehnten die als anmaßend empfundene Oberhoheit eines als unfehlbar geltenden römischen Papstes, die noch immer geübten herkömmlichen Riten als kirchliche Instrumente zur Massenbeeinflussung und zur Konservierung fortschrittsfeindlichen Aberglaubens ab. Die Deutsch-Katholiken gehörten zur politischen Opposition.

Die Massendemonstration richtete sich gegen eine Militärparade in Leipzig vor dem als stockreaktionär bekannten katholischen Kronprinzen Johann von Sachsen. Das Militär nahm dies zum Anlaß, durch einen Feuerüberfall ein blutiges Gemetzel zu veranstalten. Dies geschah kaum ein Jahr nach dem Aufstand der schlesischen Weber vom Sommer 1844 in Langenbielau und Peterswaldau. Der Vormärz-Dichter Ferdinand Freiligrath verfaßte gleich nach dem 12. August 1845 im Gedenken an die Opfer des Leipziger Gemetzels einen flammenden Protest gegen die Reaktion in seinem »Lied von der Leipziger Bartholomäusnacht«.

Blum begriff die Leipziger »Bartholomäusnacht« als eine freche Provokation der Reaktion, die die Bevölkerung leicht zu gefährlicher Unbesonnenheit verleiten konnte. In nüchterner Erkenntnis, daß die damalige Situation angesichts des bestehenden Kräfteverhältnisses einen offenen Aufstand noch nicht zuließ, weiteres Blutvergießen und eine vernichtende Niederlage für die oppositionelle Bewegung aber vermieden werden mußte, machte er sich zum beredten Sprecher der Demonstranten. An der Spitze der erregten Massen zog Blum zum Rathaus, wo er mit einer Volksdeputation dem Rat der Stadt Leipzig die Forderungen der Bevölkerung präsentierte. Für die gefallenen Opfer hielt er bei der feierlichen Aufbahrung eine ergreifende Rede.

Lortzing machte aus seiner Parteinahme für Blum kein Hehl. Mit Blick auf den Schauspieler Baudius, einen reaktionären Befürworter der blutigen Niedermetzelung demokratischer Oppositioneller in der Leipziger »Bartholomäusnacht«, schrieb Lortzing an Reger am 4. September 1845: »Er lobt die österreichische Regierung über die Maßen und hat sich bezugs der blutigen Auftritte vom 12.August ... hier ganz auf die Seite der Aristokraten geschlagen. Er ist und bleibt ein inkonsequenter Schweinehund.«[46]

Ende des Jahres 1845 wurde Robert Blum durch das Vertrauen der Leipziger Wähler als Stadtverordneter berufen. Damit vergrößerte sich sein politischer Wirkungskreis. Je mehr sich Blum politischen Verdächtigungen und Verfolgungen ausgesetzt sah, desto offenkundiger schlug ihm in breiten Schichten der Bevölkerung eine Welle der Sympathie entgegen.

Zu Ende des Jahres 1844 übermittelte Lortzing seinem Freund Reger in einem Brief die bittere Nachricht: »Blum muß eines Aufsatzes wegen (in den »Vaterlandsblättern«) brummen – vier Wochen.«[47]

Am 28. Januar wurde in einer Direktorialsitzung des »Tunnels« der Beschluß gefaßt, »Herrn Robert Blum, der sich ... bei vielen Gelegenheiten mannigfache Verdienste um den ›Tunnel‹ erworben hat, zum Ehrenmitglied« zu ernennen. Und in dem entsprechenden Ernennungsschreiben hieß es: »Indem wir uns der Hoffnung hingeben, daß Sie diesen Beweis unserer Hochschätzung und Freundschaft nicht verschmähen werden, bitten wir Sie, unserem Kreis recht oft durch Ihre Gegenwart zu erfreuen.«[48]

Im Schiller-Verein hingegen spitzten sich inzwischen die Widersprüche innerhalb der unterschiedlichen oppositionellen Gruppierungen der Mitglieder weiter zu. Es gab unter den Vereinsmitgliedern volksferne und monarchistenfreundliche Leisetreter, die bereit waren, sich im politischen Leben eher opportunistisch als oppositionell zu verhalten. So war es nicht verwunderlich, daß Blum bei den progressiven Kräften des Vereins zunehmend an Sympathie gewann und seinen Einfluß weiter verstärken konnte.

Bezeichnend für die politische Aversion vieler Mitglieder gegenüber Laube und die Skepsis gegenüber dessen Ansichten ist eine vom Direktionsmitglied Dr. Haubold unterzeichnete Aktennotiz im Protokoll des Vereins vom 8. November 1844, wo wir lesen: »H. Friese las ein an Blum gerichtetes Schreiben vor, worin der Vorstand sein Bedauern darüber ausdrückt, daß Laube anstatt Blum einen Vortrag halten werde. Friese trug daher darauf an, daß Laube seinen Vortrag in einer Probe vorlesen solle, womit die Anwesenden einverstanden waren ...«[49]

Robert Blum war praktisch der politisch-geistige Kopf des Schiller-Vereins, der am Vorabend der 48er Revolution immer stärker den Charakter einer offensiven, konsequent-demokratischen Organisation annahm.

Auch für die Schiller-Feiern im November 1845 war wiederum Robert Blum als Hauptredner vorgesehen. Im Protokoll der Beratung des Vereinsvorstandes vom 29. Oktober 1845 ist des weiteren vermerkt, daß im Rahmen des Programms der bevorstehenden Feier unter anderem ein Auftritt des Thomanerchors sowie Darbietungen von Kompositionen Mendelssohn Bartholdys und Reißigers vorgesehen sind.[50] Auftragsgemäß hatte Lortzing auch diesmal das musikalische Programm umsichtig vorbereitet und die beiden im Protokoll genannten Komponisten für einen Beitrag gewinnen können.

Inzwischen sah Lortzing bei reiflichem Abwägen aller denkbaren Umstände den einzigen Ausweg aus der fortdauernden Misere in der Annahme eines Engagements an Pokornys Theater in Wien.

Einen letzten Anstoß für den endgültigen Entschluß, nach Wien zu gehen, gab ein erneuter Besuch Pokornys in Leipzig im Februar 1846, der zur Wiederaufnahme der begonnenen Verhandlungen und definitiven Absprache mit Lortzing führte, in deren Ergebnis er den angebotenen Vertrag akzeptierte und schließlich unterschrieb. Zugleich verpflichtete sich der Komponist, dem Wiener Theaterchef gegen Zahlung von 800 Gulden die inzwischen in Angriff genommene Oper DER WAFFENSCHMIED zu überlassen und sie in Wien auch selbst zu dirigieren.

Bitter waren die Erfahrungen der letzten Jahre in Leipzig gewesen. Doch konnte Lortzing ungeachtet dessen als Künstler auf ein überaus erfolgreiches Schaffen und Wirken in den vergangenen zehn Jahren zurückblicken. Nicht nur als Opernkomponist, sondern auch in anderen musikalischen Gattungen und Genres hatte Lortzing inzwischen eine beachtliche kompositorische Produktivität entwickelt. Von seinen Instrumentalwerken gelangten bisher mehrere Konzert-Ouvertüren zur Aufführung; darunter die 1821 entstandene, leider verschollene OUVERTÜRE ALLA TURCA, die 1825 gespielte, im Druck jedoch nicht erschienene JUBEL-OUVERTÜRE über den Dessauer Marsch sowie die inzwischen verschollene OUVERTÜRE IN G-DUR. Verschollen ist auch eine POLLACA. Unveröffentlicht blieben der 1838 entstandene WARME-WEECHE-BREZEL-WALZER und ein POTPOURRI für Klappenhorn mit Motiven aus Aubers *Fra Diavolo*.

Zahlreich sind die Lieder und Chöre, die Lortzing zu den verschiedensten Anlässen, sozusagen »nebenbei«, komponierte und die bis in seine letzte Schaffensperiode hinein zu belegen sind; hier fallen besonders Kompositionen zu Versen von Schiller, Geibel, J. N. Vogl, Vincke, Bürger, Bube, Körner, G. R. Drobisch und Béranger sowie zahlreiche eigens für den »Tunnel« komponierte Lieder, aber auch Kompositionen zu Szenen aus Goethes *Faust, 2. Teil*, auf. Zahlreich sind die Verlage in Leipzig, Berlin und Wien, die schon zu Lebzeiten Lortzings Liedvertonungen gedruckt herausgaben. Zeitlebens hat Lortzing auch spezifische Theatergesänge und Bühnenmusiken geschrieben. Unter den uns nur noch als Autograph überkommenen Einlagen sind heute u. a. Kompositionen zu F. H. Himmels *Fanchon*, zu Joseph von Auffenbergs Bühnenstück *Der Löwe von Kurdistan* (1831), zu verschiedenen Possen Nestroys und Bäuerles sowie zu dem dreiaktigen Bühnenstück *Die drei Edelsteine* von R. Benedix völlig vergessen, während die Musik zu verschiedenen anderen Bühnenstücken verschollen ist. Als Autograph ist noch eine *Schlacht-Ouvertüre* zu Kotzebues *Graf Benjowski* überliefert. Bei Breitkopf & Härtel erschien auch eine von Lortzing komponierte Einlage zur Oper *Die Dreizehn* von Halévy. Ein Kanon und verschiedene Quodlibets schließen den Kreis des vielfältigen kompositorischen Schaffens jener Jahre. Ganz unbekannt geblieben sind die nur handschriftlich überlieferten Kompositionen des Reiterliedes aus Schillers *Wallenstein* und ein Männerchor WILLKOMMEN, O HOLDE WONNEZEIT. Nur für den »Tagesgebrauch« bestimmt waren solche Lieder wie LIEB UND LEBEN, MAN PREISET MICH ALS REICHEN MANN oder das Ständchen SCHLUMM'RE RUHIG, LIEBES LEBEN. Vergessen sind auch die von Albert Lortzing komponierten zweistimmigen Gesänge ZU DEN ZEITRÄUMEN, GLORIA IN EXELSIS, ein Trinklied SCHENKT EIN, ES LEBE DER WEIN und ein Duett für Sopran und Baß mit dem Titel JUBELHOCHZEIT. Zu erwähnen ist unter den späteren Kompositionen Lortzings die nur handschriftlich vorhandene Vertonung eines Chorals DIE MÖNCHE (Sanctus Dominus Deus Zebaoth). Ein noch in der frühen Leipziger Zeit entstandenes musikalisches und textliches Arrangement des *Elisabethen-*

Walzers von Johann Strauß (Vater) bekundet Lortzings Verehrung für diesen Altmeister des Wiener Walzers. Als Vokaltext von Lortzing wirksam eingerichtet, stand diese Komposition im »Tunnel« nicht selten auf dem Programm der Veranstaltungen. Heute ist auch sie vergessen. Erneute Popularität erlangte von den Vokalkompositionen Lortzings nach 1945 allein sein in der Revolution 1848/49 entstandenes Lied nach einem Text von Albert Mödinger mit den Anfangsversen:

»Der deutschen Jugend gilt mein Lied,
die tief für alles Hohe glüht ...«

7. NACH WIEN! – EIN GEWAGTER SCHRITT
(1846–1848)

*»... ein Schwert, nur dem Guten geweiht –
das wär' eine köstliche Zeit!«*
AUS DER WAFFENSCHMIED

»Wenn Rechtlichkeit käme als Waffenschmied ...«

Schweren Herzens trat Lortzing im April 1846 seine Reise nach Wien an. Die Hoffnung, als Komponist und Kapellmeister an dem weithin bekannten Theater an der Wien wirken zu können, machte ihm Mut. Und dennoch. Was würde ihn in Wien, in der alten »Reichsstadt« der Habsburger Donaumonarchie erwarten? In Wien, wo sich der »väterliche« Despotismus Metternichs besonders übel bemerkbar machte, herrschte politisch ein wesentlich ungünstigeres Klima als im vertrauten Leipzig. Aus Wien war seinerzeit Carl Herloßsohn nach Leipzig gekommen in der Hoffnung, in den liberalen Gefilden der sächsischen Messestadt dem unmittelbaren Zugriff Metternich'scher politischer Praktiken entzogen zu sein.

Und in der Tat; nur zu bald sollte Lortzing bestätigt finden, daß Wien in mancherlei Beziehung einem Vergleich mit Leipzig nicht standzuhalten vermochte. Der von ihm in der Folgezeit immer wieder so bitter beklagte Tiefstand des geistig-kulturellen Klimas an der »schönen blauen Donau« reflektierte im Grunde die verrotteten gesellschaftlichen Zustände, die Metternichs reaktionäre Politik seit 1815 im österreichischen Viel-Völkerstaat und seinem politischen Machtzentrum Wien bewirkt hatte. An Revolution dachte damals, zumindest in Wien, noch kaum jemand, wenngleich dem aufmerksamen Beobachter nicht entgehen konnte, daß unter der Oberfläche scheinbarer Ruhe oppositionelle Regungen sich hier und da verstärkt bemerkbar machten; und vielleicht sogar am augenscheinlichsten auf der Bühne des Leopoldstädtischen Theaters und am Theater an der Wien. Durch die hier in den 30er und 40er Jahren aufgeführten gesellschaftskritischen, possenhaften Lustspiele des im selben Jahr wie Albert Lortzing geborenen Johann Nepomuk Nestroy erlebten die Wiener im Theater eine treffsichere Verspottung aller »Stützen der Gesellschaft«, des verrotteten Adels ebenso wie des überwiegend verspießerten Bürgertums. Eine Verpflichtung an das Theater an der Wien hatte Lortzing an eine traditionsreiche Schaubühne geführt, wo angriffslustige Komik im Kostüm einer Posse politisch gezielt traf, deren Urheber – trotz aller Zensoren- und Demagogenschnüffelei – kaum »dingfest« zu machen waren.

Mit der zeitkritischen Komik seiner musikalischen Lustspiele war Lortzing seit der Mitte der 30er Jahre ebenfalls jenen »Stützen der Gesellschaft« und ihrem spießbürgerlichen Anhang zu Leibe gerückt. Und es war gewiß ein glücklicher Umstand, daß sich Lortzing nach der UNDINE mit seinem neuen Opernprojekt, dem WAFFENSCHMIED, wieder einem Lustspiel zuwandte, das ihm vor allem Möglichkeiten zu unmittelbaren politischen, gesellschaftskritischen Anspielungen bot.

Freilich – vielleicht auch, um zunächst das für ihn fremde Terrain der Wiener Theaterszene besser sondieren zu können – wäre Lortzing ein Debüt mit UNDINE lieber gewesen, zumal sich inzwischen seine Erwartungen, die er in diese Oper, vor allem nach den Erfolgen in Magdeburg und Hamburg, gesetzt hatte, auch in Aufführungen anderenorts bestätigen sollten. Bei einem Gastdirigat seiner UNDINE am 28. Januar 1846 in Ballenstädt war der Komponist enthusiastisch gefeiert worden; auch der neue Theaterdirektor in Leipzig, Dr. Schmidt, konnte Lortzings Oper dem Publikum schwerlich länger vorenthalten. Am 4. März desselben Jahres fand die Leipziger Erstaufführung unter großem Beifall der Theaterbesucher statt.

Mit Genugtuung konnte der Komponist, diesmal als Gastdirigent an seiner einstigen Wirkungsstätte, seinem Freund Reger von einem so überzeugenden Erfolg dieser Oper berichten, »daß jedes Mal das Haus überfüllt war; also die erste neue Oper unter der neuen Direktion, welche einschlug!«[1]

Es sollte während der Zeit seiner Theaterdirektion übrigens Dr. Schmidts erster und zugleich auch letzter Erfolg mit einer Opernnovität in Leipzig bleiben. Überzeugt von der nachhaltigen Wirkung seiner UNDINE schrieb Lortzing seinem Freund Reger zuversichtlich:

»Also diese Oper, von der ich in ihrer jetzigen Gestalt des guten Erfolges gewiß bin, habe ich dem Wiener Direktor vorgeschlagen, auf alle Vorteile, welche er mir bei der neuen gewähren wollte, verzichtend; ich zweifle jedoch, daß er darauf eingehen wird, da die Zeit zu kurz ist, um die nötigen Vorbereitungen zu treffen ...«[2]

Entgegen den Wünschen Lortzings beharrte Pokorny, wie schon befürchtet, auf einem Debüt des Komponisten als Gastdirigent mit seinem neuen Werk DER WAFFENSCHMIED. Die Arbeit an der Partitur dieser Oper war inzwischen abgeschlossen und die Aufführung für Ende April geplant. Als Lortzing in Wien eintraf, sah er allerdings, daß die längst verabredeten Einstudierungsvorbereitungen gerade erst begonnen hatten. Wegen eines unverhofften Gastspiels der damals bekannten und als »schwedische Nachtigall« gefeierten Jenny Lind am Theater an der Wien hatte Pokorny den Spielplan kurzerhand umgestellt, so daß sich durch notwendige Proben der Termin der Erstaufführung des Werkes bis Ende Mai hinzog. Endlich, am 30. Mai, war es soweit. DER WAFFENSCHMIED konnte und mußte nun in Lortzings neuer Lage seine besonders wichtige erste Bewährungsprobe bestehen.

Grundlage des Librettos der neuen Oper ist das am 28.9.1790 am Wiener Burgtheater zum erstenmal aufgeführte Bühnenstück *Liebhaber und Nebenbuhler in einer Person* von F. W. Ziegler. Vor Lortzing hatten schon andere Komponisten – nicht ohne Erfolg – diese Vorlage benutzt. Der als Komponist des *Donauweibchens* bekannt gewordene Ferdinand Kauer brachte seinen *Waffenschmied* als »komische Oper in zwei Aufzügen nach Ziegler« 1797 im Leopoldstädtischen Theater auf die Bühne, und Josef Weigl komponierte zu einer Textbearbeitung des gleichen Stoffes durch den Italiener Luigi Romanelli eine italienische Oper *Il rivale di se stesso*, die 1811 am Dresdner Hoftheater uraufgeführt wurde.

Lortzing hat das ziemlich hausbacken anmutende Sujet der Zieglerschen Vorlage, die an die damals gängigen

»deutschen Familienstücke« eines August Wilhelm Iffland oder Friedrich Schröder erinnert, gründlich verändert. Er straffte geschickt die vorgegebene Struktur des Stückes, um vor allem den gesellschaftsbezogenen Handlungskern herauszustellen.

In Lortzings Oper wird, im Gegensatz zu Zieglers Lustspiel, der Waffenschmied und Tierarzt Stadinger nicht nur Titelfigur, sondern auch zum eigentlichen Gegenspieler in der Intrige des liebeshungrigen jungen Grafen, der um dessen Tochter wirbt, aber offenbar nur auf listenreichen Umwegen zum Erfolg kommen kann.

Stadinger, der selbstbewußte, in Worms geachtete Bürger, kehrt hier entschieden den herkömmlichen Standpunkt zur Frage einer etwaigen Mesalliance um. Ihm erscheint für seine Tochter Marie eine solche eheliche Verbindung alles andere als schmeichelhaft oder gar erstrebenswert. Hieraus entwickelt sich der Hauptkonflikt der Handlung; aus ihm leitet sich sowohl die demokratische Grundhaltung des bürgerlich-selbstbewußten Titelhelden als auch die mehr oder weniger parodistisch akzentuierte Physiognomie der aristokratischen oder spießbürgerlichen Gegenspieler ab. Graf Liebenau kann sich Marie als Brautwerber nur nähern, wenn er seinen Adelstitel bei Vater und Tochter verleugnet. Marie selbst ahnt nicht, daß ihr »Konrad« ein verkleideter Graf ist. Dieser meint, sie unerkannt prüfen zu müssen. Er plant, seiner Marie als »Ritter« zu erscheinen. »Bei nächt'gem Dunkel« taucht er auf, um alle Register seiner Verstellungskunst zu ziehen, damit Marie auf jeden Fall die Identität des Ritters und des Schmiedegesellen verborgen bleibt.

Der abweisend-zurückhaltenden Marie spielt der Graf emphatisch klagend »Schmerz und Enttäuschung« vor. Der liebeshungrigen, altjungferlichen »Erzieherin« Irmentraut ist natürlich unbegreiflich, wie man den »Ritter«, also einen Mann »von Stand«, ausschlagen kann. Andererseits kann sie aber – als sitzengebliebenes »Mauerblümchen«, natürlich »immer noch im besten Alter« – im Grunde die Männer allesamt schon lange nicht mehr leiden:

»Welt, du kannst mir nicht gefallen,
hast dich förmlich umgekehrt.
Von den heut'gen Männern allen
ist doch keiner etwas wert ...«

Irmentrauts Arie ist ein Glanzstück der Lortzingschen Kunst musiktheatralischer Parodie.

Ganz anders erscheint uns die musikalische Physiognomie der jungen Marie. In ihr begegnet uns ein an Lauterkeit und Anmut wohltuendes Pendant zu der spießig plappernden Schwätzerin. Freilich ist ihr Herz, oder eher vielleicht ihr Verstand, von den Verlockungen und Schmeicheleien des »Ritters« nicht ganz unberührt geblieben. Aber das Herz, die Liebe zu dem Schmiedegesellen Konrad bleibt letztlich doch unangefochten, denn:

»Er ist so gut, so brav und bieder,
Sein redlich Herz find't man nicht mehr –
Wie er, beglückt mich keiner wieder –
Und wenn's der König selber wär'!«

Doch noch ist aller Kummer nicht ausgestanden. Und nur zu bald hat Marie allen Grund zu dem sich musikalisch deutlich akzentuierten Stoßseufzer: »Wir armen, armen Mädchen ...«

Erst als sich Maries Vater angesichts der »Gewaltandrohung« des Ritters Liebenau in die Enge getrieben sieht und von den Bürgern im Stadtrat, die ihm zum Nachgeben raten, im Stich gelassen glaubt, gibt er klein bei; allein zu kämpfen ist aussichtslos. Und so wird in Hans Stadinger die Erinnerung an seine Jungendzeit wieder wach, in der er »an Mut wie an Hoffnungen reich« gewesen war. Und unter direkter Anspielung auf den Deutschen Bauernkrieg erinnert sich der Meister:

»Wenn ehedem irgend ein Ritter gewagt,
Das Volk gar so hart zu bedrohn,
Da wurde nicht lang' processiert und geklagt,
Man sprach aus 'nem anderen Ton:
Denn wurden der Kummer und Jammer zu laut,
So wehrte man sich mit dem Schwert seiner Haut.
Es wurde barbarisch gebläut!
Das war eine köstliche Zeit,
Das war eine köstliche Zeit.«

Lortzing gibt als Zeit des Handlungsgeschehens ausdrücklich das 16. Jahrhundert an. Der politische Standort Stadingers äußert sich hier also eindeutig: Er denkt zurück an die Zeit des Bauernkrieges von 1524 bis 1525.

Ebenso unüberhörbar war für das Publikum die ironisierende Anspielung auf die bei den Herrschenden auch in Österreich anzutreffende Verquickung von Geistlosigkeit und Macht, wenn Stadinger – von der Sagenwelt ausgehend – beziehungsvoll sinniert:

»Einst gab es noch Schätze, von Geistern bewacht,
Und manchem verwegenen Fant,
Der mutig hinausging in finsterer Nacht,
Kam Reichtum und Glück in die Hand.

Da hatten die Geister noch Geld im Haus
Und liehen es ohne Prozente aus,
Der Geist war nicht arm, so wie heut;
Das war eine köstliche Zeit!«

Die diesem Wortspiel immanente Kritik konnte einem aufmerksamen Publikum kaum entgehen, bot jedoch durch die parabolische »Verkleidung« der offiziellen Zensur kaum Angriffspunkte. Mit harmlos-privat erscheinenden Reminiszenzen in anderen Strophen des Liedtextes, den sich Lortzing wieder von Düringer hatte schreiben lassen, schlug der Meister der allgegenwärtig lauernden Zensur ein Schnippchen; um so mehr, wenn er schließlich, unter offenkundig aktuellem Zeitbezug, den Waffenschmied in seiner letzten Strophe singen läßt:

»Wenn's wieder so würde, wie einstens es war,
Wo das Schwert nur für Recht sich erhob,
Wo geschlagen im Kampfe, die sündige Schar
Wie Spreu vor dem Winde zerstob;
Wenn Rechtlichkeit käme als Waffenschmied
Und schlüg' auf den Amboß, von Glut umsprüht,
Ein Schwert, nur dem Guten geweiht –
Das wär' eine köstliche Zeit!«

Stadingers eindeutiges »Selbstbekenntnis« kristallisiert sich als der eigentliche ideelle Kern des hinter scheinbar harmlosem Verkleidungs- und Verstellungsspiel versteckten Grundanliegens der Komödie heraus. Die dem Stadinger-Lied folgende und den Meister überrumpelnde Aufklärung des ritterlichen Komplotts zur »friedlichen« Eroberung der Bürgerstochter ist mehr oder weniger nur noch der alle Dissonanzen auflösende illusionäre »harmonische

Schlußakkord« einer glücklichen Vermählung des jungen Paares. Mit der abschließenden wiederholten Beteuerung des Grafen, daß er für Marie und ihre Liebe »gern Glanz und Reichtum hingäbe«, entläßt Lortzing sein Publikum. Er überläßt es dem gewitzten Hörer, sich darauf seinen eigenen Reim zu machen.

Im Volksmund wurden zu »geflügelten Worten«: aus Stadingers Lied »Auch ich war ein Jüngling mit lockigem Haar« der Refrain »Das war eine köstliche Zeit«, sowie Georgs Credo »Man wird ja einmal nur geboren«, Maries Klage »Wir armen, armen Mädchen sind gar so übel dran«, Irmentrauts Gejammer »Welt, du kannst mir nicht gefallen ...« oder Liebenaus Beteuerung »Gern gäb' ich Glanz und Reichtum hin«; selbst Stadingers Bemerkung »... da will ich einen Riegel vorschieben« ist längst eine in die Umgangssprache eingegangene Redewendung.

Wie sehr sich die im WAFFENSCHMIED persiflierten Stützen der damaligen Gesellschaft getroffen fühlten und wie gut sie und ihre Nachfahren die politische Tendenz des Stadinger-Liedes begriffen haben, macht eine einfache Tatsache deutlich: In der Theaterpraxis wurden »traditionsgemäß« die Strophen 2 bis 4 sowie die Strophen 6 und 7, die direkt auf die politisch-gesellschaftlichen Verhältnisse anspielen, gestrichen. Was blieb, war ein verstümmelter Rest des nun zu einer rührselig-spießigen Rückschau auf »die gute alte Zeit« umfunktionierten Liedes. Von da aus war nun der Schritt nicht weit, Lortzing selbst zu einer Art Synonym für Biedermeierlichkeit und damit verbundene Lebensfremdheit und politische Abstinenz zu erklären. Dies lag, vor allem nach der Jahrhundertwende, ganz im Sinne vorherrschender und weit verbreiteter Bestrebungen, die Erinnerung an jedwede revolutionär-demokratische Tradition in der deutschen Geschichte, vor allem an den deutschen Vormärz bis hin zum »tollen Jahr« 1848, einfach auszulöschen und die progressiven geistig-kulturellen Leistungen jener Zeit entweder zu verleugnen oder aber zu verharmlosen.

»Lortzing-Pfleger«
in Biedermannsmaske

Maßgebliche Vertreter der professionellen Kulturgeschichtsschreibung begannen um 1900, die politisch brisante Vormärz-Zeit in »heimelich«-schimmerndem Licht einer vorgeblich »guten alten Zeit« zu betrachten und die 48er Revolution als Teufelswerk ausländischer Verschwörer zu diffamieren.

Zunächst bot die ursprünglich durch den Schriftsteller Ludwig Eichrodt mit durchaus kritischem Blick ins Leben gerufene Figur des »Herrn Biedermaier« – als Synonym für Spießbürgerlichkeit, politische Ignoranz und absolute Beschränktheit der Lebensauffassung – um die Jahrhundertwende etlichen Kulturwissenschaftlern eine praktikable Handhabe für die Bezeichnung einer entsprechenden Innenraum-und-Möbelkunst der 20er und 30er Jahre des 19. Jahrhunderts. Man sprach vom »Biedermaierstil« – bald immer häufiger mit »e« geschrieben –, mit dem die Vorstellung von besonderer Zweckmäßigkeit und Einfachheit bürgerlichen Interieurs nach 1815 verbunden wurde. Bald wandte man diese »Stilbezeichnung« dann in der Malerei auf jene kleinen Genrebilder aus der ersten Hälfte des 19. Jahrhunderts an, deren Sujet die Illusion einer problemlosen Idylle jener Epoche zu bestätigen schien. Hier wurde bevorzugt der durch seine Genrebilder mit ihren liebenswerten und wohlwollend bespöttelten Kleinbürgertypen berühmt gewordene, 1808 in München geborene Maler Carl Spitzweg als willkommener Kronzeuge für den philiströsen Geist einer ganzen Epoche beschworen.

Nur zu gern übersah man dabei die hinter scheinbarer Kleinbürger-Idylle versteckten kritischen Züge seiner Bilder aus dem deutschen Spießbürgerleben, auf denen uns, mit pointierter Ironie gestaltet, all die geradezu sprichwörtlich gewordenen »Spitzwegschen Figuren«, die schrulligen Käuze und komischen Philister, die subalternen Beamten und weltfremden Sonderlinge begegnen. Ihnen – und manche von ihnen scheinen den komischen Typen in Lortzings Opern nicht unähnlich – widmete der demokratisch gesinnte Maler mit klugem Humor und feiner Beobachtungsgabe seine besondere Aufmerksamkeit. Seit der Gründung der politisch engagierten Karikaturen-Zeitschrift »Fliegende Blätter« gegen Ende des Jahres 1844 sind dort zum Ergötzen eines aufgeschlossenen, sich schnell erweiternden Leserkreises viele humorvoll-spöttelnde Zeichnungen Spitzwegs erschienen.

Doch es dauerte nicht lange, bis den ursprünglich für die Möbelkunst kreierten und von den Kunstwissenschaflern für die bildende Kunst usurpierten Begriff des »Biedermeierstils« auch die offizielle Literaturwissenschaft als literaturgeschichtliche und künstlerisch-ästhetische Kategorie für sich beanspruchte. Nun bedurfte es nur noch eines kleinen spekulativen Schrittes, um den Terminus »Biedermeier« geradezu in die Wesensbestimmung einer ganzen geschichtlichen Periode umzufunktionieren und den Vormärz einfach als »Biedermeierzeit« zu deklarieren.

Ursprünglich verband sich mit dem schon in früheren Jahrhunderten gebräuchlichen Begriff des »Biedermannes« die Kennzeichnung eines geraden, aufrichtigen, bescheidenen, aber durchaus wackeren Charakters. In den 40er Jahren des 19. Jahrhunderts, als sich große Teile der Bürgerklasse mit den bestehenden Verhältnissen zu arrangieren suchten, erfuhr das Bild des »Biedermannes« in dem satirischen Gedicht des Vormärz-Dichters Ludwig Pfau, »Herr Biedermeier, Mitglied der besitzenden und gebildeten Klasse«, eine ironisierende Korrektur durch gezielte Persiflage auf heuchlerisches Philistertum der sogenannten »feinen Leute«. Schließlich hat dann Ludwig Eichrodt seit 1855 in den »Fliegenden Blättern« mit seinen Biedermeier-Gedichten jenes Synonym für philiströse Engstirnigkeit und Lebensfremdheit geprägt, das uns bis heute geläufig ist.

Daß diese spießig-skurrile Gestalt zum Prototyp einer ganzen Epoche werden konnte, war letztlich einer närrischen Studentenlaune zu verdanken. Der Arzt Adolf Kußmaul und sein Freund Ludwig Eichrodt hatten sich bei ihrem literarischen »Biedermaier-Unternehmen« in den »Fliegenden Blättern« der ihnen zufällig in die Hände gefallenen poetischen Ergüsse eines kauzigen Schulmeisters bedient, der die Früchte seines Fleißes unter dem nachstehenden, umständlichen Titel veröffentlichen konnte: »Die sämtlichen Gedichte des alten Dorfschulmeisters Samuel Friedrich Sauter, welcher anfänglich in Flehingen, dann in Zaisenhausen war und als Pensionär wieder in Flehingen wohnt. Mit zwei Abbildungen. Auf Kosten des Verfassers. Karlsruhe; in Commission bei Creuzbauer und Hasper. 1845.«

Die aus der Sicht der Erfahrungen der 48er Revolution und im Rückblick auf den Vormärz ungewollt komisch wirkenden und geradezu als Inkarnation philiströser Denkungsart empfundenen Gedichte Sauters erschienen Kußmaul und Eichrodt geeignet, teils original, teils modifiziert in einer satirischen Zeitschrift veröffentlicht zu werden. Hatte Viktor von Scheffel zuvor schon – mit einem mehr freundlichen als derb geißelnden Seitenhieb auf das Philistertum – des »Biedermannes Abendgemüthlichkeit« und »Bummelmeiers Klage« in Versen besungen, so nannte Eichrodt seinen fingierten Autor für Sauters Reime, denen er eigene im gleichgearteten Stil hinzufügte, Gottlieb Biedermaier.

Sozusagen als Kostprobe sei hier »für den geneigten Leser« wenigstens eine der unzähligen Tiraden des Samuel Friedrich Sauter zum besten gegeben.

So einsam? nannte der kauzige Poet diese Verse:
»Traurig ist es einsam sein,
traurig so getrennt zu leben,
einsam schlafen, nichts daneben,
nichts von gleichem Fleisch und Bein ...
Traurig ist es einsam sein!«

Kurioserweise wurde Sauter die Ehre zuteil, daß Ludwig van Beethoven und auch Franz Schubert einen seiner poetischen Ergüsse mit dem Titel *Der Wachtelschlag* vertonten und damit sogar in den Rang klassischer deutscher Liedliteratur erhoben.

Nach der Jahrhundertwende war vielen Apologeten restaurativ orientierter gesellschaftlicher Kräfte in Politik, in Kunst und Wissenschaft, die sich der revolutionären Traditionen des Vormärz und der Achtundvierziger nur mit Widerwillen erinnern mochten, eine »biedermeierliche« Epochenbestimmung ein durchaus wünschenswertes Synonym für ein verlogenes, illusionäres, aber scheinbar doch tröstliches »Heimweh« nach einer heilen Vergangenheit, nach der ach so »guten alten Zeit«.

Vergeblich wird man nach einer begründeten, exakten Inhaltsbestimmung des Biedermeierbegriffs suchen; für seine Schöpfer sind Geselligkeit und das Briefeschreiben ebenso wie Liebe und Freundschaft, aber auch die Postkutsche und das Pfeiferauchen a priori »Wesensmerkmale«.

Dichter wie Freiligrath, Glaßbrenner und auch Herwegh wurden in solcher Biedermeiersicht gleichrangig neben Jean Paul, Ludwig Richter und Adalbert Stifter für die »Heimweh«-Manie usurpiert. Das Unvereinbare im Spannungsfeld der deutschen Zustände zwischen 1815 und 1848 wurde mit scheinwissenschaftlichem Wortgeklingel unter einen Hut gebracht, um sich eine Vormärz-Zeit nach eigenem Bilde zurechtzustutzen. Der Philister avancierte zu einem imaginären »deutschen Normalbürger«, dem in seiner häuslichen Umwelt der Hang zu Sachlichkeit und Zweckmäßigkeit unterstellt, in seiner Gefühlswelt gemütstiefer Seelenreichtum bis zur Sentimentalität und Lebensfremdheit angedichtet wurde.

Literatur-, aber auch Musikwissenschaftler machten sich nur zu bald eine solche Art engstirniger und irreführender Betrachtungsweise zu eigen und werteten die verschiedenartigsten künstlerischen Erscheinungen der Jahre zwischen 1815 bis 1848 unter solchem einseitig-subjektivistischen Blickwinkel. Auf diese Weise wurden auch die Opern Lortzings zu einem verharmlosenden Spiegelbild der vorgeblichen Biedermeierzeit umfunktioniert.

Sein Opernschaffen wurde in das trügerisch-blasse Licht vermeintlicher Lebensfremdheit und politischer Einfalt gestellt, der Antiphilister Lortzing zum Philister und zum Repräsentanten seiner eigenen, von ihm parodierten Spießbürger auf der Bühne umgekehrt. Und getreulich folgten die Interpreten der Opernbühnen, Regisseure, Sänger und Kapellmeister, den theoretisierenden Lortzing-»Kennern« auf dem Fuße, und das, obwohl gewiß in keiner Oper seiner Zeitgenossen Adlige und Philister mit so viel Hohn und Spott bedacht und attackiert wurden, wie etwa der Marquis von Farambolo in Lortzings CARAMO, die Gräfin von Eberbach und Baron Kronthal im WILDSCHÜTZ, der Ritter Adelhof von Schwaben im WAFFENSCHMIED oder auch der geistig hochstapelnde Bürgermeister van Bett in ZAR UND ZIMMERMANN, der intrigierende Eoban im HANS SACHS und der reiche Philister Gambetto in CASANOVA. Diesen karikierten Bühnenfiguren hatte Lortzing zugleich in Peter I., in Casanova und in dem Prinzen Heinrich, der Titelfigur des nach dem WAFFENSCHMIED entstandenen GROSSADMIRAL, Opernhelden gegenübergestellt, die den engen Horizont ihrer eigenen Kaste zu durchbrechen vermochten.

Das »Biedermeierliche« bei Lortzing – so hieß es nun mangels überzeugender Argumente – äußere sich in den sentimentalen Zügen seiner Bühnenschöpfungen und -gestalten. Tatsächlich jedoch wird in Lortzings Opern alles »Sentimentale« theaterwirksam persifliert, wie etwa beim »schmachtenden« Lied des französischen Gesandten in ZAR UND ZIMMERMANN, »Lebe wohl, mein flandrisch' Mädchen ...«, mit dem er seinen Zuhörern ein bißchen »Theater« vorspielt, oder in der Lobpreisung der Dorfidylle aus dem Munde der als »Dorfschöne« des Schulmeisters verkleideten weltoffenen Baronin Freimann im WILDSCHÜTZ. Im übrigen erfreuen besonders gerade die Frauengestalten in allen Lortzing-Opern durchweg durch ihre ganz und gar unsentimentale Keckheit und Frische. Erfrischend und unsentimental wirkt auch die aus Volkslied-Intentionen erwachsende Melodik der tenoralen Buffopartien seiner Opern. Läßt der Komponist seinen Bühnenhelden entweder rührselig schmachten wie den weltschmerzgeschüttelten Baron im WILDSCHÜTZ oder pathetisch-wehmütig klagen wie die altjüngferliche Irmentraut im WAFFENSCHMIED, so wird durch parodierende Mittel beim Publikum stets eine heiter-distanzierende Abwehr provoziert.

Übrigens wurden auch komponierende Zeitgenossen Lortzings von der biedermeierlichen Diffamierung nicht verschont. Mit Flotow und Kreutzer wurden Komponisten wie Marschner und Nicolai nicht selten gleichgesetzt. Bei Schubert, Weber und Schumann war man »großmütig« genug, lediglich einzelne »Nebenwerke« oder sogenannte Gebrauchskompositionen mit dem letztlich doch wohl nicht allzu schmeichelhaft empfundenen Etikett zu versehen.

Wie wenig spätbürgerliche Kunsttheoretiker und Geschichtsphilosophen ihrem eigenen Biedermeierbild selbst trauten, sprach einer seiner namhaftesten Verfechter, Georg Hermann, im Vorwort zu seiner Dokumentation des »Biedermeier im Spiegel seiner Zeit« unverblümt aus:

»... das hier entworfene knappe Bild der Biedermeierzeit wäre unvollkommen, wenn man nicht noch zwei Dinge erwähnte, an die man zuerst denkt, wenn das Wort Biedermeier unser Ohr trifft. Aha, das war ja die Zeit noch vor der

Eisenbahn – als die Menschen mit der Post fuhren, und als die Briefbestellung noch eine höchst unsichere Sache war! Und dann war es ja auch jene Epoche, in der Männer und Frauen noch so nett, so altmodisch angezogen gingen ... als uns das Tempo unseres Lebens zu hastig wurde, da fingen wir an, wieder für die Poesie der alten Postkutsche zu schwärmen. – Nun, wir wissen heute ziemlich genau, daß diese Poesie sich nicht mit dem Bild der Wirklichkeit deckt und daß nur die Entfernung uns Reize vortäuscht, die die Wirklichkeit nicht kannte.«[3]

Für Lortzing jedenfalls waren die Wirklichkeit, seine eigenen Lebensverhältnisse – in Wien ebenso wie vorher in Leipzig – alles andere als »biedermeierlich«. Dabei hatte der Komponist allen Grund, mit dem Erfolg seines WAFFENSCHMIEDS in Wien zufrieden zu sein. Und so schöpfte er denn nach all den bitteren Erfahrungen seit dem Ende seines Leipziger Engagements hier in Wien allmählich wieder Mut. In der Presse gab es wohlwollende Rezensionen über seine neue Oper und besonders anerkennende Worte für Lortzing als Opernkomponist wie auch – was den Meister besonders freuen und in seinem Selbstvertrauen bestärken mußte – als tüchtigen Kapellmeister.

In der »Wiener Musikzeitung« war zu lesen:

»Chöre und Orchester waren heute unter der Leitung des Componisten präciser, als wir sie sonst zu hören gewohnt sind, das letztere jedoch ließ wie immer in der Blechharmonie noch zu wünschen übrig. Gerufen wurde der Componist und die Darstellenden, auch der Herr Director erschien und geleitete den Componisten auf die Bühne.«[4]

Aus Berlin verlautete im Juliheft des vom Verlag F. Reichardt & Co. herausgegebenen »Volksvertreters«: »Der fruchtbare Tondichter Lortzing hat im Theater an der Wien wiederum eine neue Oper unter dem Titel DER WAFFENSCHMIED VON WORMS zur Aufführung gebracht, und damit großen Beifall geerndtet.« Und das österreichische »Morgenblatt« nennt sie »eine gute Oper«. Das Werk habe einen natürlich fließenden Gang, eine ganz untadelige Instrumentierung, ein bewundernswertes Geschick in der Handhabung des Bühneneffektes, vortreffliche Chöre, ausgezeichnete Ensembles und ein Lied, das vielleicht bald so die Runde machen möchte, wie das des CZAAREN.[5]

Als inzwischen von Direktor Pokorny für die neue Spielzeit fest engagierter Kapellmeister durfte Lortzing hoffen, mit seinem Wiener Engagement eine richtige Entscheidung getroffen zu haben, wenn auch die Jahresgage von 1 200 Gulden ziemlich kärglich war. Während der Sommerpause des Theaters noch einmal nach Leipzig zurückgekehrt, um den zum Herbst geplanten Umzug der ganzen Familie vorzubereiten, konnte er seinem Freund Düringer im Juli 1846 berichten:

»... ich gehe ... nach dem schönen Wien. Die Frau Nemesis hat gewaltet ... Ich wurde hinberufen, mein neuestes Opus, über dessen Erfolg du gelesen haben wirst, zur Aufführung zu bringen, und wurde, nachdem man mich persönlich und ausübend kennengelernt, engagiert ... Zwei Jahre habe ich mit Pokorny abgeschlossen. Das weitere wird sich in Wien finden ... Wäre nur die Übersiedlung schon überstanden.

Ich reise Anfang August. Meine Familie kommt erst Ende September nach ... Das nächste unbestellte Exemplar vom WAFFENSCHMIED werde ich dir senden – die Oper geht übrigens reißend ...«[6] – Und schon einen Monat später konnte Lortzing aus Leipzig in einem Brief an seinen Freund Heinrich Schmidt, Regisseur und Sänger in Pyrmont, mit Genugtuung feststellen: »Mein WAFFENSCHMIED hat auch hier sehr gefallen. Die Oper findet rasenden Absatz.«[7]

Der WAFFENSCHMIED fand schnell an zahlreichen Bühnen ein lebhaftes und beifälliges Echo beim Opernpublikum, wenn auch bei weitem nicht überall bei den professionellen Rezensenten. Auch einige Bühnen taten sich schwer mit dem neuen Opus. So brauchte die Berliner Hofoper immerhin über 40 Jahre, ehe unter dem Intendanten Graf von Hochberg Lortzings Oper am 31. Dezember 1887 in Szene gehen konnte.

Wie schon in seinen Opern zuvor hatte auch im WAFFENSCHMIED – diesmal im Zeitgewand eines historisch sinnreichen Bezugs – die musiktheatralische Persiflage auf die anachronistischen Zustände im vormärzlichen Deutschland ihre unverminderte Wirksamkeit bewiesen. Den hellhörigen Theaterbesucher ergötzte wohl vor allem die verkappte Parodie auf alle scheinheilige, verlogene Ritterromantik, auf die in der bürgerlichen Gesellschaft »in dem eiskalten Wasser egoistischer Berechnung« ertränkten »heiligen Schauer der frommen Schwärmerei, der ritterlichen Begeisterung, der spießbürgerlichen Wehmut ...«[8]

Das Wirtshaus ZUM GROSSADMIRAL – auf der Leipziger Bühne

Bevor Lortzing sich im Herbst 1846 mit seiner Familie endgültig in Wien niederließ, sollte er Mitte August in Leipzig noch unerwarteten Besuch erhalten. Eines Abends stand ganz überraschend August Heinrich Hoffmann von Fallersleben an Lortzings Wohnungstür. Beide kannten sich seit dem letzten Leipzig-Aufenthalt des volkstümlichen Dichters, der schon im April 1842 im »Hotel de Pologne« gern gesehener Gast Robert Blums und seiner engsten Freunde aus dem »Tunnel« und dem Schiller-Verein war. Hoffmann von Fallersleben, der – in Fallersleben bei Lüneburg geboren – eigentlich August Heinrich Hoffmann (mit dem Pseudonym Henricus Custos) hieß, war ein Heimatloser geworden, nachdem man ihm 1843 seine Professur an der Breslauer Universität entzogen hatte. Eine Vielzahl gesellschaftskritischer Zeitgedichte, die er zur Irreführung der Zensur unter dem Titel »Unpolitische Lieder« veröffentlichte, ließ ihn bei der preußischen Reaktion augenblicklich in Ungnade fallen.

Jetzt – während seines ruhelosen Wanderlebens wieder einmal für ein paar Tage in Leipzig – erschien er bei Lortzing, um sich für vorbereitende Arbeiten an einem Volksliederbuch dessen Rat zu holen.

Wir finden in seinem Tagebuch, das er später unter dem Titel »Mein Leben« veröffentlicht hat, für das Jahr 1846 folgende Eintragung:

»12.–15. August in Leipzig ...

13. August. zu Kapellmeister Lortzing. Auf mein Anliegen, meine Kinderlieder durchzusehen, geht er bereitwillig ein.«

14. August. Die Polizei verlangt meinen Paß und visiert ihn mir nach Braunschweig. – Lortzing hat die Durchsicht meiner Lieder vollendet und drei Kompositionen umgeschrieben, Nr. 7, 16, 33.

Ich bin sehr erfreut über diese große Gefälligkeit und

danke ihm herzlich. Da er nächstens als Capellmeister des Theaters an der Wien nach Wien geht, so unterhalten wir uns viel über oesterreichische Zustände.«[9]

Erste Eindrücke hatte Lortzing in Wien schon im Frühjahr sammeln können. Was den Meister in der nächsten Zeit in der Donaumetropole erwarten würde, war danach, alles in allem, ziemlich ungewiß. Jedenfalls war der Engagementswechsel nach Wien ein gewagter Schritt.

Am 25. August kehrte Lortzing zum rechtzeitigen Antritt seines Kapellmeisteramtes nach Wien zurück. Und Ende September folgte die ganze Familie mit Sack und Pack nach, um endlich in die inzwischen gemietete großräumige Wohnung im Kern der Stadt Einzug zu halten.

Im Alten Wieden, Hauptstraßen- und Fleischmannsgassen-Eck 451, fanden die Lortzings ein neues Zuhause. Es bot dem Komponisten jene Atmosphäre, die er für die schöpferische Arbeit neben seiner Kapellmeistertätigkeit brauchte. Trotz vielfältiger Pflichten am Theater, in die er sich mit dem jungen Kapellmeister Franz von Suppé in freundschaftlicher Kollegialität teilte, beschäftigte sich Lortzing schon bald mit einem neuen Projekt.

Die Arbeit an einer neuen komischen Oper wurde – wie schon so manches seiner Bühnenwerke vorher – wiederum durch ein französisches Lustspiel angeregt. *La Jeunesse de Henri V* von Alexander Duval, der sich bereits als Librettist der Oper *Joseph in Ägypten* von Mehúl einen Namen gemacht hatte, war an vielen deutschen Bühnen in publikumswirksamen Bühnenfassungen als *Heinrich des Fünften Jugendjahre* von A. W. Iffland und durch Theodor Hells Bearbeitung unter dem Titel *Ein Tag aus dem Jugendleben Heinrichs V.* erfolgreich gewesen.[10] Nun sollte dieses Lustspiel zur schöpferischen Inspiration für das Libretto der neuen komischen Oper ZUM GROSSADMIRAL werden. Lortzings Schaffenslust wurde freilich auch jetzt wieder durch vielerlei Sorgen arg gebremst. Die Schlamperei am Theater und der zunehmende Ärger mit Pokorny, dem als Theaterdirektor alle Vorzüge fehlten, die der Komponist bei Ringelhardt zu schätzen wußte, belasteten Lortzing zunehmend.

Außerdem wuchsen die Geldsorgen wieder, zumal bei einer Monatsgage von nur 100 Gulden der für die Wohnung zu entrichtende Mietzins fast 44 Gulden betrug. Einige wenige Benefizvorstellungen, die Pokorny dem Kapellmeister für das Dirigat eigener Opern zubilligte und die dem Komponisten die Kasseneinnahmen sicherten, bedeuteten immer nur eine kurzfristige und nicht gerade übermäßige finanzielle Hilfe in der Not. Einnahmen für seine anderwärts gegebenen Opern gingen nur spärlich ein. So schrieb er nach mehrmals vergeblicher Anmahnung an den Hoftheaterintendanten Graf Bocholz in Oldenburg am 5. Januar:

»Es ist bereits ein und ein halbes Jahr verflossen, seit ich dem Hoftheater in Oldenburg auf Bestellung des Herrn Häser die beiden Opern: CZAR UND ZIMMERMANN und den WILDSCHÜTZEN übersandte. Bis dato habe ich vergebens auf die Bezahlung des Honorars gehofft, in dem die verehrliche Intendanz meine an sie gerichteten Briefe – unbeantwortet ließ und nur Herr Häser so gefällig war, ein Lebenszeichen von sich zu geben. Ich wiederhole daher – da wieder ein neues Jahr beginnt – mein Gesuch und erwarte mindestens, daß die verehrliche Intendanz, falls sie nach anderthalbjähriger Beschließung von den bestellten Opern keinen Gebrauch machen will, mir die Partitur zurücksenden werde. Das Honorar? würde ich bitten an mich, die Opern aber an die Herren Sturm und Koppe in Leipzig (und möglichst portofrei) zu senden.

Ich nenne mich mit Achtung ergebenst
Albert Lortzing,
Kapellmeister am Theater a. d. Wien«[11]

Es blieb nicht der letzte Brief an die Oldenburger Hoftheaterintendanz. Und so ist sein Unmut nur zu verständlich, der sich in einem Brief an Freund Reger noch im selben Jahr – als auch die Theaterintendanz in Frankfurt am Main dem Komponisten geforderte Honorare schuldig blieb – in der Feststellung äußert: »Es ist, als ob sich alle die Lumpenhunde (Direktoren genannt) das Wort gegeben hätten.«[12]

In Wien selbst fand der Komponist nach dem Erfolg des WAFFENSCHMIEDS mit seinen anderen, in Leipzig oder anderswo längst im Spielplan zu findenden komischen Opern – wie er bald feststellen mußte – nicht das erwartete Echo.

Selbst die im Theater an der Wien am 20. Oktober 1846 mit großem Publikumserfolg aufgeführte UNDINE brachte dem Komponisten keine ungetrübte Freude. Es war eine vom Theaterdirektor für ihn angesetzte Benefizvorstellung, die Lortzing selbst dirigierte; das Haus war ausverkauft und der Beifall über alle Erwartung groß. Die Abendeinnahme aus dem Benefiz war demgemäß höchst erfreulich für den Meister.

Dann aber fiel die Presse so erbarmungslos über Lortzings Werk her, daß er beschloß, den bereits in Angriff genommenen GROSSADMIRAL auf keinen Fall in Wien zur Aufführung zu bringen.

Am 12. Dezember 1846 traf Lortzing und seine Familie ein harter Schlag. Der Tod der Mutter, die schon längere Zeit gekränkelt hatte, erfüllte die Hinterbliebenen, vor allem aber den sie immer treu umsorgenden Sohn mit tiefem Schmerz. Bekümmert schrieb er noch Monate später an Düringer:

»Meine arme, gute Mutter mußte in letzterer Zeit noch sehr viel leiden. Das Wasser in der Brust benahm ihr den Atem; der letzte Nachmittag war schrecklich, das Ende sanft. Sie legte sich ruhig hin, sagte uns allen ›gute Nacht‹ und schlief ein. Du kannst dir wohl das Bild ausmalen, wie die ganze Familie groß und klein, das Sterbebett umringte und weinte, wie manches von den größeren sich mit Schmerz sagen mußte: ›Du hast die vortreffliche Frau oft gekränkt und häufig nicht verstanden.‹ – Wie meines guten Weibes aufrichtige Tränen flossen, welches sich wegen ihres exemplarischen Benehmens gegen die Entschlafene einen Extraplatz im Himmel verdient hat und – ich – o mein lieber Bruder – es war eine recht erschütternde Szene.

Sie ruht auf dem Matzleinsdorfer Kirchhofe, wo auch Gluck liegt ... Ihr Begräbnis war höchst einfach ... Auf dem Kirchhofe angelangt, wurden die teuren Überreste ohne Sang und Rede still versenkt ... Wir beteten still, warfen eine Hand voll Erde auf den Sarg, und nun wurde darauf losgeschaufelt ... So begräbt man im gemütlichen Wien! – auch eine schöne Gegend.«[13]

Über die sich immer trostloser entwickelnden Verhältnisse an Pokornys Theater bemerkte Lortzing im selben Brief:

»Das Leben in Wien ist ganz hübsch; weniger ist es mit

den Theaterverhältnissen der Fall, kein Repertoire, keine Ordnung! Pokorny besitzt Ringelhardts Dickkopf, aber nicht seinen Verstand, und das ist sehr schlimm. Kurz, mein Direktor ist ein netter Junge. Ich habe, Gott sei Dank, wenig mit ihm zu tun, denn von einem Repertoire oder von einer Sitzung ist keine Rede. Die Vorstellungen werden den Abend vorher im Theater bestimmt, nicht etwa angesagt – bewahre! Dafür sind an den Straßenecken die Zettel.«[14]

Und in einem Brief an Reger mußte Lortzing schon ein paar Monate später die bittere Feststellung treffen:

»Von meinen Opern – solltest Du es glauben – ist seit einem halben Jahr nicht eine auf dem Repertoire, weil keine Darsteller dafür da sind, kein Spieltenor, kein Buffo usw. ... Überhaupt ist der musikalische Geschmack hier der verdorbenste. Nur italienische Musik dominiert. Deutsche Opern, wie von Spohr, Marschner, werden wohl anstandshalber einmal gegeben, verschwinden aber gleich wieder, weil sei keinen Anklang finden. Nur Dudelei und immer Dudelei, Trillerei! Und das in einer Stadt, wo Mozart, Beethoven, Gluck und andere gelebt und gewirkt haben.«[15]

Ein Alptraum für viele am Theater war die professionelle Kritik. Und hier spielte im Wiener Theaterleben eine geradezu diabolische Rolle der berüchtigte Journalist und Kritiker Moritz Saphir, der sein dubioses kulturpublizistisches Tätigkeitsfeld inzwischen von Berlin nach Wien verlegt hatte. Als Kritikaster übelster Sorte übte dieser Stimmungsmacher keinen geringen Einfluß auf die sogenannte öffentliche Meinung, vor allem gegenüber Künstlern aus, die, von auswärts kommend, sich in Wien ihre Sporen des Erfolgs zu verdienen hofften. Den Eingeweihten der Wiener Theaterwelt war mehr oder weniger bekannt, wie man sich durch eine »diskrete« Geste handfesten pekuniären »Entgegenkommens« das erhoffte Wohlwollen des Gebieters über Wohl und Wehe erkaufen konnte. Auch Lortzing erfuhr davon. Doch widersprach es seiner Selbstachtung und künstlerischen Ehre als bereits erfolgreicher Opernkomponist, sich auf einen »Ablaß«-Handel von Saphirs Gnaden einzulassen. Und hätte es ihm womöglich nicht an Skrupeln gefehlt, so gewiß am nötigen Geld, um Saphir und seine Leute zu »schmieren«.

Seinem Freund Gollmick gegenüber machte Lortzing gelegentlich seinem Ärger über das perfide Treiben Saphirs mit der Äußerung Luft: »Hier in Wien hat ... jeder, der mit irgend etwas vor die Öffentlichkeit tritt, einen Kerl an der Hand, der für ihn schreibt, den er dafür bezahlt, traktiert, kleidet usw. Unter allen diesen bezahlten oder sich honorieren lassenden Lumpenhunden steht Herr Saphir obenan. Dieser brave Mann hat nämlich einen Spezielhaß auf meinen Direktor und reißt systematisch alles herunter, was am Theater an der Wien geschieht. Da ich nun mit Rezensenten nie kommerschiert, sie nie honoriert, auch ihre Blätter nie gehalten habe, so ist es sehr natürlich, daß ich – hier wenigstens – ganz unbeachtet bleibe ...«[16]

Was Wunder also, daß sich Lortzing mehr und mehr mit dem Gedanken eines möglichst baldigen Engagementswechsels trug. Eingedenk der beachtlichen Resonanz seiner Oper ZAR UND ZIMMERMANN in Berlin vor acht Jahren wandte er sich denn auch kurz entschlossen mit einem Bewerbungsschreiben an die Berliner Hoftheaterintendanz. Und nachdem ihm unmittelbar danach zu Ohren kam, daß an der Berliner Hofoper möglicherweise schon bald eine Kapellmeisterstelle vakant werden könnte, schrieb er am 11. November 1847 erneut an den Intendanten, Gemeimrat von Küstner:

»Hoch geehrter Herr!
Obgleich ich erst vor einigen Tagen Sie mit einem Schreiben belästigt, finde ich schon wieder Veranlassung. Oeffentliche Blätter melden: Herr Kapellmeister Henning werde in Ruhestand versetzt, und es hätten sich bereits die Herren Nicolai, Chetard und Richard Wagner um diese Stelle beworben.

Ich weiß nun nicht, ob das Gerücht gegründet ist, wäre es aber so, so wollen Sie mich gefälligst zu den Concurrenten zählen. Auch ich bin Komponist und Dirigent, ja sogar ein geborener Berliner, was jedoch hier nicht in Anschlag zu bringen sein wird. Da Sie vielleicht mein letztes Schreiben noch nicht beantwortet, so erbitte ich mir von Ihrer Gewogenheit über obigen Punkt einen gefälligen Aufschluß.

Ich nenne mich mit gewohnter Hochschätzung Eurer hochwohlgeboren ergebenster

Albert Lortzing«[17]

Lortzings Bemühen blieb erfolglos. Und so ging unter der bedrückenden Atmosphäre der höchst unerfreulichen Zustände am Theater an der Wien gleichzeitig der nicht abreißende Kleinkrieg um finanzielle »Außenstände« zur Sicherung der nackten Existenz der Familie weiter.

Wen mochte es wundern, daß Lortzings Frau in einem der Ställe auf dem Hofe des Hauses Hauptstraße und Fleischmannsgasseneck Nr. 451 ein oder zwei Kühe hielt, um durch einen kleinen privaten Milchhandel die kärglichen Einkünfte etwas aufzubessern. Zur offiziellen Genehmigung dieses gewerblichen Handelsgeschäfts erhielt Lortzing als »Familienvorstand« das für die behördlicherseits zu führenden Steuerbögen erforderliche Mandat eines »Milchmeyer«!

Freilich gab es hin und wieder auch gewisse »Lichtblicke« im ziemlich bedrückenden Theateralltag. So konnte Lortzing immerhin eine mit großem Beifall aufgenommene Aufführung seines ZAREN an der Wiener Hofoper unmittelbar selbst erleben. Am Theater an der Wien stellte Lortzing als Komponist und Kapellmeister dem Publikum ebenfalls mit Erfolg seine BEIDEN SCHÜTZEN vor. Doch im selben Jahr vermerkte die »Wiener Zeitschrift« in ihrer Ausgabe Nr. 84 auch kritisch, »daß man von Talenten des Komponisten Lortzing, der fast ein Jahr hier sei, keinen Gebrauch mache ... Man habe kein Recht, das Heimische zurückzusetzen ... jetzt, wo Ricci, Salvi, Verdi nacheinander durchfallen ...«[18]; und noch im selben Jahr stößt der Leser in dieser Zeitung auf die Frage: »Wo bleibt Lortzings UNDINE?«[19] Aber, alles in allem genommen, sah sich Lortzing schon nach Abschluß der Spielzeit 1846/47 zu dem traurigen Resumé veranlaßt: »Hier spricht kein Schweinehund von mir«.

Am glücklichsten war der Meister zweifellos im Kreise der Familie. Regina war ihrem Mann die immer liebende, verständnisvolle und allen Unbilden des Alltags tapfer trotzende Weggefährtin, den Kindern zugleich eine Mutter, wie sie sich der künstlerisch vielbeanspruchte Familienvater besser nicht wünschen konnte. Stets um die Kinder bemüht und rührend besorgt, war auch der Vater der unbedingten Zuneigung seiner Sprößlinge gewiß. Große Freude machte allen der Jüngste im Familienkreise, der 1845 noch in Leipzig geborene Hans. Mit Genugtuung sahen Lortzing und seine Frau Regina zugleich, mit welchem Eifer ihr Ältester, der auch politisch recht aufgeweckte Sohn Carl Theodor, erfolgreich sein Studium am Wiener Polytechnischen Institut betrieb, was für die Eltern freilich recht kostspielig war.

Auch neue Freunde hatte der Komponist inzwischen gewonnen. Wie schon in Leipzig fand der für launige Geselligkeit immer aufgeschlossene Künstler auch in Wien sehr bald einen kleinen Kreis Gleichgesinnter; so den damals allseits geschätzten und verehrten Hofschauspieler Friedrich Wagner, der sich – wie Lortzing gelegentlich »respektvoll« bemerkte – einer für den bescheidenen Komponisten und Kapellmeister des Theaters an der Wien fast märchenhaft erscheinenden Jahresgage von 2 500 Talern erfreute.

Freundschaftliche Kontakte pflegte Lortzing auch mit dem bekannten Wiener Musikdirektor Karl Binder. In der gesellschaftlichen Vereinigung »Concordia« und im »Orden der Löwenritter«, einer der damals beliebten geselligen Vereinigungen, in denen man Zusammenkünfte in »Barett und Wams zelebrierte«,[20] trafen sich die künstlerischen »Nobilitäten« Wiens. Ein besonders herzliches Verhältnis verband Lortzing mit dem Komiker Meisinger und natürlich mit dem Kollegen Franz von Suppé, in dem Lortzing einen »seelenguten Kerl« am Theater gefunden hatte.

Ein glücklicher Augenblick war Ende des Jahres 1847 die erfreuliche Nachricht, daß inzwischen – am 13. Dezember 1847 – sein neues, wiederum in Leipzig erstaufgeführtes Werk ZUM GROSSADMIRAL mit Beifall in Szene gegangen war und weitere Aufführungen in München, Breslau und Lübeck folgen sollten. Wenngleich es den Komponisten schmerzte, daß er sein »jüngstes Kind« nicht im Theater an der Wien hatte »taufen lassen« können, so gab ihm doch der auswärtige Erfolg seiner neuesten Opernschöpfung die Gewißheit, nach wie vor der Gunst »seines« Publikums gewiß zu sein.

Die Oper spielt in London und Umgebung in der Zeit nach Heinrichs V. Vermählung mit Katharina, der Tochter König Karls VI. von Frankreich, also im 15. Jahrhundert. In der Leipziger Uraufführung wurde das Werk allerdings – sozusagen zeitversetzt – im Kostüm des 17. Jahrhunderts gespielt; auf eine konkrete Nennung der Zeit des Geschehens hat Lortzing, möglicherweise bewußt, im Autograph der Oper verzichtet.

Die handelnden Personen sind:
Heinrich, Thronerbe von England
Katharina von Frankreich, seine Gemahlin
Graf Richard Rochester, Heinrichs Vertrauter
Cop Monbrai, Gastwirt »Zum Großadmiral«
Betty, seine Nichte
Eduard, Page des Prinzen
William, ein alter Diener Katharinas
John Snakfield, des Grafen Kammerdiener
Tomkins, sein Freund
Ein Ceremonienmeister
Ein Constabler
Page
Aufwärter

Um den gefürchteten Regierungsgeschäften und häuslichen Zwängen seiner Ehe mit Katharina zu entfliehen, verfällt der englische Thronerbe, »Prinz Heinz«, auf den Trick, sich bei Hofe eine fingierte Meldung überbringen zu lassen, wonach »Courire vom Großadmiral« eingetroffen seien, mit denen er dringend zu einer Beratung zusammentreffen müsse. So finden wir ihn denn auch bald beim »Großadmiral«, der sich freilich als eine deftige Londoner Hafenkneipe dieses Namens entpuppt. Hier ist »Prinz Heinz« inkognito auf ein neues Abenteuer aus. Der Schenkwirt und frühere Seemann Cop Monbrai hat eine Nichte, die liebreizende Betty; in sie verliebt sich Heinrichs Page, Eduard. Zu ihr zieht es aber auch mit Leidenschaft den Prinzen selbst. Als vorgeblicher Gesangslehrer hofft er, sich unverdächtig dem Mädchen nähern zu können, um ihm den Hof zu machen.

In Cops Schenke spielt er einen einfachen Matrosen und hält in launigem Übermut alle Gäste bei feucht-fröhlichem Zechgelage frei. Doch als es ans Bezahlen geht, vermißt der Prinz seine Geldbörse, die ihm offenbar gestohlen wurde. Als Pfand bietet er dem Wirt einen kostbaren Ring an, der jedoch durch sein Äußeres zugleich seine Herkunft als Eigentum der Krone verrät; und so wird der unerkannte »Matrose« selbst als Dieb verdächtigt, der den Prinzen Heinrich beraubt habe. Der Versuch des Prinzen, mit

Eduard zu entfliehen, mißlingt. Beide werden arretiert. Der Prinz ahnt nicht, daß ihn ein wohl bedachter Plan seines Vertrauten, Graf Rochester, in diese mißliche Lage gebracht hat. Rochester hat Heinrichs Gemahlin versprochen, den leichtlebigen Prinzen von seiner Abenteuerlust zu kurieren; und dies scheint ihm jetzt gelungen zu sein.

Der Prinz jedenfalls zeigt Reue. Für Rochester hat sich die zugunsten Katharinas eingefädelte Intrige gelohnt. Die Gattin des Prinzen hatte dem Vertrauten ihres liederlichen Gemahls zugesichert, ihre Hofdame, die von Rochester angebetete Lady Clara, werde ihm die Hand zum Ehebund reichen, wenn er sein Versprechen eingelöst und den Prinzen »geheilt« in die Arme seiner Katharina zurückgeführt habe.

Glücklich vereinigen sich der Graf und seine Clara zur ersehnten Vermählung. Wieder vereint sind auch der Prinz und seine Gemahlin Katharina. Vielleicht am glücklichsten aber sind Eduard und Betty, die sich wahrlich gesucht und gefunden haben.

Eine nachhaltige Wirkung war dem GROSSADMIRAL freilich nicht beschieden. Das wohl allzu harmlose Verwandlungs- und Verwechslungsspiel um einen als Matrosen verkleideten englischen Prinzen konnte, bei aller Situationskomik und ebenso vortrefflich buffonesker Charakterzeichnung, kein bleibendes Interesse finden. Dabei zeigt die Partitur durchaus wieder alle jene Vorzüge, die an Lortzings früheren Opern schon bewundert wurden.

Die Ouvertüre – diesmal ohne »Vorgriff« auf die musikalische Thematik des sich anschließenden Geschehens – ist ein kompositorisches Kabinettstück, der mit ungestümer Lebhaftigkeit vorwärtsdrängende Auftakt für das zu erwartende Intrigenspiel zwischen Hof und Hafenschenke. Zum ersten Male verwendet Lortzing in der Partitur, wie dann später auch in seinen bis 1849 folgenden Opern, bei der Instrumentation die Harfe; im GROSSADMIRAL zugleich szenisch-sinnvoll in der »Unterrichtsstunde« Bettys genutzt, in der Prinz Heinrich in der Maske eines Gesangslehrers mit der »Schülerin« anzubändeln sucht.

Bettys Onkel, der lebensverbundene und trinkfeste, ewig sein »Seemannsgarn« spinnende Schenkwirt Cop, ist als musikalisch profilierte, buffoneske Charakterstudie die komisch-derbe Zentralfigur inmitten aller Irrungen und

Wirrungen der Bühnenvorgänge. Seine musikalisch-psychologisch treffsichere Zeichnung als unverwüstlicher Seebär findet ihren köstlichen Ausdruck im schwadronierenden Vortrag über eine selbst erlebte Seeschlacht – mit dem wehmutsvollen Refrain »Ach, liebe Brüder, das kehrt nie wieder!«

In den auch im GROSSADMIRAL musikalisch-dramatisch sich kunstvoll entfaltenden Ensembles, vor allem des zweiten und dritten Finales, hebt sich diese Baßbuffo-Partie par exellence gegen alle konventionell gefärbten Töne höfischer Gegenspieler durch treffend akzentuierte Deklamation und parodierende Koloratur wirkungsvoll ab.

»Heut' wird die Freiheit noch genossen« – das ist Maxime und mehrfach variiertes, teils ironisiertes Leitmotiv nicht nur des Prinzen Heinrich, wenn auch wohl jeder sein eigenes Selbstverständnis von Freiheit haben mag. Heinrichs Freiheitsdrang zielt darauf ab, aus der ihm widerwärtigen Hofgesellschaft auszubrechen und – als Matrose verkleidet – lieber neuen vergnüglichen Abenteuern nachzujagen; doch zeigt sich zum Schluß: Auch sein bis dahin letzter Versuch des privaten Ausbruchs aus aller höfischen Konvention bleibt eine Episode. Heinrich wird dem Hof nicht entrinnen können und kehrt resignierend schließlich in den »goldenen Käfig« seiner Herkunft zurück.

Heiter und scheinbar unbeschwert hatte Lortzing das an der Jahreswende 1847/48 uraufgeführte, recht lustige Spiel im Gasthof »Zum Großadmiral« enden lassen. Doch die Wirklichkeit sah damals schon wesentlich ernster aus. Das galt für die gesellschaftlich-politische Arena ebenso wie für die spezifischen Theaterverhältnisse, die sich als Teil der allgemeinen Misere offenbarten und in Pokornys Unternehmen besonders augenfällig waren.

Wer aber konnte ahnen, daß »an der schönen, blauen Donau« die Kaiserstadt Wien schon bald zu einem entscheidenden Zentrum einer bürgerlich-demokratischen Revolution werden würde?

Als später – am 7. Februar 1849 – unter der musikalischen Leitung Albert Lortzings die österreichische Erstaufführung des GROSSADMIRAL im Theater in der Josefstadt stattfand, erlebte die Revolution ein letztes Aufflackern vor ihrer zu dieser Zeit schon absehbaren endgültigen Niederlage.

Pokorny hatte zu dieser Zeit den gesamten Opernbetrieb an seinem Theater an der Wien aus finanziellen Gründen längst eingestellt, und Lortzing war bereits seit September 1848 stellungslos. Er sah seine mit der Revolution verbundene Hoffnung auch auf eine grundlegende Umwälzung der Theaterverhältnisse enttäuscht. Dies umso mehr, als er in den stürmischen Märztagen des 48er Jahres von Anfang an auf der Seite der Barrikadenkämpfer gestanden hatte. Lange vorher war er als Gesinnungsgefährte Robert Blums zum überzeugten Demokraten herangereift. Er hatte mit diesem die Auffassung geteilt, daß die bestehenden Verhältnisse im Geiste des Fortschritts und wahrer Freiheit verändert werden müßten.

»So kann es nicht bleiben ...«

In den Reihen der Anhänger Robert Blums gehörte Lortzing – wie Blums Sohn Hans später in einer biographischen Darstellung seines Vaters ausdrücklich hervorhebt – zu dessen intimstem Freundeskreis. Der politische Einfluß Blums auf den engagierten Dichterkomponisten und Verbündeten im »Schiller-Verein« steht außer Frage, zumal Lortzings eigene bittere Lebenserfahrungen, seine soziale Misere und die zutiefst empfundene gesellschaftliche Abhängigkeit und demütigende Erniedrigung in den letzten Jahren zusehends dazu beitrugen, ihm mehr und mehr die Augen auch über die mit alledem verbundenen politischen Zusammenhänge zu öffnen. So begriff er auch die Lage am Theater und seinen nicht enden wollenden Existenzkampf um das nackte Leben der Familie.

Als Künstler war seine Stellung bei Pokorny absolut unbefriedigend gewesen. Gelegentliche Gastspiele anerkannter Koryphäen des europäischen Musiklebens in der österreichischen Metropole empfand er als eine willkommene Bereicherung des kulturellen Geschehens. Ende 1847 hatte man auch Mendelssohn Bartholdy in Wien erwartet, wo die Aufführung seines 1846 entstandenen Oratoriums *Elias* stattfinden sollte. Die plötzliche Nachricht vom Ableben des erst achtunddreißigjährigen berühmten Komponisten, der am 4. November 1847 in Leipzig verstorben war, traf Lortzing schwer.

»Mendelssohns Tod hat hier allgemeine Teilnahme gefunden, umsomehr, als er erwartet wurde, seinen *Elias* in Person zu dirigieren«, schrieb er an Reger unter dem unmittelbaren Eindruck der traurigen Kunde, die ihn aus Leipzig erreicht hatte: »Ein großer Verlust für die musikalische Welt«, fügte er mit seiner ganzen Hochachtung vor dem außergewöhnlichen Kollegen hinzu.[21]

In demselben Brief heißt es dann einige Zeilen weiter:

»Ich bin nun über fünf Vierteljahre in Wien; wenn ich aber sagen sollte, daß ich mich behaglich fühlte, so müßt ich's lügen ... Die Theaterverhältnisse sind die traurigsten, die du dir denken kannst; ein ewiger Wirrwarr. – Die Direktion ist mit der Kritik total zerfallen, wir mögen anstellen, was wir wollen, wir werden gehunzt; dazu kommt noch die Perspektive, daß mit Beginn des Frühjahres unser Herr Direktor das Theater auflösen wird, da seine Finanzen total zerrüttet sind. Du ersiehst aus allem dem, daß meine Existenz keine besonders erfreuliche ist, und wenn ich offen sein soll, so ist die Hoffnung auf eine zu erwartende Umwälzung der Theaterumstände noch das einzige, was mich ermutigt, denn so kann es nicht bleiben.«[22]

Zweifellos waren die Erwartungen hinsichtlich einer umwälzenden Erneuerung des Theaterwesens mit der Hoffnung auf eine grundlegende Veränderung der sozialen Umstände überhaupt verknüpft. Und seine Überzeugung, daß es »so nicht bleiben kann«, sollte sich schon bald als vollauf berechtigt erweisen.

Am 13. März 1848 erreichte – unter dem Einfluß der Februar-Revolution in Paris – die auf Deutschland übergreifende revolutionäre Bewegung auch die Hauptstadt der Habsburger Donaumonarchie. Das Zentrum der Revolution in Europa verlagerte sich nach Deutschland. Mit der deutschen bürgerlich-demokratischen Revolution von 1848/49 fanden die in der Vormärz-Zeit, vor allem aber seit 1840 sich zuspitzenden Klassenauseinandersetzungen zwischen dem Feudaladel und den antifeudalen Kräften der oppositionellen Bewegung aller Schattierungen ihren Höhepunkt.

Schon seit der Jahrhundertwende hatte sich der allmähliche Übergang zum Kapitalismus auch auf deutschem Boden abgezeichnet. Die im Prozeß der industriellen Revolution bereits entstehenden modernen Produktivkräfte, deren Entwicklung immer stärker zur Vorherrschaft neuer Produktionsverhältnisse drängte, erforderte die endgültige Durchsetzung der bürgerlichen Gesellschaftsordnung durch die Überwindung der halbfeudalen deutschen Zustände und der politischen Herrschaft des Feudalabsolutismus.

Ein besonderes Hindernis für die Entfaltung des Kapitalismus war die mit der bestehenden Macht der Territorialfürsten verbundene staatliche Zersplitterung. So wurde in den 40er Jahren der Widerspruch zwischen der liberalen Bourgeoisie und dem Feudaladel zum Hauptwiderspruch in den sich verschärfenden Auseinandersetzungen. Die deutsche bürgerlich-demokratische Revolution fand jedoch bereits unter fortgeschritteneren gesellschaftlichen Bedingungen statt als die früheren bürgerlichen Revolutionen in England und Frankreich. In Deutschland hatte sich im Prozeß der industriellen Revolution ein junges Proletariat bereits zu einem Zeitpunkt herausgebildet, als die deutsche Bourgeoisie durch den Adel selbst noch von der politischen Macht ausgeschlossen war. Damit sah sie sich bereits im Gegensatz zum Proletariat und strebte zusehends nach einem Kompromiß mit dem Adel.

Eine bedeutende Rolle spielte in der revolutionären Bewegung die demokratische Linke mit den ihr verbundenen oder zumindest nahestehenden Kräften; sie waren ihrer sozialen Lage und politischen Zielsetzung nach die potentiellen Verbündeten der revolutionären Arbeiter. Aus der heterogenen Zusammensetzung der demokratischen Kräfte erklären sich zugleich die vielfach widersprüchlichen, teils auch verschwommenen Vorstellungen über Weg und Ziel der ersehnten Umwälzung. Ungeachtet dessen gehörten unzählige Teilnehmer an der Revolution zu den entschiedensten Verfechtern des Kampfes um progressive gesellschaftliche Veränderungen und für nationale Einheit.

Bei Ausbruch des revolutionären Sturms in Wien stand Lortzing sogleich mit Wort und Tat auf seiner Seite. Wie treffend er die März-Ereignisse einzuschätzen wußte, geht aus einem Brief hervor, den er später, im Sommer 1848, an seinen Freund Meisinger nach Wiesbaden schrieb:

»Das darfst Du übrigens glauben, lieber Bruder, eine interessante Epoche haben wir hier durchlebt; namentlich in der ersten Zeit. Und an keinem Ort der Welt können die politischen Ereignisse eine solche Umwälzung hervorgebracht und so grell effektuiert haben, wie gerade hier.«[23]

Dem politischen Denken seines engsten Freundes Robert Blum verbunden, stellte sich Lortzing von der ersten Stunde an unmittelbar in den Dienst der Revolution.

8. In den Reihen der Achtundvierziger
(1848/49)

*»Wir werden Recht uns bald verschaffen,
Sei's nicht mit Worten, sei's mit Waffen!«*
Aus Regina

»Mit der Muskete auf der Schulter«

Was viele erhofft und erstrebt, wofür sie in der unmittelbar politischen Arena mehr oder weniger insgeheim schon gewirkt oder sich im geistig-kulturellen Leben, nicht zuletzt auch auf der Bühne, engagiert hatten, war – allen Zweiflern oder gar Unbelehrbaren zum Trotz – am 13. März zur Wirklichkeit geworden: Wien erlebte seine Revolution. Sie sollte schon fünf Tage später auch Preußens Hauptstadt Berlin erreichen.

Über den Ausbruch der Revolution in der Habsburger Donaumetropole hat sich der damals siebenunddreißigjährige, in Leipzig geborene Schriftsteller und Kulturhistoriker Karl Biedermann später in seiner 1881 erschienenen Arbeit »1840–1870. Dreißig Jahre Deutscher Geschichte« recht anschaulich geäußert. Biedermann, wie Lortzing von Anfang an Mitglied des in Leipzig gegründeten Literatenvereins und während der Revolution Abgeordneter des entschieden für nationalen Fortschritt eintretenden Flügels der Liberalen in der Frankfurter Nationalversammlung, schrieb über den vorübergehend erfochtenen Sieg über die feudalabsolutistische Herrschaft der Habsburger Donau-Monarchie: »Auch das Metternichsche Oesterreich war von dem Wellenschlage der großen Bewegung, die nicht bloß durch Deutschland, sondern durch ganz Mitteleuropa hinflutete, ergriffen worden ... So kam der 13. März heran, der Tag, an welchem die niederösterreichischen Stände in Wien zusammentreten sollten ... Inzwischen schwoll die

Bewegung höher und höher an. Fort mit Metternich! ward bald die allgemeine Losung. Auf die Nachricht, es werde auf Wehrlose geschossen, sammelt sich das uniformierte Bürgercorps; ... einzelne Bürgerofficiere, pochend auf ihr Privilegium des jederzeitigen freien Eintritts in die Burg, begeben sich dorthin und sprechen kräftige Worte in's Angesicht der Staatsconferenz ... als der Ruf nach Abdankung des Staatskanzlers erscholl. Niemand widersprach, auch dann nicht, als der Fürst selbst ... eingetreten war ... Niemand forderte ihn zum Bleiben auf; ein alter Bürgerofficier sagte: Durchlaucht, wir haben nichts gegen Ihre Person, aber alles gegen Ihr System, und darum müssen wir wiederholen: Nur durch Ihre Abdankung retten Sie den Thron und die Monarchie! Und so verließ der Fürst den Posten, den er 27 Jahre lang eingenommen ... Es ist alles bewilligt, so rief man sich frohlockend auf der Straße zu.«[1]

Wie sich jedoch bald zeigen sollte, war es zum »Frohlocken« noch zu früh; die bereits schwankende Macht der bisher Herrschenden war längst nicht überwunden.

Die zu Tode erschrockene Reaktion zeigte sich zwar bereit, unter dem Druck der Massen einen »Personenwechsel« an der Spitze der Macht in Kauf zu nehmen, das monarchistische System aber vermochte sie noch einmal zu retten. Der Druck der revolutionären Kräfte wuchs allerdings. »Die Staatsconferenz, anfangs noch immer zögernd«, wie Karl Biedermann des weiteren feststellt, »ward von Zugeständnis zu Zugeständnis gedrängt: Bewaffnung der Studenten, Bürgerwehr, Nationalgarde, Preßfreiheit, ganz zuletzt die Zusage einer Constitution – eines nach dem Anderen ward ihr abgenöthigt. So leichten Kaufes hatte die Revolution in Wien über das alte System gesiegt, dieses System, welches noch kurz zuvor jedem Andrange mit eiserner Festigkeit widerstehen zu wollen schien. Wie furchtbar innerlich hohl, wie gänzlich unverträglich mit dem Geiste der neuen Zeit mußte es gewesen sein!«[2]

Seinem Freund Meisinger schrieb Lortzing, auf die März-Ereignisse zurückblickend:

»Am 13. und 14. März konntest Du uns alle mit der Muskete auf der Schulter und in Ermangelung einer weißen Binde, mit einer schmierigen Conraetz'schen Serviette um den Arm bei Tag und Nacht patrouillieren sehen, denn der Pöbel plünderte in den Vorstädten.«[3]

In seiner Vorbemerkung zu der 1870 als Broschüre herausgegebenen, bereits 1850 geschriebenen Arbeit »Der Deutsche Bauernkrieg« wies Friedrich Engels auf eine in dieser Beziehung wichtige Erfahrung der Revolution in Frankreich hin:

»Das Lumpenproletariat, dieser Abhub der verkommenen Subjekte aller Klassen, der sein Hauptquartier in den großen Städten aufschlägt, ist von allen möglichen Bundesgenossen der schlimmste ...

Wenn die französischen Arbeiter bei jeder Revolution an die Häuser schrieben: Mort aux voleurs! Tod den Dieben! und auch manche erschossen, so geschah das nicht aus Begeisterung für das Eigentum, sondern in der richtigen Erkenntnis, daß man vor allem sich diese Bande vom Hals halten müsse. Jeder Arbeiterführer, der diese Lumpen als Garde verwendet oder sich auf sie stützt, beweist sich schon dadurch als Verräter an der Bewegung.«[4]

Wie sehr Lortzing die Revolution am Herzen lag, bewies er inmitten der stürmischen Ereignisse vor allem unter den revolutionären Studenten. Im Hof des Theaters an der Wien hatte die »Akademische Legion« – zusammen mit der die Revolution anfangs ebenfalls verteidigenden Nationalgarde – ihr Standquartier. Lortzing zögerte keinen Augenblick, eine Reihe von Freiheitschören für sie zu komponieren, die er mit den Studenten sogleich selbst einstudierte und zur Aufführung brachte. Vier dieser von ihm vertonten Lieder – »Das neue Osterlied« nach einem Text von Carl Rick, »Das deutsche Studentenlied« von August Fischer, »Das Lied vom deutschen Kaiser« von D. Jurende und »Das waren die braven Studenten« nach Worten von A. Buchheim – wurden »Wiens hochherzigen Studenten« gewidmet. Diese vier Männerchöre erschienen im Druck mit einem Titelblatt, auf dem das Wort »Constitution« vom politischen Programm dieser Chöre kündete.

Als im Mai Arbeiter und Studenten Wiens zur Waffe griffen, um die bereits wieder bedrohten Errungenschaften der Revolution zu verteidigen, blieb dem Kaiser, Ferdinand I., und seinem Hofstaat nichts anderes übrig, als Wien zu verlassen und nach Innsbruck zu fliehen. Lortzing begrüßte diesen Erfolg der revolutionären Kräfte, wie seine Briefe zeigen, die er an seine Freunde Schmidt und Meisinger Anfang August schrieb. Darin ist auch die Rede von seinem

Sohn Theodor, der in der Nationalgarde aktiv an den Barrikadenkämpfen teilnahm.

Zu dieser Zeit trat dort mit offener Bekundung seiner Sympathien für die Revolution auch Franz Liszt in Erscheinung. Einer seiner Schüler, Johann Nepomuk Dunkl, hat hierüber berichtet: »In den stürmischen Tagen des Jahres 1848 besuchte ich mit Liszt jene Barrikade, welche der bekannte Bassist Karl Formes kommandierte. Liszt beschenkte die daselbst postierten Arbeiter mit Zigarren und Geld. Im Knopfloch seines Rockes trug er statt all' seiner Orden die ungarische Nationalkokarde ...«[5]

Dunkl beschreibt des weiteren, daß Liszt am 6. Mai die Studenten der »Akademischen Legion« aufsuchte, um sie im Geiste der Revolution seiner leidenschaftlichen Verbundenheit zu versichern. Die Studenten begrüßten Liszt mit begeisterndem Chorgesang, woraufhin der weltberühmte Meister in einer Begrüßungsansprache die revolutionäre Bewegung in Wien mit einem spielbereiten Orchester verglich, dem jedoch »ein tüchtiger Dirigent vonnöten« sei ...; an tüchtigen Dirigenten aber fehle es, meinte Liszt und erklärte, »Katzenmusik und andere Behelfe wirken in dieser Sache wenig Erhebliches – die rechten Leiter werden die Bajonette einsetzen müssen!«[6]

Unter dem Eindruck der Wiener Ereignisse komponierte Liszt einen *Arbeiterchor 1848*:

»Herbei, herbei, den Spath und Schaufel ziert,
herbei, wer Schwerth und Feder führt,
herbei, wer Fleiß und Muth und Kraft,
wer Großes oder Kleines schafft!
Solang noch eine Esse braust,
solang noch eine Spindel saust,
solange noch ein Kessel kocht.
Die F r e i h e i t bleibt ein Hammer fest,
den keiner mehr aus Händen läßt,
ein A m b o ß bleibt sie für und für,
drauf pochen wir, ja pochen wir ...!«

Zu einer mit dem Wiener Verleger Haslinger vereinbarten Herausgabe des Liedes ist es unter den Bedingungen der sich schon bald wieder erhebenden Konterrevolution allerdings nicht mehr gekommen.

Etwa zur selben Zeit, als Liszt seinen *Arbeiterchor*

schrieb, vertonte Lortzing am 16. Mai das Lied DIE GARDE DER NATION nach dem Text von Cajetan Cerry als vierstimmigen Männerchor mit Klavierbegleitung:

>»Wer hat das Größte wohl vollbracht
> in Tagen der Gefahren?
> Wer hat als Löwe treu gewacht,
> die Freiheit zu bewahren?
> Horch!
> Ringsum schallt's im frohen Ton:
> Es war die Garde der Nation.
>
> Wer wird im Sturm und Kampfgewühl
> stets hoffend vorwärtsschauen?
> Wer wird im stolzen Selbstgefühl
> stets wagen und vertrauen?
> Horch!
> Ringsum schalt's im frohen Ton:
> Das wird die Garde der Nation!
>
> Sie wird mit frischem, kühnem Mut
> dem Höchsten nach stets streben,
> sie wird mit Freuden Gut und Blut
> für ihre Brüder geben -
> Drum schallt es rings im frohen Ton:
> Ein Hoch der Garde der Nation!«[7]

»Sieg der Freiheit oder Tod ...«

Am deutlichsten spiegelte sich Lortzings Gesinnung wohl in dem Text des Liedes SIEG DER FREIHEIT wider, den Carl Herloßsohn gleich nach Ausbruch der Revolution dichtete und der von Lortzing bereits am 5. April 1848 vertont wurde:

>»Laßt die goldne Fahne wehen
> Aus der Nacht zum Auferstehen
> In das freie Morgenrot :/:
>
> Führe uns zum heil'gen Kriege,
> Führe uns zu Kampf und Siege,
> Führ' zu Freiheit oder Tod :/:

> Jede Fessel woll'n wir brechen,
> Jede Unbill woll'n wir rächen,
> Sieg der Freiheit oder Tod :/:«[8]

Die politisch progressive Bewegung hatte inzwischen schon ganz Deutschland erfaßt. Schon am 18. März erreichte die revolutionäre Welle auch Berlin und zwang König Friedrich Wilhelm IV. zum Rückzug seiner Truppen aus der preußischen Residenz. Und auch aus anderen deutschen Staaten gelangten immer neue erregende Nachrichten über revolutionäre Erhebungen in Stadt und Land nach Wien.

Wie stark Lortzing durch die gesellschaftlichen Bewegungen jener Zeit in seinem künstlerischen Entwicklungsprozeß beeinflußt und beflügelt wurde, zeigt am prägnantesten seine Oper REGINA. Als er mit seiner Arbeit an diesem Werk begann, sah er sich zum ersten Mal in seinem Leben von allen politischen Zensurfesseln befreit. Das war eine der ersten Errungenschaften der Revolution. Als am 18. März 1848 am Theater an der Wien die Posse *Vier Wochen in Ischl* von J. K. Böhm mit der Musik von Lortzing in Szene ging, schrieb einer der Orchestermusiker die inhaltsschweren Worte auf sein Notenblatt: »als letztes Stück unter den Fesseln der Zensur«[9].

In dieser Zeit schrieb Lortzing auch eine Bühnenmusik zu dem Schauspiel *Ein Held und seine Liebe* des von Raimund beeinflußten Österreichers Karl Swiedack (mit dem Pseudonym Karl Elmar).

Den ersten unmittelbaren Anstoß zur Entstehung der Oper REGINA erhielt der Komponist offenbar durch die Nachricht von den beginnenden oppositionellen Bewegungen in Süddeutschland, noch vor dem Ausbruch der Revolution in Wien. Jedenfalls wählte Lortzing als historischen Hintergrund des später von ihm selbst konzipierten und auch textlich fixierten Handlungsablaufs der Oper die revolutionären Ereignisse in Baden und Friedrich Heckers Freischärlerzug. Für die unmittelbare Arbeit an der Oper REGINA gewannen auch die im März ausgelösten Ereignisse in Wien große Bedeutung. »Freiheit! Konstitution! Sturz der Regierung!« lauteten hier gleich zu Beginn der Revolution die entschiedenen politischen Forderungen der Massen, die am 13. März zum Tagungsgebäude der dort zusammengetretenen Stände Niederösterreichs zogen. Lortzing erlebte, wie die Studenten der Wiener Universität, als die entschiedensten Vertreter der bürgerlichen Bewegung, neben Arbeitern und kleinen Handwerkern geschlossen anrückten und zusammen mit ihnen zur Innenstadt marschierten. Die Regierung ließ Militär auf die Demonstranten schießen. So entbrannte der offene Kampf zwischen den revolutionär gestimmten Wienern und den kaiserlichen Soldaten. Die Arbeiter und die Studenten kämpften heldenhaft. Und gegen Abend sah sich das Militär schließlich zum Rückzug gezwungen. Metternich blieb keine andere Wahl, als seinen Rücktritt zu erklären.

Wenige Tage nach dem Sieg über den verhaßten Kriegsminister Latour und sein konterrevolutionäres Komplott gegen die »Akademische Legion« begann Lortzing am 31. Mai mit der Arbeit am Libretto seiner neuen Oper. Und schon am 1. Juni ging er an die Komposition der Ouvertüre, wobei er überwiegend auf das musikalische Material seiner 1839 geschriebenen CARAMO-Ouvertüre zurückgriff und es über weite Strecken notengetreu übernahm.

Am 22. Juli trat in Wien der österreichische Reichstag zusammen. Als er an den geflohenen Kaiser die Bitte richtete, nach Wien zurückzukehren, schrieb Lortzing am 31. Juli 1848 an den Tenor Heinrich Schmidt nach Dresden nicht ohne Ironie:

»Der hiesige Reichstag ist eröffnet. Es geht sehr energisch zu. Gestern ist eine Deputation nach Innsbruck, um den Kaiser zu fragen, ob er zurückkehren will oder nicht, im letzten Falle würde man einen andern suchen. Ganz in der Ordnung. Selbst die einfältigsten Leute fangen an zu begreifen, daß man auch ohne Kaiser fertig werden kann.«[10]

Das erinnert unmittelbar an Heinrich Heines Feststellung in seinem *Wintermärchen*: »Bedenk' ich die Sache ganz genau, so brauchen wir gar keinen Kaiser!«[11]

Nach Wiesbaden schrieb Lortzing an seinen Freund Meisinger:

»Jetzt haben die Reichstagssitzungen begonnen, und zwar auf energische Art. Der lieben Reaktion, namentlich der Camarilla, welche den Kaiser in Innsbruck umgibt, dürfte doch etwas bange werden ..., nun wird hier der Teufel losgehen, denn heute trifft eine Deputation in Innsbruck ein, um den Kaiser allen Ernstes zu fragen, ob er zurückkehren wolle oder nicht.«[12]

Der in beiden Briefen vertretene politische Standpunkt Lortzings entspricht ganz und gar den Programmen der von Robert Blum geführten gemäßigten Linken und der radikal-demokratischen Partei mit ihren mehr oder weniger republikanischen Zielvorstellungen in der Frankfurter Nationalversammlung.

Zu dieser Zeit tauchte plötzlich Richard Wagner in der Stadt auf, um – wie er später selbst erklärte – mit einem »Ausflug nach Wien« sogleich den Versuch ins Auge zu fassen, seinen »Ideen für die Reform des Theaters wirksamen Eingang zu verschaffen«. Lortzing erfuhr davon und äußerte sich als unmittelbarer Kenner der Lage zu Recht ziemlich skeptisch gegenüber den euphorischen Plänen des »Herrn Richard«.

Zusammengetroffen sind beide offenbar nicht, obwohl Wagner in der ersten Hälfte des Juli auch Pokornys Theater an der Wien einen Besuch abstattete und eine Vorstellung der *Szenen aus dem Leben Napoleon's* von Johann Heinrich Mirani besuchte. An Minna, seine Ehefrau, schrieb Wagner am 11. Juli nach Dresden über seine Eindrücke:

»Alles schlecht und unbedeutend. Nur Eines machte mir Spas: Pokorny hatte nicht nur das ganze Theater von oben bis unten mit deutschen Fahnen ausgestattet: selbst die Aufwärter, welche in den Zwischenacten Eis u.s.w. ausriefen, waren von oben bis unten schwarz, roth, gelb gekleidet ... Du erkennst aber daraus, wie es hier aussieht.«[13]

Im August trat Wagner dann unverrichteter Dinge die Heimfahrt über Prag nach Dresden an; seinen »Ideen für die Reform des Theaters« hatte er »keinen wirksamen Eingang« verschaffen können. Lortzing wird das nicht sonderlich überrascht haben.

Inzwischen suchten anarchistische Elemente verstärkt, im trüben zu fischen und die Massen zu sinnlosen Emeuten aufzuputschen. Im August hatten die städtischen Behörden im Ergebnis erster Erfolge der revolutionären Bewegung eine Anzahl Arbeitsloser zu öffentlichen Arbeiten herangezogen. Die demokratischen Kräfte betrachteten diese von den Stadtbehörden ausgehende Aktion offenbar als ein dem Anliegen der Revolution dienendes Unternehmen. Nicht zufällig übernahmen die Studenten der »Akademischen Legion« die Organisation und unmittelbare Leitung dieser Arbeitsaktion unter Aufsicht der Behörden. Große Arbeitslust zeigten unter den erfaßten Arbeitslosen allerdings nur wenige, wie sich bald herausstellte. Die Aufsichtsbehörden zogen daraus den fragwürdigen Schluß, die von der Stadt zu zahlenden Löhne für öffentliche Arbeiten zu kürzen. So entstand unter den Beschäftigten Unruhe und Erbitterung. Es kam zu einem Aufruhr, der jedoch von der Nationalgarde und der Munizipal-Garde blutig niedergeschlagen wurde.

Vom Standpunkt der notwendigen Festigung der März-Errungenschaften mußten die revolutionären Kräfte in Wien diesen Aufruhr als eine gefährliche Provokation werten, die – gewollt oder ungewollt – der Konterrevolution geradezu in die Hände spielte und dazu angetan war, die Revolution zu diffamieren. Lortzing schrieb über diese August-Ereignisse in Wien am 26. August 1848 in einem Brief an Maria Heinrich Schmidt:

»Hier gings vor ein paar Tagen wieder blutig her. Man hatte den Arbeitern vom Lohn abgezogen, weil es eine faule Bagage ist. Infolgedessen fanden einige Tage vorher Aufläufe statt, und am Mittwoch kam es zu ernstlichen Demonstrationen zwischen ihnen, der National- und der Munizipal-Garde in der Leopoldstadt unten beim Prater.«[14]

Noch während der Arbeit an seiner Revolutionsoper versäumte es Lortzing nicht, am 1. August eine Aufführung der seit dem 1. Juli am Wiener Carl-Theater mit viel Erfolg gespielten, als »Revolutionskomödie« verstandenen Posse *Freiheit in Krähwinkel* von Nestroy zu besuchen. Nestroys aktuelles, auf die seit März erlebten Vorgänge in Wien Bezug nehmendes Bühnenstück glossiert aus antimonarchistischem, demokratischem Blickwinkel mittels gezielter Parodie die Halbherzigkeit der liberal gestimmten Bourgeoisie ebenso wie das Revoluzzertum wildgewordener Kleinbürger, die sich während der Revolution in unentwirrbare Widersprüche zwischen ihrer pathetischen Großmäuligkeit und penetranten Kleingeistigkeit verstrickten. Von Nestroy in einem kleinstädtischen »Krähwinkel« angesiedelt, geben sich so die borniertem »Freiheitshelden« der größten Lächerlichkeit preis.

Lortzing schrieb an seinen Freund Meisinger:

»Es ist ein zusammengewürfeltes Machwerk, hat aber viel komische Situationen und läßt natürlich alle Seiten der Zeitumstände erklingen ...«[15]

Am 18. September 1848 teilte er seinem alten Freund und Leipziger Schauspielerkollegen Reger mit:

»Ich bin gegenwärtig mit Beendigung einer neuen Oper beschäftigt – wieder ernsten Inhalts; ich freue mich schon zu hören, wie die gelehrt sein wollenden Musiker ausrufen werden: ›Wenn der Mensch doch bei seiner komischen Musik bleiben wollte!‹ Ich kann ihnen aber nicht helfen ..., sie müssen mein neuestes Opus verdauen.«[16]

Die Komposition des zweiten und dritten Aktes ging schnell der Vollendung entgegen. Nach dem Abschluß der Arbeit am ersten Bild des dritten Akts vermerkte Lortzing in der Partitur das Datum des 13. September 1848. Und nach der relativ kurzen Zeit von vier Monaten, am 5. Oktober 1848, war die Arbeit an der Partitur der Oper abgeschlossen.

Einen Tag zuvor hatte Nestroys *Freiheit in Krähwinkel* gerade wieder eine viel umjubelte Aufführung im Carl-Theater erlebt. Es sollte die letzte einer im Juli begonnenen und »kassenfüllenden« Vorstellungsserie gewesen sein; denn zu diesem Zeitpunkt trat in Wien ein für die weitere gesellschaftspolitische Entwicklung verhängnisvoller Wendepunkt ein. Nachdem bereits nationale Befreiungsbewegungen im April in Krakau, im Juni in Prag und im August in Mailand grausam unterdrückt worden waren, holten die konterrevolutionären Kräfte nunmehr mit militärischer Gewalt zum entscheidenden, vernichtenden Schlag gegen das revolutionäre Zentrum in Wien aus.

Nachdem das Bemühen der Demokraten in der Frankfurter Nationalversammlung um gemeinsame Aktivitäten zur Unterstützung der revolutionären Kräfte in Wien am Widerstand einer Mehrheit der Abgeordneten gescheitert war, entsandten die Linken Robert Blum und den damals als Publizist und Verleger populären Julius Fröbel in die österreichische Hauptstadt, wo beide am 17. Oktober eintrafen. Blum suchte gleich in den ersten Tagen seines Aufenthalts seinen alten Freund Lortzing auf. Ihre Gespräche mögen nicht unwesentlich dazu beigetragen haben, daß sich Robert Blum sehr schnell ein reales Bild über die für die Revolution äußerst prekäre Stiuation zu verschaffen vermochte.

Auf einer Volksversammlung im Hauptquartier der studentischen »Akademischen Legion« hielt Blum am 23. Oktober in der Aula eine agitatorisch begeisternde, aufrüttelnde Rede und verfaßte darüber hinaus einen schnell verbreiteten Aufruf an die Wiener zur Verteidigung des revolutionären Zentrums im Herzen der alten, verrotteten Donaumonarchie. In den Reihen des Elitecorps der Studenten nahm er als Kommandeur der I. Kompanie unmittelbar an den Kämpfen teil. Angesichts der immer bedrohlicher werdenden Attacken der Konterrevolution, des wütenden Vordringens kaiserlicher Truppen unter der Führung des berüchtigten Fürsten zu Windischgrätz, das offenkundig auf eine Entscheidungsschlacht zur Vernichtung der revolutionären Bewegung abzielte, bewiesen die Arbeiter und Studenten Wiens einen beispielhaften Heroismus. Revolutionäre Kampfbataillone verteidigten sich mit grenzenlosem Opfermut. Ein großer Teil der kleinbürgerlichen Bundesgenossen verließ jedoch nach und nach die Barrikaden und bedrängte die Führer der revolutionären Bewegung zu kapitulieren. Die Konterrevolution triumphierte.

Am 31. Oktober war die Niederlage des revolutionären Aufstands besiegelt. Am 4. November wurden Blum und Fröbel auf Weisung des von Windischgrätz zum Vorsitzenden einer »Centraluntersuchungs-Commission« berufenen Generals Cordon verhaftet. Beider Berufung auf ihr Recht der Immunität als Abgeordnete des Frankfurter Parlaments fand kein Gehör. Ein Verhör Robert Blums am 8. November endete mit der Verurteilung zum Tode durch das Standgericht. Schon am Morgen des 9. November wurde der aufrechte Demokrat, der langjährige Freund und Gesinnungsgenosse Albert Lortzings, in der Brigittenau bei Wien »standrechtlich« erschossen.

Julius Fröbel entging diesem Schicksal. Nach einem Verhör am 11. November ebenfalls zum Tode verurteilt, wurde er von Fürst Windischgrätz überraschend begnadigt und konnte daraufhin Wien umgehend verlassen. Fröbel hat später in seinem Bericht vor den Abgeordneten der Frankfurter Nationalversammlung seine »Begnadigung« auf seine früher verfaßte Broschüre »Wien, Deutschland und Europa« zurückgeführt. Darin habe er sich vor der Revolution hinsichtlich der österreichisch-deutschen Frage gegen eine Teilung Österreichs ausgesprochen und eine Vereinigung aller zur österreichisch-ungarischen Donaumonarchie gehörenden Landesteile mit Deutschland befürwortet. Die Berufung auf diesen Standpunkt – so meinte Fröbel – habe im Ergebnis seiner Verteidigung vor dem Standgericht letztlich zur Aufhebung der über ihn verhängten Todesstrafe geführt.

Die Nachricht von der Erschießung Robert Blums rief weithin in deutschen Landen wie im ganzen Habsburger Reich unter allen fortschrittlichen Menschen Abscheu und Empörung hervor. Zutiefst betroffen war der dem revolutionären Märtyrer aufs engste verbundene Freund, Albert Lortzing. Gemeinsam hatten sie während ihrer Leipziger Jahre – in heiteren wie in ernsten Stunden – politisch und künstlerisch zueinander gestanden. Blum war es gewesen, der vor nicht viel mehr als drei Jahren den ahnungslosen Lortzing in aller Vertraulichkeit von der Entscheidung der städtischen Obrigkeit in Kenntnis setzte, dem längst anerkannten Opernkomponisten und Kapellmeister kurzfristig das Engagement aufzukündigen.

Seinen vierundvierzigsten Geburtstag hatte Lortzing bereits als stellungsloser Künstler erlebt. Den Freund zu ermuntern und zu ermutigen, hatte Robert Blum zu einer im kleinen Kreise der Lortzing-Familie arrangierten Feier am 23. Oktober 1845 zwei Gedichte für das Geburtstagskind verfaßt und gleich selbst vorgetragen; eines der beiden nahm unmittelbar auf Erfolge und Hoffnungen Lortzings als Opernkomponist Bezug – unter Anlehnung an Lortzings »Erfolgsschlager« aus der Oper ZAR UND ZIMMERMANN, an das Lied des Zaren im dritten Akt:

»Sonst spielt'st Du Piano und Violoncell',
Den Taktstock, als Kind schon, schwangst leicht Du und schnell,
Musiker und Sänger verfolgte Dein Blick.
Du hielt'st ihre Kunst für das süßeste Glück,
Du träumtest und sehntest und dachtest allein:
O, seelig! o, seelig! Tondichter zu seyn.

Nun schwingst Du den Taktstock, nun dichtest Du Tön',
und jedermann findet sie trefflich und schön.

Die Sänger und Musiker führst Du zum Licht,
Wobei es Dir selbst nicht am Ruhme gebricht.
Und streichst Du die blanken Dukaten dann ein,
Dann rufst Du: O seelig! Tondichter zu seyn.

Drum weil das Geschick Dein Verlangen gestillt
Und liebend wie selten Dein Sehnen erfüllt,
So wünsch ich: Stets bleibe die Muse Dir hold
Und spende Dir reichen Ruhm, Ehr' und Geld.
Dann rufst Du als Greis noch im silbernen Schein:
O, seelig! o, seelig! Tondichter zu seyn.«[17]

Ungeachtet der Gefahr, sich politisch verdächtig zu machen, lag es Lortzing am Herzen, der Familie des Freundes ein letztes Zeichen der Verbundenheit zu geben. Er bemühte sich, ihr den silbernen Ehrendegen zurückzugewinnen, den die Studenten ihrem revolutionären Führer gestiftet hatten; doch der Versuch blieb ohne Erfolg.

Mit welcher Erbitterung der Komponist den konterrevolutionären Vormarsch verfolgte und welchen Standpunkt er gegenüber dem Terror der Reaktion nach deren Triumph Ende Oktober 1848 einnahm, läßt ein Brief erkennen, den er am 26. November 1848 an seinen Freund Meisinger schrieb:

»Du wirst viel Wahres und dito Unwahres in den Zeitungen gelesen haben; so viel ist gewiß, daß es schrecklich hier zuging und daß sich viel darüber sagen ließe, wenn man mit gutem Gewissen dem Papiere alles, was man denkt, anvertrauen könnte. Die Vorstädte Wiens sind gräßlich zugerichtet, namentlich die Leopoldstadt, dort haben die Kroaten und auch noch andere fürchterlich gehaust ... In den ersten Tagen des Belagerungszustandes war Wien natürlich von Militär überflutet ... Jetzt ist es ziemlich leer geworden, weil der größte Teil nach Ungarn marschiert ist, wo in diesen Tagen der Hauptangriff gemacht werden soll. Da wird's Menschenleben kosten.«[18] Und sarkastisch charakterisiert Lortzing mit galligem Humor die Wiener Situation unter dem Terror einer mordgierigen Soldateska und der von ihrem »obersten Feldherrn« Windischgrätz praktizierten standrechtlichen Erschießungen zahlloser Patrioten: »Wer sich vor dem Kopfabhauen nicht fürchtet, hat bei uns gar nichts zu riskieren.«[19]

Die revolutionär-demokratische Haltung Lortzings entspricht in jeder Beziehung den politischen Auffassungen seiner Gesinnungsfreunde Robert Blum und Adolf Glaßbrenner, der am 6. Mai 1848 in den von ihm herausgegebenen »Freien Blättern« schrieb:

»... Deutsche Brüder und Schwestern! ... Die Räder der Zeit gehen schnell, aber nicht im Gleise; die Begebenheiten überstürzen sich; die Weltgeschichte hat königlich geruht; plötzlich ist sie ein unruhiger Arbeiter geworden ...«[20]

In seinem Artikel wendet sich Glaßbrenner mit aller Entschiedenheit sowohl gegen die Reaktion als auch gegen den Anarchismus; er polemisiert gegen die »Aufwiegler«, die »uns nur zweierlei Uebel bringen: Reaction oder Anarchie!«

Bemerkenswert ist hier die Polemik Glaßbrenners gegen »den neuen deutschen Philister«, der sich nach seiner Auffassung besonders in Georg Herwegh verkörperte, als dieser für einen Putschversuch des kleinbürgerlich-radikalen Hecker in Süddeutschland im April 1848 plädierte. Glaßbrenner schreibt: »Georg Herwegh ... arbeitet an einem neuen Werke, er will die französische Republik ins Deutsche übersetzen. – Seine Feder ist das Schwert, seine bleiernen Typen Kugeln ... Herr Herwegh versteht es nicht, den französischen Geist zu übertragen; unser lesendes Volk versteht die Kugeln nicht und hält sie alle für Nullen. Herr Herwegh ist ganz Franzose geworden, aber er hat das *Deutsche verlernt.*«[21]

Die demokratische Position, die Lortzing wie auch Blum mit Glaßbrenner geistig vereinte, wird deutlich, wenn wir in Nr. 2 der »Freien Blätter« vom 13. Mai 1848 die Proklamation des Schriftsetzers Stephan Born zur »Errichtung eines Central-Comitées für Arbeit« lesen, wo es in bezug auf die Arbeiter heißt:

»... ihre und die Interessen der Kapitalisten begegnen sich in dem Punkte: Beide wollen den Frieden, sie müssen ihn wollen; die Arbeiter wollen diesen Frieden benutzen, um als eine Macht im Staate dazustehn. Darum wird die Organisation der Arbeiter die erste Nothwendigkeit.«[22]

Diese Position entsprach der Auffassung der demokratischen Linken in der Frankfurter Nationalversammlung. Aus dieser Haltung erklärt sich Lortzings Skepsis gegenüber dem damals von Bakunin beeinflußten Richard Wagner, zumal dieser anarchistische Phantastereien zugleich mit Spekulationen über ein »soziales Volkskönigtum« zu verquicken suchte. Allzu exentrisch mußte Lortzing die offenkundig zwiespältige Haltung Wagners zur Revolution erscheinen. Da es Lortzing vor allem um die Verteidigung der seit dem März 1848 erzielten bürgerlich-demokratischen Errungenschaften ging, empfand er die teils radikalistischen, teils pathetisch-verschwommenen Bekundungen Wagners und seines Verehrers und Freundes August Roeckel während der Zeit der revolutionären Ereignisse bis zum Sommer 1848 in Dresden geradezu als eine Gefährdung des inzwischen Erreichten.

In Sachsen wuchs seit März 1848 der Einfluß maßgeblicher demokratischer Kräfte im Landtag. Dies wurde auch bei den Wahlen zum Frankfurter Parlament im Mai 1848 deutlich; einer der populärsten Delegierten zur Frankfurter Nationalversammlung war als Repräsentant der demokratischen Linken zweifellos Robert Blum. Und als Lortzing im August 1848 von seinem Freund Heinrich Schmidt die Nachricht erhielt, daß man an der Dresdner Oper bedeutende Reformen beabsichtige, bewarb sich Lortzing umgehend bei der Generaldirektion der dortigen Oper. Er übermittelte dies Schmidt auch brieflich mit der beiläufigen Bemerkung:

»Herr Wagner ist ein undankbarer Schlingel, und meinem Herrn Cousin (August Roeckel), der Gott danken sollte, eine solche Stellung zu haben, sollte man den Hintern voll hauen.«[23]

Lortzings Begeisterung »für den neuen Zustand« seit den revolutionären Märztagen zeigt das aktive politische Engagement des Künstlers, aber auch seinen praktischen Sinn für Realität und die Kunst des Möglichen. Als überzeugter Demokrat durchschaute er dabei auch die schwankende Haltung von Opportunisten aller Schattierungen, von der offenkundig auch die Verleger Raymund und Hermann Härtel nicht frei waren. Als Lortzing seine neueste Oper REGINA »seinem« Verlag anbot, erhielt er von Raymund Härtel die für dessen Gesinnung bemerkenswerte Antwort:

»Geehrtester Herr, in höflicher Beantwortung Ihres an unseren R. Härtel, den Schreiber dieser Zeilen, gerichteten Briefes vom 20ten, welcher heute durch Herrn Plenckner hier ankam, wäre es uns lieber gewesen, Sie hätten uns das

Buch Ihrer neuen Oper gleich mitgeschickt. Wir zweifeln zwar nicht, daß obschon Sie uns sagen, daß die Oper die Zeitumstände berührt, demnach unseren eigenen politischen Ansichten nicht widerstreiten werde; doch werden Sie es auch natürlich finden, daß, während wir jede Ihrer früheren Opern sofort annahmen, ohne auch etwas davon zu kennen, wir hier wo es sich um Politica dreht die Sache kennenzulernen wünschen, ehe wir uns völlig binden.«[24]

Nach Empfang dieses Briefes übersandte Lortzing am 23. November 1848 Partitur und Textbuch seiner Oper mit einem Brief an den Verlag, in dem es hieß:

»Somit sende ich Ihnen denn Partitur und Textbuch meiner Oper REGINA, zwar einige Tage später, als ich verheißen, doch lag die Schuld nicht an mir. Meine Spekulation mit Leipzig ist eines Teils zu Wasser geworden ... Der neue Unternehmer hat sich zwar bereit erklärt, die Oper zu geben, wann aber – ! – Ich muß daher anderswo operieren. Mit dem Wunsche, daß das Textbuch Ihren Beifall gewinnen möge, grüße ich Sie ... Ihr ergebener Albert Lortzing.«[25]

Als Lortzing auf sein Angebot einer Drucklegung der Oper schließlich einen ablehnenden Bescheid erhielt, antwortete er in einem vom 27.12.1848 datierten Brief an den Verleger:

»Mit Bedauern ersehe ich aus Ihrem Schreiben vom 7. dieses, daß Sie zu meinem jüngsten Kinde kein Vertrauen hegen ... Wenn Sie dem Texte der Oper Mangel an Originalität zur Last legen, so stimme ich Ihnen bei, das wäre aber nach meinem Ermessen das einzige Tadelnswerte, und verspreche ich mir dessen ohngeachtet vom Ganzen eine große Wirkung; vielleicht täusche ich mich – und will durch das Gesagte keineswegs Ihre Ansicht gefangen nehmen, darum werden wir ja hören, was die Publikümmer sagen. Noch muß ich den Vorwurf wegen des unkleidsamen Kostüms von mir wälzen, da ich als alter Praktikus diesen Umstand wohl zu erwägen wußte. Die Handlung spielt nämlich an der badischen Grenze, und das Kostüm ist ein elegant und etwas idealisiert Schweizerisches.«[26]

Härtel blieb bei seiner Ablehnung, und in der nachfolgenden Zeit zunehmend konterrevolutionärer Bestrebungen, etwa seit dem Herbst des Jahres 1848, mußte Lortzing, der sich erneut der schrankenlosen Zensur ausgeliefert sah, sehr bald alle Hoffnung auf eine Aufführung dieses Werkes an einer deutschen Bühne aufgeben.

REGINA – die Oper der 48er Revolution

Die geschichtlichen und individuellen Vorgänge in Lortzings Oper REGINA führten mitten hinein in die von den süddeutschen kleinbürgerlichen Republikanern Hecker und Struve inspirierte abenteuerliche Emeute in Baden im April 1848, die später als »Hecker-Putsch« recht unrühmlich in die Geschichte der 48er Revolution eingegangen ist. Bei realer Einschätzung des Kräfteverhältnisses zu Beginn der Revolution und der anstehenden historischen Aufgaben mußte jede leichtfertige »Revolutionsspielerei« nur von Schaden sein. Hecker und Struve waren die elementarsten Fragen von Strategie und Taktik einer erfolgversprechenden revolutionären Bewegung offenbar ein Buch mit sieben Siegeln. Zwar vermochte Hecker, dem die subjektiv ehrliche Haltung und lautere Absicht des tatendurstigen Republikaners gewiß nicht abzusprechen ist, am 17. April im Badener »Seekreis« die Reaktion vorübergehend außer Gefecht zu setzen und einen vermeintlichen »Sieg über die Tyrannei« zu feiern, doch mußte der Erfolg durch den Mangel an strategischer Führungsqualität und das ausbleibende Echo bei den erhofften Verbündeten im Volke zu einem Pyrrhus-Sieg werden; Robert Blum verurteilte das abenteuerliche Unternehmen mit nüchternem politischem Blick für die Realität. »Hecker und Struve«, konstatierte er, »haben das Land verraten nach dem Gesetz – *das* wäre eine Kleinigkeit, aber sie haben das *Volk* verraten durch ihre wahnsinnige Erhebung und es mitten im Siegeslauf aufgehalten; das ist ein entsetzliches Verbrechen.«[27]

Heckers »revolutionäres« Abenteuer provozierte tatsächlich und unmittelbar das Eingreifen der Armeen des badischen Großherzogs Karl Leopold Friedrich und seiner Verbündeten. Die Niederlage der Aufständischen war komplett. Damit ging aber auch Herweghs Plan nicht auf, mit sogenannten Legionen, die sich aus deutschen Emigranten in Frankreich rekrutierten, nach Baden zu ziehen und sich mit Heckers Freischaren zu vereinigen.

»Wir widersetzten uns dieser Revolutionsspielerei aufs entschiedenste«, erklärte Engels später. »Mitten in die damalige Gährung Deutschlands eine Invasion hineintragen, die die Revolution zwangsmäßig von außen importieren sollte, das hieß der Revolution in Deutschland selbst ein Bein stellen, die Regierungen stärken und die Legionäre selbst ... den deutschen Truppen wehrlos in die Hände liefern.«[28]

Tatsächlich überschritt der Dichter des Vormärz, Georg Herwegh, am 24. April an der Spitze seiner »Deutschen Legion« den Rhein. Er erreichte aber Baden erst zu einer Zeit, als Hecker und seine Freischaren schon geschlagen und zersprengt waren.

Wenn man davon ausgeht, daß in Lortzings REGINA am zweiten Tag der Geschehnisse in der Oper der bereits errungene »Sieg über die Tyrannei« in Baden besungen wird (dritter Akt), so kann als Zeitpunkt des Handlungsbeginns der Vortag angenommen werden, an dem im ganzen badischen Land die Nachricht vom Sturz der Regierung und von der Errichtung der »Seekreis-Republik« – also der 16. April 1848 – verbreitet wurde. Es ist der Tag, an dem sich nach Heckers Plan revolutionäre Freiwillige, als Freischaren organisiert und bewaffnet, nach Donaueschingen in Marsch setzen und von dort aus zur badischen Hauptstadt vorstoßen sollten.

Aus dem Autograph der Partitur und dem handschriftlichen Libretto der Oper ergibt sich die nachfolgende Übersicht der Handlung und Personen:

Simon, Fabrikbesitzer
Regina, seine Tochter
Richard, Kilian, Angestellte in Simons Fabrik
Stephan, Werkmeister bei Simon
Wolfgang, Führer einer Freischar
Barbara, eine arme Bäuerin, Kilians Mutter
Beate, Hausmädchen bei Simon
Arbeiter und Arbeiterinnen, Freischärler, Landleute, Hauspersonal bei Simon.
Zeit: 16. und 17. April 1848
Ort: Im Seekreis bei Konstanz in Baden, nahe der Grenze zur Schweiz

I. Akt: Fabrikhof
II. Akt: Wohnstube und Nebenkammer in der Bauernhütte Barbaras
III. Akt: Ländliche Gegend (1. Bild), Turmruine mit Pulverkammer (2. Bild)

Das Geschehen setzt im ersten Akt (Introduktion) unmittelbar mit dem Aufruhr der Arbeiterinnen und Arbeiter ein. Im ganzen Land ist die revolutionäre Erhebung in vollem Gange. Noch weiß niemand – außer den Anführern – von einem insgeheim geplanten Putsch und aufrührerischen Freischärlern, die sich der Fabrik nähern. Auf die Aufforderung des Angestellten Kilian an die Arbeiter, dem von der Reise zurückkehrenden Fabrikanten »einen festlichen Empfang« zu bereiten, erheben die mit aller Entschiedenheit Protest:

»Wir wollen nicht! Wir wollen nicht!
Was hätten wir davon?
Auch noch besondre Liebespflicht
Bei solchem kargen Lohn?
Wird unser Fleiß nicht anerkannt,
So rührt auch keiner eine Hand!«

Dem hinzukommenden Geschäftsführer Richard, der die Arbeiter beruhigen will, erklären sie:

»... rühren werden wir uns schon.
Es handelt sich um höh'ren Lohn,
Es handelt sich um noch weit mehr,
Denn allzu lang und allzu sehr
Treibt man mit uns dies arge Spiel,
Nachgrade wird es uns zu viel.

Beschlossen ist's,
Zu Ende sei
Die Knechtschaft und die Tyrannei!
Wir werden Recht uns bald verschaffen,
Sei's nicht mit Worten,
Sei's mit Waffen!«

Der aus kleinen Verhältnissen zum Geschäftsführer avancierte Richard versucht die Streikenden davon zu überzeugen, daß die berechtigten Ziele der Arbeiter nur »auf milden Wegen« erreicht werden können und er sich beim Fabrikanten Simon zu ihrem Fürsprecher machen will. Nur schwer lassen sich die Streikenden besänftigen; bittere Erfahrungen haben sie mißtrauisch gemacht, und voller Zweifel an der Ehrlichkeit und Aufrichtigkeit der Versprechungen des Geschäftsführers ziehen sie sich aus dem Fabrikhof zurück.

Richard liebt Simons Tochter, fürchtet aber zu Recht, daß der Fabrikherr einem standesgemäßen Schwiegersohn den Vorzug geben wird. Doch, entsetzt über den Aufruhr, stimmt der Fabrikant unerwartet einer Verlobung Reginas mit dem Geschäftsführer zu. Der plötzlich auftauchende Revoluzzer Stephan, der bei Simon ebenfalls um die Hand Reginas anhält, wird vom Fabrikanten abgewiesen.

Da nähert sich Stephan – von den übrigen unbemerkt – ein alter Bekannter. Es ist Wolfgang, der zu 20 Jahren Zuchthausstrafe verurteilt wurde, weil er sich »an einem Adligen vergriffen« hatte, bei Ausbruch der Revolution aber wieder in die Freiheit entfliehen konnte. Jetzt gehört er einer Freischar an und sucht Kontakt mit den Arbeitern in Simons Fabrik. In Stephan glaubt er einen willkommenen Verbündeten gefunden zu haben; er kann nicht ahnen, daß dieser, in seiner Bereitwilligkeit, der Freischar beizutreten, nur egoistische, private Zwecke verfolgt. Stephan will sich an Simon rächen, weil dieser ihm Regina verwehrte, die freilich selbst auch keinerlei Liebe für ihn empfindet. Stephan, alles andere als ein Revolutionär, biedert sich Wolfgang an, um ihn und die Freischar für seine Absichten zu mißbrauchen. Er versteht es geschickt, Wolfgang und seine Freunde zu einem Überfall auf den Fabrikanten anzustiften und sie zu überreden, unter seinem Kommando die Fabrik in Brand zu stecken und zu plündern sowie Regina zu entführen. Stephan will Regina in eigensüchtiger Verbohrtheit zur Liebe zwingen und sich ihrer zugleich als ein Mittel möglicher Erpressung bedienen. Die gewalttätige Provokation drängt die Fabrikarbeiter zur Verteidigung ihrer Arbeitsplätze. Stephan entkommt mit Regina und läßt sie in einem weitab liegenden Bauernhaus, das der alten Barbara gehört, von den Freischaren bewachen. Er selbst verläßt inzwischen Barbaras Hütte, um die nähere Umgebung für weitere »Aktionen« auszukundschaften. Mit dieser Szene beginnt der zweite Akt.

Die alte, einfältige Barbara ist die Mutter des bei Simon beschäftigten komisch-gemütvollen Bürodieners Kilian, der eine Befreiung Reginas plant und deshalb ebenfalls bei seiner Mutter auftaucht. Die rauhen Freischärler verlieren für den ängstlichen Kilian bald ihren Schrecken, nachdem er feststellen kann, daß sie weit eher geneigt sind, seiner Aufforderung zu einem ausgelassenen Trinkgelage zu folgen als Stephans Befehle auszuführen. Kilian stimmt ein revolutionäres Lied an, weniger aus eigener Überzeugung als in der Hoffnung, eventuelles Mißtrauen der Freischärler zu zerstören und die geplante Flucht mit Regina ungestört vorbereiten zu können. Beifällig stimmen die Freischärler in Kilians Lied ein:

»Hinaus, hinaus in schnellster Frist, drididum?
Was nicht dem Land zu Nutzen ist, drididum!
Hinaus mit Stock und Reisesack
Das ganze Jesuitenpack, drididum!

Hinaus mit jedem schlechten Rath, drididum!
Der nie des Volkes Wohl vertrat, drididum!
Der mit gestohl'nem Glanz umhüllt,
Nur stets den eigenen Säckel füllt, drididum!

Zum Teufel mit dem edlen Herrn, drididum!
Dem eigen nichts als Brief und Stern, drididum!
Der glaubt, es fängt beim Edelmann
Nur eben erst der Mensch sich an, drididum!

Hinaus mit jedem, der noch lebt, drididum!
Und mit der Zeit nicht vorwärtsstrebt, drididum!
Der nicht bereit mit Herz und Hand
Für Freiheit, Recht und Vaterland, drididum!«

Inzwischen hat der Wein die beabsichtigte Wirkung auf Wolfgang und seine Männer nicht verfehlt. Und mancher im Trinken nicht sehr sattelfeste Zecher ist schon in tiefen Schlaf gesunken. Kilian und Regina fühlen sich unbeobachtet. Er stimmt die letzte Strophe an:

»Hinaus mit jedem deutschen Weib, drididum!
Dem Liebe nur ein Zeitvertreib, drididum!
Das nichts, wie auch die Zeit bewegt,
Nach Herz und nach Gesinnung frägt, drididum!«

Die Freischärler – in Lortzings Oper mit kritischer Distanz als »Freybeuther« bezeichnet – kümmern sich weder um Stephans Privatangelegenheit noch um seine geliebte »Beute«; sie sind inzwischen betrunken und allesamt eingeschlafen. Die Situation für einen Fluchtversuch ist günstig; und schnell verschwindet Kilian – das draußen tobende Gewitter nicht achtend – mit Regina.

Der dritte Akt der Oper führt im ersten Szenenbild in eine ländliche Gegend in der Nähe einer Ruine. Es ist am Vormittag des folgenden Tages. Das Volk begrüßt jubelnd den Sieg der Revolution im ganzen Land. Die Massen ziehen den bewaffneten Kampfscharen entgegen, um sie zu ihrem errungenen Sieg für die Freiheit zu beglückwünschen.

Richard, der bisher vergeblich nach Regina suchte, muß durch Kilian erfahren, daß sie – nach geglückter Befreiung durch dessen Hilfe – von Stephan erneut entführt wurde. Daraufhin wendet sich Richard an seine Freunde und ruft die Freischärler zum Kampf auf, um Regina zu befreien; er bekennt sich dazu, an der Seite des Volkes »tapfer zu streiten« und »der Bosheit Macht« zerstören zu helfen.

Nach der Verwandlung der Szene führt das zweite Bild in eine Waldlichtung unmittelbar in der Nähe der Ruine. Fast unbemerkt schleicht sich Stephan – Regina mit sich führend – an die Ruine heran, in der Waffen und Pulver lagern. Doch unvermutet stößt er auf Wolfgang (dritter Akt, Nr. 10, 4. und 5. Szene). Es kommt zur entscheidenden Auseinandersetzung zwischen beiden. Wolfgang bezichtigt Stephan des Verrats. Doch wird der Streit plötzlich durch ein neues Ereignis unterbrochen (dritter Akt, Nr. 10, 6. Szene). Ein Freischärler meldet das Herannahen einer Schar Bewaffneter. Stephan erkennt unter den Herannahenden von weitem Kilian. Er weiß nun, daß man ihm auf der Spur ist und beschließt in der ihm aussichtslos erscheinenden Lage, die Ruine samt Pulver und Waffen in die Luft zu sprengen, gemeinsam mit Regina zugrunde zu gehen und auch die herannahenden Befreier zu vernichten.

Regina will Stephan zuvorkommen und ergreift die von ihm bereits entzündete Fackel (dritter Akt, Nr. 10, 7. Szene). Dieser ringt sie ihr jedoch aus der Hand. Inzwischen hört man sich nähernden Waffenlärm und die Stimme Richards.

Stephan läuft mit der brennenden Fackel in den Pulverturm. Regina erkennt die Gefahr, ergreift Stephans Gewehr, das dieser achtlos an das Turmgemäuer gelehnt hat, und eilt hinter dem Rasenden her. Im Turm fällt ein Schuß. Regina hat Stephan in höchster Verzweiflung getötet. Sie hat damit nicht nur sich selbst, sondern zugleich auch alle, die zu ihrer Befreiung in den Kampf zogen, und schließlich Waffen und Munition für die Revolutionäre gerettet.

Nach einer Weile erscheint Regina im Eingang des Turms mit Gewehr und Fackel. Wie abwesend übergibt sie die Fackel an Richard. Dann bricht sie ohnmächtig zusammen.

Aus ihrer Ohnmacht erwachend, findet sie sich inmitten der Landsleute bei Richard wieder (dritter Akt, Nr. 10, Finale).

In die Freude der beiden Liebenden mischt sich der Jubel aller über den Sieg der Revolution, den Sieg über die Tyrannei:

»Heil uns! Vorbei ist nun die Schreckenszeit!«

Und Richard kann begeistert verkünden:

»Nicht hier allein ertönen Siegesklänge,
Von allen Seiten Freiheitsboten nahn!
Aus vollem Herzen jubelt froh die Menge:
Es bricht der Freiheit, der Freiheit großer
Morgen an!«

Nun fallen alle in den von Richard angestimmten Hymnus ein, dem Lortzing den Text eines Revolutionsliedes des Vormärz-Dichters Friedrich Stoltze zugrunde gelegt hat:

»Heil Freiheit Dir! Du Völkerzier!
Dir leben wir, Dir sterben wir.
Fließ hin, o Blut, fließ in den Sand,
O süßer Tod für's Vaterland,
O schöner Tod der Ehre!

...

Frisch auf! Frisch auf. Und einig seid!
So kommt dem Volk die Herrlichkeit!
Ein Herz, ein Sinn und ein Panier!
In diesem Zeichen siegen wir.
Das macht den Feind zuschanden.

O Glanz!, O Sieg!, O helle Ruhmesbahn!
Auf, Vaterland, voran!

Auf, rüstet Euch! Das Schwert zur Hand!
Im Sturmschritt für das Vaterland!
Ein Volk! Ein Heer! Ein Wetterschlag!
Nun kommt der Freiheit großer Tag!
Das Volk läßt sich nicht spotten!«

Das Neuartige der künstlerischen Aufgabe, der sich Lortzing in seiner Oper REGINA stellte, veranlaßte den Dichterkomponisten zur Ausschöpfung aller von ihm bis dahin entwickelten künstlerischen Ausdrucks- und Gestaltungsmittel bei gleichzeitiger Nutzung aller praktischen Erfahrungen, die er auf dem Gebiet der Oper bisher hatte gewinnen können. Besonders wichtig war wohl u. a., im Hinblick auf sein Schaffen im Revolutionsjahr 1848, die Tatsache, daß er schon in Detmold Werke von Komponisten kennenlernte, die für die Entwicklung der französischen Revolutionsoper in starkem Maße bestimmend waren.

Die REGINA-Musik ist – dem Sujet der Oper entsprechend – vielfach von konfliktgeladener Dramatik und starker Emotionalität geprägt. Große musikalische Bögen kontrastieren wiederholt zu einer äußerst kurzgliedrigen, rhythmisch scharf akzentuierten Melodik.

In der Vielgestaltigkeit der Modulation überragt die Oper alle bis dahin entstandenen Werke Lortzings. Dieses musikalische Gestaltungsmittel wird hier wirkungsvoll sowohl im Sinne der dramatischen Handlungssteigerung als auch zur Charakterisierung subtiler seelischer Vorgänge der handelnden Personen eingesetzt. Dabei wirkt das Orchester vielfach im sinfonischen Sinne als musikalischer Handlungsträger. Hinsichtlich der Vielgestaltigkeit der Melodik und der rhythmischen Originalität, musikalisch eindrucksvoll besonders in den großen Szenen der Arbeiter und Arbeiterinnen und der Freischärler, aber auch in den dramatischen Auseinandersetzungen vor allem zwischen Stephan und Regina, übertrifft die Oper alle anderen Werke Lortzings. Spannungsvolle Harmonik durch verminderte Akkorde, Moll-Varianten und chromatische Melodiebildungen im Orchester, häufig durch rhythmische Triolenbewegungen unterstützt, kennzeichnen musikalisch wirkungsvoll die dramatischen Konflikte und Höhepunkte der Handlung.

Auffallend ist hier in der melodischen Gestaltung die Bevorzugung großer Intervalle im punktierten Rhythmus und das Durchmessen großer Tonbereiche, die ebenso wie die Sext- und Oktavsprünge schon Kennzeichen der französischen Revolutionsmusik waren.

Eine parodierend verfremdende Wirkung erzielt Lortzing in seiner REGINA durch die Anwendung der für das Sujet dieser Oper durchaus wesensfremden Stilmittel der Opera seria mit ihrer Manier des sich in schier endlosen Koloraturen windenden Ziergesangs. In Koloraturen ergeht sich die schwülstige Tonsprache Simons, wie auch sein phrasenhaftes Geschwätz sich verschiedentlich in der Form des Secco-Rezitativs altitalienischer Manier äußert.

Aus dem Streik-Motiv und dem mit ihm wesensverwandten Motiv der Freischärler: »Hinaus. Hinaus!« (Freiheits-Motiv) erwächst im Finale III der musikalisch verdichtete Gedanke des errungenen Sieges der Befreier und der Befreiten: »Heil Freiheit dir! Du Völkerzier« nach der »Deutschen Hymne« von Friedrich Stoltze, die ebenfalls im Revolutionsjahr 1848 entstand. Der hier musikalisch kulminierende Gedanke der Freiheit ist eng mit dem Revolutionsgedanken der Oper verknüpft, der als zornig auffahrendes, fanfarenartiges Motiv unisono in auftaktigem Rhythmus – mit einem Sechzehntelauftakt wie im berühmten Ruf: »Aux armes citoyens!« in der ursprünglichen Fassung der »Marseillaise« – die Ouvertüre der Oper »allegro con brio« programmatisch einleitet und sich schnell zu einem vom ganzen Orchester getragenen, dramatisch ungestüm gesteigerten Thema entwickelt.

Nach dem 155. Takt bricht in der Originalpartitur das von Lortzing aufgezeichnete Notenbild der Ouvertüre ab. Es folgt dort die handschriftliche Fortführung durch Gustav Härtel. An dieser Stelle steht der Vermerk: »unvollend. Ouvertüre von Gustav Härtel beendet.«

Anfang Oktober 1848 hatte Lortzing die Arbeit am dritten Akt seiner Oper REGINA beendet. Mit ihr schuf er das zu diesem Zeitpunkt gewiß aktuellste Zeitstück der Opernliteratur, mit dem musikgeschichtlich erstmals das Auftreten des modernen Proletariats in einem politischen Streik auf der Musikbühne zu belegen ist; mehr noch: Mit Lortzings

Arbeitern und Arbeiterinnen in Simons Fabrik tritt das Industrieproletariat zum ersten Mal im unmittelbaren Zusammenhang mit der historisch realen Situation einer demokratischen Revolution in Erscheinung.

Die Oper ist ein Bekenntnis zur Verteidigung der gegen die monarchistische Reaktion gerichteten deutschen 48er Revolution und zum Kampf gegen ihre sich revoluzzerhaft maskierenden Feinde. Mit seiner REGINA erreichte Lortzing den künstlerischen Höhepunkt seines Schaffens; in diesem Werk kulminieren alle Erfahrungen kompositorischer Meisterschaft, die er sich seit Beginn der Leipziger Jahre erwarb.

Lortzing ist sich des künstlerischen Ranges durchaus bewußt gewesen, den seine erste musikdramatisch angelegte »Große Oper« mit einem bedeutenden zeitgeschichtlichen Thema im bisherigen Schaffensprozeß einnahm. Dabei war es gewiß kein Zufall, daß er der Heldin den Vornamen seiner über alles geliebten und verehrten Frau verlieh.

Als der Meister nach Abschluß der Arbeit die Feder beiseite legte, begann die schon lange drohende Konterrevolution bereits offen ihr Haupt zu erheben. Für REGINA fand sich unter diesen Umständen keine Bühne. Und so, wie schon zu Lebzeiten des Komponisten, kümmerte sich auch nach seinem Tode zunächst niemand um das Werk.

Nachdem Rosina Regina ihrem so früh verstorbenen Gatten schon dreieinhalb Jahre später in den Tod folgte, geriet Lortzings REGINA-Handschrift zunächst in den Besitz des Rentiers C.W. Batz in Mainz, der Sachwalter des Nachlasses für die Erben Lortzings wurde. Bald jedoch sahen sich die geschäftlich wenig gewandten Kinder Lortzings in einen Prozeß gegen den gewieften »Nachlaßpfleger« verwickelt, der jedoch wider Erwarten zugunsten der Lortzing-Erben ausging. In diesem Zusammenhang forderten diese von Batz unter anderem auch die Herausgabe der REGINA-Autographen. Batz kam nicht umhin, dieser Aufforderung Folge zu leisten; und nun übernahm als neuer Nachlaßverwalter ein Rechtsanwalt Dr. Carlebach das handschriftliche Opernmaterial, nachdem er zum Rechtsbeistand der Erben Lortzings berufen worden war.

Inzwischen begannen sich auch geschäftstüchtige Verleger für den Autographen-Text und die Partitur der Oper zu interessieren, erhofften sie sich doch von der Theaterwirksamkeit einer bisher unbekannten Lortzing-Oper vor allem eine einträgliche finanzielle Ausbeute.

Mitte der 80er Jahre verschaffte sich der in Mainz ansässige Verleger Carl Voltz Einblick in das Autograph der Partitur und in das handschriftliche Textbuch. Er veranlaßte, da er nach Durchsicht des Librettos erhebliche Bedenken hinsichtlich der Zensur hatte, eine Neubearbeitung der Oper und gewann hierfür den damals in Mainz tätigen Kapellmeister Wilhelm Bruch, der sich sofort an die Arbeit machte. Dabei kam es Bruch in allererster Linie darauf an, die politisch progressive Tendenz der Oper entschieden zu »entschärfen«. Im Jahre 1886 erschien dann beim Verlag C. Voltz eine Neubearbeitung des Textbuches im Druck. Gleichzeitig veröffentlichte die dortige lokale Presse in einem Artikel von Carl Schumacher eine ausführliche Besprechung der Musik auf Grund der vorliegenden handschriftlichen Partitur.

Zu einer Aufführung der Bruchschen Neufassung der Oper ist es jedoch nie gekommen, und es besteht kein Zweifel, daß verschiedene, anfänglich interessierte Theater aus Gründen der zu befürchtenden Zensur selbst vor der durch Wilhelm Bruch beträchtlich gemilderten Aussage der Revolutionsoper zurückschreckten.

Verlagsleiter Voltz gab jedoch die Hoffnung nicht auf, mit der REGINA irgendwie doch noch ein profitables Geschäft machen zu können; jedenfalls ließ er eine Abschrift der ihm zur Durchsicht leihweise überlassenen Partitur und des Librettos anfertigen, um schließlich beides an den Klavierfabrikanten Wilhelm Müller zu verkaufen. Im Besitz dieser Abschriften, beanspruchte nunmehr der Klavierfabrikant schon bald das »Verdienst« einer Neuentdeckung der Lortzing-Oper für sich. Doch sollte ihm ein Rivale in dem damals in Theaterkreisen bekannten Impresario Emile Dürer entgegentreten, der inzwischen bereits mit den Lortzing-Erben Kontakt aufgenommen hatte. Durch sie hatte er Einblick in das REGINA-Original nehmen können und gefiel sich nun seinerseits als der »eigentliche« Entdecker der angeblich verschollenen Oper, die – wie hier und da inzwischen in der Presse berichtet wurde – irgendwo »bei einem unbekannten alten Mütterchen im Gerümpel ihrer Bodenkammer« gefunden worden sei.

Während der Fabrikant Müller zögerte, sich mit seinen

Abschriften für eine Aufführung des Werkes zu engagieren und seine Zurückhaltung mit der zu befürchtenden Zensur begründete, faßte Emile Dürer, der sich recht guter Beziehungen zum königlichen Musikalienhändler Bock erfreute, einen anderen Plan. Unter dem Aspekt einer denkbaren Umarbeitung der »gefährlichen« Oper verstand er es, bei den Verlegern Bote und Bock und durch diese auch bei der Hofopernintendanz in Berlin Interesse für Lortzings REGINA zu wecken.

Zu dieser Zeit gab es in der Lortzing-Forschung bereits Bestrebungen, die der REGINA eigene revolutionär-demokratische Tendenz politisch »umzudeuten« und direkt ins Gegenteil zu verkehren – ganz offensichtlich, um dieses vielumstrittene Werk nun sogar für die Königliche Oper in Berlin »hoffähig« zu machen. Der in seiner insgesamt gerechten Wertung Lortzings und seines Schaffens ansonsten überaus verdienstvolle Lortzing-Biograf Georg Richard Kruse suchte so noch vor der Jahrhundertwende offensichtlich dem Bemühen um eine Aufführung der REGINA an der Berliner Hofoper eine quasi »theoretische Rückendeckung« zu verschaffen, wenn er schrieb: »Seit Düringers Anmerkung, ›das Buch huldige der damaligen politischen Richtung‹, galt REGINA zum Schrecken frommer Seelen als Revolutionsoper, und bis in die jüngste Zeit wurde der Satz nachgedruckt, sie sei wegen ihres revolutionären Sujets nicht zur Aufführung gelangt. Nun greift Lortzing allerdings ins volle Menschenleben der damaligen aufgeregten Zeit und knüpft an die Ereignisse des Tages an, aber nach der Tendenz seiner Oper müßte man ihn vielmehr für einen Reactionär halten, denn es wird ganz vormärzlich das Laster der Rebellion durch die Tugend der Loyalität zu Fall gebracht.«[29]

In seiner 1980 erschienenen Lortzing-Biografie betont auch Hans Christian Worbs zu Recht, daß »der Argumentation Georg Richard Kruses ... entschieden zu widersprechen« sei. Und er bemerkt hinsichtlich der terroristischen Aktionen der von den Putschisten aufgewiegelten Freischärler, daß Lortzing diese »in zwei Regieanweisungen unmißverständlich als rohe Schar und Räuber« denunziert – ähnlich wie selbst Marx und Engels den Hecker-Putsch und das Auftreten Struves in Baden als bloßes Abenteurertum verurteilt hatten. »Doch mit des Bauernsohns Kilian aufmüpfigem Lied, in dessen aufrüttelden Drididum-Refrain in jeder Strophe auch der Chor einfällt, wird er sich durchaus identifiziert haben.« Und Lortzing läßt, wie Worbs feststellt, »keinen Zweifel daran, daß er in seiner Oper keineswegs der Restitution überkommener Herrschaftsstrukturen das Wort reden wollte.«[30]

Dagegen beurteilt Hans Hoffmann in seiner bereits erwähnten, durch eine Fülle von Details, vor allem aus dem persönlichen und gesellschaftlichen Umfeld des Komponisten, aufschlußreichen Lortzing-Biografie schon allein die Themenwahl für die von Lortzing Ende Mai 1848 in Angriff genommene Oper aus der profanen Sicht eines nüchternen Utilitaristen, wenn er schreibt: »Für jemanden wie er, der unverzüglich Geld brauchte, war die Themenwahl gewiß ein Mißgriff ...«, um zu dem Schluß zu gelangen, Lortzing habe bei seiner Arbeit am Text der Oper »zwischen seiner Begeisterung für das Ziel der Revolution, die Freiheit, und der Furcht vor der erlebten Realität« geschwankt. Hoffmann übersieht den demokratischen Standort Lortzings ebenso wie den antifeudalen, bürgerlich-demokratischen Charakter der 48er Revolution, zu der sich der Komponist aktiv bekannte, und er identifiziert in Lortzings REGINA – wie vor hundert Jahren schon Kruse – die Anarchisten und Putschisten vom Schlage eines Terroristen Stephan fälschlicherweise mit der Revolution, mit den Feinden der Revolution dagegen die Arbeiter, das Landvolk, den Kleinbürger Richard und Regina, die Unternehmerstochter. So meint er denn zwangsläufig: »Am Ende triumphiert die Seite, gegen die sich die Revolution gerichtet hat« und kommt so zu dem verblüffenden Schluß: »... bei Lortzing kommt der Sieg der Revolution überhaupt nicht vor.«[31]

Der Leser wird sich fragen: Weshalb konnte dann aber unter Kaiser Wilhelm II. dieses angeblich so »harmlose«, ja sogar die restaurative »Ordnung« preisende Werk 1899 nur als gänzlich verunstaltete hurra-patriotische Umarbeitung das Licht der Bühnenwelt erblicken?

Denn der Kaiser und seine Theaterbeamten in Berlin durchschauten mit durchaus wachem Instinkt die wahre politische Zielrichtung der REGINA und hielten es für geboten, das gefährliche Opus in seiner Grundtendenz durch eine rücksichtslose »Bearbeitung« völlig zu verfälschen. Der dem Hof nahestehende Theaterunternehmer L'Arronge (eigentlich Aronsohn), der selbst einige Rührstücke verfaßt hatte, die durch die Apologetik preußischer Zustände das Wohlwollen des Monarchen fanden, schien dafür besonders geeignet zu sein. Man konnte sich auf diese Weise sogar einer kaiserlich-wohlwollenden »Lortzing-Pflege« rühmen. Das Original kannte ja niemand außer den wenigen »Eingeweihten«, die zur Verwirklichung der Pläne des Kaisers, Lortzings Revolutionsoper zu einem hurra-patriotischen »Festspiel« umzumünzen, bereitwillig ihre Dienste anboten.

L'Arronge führte den Auftrag mit »preußischer Gründlichkeit« durch. Er ließ sozusagen keinen Stein auf dem anderen. Er veränderte Zeit und Ort der Handlung, verwandelte die handelnden Personen in gutsherrliche »Herrschaften« und »unterthänige« Landarbeiter, denen nichts mehr am Herzen liegt, als ihren »gnädigen Herrn« mit patriotischem Lob und Preis zu besingen.

Im Sommer 1898 berichtete die Berliner »National-Zeitung«: »Über die nachgelassene Lortzing'sche Oper REGINA schreibt uns der Sohn des verstorbenen Komponisten, Herr Hans Lortzing, am 24. d. M. hat eine Audition der Oper REGINA in der Wohnung des Musikalienhändlers H. Bock im Beisein des Grafen Hochberg und des Geheimrats Pierson stattgefunden.« Und in einer nachfolgenden Bemerkung der Redaktion des Blattes wird mitgeteilt: »Lortzings REGINA, über deren Besitzrecht bekanntlich ein lebhafter Streit entbrannt war, hat nun wieder ihren Herrn. Wie wir hören, ist in Folge einer soeben getroffenen Vereinbarung zwischen den Lortzing'schen Erben und dem Pianofortefabrikanten W. Müller zu Mainz die Frage um den Besitz der REGINA-Partitur und ihrer Rechte dahin gelöst worden, daß diese vertragsmäßig in die Hände der Lortzing'schen Erben übergingen, so daß dieselben jetzt einzig und allein über die Oper REGINA und deren Aufführungsrecht zu verfügen haben. Die REGINA-Premiere im Königlichen Opernhause ist für November in Aussicht genommen.«[32]

Die Vorbereitungen zu dieser Premiere verzögerten sich jedoch um einige Monate. Bald sprach es sich in Theaterkreisen herum, der Kaiser höchstpersönlich habe sich in die Vorarbeiten für die Aufführung an »seinem« Opernteater Unter den Linden eingeschaltet. Unter dem bezeichnenden Titel REGINA ODER DIE MARODEURE ging dann schließlich das musiktheatralische Machwerk, an dem sich zudem noch ein Militärkapellmeister Kleinmichel durch willkürliche musikalische Eingriffe und Retuschen schuldig machte, am 21. März 1899 »auf allerhöchsten Befehl« an der Hofoper in Berlin zum ersten Mal in Szene.

Die Uraufführung der MARODEURE erregte vielfaches Interesse. Aber während sich kaisertreue Musikkritiker und Opernbesucher in geziemender Würdigung kaiserlicher »Lortzing-Pflege« hervortaten, wurden doch auch zahlreiche Stimmen in der Öffentlichkeit laut, die ehrliche Empörung darüber bezeugten, daß das Anliegen des Komponisten hier so schamlos verfälscht wurde. So machte sich die »Münchener Allgemeine Zeitung« zweifellos zum Sprecher vieler ehrlicher Lortzing-Verehrer, wenn sie im Zusammenhang mit der Uraufführung der MARODEURE schrieb: »... Der Kaiser, so erzählt man, wolle der Schutzherr des Komponisten und seines Angedenkens sein. In die Geschicke der REGINA-Partitur hat er tatkräftig eingegriffen und die Umarbeitung des Textes durch Adolf L'Arronge gefördert. Es ist viel L'Arronge in der REGINA und trägt Male kaiserlicher Huld.«

Nicht ohne Ironie heißt es dann in der Rezension weiter: »Und Hr. L'Arronge, der schon seit einigen Wochen das Knopfloch geöffnet hielt, sah nach dem ersten Akt sich den Himmel aufthun. Und als er wieder zur Besinnung kam, war er Ritter des Rothen Adlerordens 4. Klasse. Das Publikum aber vergaß des allerhöchsten Befehls und des übrigen Festapparates und gedachte im Herzen des armen Lortzing.«[33]

Trotz »allerhöchster« Anstrengungen, die MARODEURE zu Preußens Gloria zumindest auf allen preußischen Bühnen zu verbreiten, war dieser Fälschung keine lange Lebensdauer beschieden. Die MARODEURE verschwanden bald in der Versenkung allerpeinlichster Theatererinnerungen.

Fast 50 Jahre später erst, im Jahre 1953, kam die Oper REGINA in der damaligen DDR, im Volkstheater Rostock, in einer Bearbeitung durch den Komponisten Wilhelm Neef zur Aufführung. Die Inszenierung besorgte Hans Fetting, die musikalische Leitung lag in den Händen von Heinz Röttger. Beide zeichneten zugleich für die Bühnenfassung verantwortlich, die der Aufführung zugrunde lag.

Als sich damals nach der furios-mitreißenden Ouvertüre

der Vorhang zur Uraufführung der Oper öffnete, meinten – bis auf wenige Eingeweihte – selbst altvertraute Lortzing-Verehrer ihren Augen und Ohren nicht zu trauen. Inmitten eines Fabrikhofes formierten sich auf der Bühne Arbeiter und Arbeiterinnen zum politischen Streik und erklärten mit Entschiedenheit: »Wir werden Recht uns bald verschaffen, sei's nicht mit Worten, sei's mit Waffen!«

Selbst die Kenner mögen angesichts dieser »Introduktion« ziemlich verblüfft gewesen sein: diesmal also nicht der bei Lortzing gewohnte Opernauftakt mit munteren Chören arbeitsfroher Zimmerleute oder Schmiedegesellen, verlobungsfeiernder Landleute oder beutelustiger Jägerburschen!

Leider stellte die Rostocker »Uraufführung« der bis dahin nur einem kleinen Fachkreis bekannten Lortzing-Oper das Werk nicht im Original, sondern als »Bearbeitung« vor; dennoch bot diese Inszenierung für den Fachmann wie für den Laien eine echte Entdeckung.

Schon aus Anlaß des Lortzing-Gedenkjahres 1951 war die Oper REGINA am 23. Oktober erstmalig – in einer Bearbeitung durch Horst Hoffmann und Hans Sachs funkdramatisch gestrafft – durch den Berliner Rundfunk zu Gehör gebracht worden. Doch nahmen die Autoren sowohl dieser Funkbearbeitung, der sie noch eine Bühnenfassung folgen ließen, als auch Wilhelm Neef in seiner Bearbeitung des Originals einige ihnen zweckmäßig erscheinende dramaturgisch und zeitpolitisch akzentuierte Textänderungen vor.

In seiner der Inszenierung in Rostock zugrunde liegenden Bearbeitung der Oper ging Neef in musikalischer Hinsicht im wesentlichen vom Original der Lortzing-Partitur aus und nahm hier in Details einzelner Solopartien nur insoweit partielle Änderungen vor, als ihm dies für seine Eingriffe in Lortzings Libretto notwendig erschien. Neef verlegte den Schauplatz der Oper vom Badenschen Seekreis, nahe der Schweizer Grenze, nach Wien, ins revolutionäre Zentrum der Habsburger Donaumonarchie. Im Vorwort des bei Edition C.F. Peters 1953 in Leipzig erschienenen Klavier-Auszugs zur Neuherausgabe der Oper wird die Absicht des Bearbeiters bekundet, »die widerspruchsvollen Teile der Handlung durch eine klare Profilierung und Gruppierung ihrer Träger zu einer Einheit« zu formen und

»damit zugleich die stellenweisen Lücken der Partitur zu einem belebenden Gesamteindruck« zu »überbrücken«.[34]

Dabei wird zu Unrecht davon ausgegangen, daß es Lortzing nicht gelungen sei, »das gesamte Werk über den Status eines Torsos hinauszuführen«. Unter diesem Aspekt erfuhren Stephan, aber auch der Freischarenführer Wolfgang eine politische Aufwertung, die der gegen anarchistischen Terrorismus und sinnlosen Putschismus gerichteten Aussage des Lortzing-Originals und damit auch seiner ursprünglichen musikalischen Diktion nicht angemessen ist.

Betrachtet man Partitur und Libretto in ihrer unverzichtbaren Einheit, so ist Lortzings Werk weder ein Torso noch »lückenhaft«. Die schon bei G. R. Kruse anzutreffende Vorstellung, den Schöpfer der Oper nachträglich korrigieren zu müssen, verführte Neef dazu, in diesem damals wohl politisch aktuellsten Bühnenstück nach tatsächlichen oder vermeintlichen Widersprüchen zu suchen, um sie entweder zu »harmonisieren« oder aber vordergründig zu »vereinfachen«.

Eine derartige Praxis hält jedoch keiner ernsthaften Prüfung stand und zielt an Lortzings Realismus im politischen Leben wie im künstlerischen Schaffen vorbei. Tatsächlich sind die realen und auch scheinbaren Widersprüche im Handlungsverlauf der Oper und der in ihr agierenden Personen und sozial determinierten Personengruppen ein von Lortzing ziemlich genau auch musikdramatisch zum Ausdruck gebrachter Reflex der tatsächlichen Vorgänge inmitten der sich in den ersten Monaten der Revolution überstürzenden und äußerst differenziert vollziehenden Ereignisse. Davon ließen sich im Lortzing-Gedenkjahr 1981 die Initiatoren einer »Ersten Aufführung des Werkes in originaler Gestalt« leiten, die das Theater in Oberhausen mit offenbar beachtenswertem Erfolg bewerkstelligte.

Als Co-Produktion des Theaters Oberhausen mit dem Orchester der Stadt Remscheid, in Zusammenarbeit mit dem Sekretariat für gemeinsame Kulturarbeit in Nordrhein-Westfalen, erlebte REGINA in der Inszenierung von Ernst Sagemüller und unter der musikalischen Leitung von Edwin Scholz am 30. Mai 1981 ihre Premiere. Musikalisch folgte die Aufführung der von Wilhelm Neef nach Lortzings Autograph herausgegebenen Partitur. Von Frieder Reininghaus für die Bühne eingerichtet wurden, nach Lortzings Handschriften, Texte und Dialoge.

Ganz ohne »Bearbeitung« also glaubte man wohl auch in Oberhausen nicht auskommen zu können. Jedenfalls bettete man aus nicht so recht einleuchtenden Gründen den – von geringfügigen Änderungen abgesehen – im ganzen originalen Handlungsablauf in den szenischen Rahmen einer »beim Picknick im Grünen sitzenden bürgerlichen Gesellschaft« und führte dem Publikum die in Lortzings Oper durchweg realen Vorgänge als Traum der wohlbehüteten Tochter eines »Fabrikanten und Alleininhabers der Eisengießerei Rupp & Cie.« vor. Als solcherart »Traumerzählung« bleibt aber die Aussage des Werkes für das Publikum letztlich im schummrig-unentschiedenen Zwielicht beklemmender Alpträume einer frustrierten Fabrikantentochter, in deren Traumvisionen sich die realen Handlungsabläufe nur imaginär als ein bedrohliches Trauma darstellen.

Ungeachtet dessen weckte die REGINA-Aufführung in Oberhausen zu Recht eine überaus lebhafte Aufmerksamkeit in der Öffentlichkeit – nicht nur bei den Kennern, sondern auch beim großen Publikum. In zahllosen Rezensionen der großen Zeitungen wie der Lokalblätter zollte die Kritik dem bemerkenswerten Opernereignis überwiegend beifällige Anerkennung. Zugleich ist selbst bei professionellen Opern- und Theaterrezensenten die Überraschung unverkennbar, die ihre Begegnung mit der »vergessenen« Lortzing-Oper von 1848 auslöste. So veröffentlicht »Die Welt« am 2.6.1981 ihre Rezension unter der Schlagzeile: »Als wär's ein Stück von Luigi Nono: Lortzings REGINA in Oberhausen.« Im »Darmstädter Echo« gibt der Kritiker seiner Besprechung der Oberhausener Aufführung die Überschrift: »Revolutionsoper aus erster Hand.« In der »Neuen Musikzeitung« vom August/September 1981 lesen wir in einer Rezension von Wolfgang Horn: »Markig klingt der Eingangschor aus Arbeiterkehlen: ›Wir werden Recht uns bald verschaffen – sei's nicht mit Worten, sei's mit Waffen‹. Kein Zweifel. Damit holte 1848 ausgerechnet Albert Lortzing, der als biedermeierlich, der als Meister der komischen Oper etikettierte Komponist, zum ersten Mal in der deutschen Theatergeschichte einen Arbeitskampf auf die Bühne. Dies paßte indes so wenig in die Klischee-Schubladen von Musikwissenschaftlern, Literaturhistorikern und Theaterpraktikern, daß man Lortzings REGINA, seinen Beitrag zu den revolutionären Ereignissen 1848, in den Spielplänen schlicht übersah ... Nach der Oberhausener Aufführung von Lortzings REGINA werden die Opernführer ihre Standard-Lortzing-Bemerkungen, Stichwort Komische Oper, wohl oder übel um einige Seiten erweitern müssen ... Das Etikett eines ausschließlich der Unterhaltung verpflichteten Komponisten, eines Unpolitischen gar, ist angekratzt ... Die Qualität der Musik und eben das politische Gewicht dieser Oper rechtfertigen kein erneutes Versinken des Stückes in den Archiven. Auch größere Bühnen fänden hier ein ergiebiges Betätigungsfeld«, eine Feststellung, die ebenso auch in Rezensionen anderer Zeitungen und Zeitschriften zu finden ist.

Hinsichtlich des weithin spürbaren »Überraschungseffekts« der Oberhausener REGINA-Aufführung schreibt Jürgen Lodemann unter der Überschrift »Die 48er Situation in ihrer ganzen Widersprüchlichkeit« in der »Frankfurter Rundschau«, »daß man von streikenden Arbeitern in einer Lortzing-Oper so überrascht sein kann, verrät nur, wie ungenau man seine komischen Spielopern gesehen und gehört hat ...« Und nicht ohne Ironie bemerkt der Rezensent: »In diesen Tagen ... hat es ein kleines Theater im Ruhrgebiet gewagt. Nicht etwa unsere großen Bühnen. Wagner, Offenbach und der neu entdeckte Barock, das ist zweifellos alles viel bedeutender und wichtiger und schöner, überm anhaltenden Star-Kult und Stimmfetischismus kann man gut 133 Jahre übersehen, daß es sogar in Deutschland so etwas gegeben hat wie ein demokratisches Experiment.«[35]

Zweieinhalb Jahre später meldeten die »Bühnen- und Konzertnachrichten« die österreichische Erstaufführung der »REGINA, nach dem Autograph für die Bühne bearbeitet von Wilhelm Neef«, am Landestheater Linz. Wiederum besorgte Ernst Sagemüller die Inszenierung, während die musikalische Leitung diesmal in den Händen von Ernst Dunschirn lag. Die Premiere am 22. Dezember 1983 bestätigte durch ihren Erfolg erneut die Lebens- und Repertoirefähigkeit der Oper, die auch hier als »eine bemerkenswerte politische Oper« gewertet wurde, »die das überlieferte Geschichtsbild Albert Lortzings radikal durchbricht«.

Peter Cossé zog in der »Frankfurter Rundschau« unter der provokanten Überschrift »Lortzing als Linker« in seiner Rezension den Schluß: »Nun sollte endlich eines der großen Opernhäuser nachziehen.«[36]

Zu Beginn der Spielzeit 1984/85 nahm sich das Elbe-Elster-Theater zu Wittenberg der REGINA mit überzeugendem Engagement an:

»Wir erfüllen damit eine Dankespflicht gegenüber ihrem Schöpfer und wollen einen Beitrag zur Erweiterung des Opernrepertoires leisten, den dieses wertvolle Werk eines kritischen Realismus zweifellos darstellt«, heißt es im Programmheft zur Aufführung der Oper, die in Wittenberg unter der musikalischen Leitung von Klaus Hofmann am 22. September 1984 ihre erfolgreiche Premiere erlebte.

Die Inszenierung nach dem von Wilhelm Neef für die Bühne herausgegebenen und bearbeiteten Autograph der Partitur und des Textbuchs zielte durch eine – in den Dialogen sinnvoll gestraffte – die ursprünglichen Intentionen Lortzings bewußt ins Kalkül ziehende Regie Ernst Rollins darauf ab, die revolutionäre Erlebnis- und Vorstellungswelt des Achtundvierzigers aus heutiger Sicht so theaterwirksam wie möglich heraufzubeschwören.

Inzwischen sind weitere REGINA-Interpretationen unterschiedlicher Art bekannt geworden. So fand unter der musikalischen Leitung von Dietfried Bernet in Turin die konzertante italienische Erstaufführung dieser Lortzing-Oper statt. Auf dem Schallplattenmarkt findet eine historische Aufnahme der Oper REGINA aus dem Jahre 1951 als Opernquerschnitt mit dem Orchester des Berliner Rundfunks unter der Leitung von Walter Schartner zunehmend Verbreitung. Die in Bremen ansässige »International Music Film Co. LTD (IMF)« hat diesen historischen REGINA-Querschnitt als »Benefiz-Platte« zugunsten der »Deutschen Krebshilfe« unter dem Leitsatz »Der andere Lortzing« herausgegeben.

So wurde also, alles in allem, der Umgang mit Lortzings REGINA in den 80er Jahren auffallend lebhafter. Und inzwischen scheint es wohl tatsächlich an der Zeit, daß sich endlich auch die »großen Häuser« vor Lortzings »politischer« Oper nicht länger verschließen und das Werk im Original, so wie es der Dichterkomponist tatsächlich geschrieben und hinterlassen hat, einem gewiß aufgeschlossenen

Opernpublikum vorstellen – nicht als »Museumsstück«, sondern im Geiste seiner auch heute durchaus brisanten Aktualität. So könte Lortzings »Schmerzenskind« ohne unzeitgemäße Eingriffe und überflüssige »Zutaten« seine fortdauernde Lebensfähigkeit beweisen und seine endgültige Bewährungsprobe vermutlich mit Bravour bestehen.

Lortzing selbst hat schon zu seiner Zeit der REGINA gegenüber laut werdenden skeptischen oder auch ablehnenden Stimmen erwidert: »Wir wollen hören, was die Publikümmer sagen«;[37] und wir wissen, auch durch die Inszenierungen der letzten Jahre, daß wir die vom Komponisten erhoffte Wirksamkeit seiner Oper ziemlich hoch veranschlagen können, weil der untrügliche Sinn des alten Praktikus für das Bühnenspezifische auch hier eine bloße scheintheatralische Illustration historischer Vorgänge und Fakten sorgsam vermied. In gewisser Hinsicht läßt uns Lortzing in REGINA nacherleben, wie die Masse des Volkes – und schließlich er selbst – die revolutionären Ereignisse damals sah und aktiv miterlebte, mit allen Hoffnungen und Erwartungen, aber auch mit allen Widersprüchen und Vorurteilen.

Der künstlerisch und politisch erfahrene Dichterkomponist hütete sich wohlweislich davor, Anliegen und Sujet seiner Oper in das Prokrustesbett irgendeines »ideellen« Revolutionsschemas zu zwingen und seine Operngestalten zu hohlen »Sprachröhren des Zeitgeistes« verkommen zu lassen.

Inmitten des bewegenden Geschehens erwecken gerade aus dieser Sicht Regina und Richard unsere größte Aufmerksamkeit. Durch sie erleben wir, wie zwei sich liebende junge Menschen unterschiedlicher sozialer Herkunft und Prägung durch außergewöhnliche politische Umstände in ihrem Verhältnis zueinander und zu ihrer Umwelt zu einer harten Bewährungsprobe herausgefordert werden und sie bestehen. Dabei wird die Entwicklung der Handlung dialektisch durch den vorwärtsdrängenden Widerspruch zwischen Individuum und gesellschaftlichen Erfordernissen, zwischen privatem und politischem Motivationsantrieb unter außergewöhnlichen sozialen Bedingungen vorangetrieben. Und eben das ist ein bedeutender Vorzug des auf Theaterwirksamkeit zielenden Werkes und bietet für REGINA heute eine beachtliche Chance.

Rolands-Knappen –
eine satirische Reminiszenz
Zwischenspiel in Leipzig

Als der so hoffnungsvoll begonnene revolutionäre Aufschwung des Jahres 1848 durch die auftrumpfende Konterrevolution jäh unterbrochen und alle fortschrittlichen Bestrebungen zunichte gemacht wurden, trafen die unmittelbaren Folgen dieses Niedergangs auch den aufrechten Demokraten Lortzing mit aller Härte und Bitterkeit. Seit dem 1. September war der Komponist und Kapellmeister im doppelten Sinne dieses Wortes wieder einmal »frei«. Pokorny, der auf privaten Gewinn abzielende Prinzipal des Theaters an der Wien, war bankrott, Lortzing arbeitslos und am Rande der Verzweiflung, wenn er nur an den nackten Lebensunterhalt für sich und seine Familie dachte; ganz zu schweigen von der Aussichtslosigkeit, seine unter diesen traurigen Umständen gerade erst vollendete Oper Regina an irgendeinem Theater unterzubringen.

Seinem Freund Reger schüttete er in dieser für ihn bedrückenden Situation in einem langen Brief sein Herz aus:

»So ... sitzt der deutsche Komponist Albert Lortzing in furchtbarem Pech. Die Direktion schuldet mir über drei volle Monate und ein Benefiz, welches mir im vorigen Jahre über 500 fl. C. M. brachte. Der Opern-Verkauf war miserabel, und um allem Malheur die Krone aufzusetzen, blieben 500 Taler, welche ich in Leipzig bis zum ersten August gekündigt und fest erwartet hatte, aus ... was ich an wertvollen Sachen besitze, ist auf dem Versatzamt, sonst wäre ich mit den Meinigen bereits verhungert.«[38]

Und an Meisinger schrieb der Komponist am 26. November desselben Jahres:

»Seit 1. September bin ich außer Engagement, habe zirka 300 Gulden und mein Benefiz zu fordern, bis auf meine Uhr alles versetzt, da der Opernverdienst schauderhaft war ... Bei Pokorny ist keine Oper mehr.« Auf seine erfolglosen Bemühungen um ein anderweitiges Engagement als Kapellmeister eingehend, fährt Lortzing fort: »... weder mit Frankfurt noch mit Mannheim ist etwas geworden, kannst du daher für mich in Wiesbaden wirken, so bitte ich darum; ich habe merkwürdigerweise auf meinen durch Reger an die dortige Intendanz gerichteten Brief – gar keine

Antwort erhalten. Das gleiche widerfuhr mir von Dresden in ähnlicher Angelegenheit. Man weiß gar nicht, was man dazu sagen soll.

Dazu kommt noch das Pech mit meiner neuen Oper. Du wirst dich meines Berichtes erinnern, daß ich etwas für die ›Neue Periode‹ geschrieben, worauf ich viel Hoffnung setzte, die mich auch gewiß nicht getäuscht hätte; damit ist's nun vorbei, denn das Opus war bereits beim Kärntertor eingereicht. In Leipzig findet Direktionswechsel statt, der alte Direktor kauft nichts mehr. Jetzt hoffe ich auf Breslau, wo man mir mit ausgezeichneter Artigkeit entgegenkam, geht indessen die Geschichte in Preußen schief, so kann ich wieder abziehen.«[39]

Beiläufig erhielt Lortzing aus Leipzig die Nachricht, daß Direktor Dr. Schmidt dort mit seiner »Kunst« der Theaterleitung offenbar am Ende sei und der Sänger Rudolph Wirsing, den Lortzing von früher her kannte, inzwischen die Theaterleitung übernommen habe. Da mochte ihm wohl der Gedanke kommen, »sein« altes Leipziger Theater mit dem Angebot der inzwischen fast fertigen neuesten Oper zu überraschen, an der er schon zu arbeiten begonnen hatte, als er noch dabei war, Partitur und Libretto der REGINA endgültig zu beenden. Ihn reizte es offenbar, in Anbetracht der Situation der sich seit dem Herbst 1848 in erschreckendem Maße abzeichnenden Restauration politischer Verhältnisse und der unrühmlichen Rolle Preußens sowie seines »romantischen«, doch deshalb nicht weniger unheilvollen Königs, ein politisch-satirisches Sujet im Gewand einer »komisch-romantischen« Märchenoper zu gestalten.

Die literarische Vorgabe fand Lortzing in einer von Johann Karl August Musäus verfaßten Märchensammlung, die unter dem Titel »Volksmärchen der Deutschen« von 1782 bis 1787 in fünf Bänden erschienen war. Musäus, ein Onkel August von Kotzebues, gehörte in Weimar zu den Vertretern der deutschen Aufklärungsliteratur und griff als Schriftsteller mit Vorliebe auf Quellen volkstümlicher Märchen- und Sagenmotive zurück; und so fand er auch in dem überlieferten karolingischen Sagenkreis um Karl den Großen, in dem zwischen 1127 und 1139 entstandenen »Rolandslied« die stoffliche Vorlage für das Märchen »Rolands Knappen«.[40]

Der historische Hintergrund und Ausgangspunkt des aus der Rolandslegende abgeleiteten Märchens von den Abenteuern der drei Knappen des berühmten Ritters ist der Pyrenäenfeldzug Kaiser Karls und seines Heeres im Jahre 778 gegen einander befehdende arabische Mächtegruppen in Spanien, die seit 711 als Eroberer dorthin vorgedrungen waren. Nach einer vermeintlichen »Befriedung« der Lage durch Kaiser Karl, dem Rückzug seiner Truppen und der Ernennung des tapferen Roland – der Sage nach ein Neffe des Kaisers – zum Statthalter in Saragossa, erhob sich das einheimische Vaskonenvolk des heutigen Baskenlandes, um die über die Pyrenäen abziehenden Soldaten Karls des Großen in neue Kämpfe zu verwickeln. Auf offenem Schlachtfeld verlor der mutig streitende Ritter Roland sein Leben. Seinen Knappen Andiol, Amarin und Sarron gelang es, den Kriegswirren zu entfliehen. – Hier beginnt die »märchenhafte« Geschichte der drei Freunde, die nach dem Tode ihres Herrn, dessen Name seit Urvätertagen schon als Symbol für Freiheit und Gerechtigkeit galt, Zuflucht im nahen Gebirge suchen.

Die Handlung der Oper spielt – wie schon bei Musäus in Anlehnung an den historisch-legendären Hintergrund – in Spanien; zunächst in der Nähe der Stadt Astorga (1. Akt), dann im königlichen Palast des »weisen Garsias« (2. und 3. Akt – mit dem Schluß der Handlung in der französischen Schweiz).

Die Gesamtkonzeption des satirisch zugespitzten Librettos entwickelte Lortzing selbst. Die Dialoge schrieb ihm der befreundete Wiener Schauspieler Georg Meisinger, die Verse verfaßte der späterhin als Mitlibrettist der Straußschen *Fledermaus* bekannt gewordene Karl Haffner.

Haffner hat den Text in Nr. 11 des Finale II der *Fledermaus*, »Im Feuerstrom der Reben ...«, fünfundzwanzig Jahre nach der Erstaufführung von ROLANDS KNAPPEN – nur in der zweiten Strophe ein wenig »verändert« – dem für Lortzing seinerzeit gelieferten Beitrag zu dessen Oper entnommen.

Hier ein Vergleich der betreffenden Strophe:
In Lortzings ROLANDS KNAPPEN
  »Wollt Einigkeit ihr, Fürsten,
  laßt ja das Volk nicht dürsten;
  man denkt an leere Taschen

wohl nicht bei vollen Flaschen,
nicht an das heil'ge Völkerrecht
an Kette und Despotenknecht ...
der beste der Vereine
ist der Verein beim Weine ...«

In der *Fledermaus* v. Joh. Strauß
»Dir huld'gen die Nationen
bis zu fernsten Zonen.
Champagner schwemmt mitunter
gar mancherlei hinunter
drum lassen weise Fürsten
die Völker niemals dürsten ...
und huldigt im Vereine
dem König aller Weine ...«

Zwar ist hier nicht zu übersehen, daß Haffner für die Fledermaus mit »kleinen« Veränderungen seiner Strophe eine Entschärfung der in ROLANDS KNAPPEN angemessenen politischen Akzentuierung bezweckt hat. Es bleibt jedoch die Tatsache, daß Karl Haffner sich rühmen durfte, Mitautor eines Librettos sowohl des deutschen Volksopern-Meisters Lortzing als auch des Wiener Operettenkönigs Strauß zu sein. Damit ist übrigens auch die von Richard Genée, dem Ko-Librettisten der *Fledermaus*, nach Haffners Tod aus durchsichtigen Motiven verbreitete und bis heute allgemein noch immer für glaubwürdig gehaltene Legende widerlegt, Genée sei der Alleinautor des Librettos der *Fledermaus* gewesen.

In Wahrheit hatte Haffner als »Hausautor« des Wiener Carl-Theaters von Theaterdirektor Franz Jauner den Auftrag erhalten, eine 1872 in Paris mit großem Erfolg aufgeführte Komödie *La Réveillon* (Weihnachtsmitternachtsmahl) von Meilhac und Halévy ins Deutsche zu übersetzen und für die Aufführung in Wien wirksam zu arrangieren, wohl nicht ahnend, daß *La Réveillon* selbst nur eine ins Französische übersetzte Umarbeitung der deutschen Posse *Das Gefängnis* von Roderich Benedix war. Der stets von Geldsorgen geplagte und gejagte Haffner erfüllte den Auftrag Jauners prompt, zumal er – wenn auch für ein jämmerliches Monatshonorar – ohnehin verpflichtet war, dem Carl-Theater jeden Monat ein Bühnenstück zu liefern. Jauner zeigte jedoch nach flüchtiger Kenntnisnahme der Haffnerschen Textfassung kein Interesse mehr. Er gab Haffners Material, zusammen mit dem Textbuch von *La Réveillon* an den Direktor des Theaters an der Wien, Maximilian Steiner, zurück, der es ihm zuvor erst angeboten hatte. Durch Steiner aber wurde der Verleger von Johann Strauß auf beide Textbücher aufmerksam. Bevor er Strauß das Manuskript Haffners vorzulegen gedachte, das ihm als Libretto für eine Operette geeignet erschien, holte er den Rat des als Schriftsteller und Kapellmeister am Theater an der Wien bekannten Richard Genée ein. Genée bediente sich des Manuskripts von Haffner und unterzog es einer weiteren Bearbeitung, ehe es für Strauß zum Libretto seiner längst klassisch zu nennenden Operette wurde.

Genée hat später seine eigene Version über die Entstehungsgeschichte des *Fledermaus*-Librettos verbreitet.

Hinsichtlich des Haffner-Manuskripts behauptete er: »Ich las und fand es unmöglich, erbat mir am anderen Morgen das französische Original und schrieb hiernach das Libretto der Fledermaus. Von der Haffner'schen Posse, die ich zurückgab, benutzte ich nur die Namen der Personen!«[41]

Wie wir sehen – eine Lüge!

Karl Haffner starb vereinsamt und völlig verarmt am 29. Februar 1876 – knapp zwei Jahre nach der Uraufführung des Werkes in Wien.

    Lortzing gab seiner Oper den Titel:
    ROLANDS KNAPPEN,
    oder
    DAS ERSEHNTE GLÜCK
    Komisch-romantische Zauberoper in 3 acten.

    Personen:
    Garsias, der Weise genannt, König von Leon
    Isalda, seine Tochter
    Tutatu, ein gelehrter Prinz aus China
    Andiol ⎫
    Amarin ⎬ Knappen in Ritter Rolands Heere
    Sarron ⎭
    Die Königin der Berge
    Ein Jäger

Ein Höfling
Ein Hoffräulein
Hofherren und Hofdamen. Pagen. Tänzer und Tänzerinnen.
Gespielinnen der Prinzessin. Jagdgefolge.
Trabanten. Krieger.
Landleute, Volk. Gnomen, Erdgeister usw.

Nach langem Umherirren haben die Knappen Rolands in einer wilden Gebirgsgegend jede Orientierung verloren und sich scheinbar hoffnungslos verlaufen, als ihnen urplötzlich die Gnomenkönigin der Berge erscheint. Jeder darf einen Wunsch äußern. Die Bergfee wird ihn erfüllen. Und so erhält denn der Knappe Andiol eine Tarnkappe, die unsichtbar machen kann, sein Freund Amarin einen mit Goldstücken gefüllten Lederbeutel, der nie leer wird und Knappe Sarron ein wunderwirkendes Tischtuch, das als eine Art »Tischlein deck dich« alle gewünschten Speisen und Getränke herbeizuzaubern vermag. Zugleich wird den drei Abenteurern prophezeit: Wenn diese Gaben einmal ihren Dienst versagen, dann ist das ersehnte Glück nah'!

Mit neuem Mut ziehen die Knappen weiter, um – wenn auch auf unbekanntem Wege – nach der lange entbehrten Heimat aufzubrechen; doch der Zufall lenkt auf beschwerlicher Wanderschaft ihre Schritte auf die ins Königreich von Leon führende Heerstraße. So erreichen sie schließlich den Palast des »weisen« Garsias.

Hier gelingt es ihnen dank ihrer klug und unbemerkt genutzten Zaubermittel, schnell die »allerhöchste« Aufmerksamkeit zu erwecken und am Hofe sehr bald recht honorable Positionen zu bekleiden: Sarron erfreut sich beim König der achtbaren Stellung eines Obermundkochs, Andiol avanciert zum Hofnarren der Tochter des Königs, Prinzessin Isalda; und gerade in ihr erkennt endlich Amarin jene schöne Unbekannte wieder, in die er sich in Spanien einst unsterblich verliebte. Der Prinzessin stellt aber auch ein Gelehrter von der Universiät in Peking, der chinesische Prinz Tutatu, nach. Ihm sind die drei Freunde allesamt verdächtig. Er belauscht sie heimlich und erfährt auf diese Weise auch zufällig von ihren »Zauberkräften«.

Tutatu kann den König dazu bewegen, alle drei einzusperren, um sich ihrer Wunderkräfte zu bemächtigen; doch als er Andiol scheinheilig das Geheimnis der Handhabung der drei »Zauberdinge« entlocken will, nutzt Isaldas Hofnarr geschickt die Gelegenheit, sich mittels seiner Tarnkappe unsichtbar zu machen und als Freundschaftsdienst für Amarin die Prinzessin zu entführen. Nun droht allerdings den beiden zurückgebliebenen Freunden der Tod. – Doch plötzlich versagt die Wunderkraft der ihnen von der Königin der Berge bescherten Kleinodien. Sie erweist sich auch jetzt als der gute Geist der Bedrängten. Es erfüllt sich die Prophezeiung: Das ersehnte Glück ist nah', wenn die Wundergaben ihren Dienst versagen! Und so finden die drei Knappen ihr ersehntes Glück in der lange erhofften Rückkehr in die Heimat. Isalda wird es mit Amarin in gemeinsamer Liebe finden.

Im Unterschied zur literarischen Vorlage des Weimarer Märchendichters erleben wir in Lortzings Oper mit dem Motiv der Heimatsehnsucht und der Freude über eine glückliche Heimkehr einen optimistischen Ausklang des Geschehens. Bei Musäus ziehen die drei nach Verlust ihrer »wunderbaren« Kleinodien wieder in den Krieg, wo sie – wie es in seiner Geschichte von ROLANDS KNAPPEN am Ende nüchtern heißt – einmütig beschließen, »unter kastilischen Fahnen ihrem ersten Berufe zu folgen und Rolands Tod an den Sarazenen zu rächen. Sie befanden sich bald am Ziel ihrer Wünsche, mitten im Getümmel des Schlachtfeldes, ihr Schwert trank Sarazenenblut, und mit Siegespalmen umlaubt, starben sie insgesamt den Tod der Helden.«[42]

Das unheilvoll-bedrohliche Vordringen der Konterrevolution nicht nur in der Habsburger Donaumonarchie, sondern überall in deutschen Landen und die landauf, landab verschärft um sich greifende Zensur zwangen Lortzing natürlich – wie schon in Leipzig – zur komödiantischen Verkleidung des zeitkritischen Anliegens seiner neuen Oper. Hatte er schon im WILDSCHÜTZ mit seiner Verspottung der für die griechische Antike schwärmenden Gräfin zugleich den preußischen König Friedrich Wilhelm IV. parodiert, so geschieht dies nunmehr in ROLANDS KNAPPEN in nicht minder ironischer Weise durch die komische Figur des dummen König Garsias, der sich »der Weise« nenn läßt.

Gleich bei seiner ersten Begegnung mit dem Knappen Sarron gerät er durch dessen »zauberhafte Kochkünste« in allerhöchste Ekstase. Natürlich will der König als eingefleischter Gourmand den vorgeblichen »Kochkünstler« auf jeden Fall als »Obermundkoch« an seinen Hof holen. Gleich bei seinem »fürstlichen« Angebot gerät er vor lauter Aufregung in sein unaufhaltsames Stottern:

»Stellt Ihr zufrieden uns,
so wird Euch ein Pa-pa-pa-pa-pa-pa-pa-pa-pa-pa-pa-pa-tent!«[43]

Und des Königs hier und da »verzierter«, zuweilen aber auch recht »eintöniger«, dabei zugleich »großspuriger« Gesang ist wohl jene in die Sprache der Oper transponierte Phraseologie und nichtssagende Geschwätzigkeit, die den »weisen« Herrscher von Leon ebenso kennzeichnet wie entlarvt. Die prahlerische »Ansprache« des »weisen« Garsias (Dritter Aufzug, Nr. 14. Arie) ist eine treffende Persiflage auf ein »königliches Volksbeglückungsprogramm«, mit dem schon damals so mancher Herrscher seinem Volk Sand in die Augen zu streuen versuchte:

»O Dank dir, Lenker der Staaten,
daß du meiner Herrschermacht
die ins Stocken etwas geraten,
endlich in Gnaden hast gedacht.

Denn ich will es nicht verhehlen,
daß mein einst so blühender Staat
samt Millionen frommer Seelen,
schon sehr stark gewackelt hat!

Doch nun wird durch Schicksals Walten
alles anders sich gestalten ...

Alle Welt soll staunend sehen,
wie dem jungen Phönix gleich
aus der Asche neu erstehen,
neu erblühen wird dies Reich.

Denn bei jetzigem Befinden ist ja, ich gesteh es frei,
eines Volkes Glück zu gründen, eine wahre Spielerei.
Alle Fronen, alle Steuern heb' ich auf mit einem Mal,
täglich will ich Feste feiern, mich zu zeigen liberal.

Will Paläste, Kirchen bauen ganz von Gold und Marmorstein,
wie sie nirgendwo zu schauen, nur – um populär zu sein.
Will die Künste kultivieren, Große Oper engagieren,
Will für Triller und Passagen zahlen ungeheure Gagen ...

Ob man lache, ob man spotte,
Ich will Gold in Masse streu'n,
denn von einem Staatsbanquerotte
kann ja nie die Rede sein ...

Mit einem Wort: Was ich vermag,
tut mir so leicht kein Zweiter nach.«

Lortzing nannte sein Werk eine »frei bearbeitete« komisch-romantische Zauberoper; aber romantisch ist in ROLANDS KNAPPEN nur der mit märchenhaften Attributen »zauberhaft« geschmückte Rahmen des ansonsten durchaus handfesten Geschehens.

Die dem König und seinem chinesischen Paladin letztlich überlegenen Gegenspieler sind die Titelfiguren der Oper: die drei kecken, einander verschworenen Abenteurer aus Ritter Rolands früheren Diensten, deren ersehntes Glück die Rückkehr in die Heimat ist.

Das Thema der Heimatsehnsucht durchdringt bereits die Ouvertüre, die den Hörer andante misterioso hintergründig in das sagenumwobene Sujet des Werkes einstimmt. Leitmotivisch klingt das Heimat-Motiv dann im Melodram Nr. 4 auf, wenn die Bergfee verheißt, jedem der drei verirrten Knappen einen Wunsch zu erfüllen; als Erinnerungs-Motiv tritt der Heimatgedanke im Terzett Nr. 6 betont hervor und kehrt leitmotivisch im weiteren Verlauf der Handlung – bis hin zur tatsächlichen Heimkehr – immer aufs neue variiert, beharrlich wieder.

Der eigentliche Held – von Lortzing als »Hosenrolle« für Sopran geschrieben – ist als Pendant zum tatsächlich närrischen König der in das täuschende Gewand eines »Hofnarren« gehüllte Andiol, dessen Wahrheitsliebe, Mut und Tatkraft zu guter Letzt die Befreiung der drei Freunde und der schönen Isalda bewirkt. Im Kostüm des »professionellen«

Narren kann er es als einziger wagen, die Wahrheit zu sagen. Hinter seinen närrischen Wortspielen und doppelsinnigen Anspielungen offenbart sich in seiner Selbstbekenntnis-Arie (Zweiter Aufzug, Nr. 10) zugleich die zeitkritische Tendenz der »Zauberoper«:

>»Die Narrheit ist's, die Narrheit ist's, die mir gefällt,
>sie stärkt mir das Herz und regieret die Welt.
>Drum, macht mir der Ernst und das Wissen
>viel Feind,
>so ruf' ich: Ein Glück ist's, ein Narr zu sein ...«

Und mit einer Reminiszens an das Lied des Tischlers Leim in Raimunds *Verschwender*, »Da streiten sich die Leut' herum ...«, fährt Andiol in seiner Arie Nr. 10 fort:

>»Wie ist im Wünschen so verschieden doch jeder
>Mensch auf dieser Welt!
>Mit seinem Schicksal nicht zufrieden, des Nächsten
>Los ihm mehr gefällt ...
>Der möcht' alle gern umarmen, helfen jedem aus der
>Not;
>jener schlüge ohn' Erbarmen gar zu gern die Leute
>tot ...«

Und dann, direkt auf Preußens König Friedrich Wilhelm IV. anspielend, der damals die von der »Paulskirchen«-Delegation der Frankfurter Nationalversammlung angebotene »deutsche Kaiserkrone« mit hämischer Herablassung ablehnte, meint Andiol:

>»*Jener* bahnt zu einem Throne sich den Weg durch
>Blut und Graus.
>*Jenem* bietet man die Krone, doch er dankt und
>schlägt sie aus ...
>
>Und das soll eine Weltordnung sein!
>Nein nein nein – nein nein nein!
>Es ist die Welt – gesteht es nur – ein großes
>Narrenhaus.«

Bevor Lortzing zur Vorbereitung der Uraufführung seiner Oper ROLANDS KNAPPEN eine schon länger geplante Reise nach Leipzig antrat, konnte er endlich auch in Wien seinen

GROSSADMIRAL – unter eigener musikalischer Leitung – zur Aufführung bringen. Der Premiere am 7. Februar 1849 am Josefstädtischen Theater folgten allerdings nur noch wenige Aufführungen; auch »an der schönen blauen Donau« konnte die im ganzen recht harmlose Musikkomödie des Meisters keine nachhaltige Wirkung erzielen. Und wieder fiel die Kritik erbarmungslos, ja geradezu bösartig über Lortzings Oper her; so sprach der Verfasser einer mit R. gezeichneten Rezension im österreichischen *Courier* dem Meister »im allgemeinen Erfindung und großartige Konzeption« rundweg ab und meinte, im GROSSADMIRAL im übrigen »alle musikalischen Schulen in buntscheckiger Zusammenstellung« und »eine Dürre an ausgeprägten neuen Motiven« entdeckt zu haben.[44]

Im April 1849 nahm Lortzing vorübergehend Abschied von der Familie, um nach Leipzig zu reisen, wo Theaterdirektor Wirsing auf der Grundlage inzwischen getroffener Vereinbarungen die Oper ROLANDS KNAPPEN unter musikalischer Leitung des Komponisten aufzuführen gedachte. Dort trafen die durch theaterinterne Verzögerungen erst im Mai beginnenden Proben für die am 25. Mai 1849 vorgesehene Erstaufführung des Werkes mit den politischen Ereignissen im Lande so unmittelbar zusammen, daß die zeitkritische Aussage, der direkt politische Bezug der neuen Opernschöpfung Lortzings einfach nicht zu übersehen war.

Nach endlosen Verhandlungen hatte die Mehrheit der in der Frankfurter Paulskirche Tagenden eine »Reichsverfassung« erarbeitet, die neben der Gewährung einiger bürgerlich-formaler Freiheiten ein deutsches Kaiserreich vorsah, an dessen Spitze ein deutscher Fürst als erblicher Kaiser stehen sollte. Abgesehen davon, daß die in der Verfassung verkündeten demokratischen Freiheiten ohne die reale Durchsetzung der demokratischen Grundrechte des Volkes leeres Gerede bleiben mußten, konnte das »verfassungsmäßige« Bekenntnis der Frankfurter Nationalversammlung zu einem »deutschen Erbkaiser« im Grunde nur als blanker Hohn betrachtet werden.

Ende März wurde bekannt, daß die Frankfurter Nationalversammlung mit 290 Stimmen, bei 248 Stimmenthaltungen, ausgerechnet den preußischen König Friedrich Wilhelm IV. zum deutschen Kaiser gewählt hatte.

Am 3. April begab sich eine Deputation aus Frankfurt nach Berlin, um Friedrich Wilhelm IV. die Kaiserkrone anzutragen. Aber der preußische König lehnte ab und meinte, dies sei nur eine »Schweinkrone« und eine »Wurstprezel«, die nicht von Gottes Gnaden käme, sondern »von Meister Bäcker und Metzger«. Gelegentlich des Ostersonntags, einen Monat nach dem unerbetenen »Empfang« der Frankfurter Deputierten, machte der erboste König seinem Herzen vollends Luft, als er in einem an den damaligen preußischen Gesandten in London, Freiherrn Karl Josias von Bunsen, gerichteten Brief den letzten Rest an Selbstbeherrschung verlor und – unter Anspielung auf das »Paulskirchenangebot« – unverblümt die Meinung äußerte, daß »... diese Patrioten (!) die Revolution, die Souveränität teutscher Nation unwiderruflich dadurch befestigen wollten, daß sie den Narren, dem Preußenkönig ein Hundehalsband umschnallten, das ihn unauflöslich an die Volkssouveränität fesselte, der Revolution von 48 leibeigen macht! Das, teuerster Freund, ist des Pudels Kern; ... Ich und mein Ministerium brauchten so großen Machinationen gegenüber keinen Aufwand von Geist zu machen, um ihren Kern zu entdecken. Daher rührt mein Bescheid an die geradezu inqualifiable Deputation der Paulskirche. Des Bescheides Sinn ist: Ich kann Euch weder ja noch nein antworten. Man nimmt nur an und schlägt nur aus eine Sache, die geboten werden kann – und Ihr da habt gar nichts zu bieten; das mach' ich mit meinesgleichen ab; jedoch zum Abschied die Wahrheit: Gegen Demokraten helfen nur Soldaten; adieu!«[45]

Als kaum mehr als zwei Wochen danach in Leipzig ROLANDS KNAPPEN zum ersten Mal in Szene gingen, da war die endgültige Niederwerfung der Revolution auch in Sachsen schon besiegelt. Die im Mai 1849 noch einmal auflebenden Volkskämpfe in Baden, Sachsen und in der Rheinprovinz wurden Zug um Zug niedergeschlagen. In Sachsen hatten die revolutionären Volkskämpfe im Mai 1849 einen letzten Auftrieb erhalten, als der sächsische König die im ganzen gesehen gemäßigt-liberale »Reichsverfassung« ablehnte. Arbeiter und Handwerker, aber auch Intellektuelle und Künstler, wie Lortzings Schwager August Roeckel, der Baumeister Semper und Richard Wagner, gingen auf die Barrikaden und griffen zu den Waffen. Eine revolutionär-demokratische provisorische Regierung vermochte sich zunächst an die Spitze der Volkserhebungen zu stellen. Die Aufständischen kämpften heldenhaft, und das königlich-sächsische Militär war schon bald nicht mehr Herr der Lage. Da ließ der sächsische Hof preußische »Hilfstruppen« rufen. Friedrich Wilhelm IV. zögerte keinen Augenblick, seine Soldaten in Marsch zu setzen. Fünf Tage lang verteidigten sich in Dresden die Aufständischen in erbitterten Kämpfen gegen die sich ständig verstärkenden Truppen. Doch am 9. Mai mußten sie, erdrückt von der militärischen Übermacht der Feinde, überall in Sachsen die Waffen strecken.

Das war die Situation, in der im Leipziger Stadttheater am 25. Mai 1849 die Uraufführung von ROLANDS KNAPPEN unter der musikalischen Leitung des Komponisten stattfand.

Die neue Lortzing-Oper entsprach gewiß der Stimmung des Leipziger Publikums, das freilich kaum ahnte, welche Schwierigkeiten noch kurz vor der ersten Aufführung zu überwinden waren.

Die Zensurbehörden hattten die politische Tendenz der in ein buntes Märchengewand gehüllten Karikatur des königlichen Opernhelden Garsias durchschaut. Sollte die Aufführung von ROLANDS KNAPPEN nicht ernsthaft gefährdet werden, blieb nichts anderes übrig, als in die unnachgiebig geforderten Abänderungen der »schlimmsten« Stellen des Textbuches einzuwilligen. So wurde denn auf ausdrückliche offizielle Anweisung vor allem die »politische Anzüglichkeit« der Worte des Andiol: »*jener* bahnt zu einem Throne sich den Weg durch Blut und Graus. *Jenem* bietet man die Krone, doch er dankt und schlägt sie aus« ganz sinnwidrig durch den läppischen, auch der musikalischen Diktion nicht mehr entsprechenden Text ersetzt: »Dieser flucht dem led'gen Stande, sucht ein Weibchen hold und treu; jener kennt die süßen Bande – doch er seufzt: ›ach wär' ich frei!‹« Die das Palaver der Frankfurter Nationalversammlung parodierenden Worte: »Ich schlichte diese Fehde durch eine schöne, schöne Rede« (II. Finale) mußte durch die folgende Textveränderung entschärft werden: »Gleich wird der Sturm sich legen, tret' ich mit Milde ihm entgegen.«

Alle durch die Zensur geforderten Veränderungen sollten die politische Tendenz des Librettos abschwächen oder gar eliminieren. Ungeachtet dessen blieb vor allem die komische Figur des König Garsias eine offenkundige Parodie königlich-preußischer Borniertheit. Wer Ohren hatte zu hören, vernahm sehr wohl die Großspurigkeit des Preußenkönigs, wenn Garsias in seiner Arie (Nr. 14) verkündet:

»Mit einem Wort: was ich vermag, tut mir so leicht kein Zweiter nach ...

Welch ein Trost in Kriegsbeschwerden, welche herrliche Battrie!
Denn belagert kann ich werden, aber ausgehungert nie –

dann gelingt in allen Stücken, was im Geist ich auferbaut –
und ich fahre vor Entzücken aus der königlichen Haut!«

Ungeachtet der Zensureingriffe war der Erfolg, den die Oper bei der Erstaufführung erzielen konnte, für Lortzing äußerst beglückend.

»Freut euch mit mir, ihr lieben Leute«, schrieb er der vorerst noch in Wien verbliebenen Familie. »Gestern ist meine Oper gegeben und mit ungeheurem Jubel aufgenommen worden. Die Aufführung war in Berücksichtigung, daß wir nur zwei Orchesterproben hatten, eine vortreffliche zu nennen. Fast jeder Nummer wurde stürmisch applaudiert und ich mit den Sängern nach dem zweiten und dritten Akt gerufen. Ein anhaltender Applaus empfing mich auch bei meinem Erscheinen im Orchester. Das Haus war mit Bezugnahme auf die Zeitumstände und das schöne Wetter voll zu nennen ... Das Gefühl, mit welchem ich ins Orchester ging, will ich meinem Feind nicht gönnen; es handelte sich gewissermaßen um einen Wendepunkt in meinem Wirken. Wäre ich auch mit dieser Oper abgefallen, ich hätte nicht den Mut gehabt, noch einmal die Feder anzusetzen. – Dem Herrn Direktor Wirsing muß ich übrigens nachsagen, daß er für die Oper – gar nichts getan hat; – freilich kann er auch nichts tun, er hat es nicht.«[46]

Das außerordentlich beifällige Echo »seines Publikums« bestätigte dem Meister die Wirkung seiner neuesten Oper. Die Musik zeugt erneut von kompositorischer Meisterschaft. Dies belegen die musikdramatische Gestaltung mit ihrer individuellen Charakterisierungskunst, die äußerst wirksame Orchesterbehandlung und der nach wie vor erstaunliche melodische Einfallsreichtum.

So gewann denn der in der letzten Zeit oft so herb enttäuschte Komponist durch den Leipziger Erfolg neue Zuversicht und Selbstvertrauen, zumal sich an das Leipziger Gastdirigat wider Erwarten auch berechtigte Hoffnungen auf eine erneute feste Anstellung am dortigen Theater knüpfen ließen. Denn Theaterdirektor Wirsing hatte bereits angedeutet, daß er anstelle des bisherigen Kapellmeisters Rietz gern wieder Meister Lortzing am Dirigentenpult sähe. So konnte dieser seiner Familie in Wien voll Genugtuung und Erleichterung schreiben:

»Wirsing will mich zum September engagieren, da ihm das Verhältnis mit Rietz nicht mehr konveniert. Rietz, ein ganz tüchtiger Mann, heißt hier der Cavaignac der Musik, weil er alles beherrscht. – 800 Taler soll ich freilich nur haben, dagegen erbietet der Direktor sich, mich gleich zu engagieren und mir, bis Rietz abgegangen ist, eine Sustentationsgage zu geben. – So müssen wir denn, wenn du einverstanden bist, in Gottes Namen wieder übersiedeln. Antworte, mein gutes Weib, jedenfalls umgehend.«[47]

Und schon wenige Tage später erhielt Regina aus Leipzig erneut einen Brief, in dem Lortzing mitteilt, daß das erhoffte Engagement in Leipzig inzwischen gesichert sei:

»Mein gutes, liebes Weib und ihr guten Kinder! Der hiesige Kontrakt gibt mir also 800 Taler und ein halbes Benefiz, wozu ich übrigens keine neue Oper zu geben brauche. Ferner muß ich am 1. Juli eintreffen und neben Rietz fungieren, wofür ich monatlich 40 Taler erhalte. Ende September würde ich erst die ganze Stelle einnehmen. Drei Jahre Kontrakt. – Eigentlich ist es ein Luxus, daß ich auf die paar Wochen zurückreise, aber erstens sehne ich mich so sehr nach Hause, zweitens ist so viel zu ordnen und zu besprechen, was zu vieler Schreiberei bedürfte – Morgen also dirigiere ich zum dritten Mal meine Oper. Übermorgen Mittwoch reise ich über Dresden und Breslau und werde – wenn nichts dazwischen kommt – Freitag früh um

*Szenenbild aus der
Aufführung der Oper
»Zar und Zimmermann«
an der Deutschen
Staatsoper Berlin.
Premiere am 29. Mai 1988.
Musikalische Leitung:
Heinz Fricke
Inszenierung: Uwe Wand
Bühnenbild: Peter Heilein
Kostüme:
Roselind Lindemann
Chöre: Christian Weber*

*Szene mit Peter I. –
Rezetativ und Arie:
»Verraten!
Von euch verraten!«*

*Chorprobe mit Bürgermeister van Bett in der Aufführung der Oper
»Zar und Zimmermann« an der Deutschen Oper Berlin.
Premiere am 21. Dezember 1985.
Musikalische Leitung: Christof Prick
Inszenierung: Winfried Bauernfeind
Ausstattung: Martin Rupprecht
Chöre: Hellwart Matthiesen*

*Szenenbild aus der Aufführung von Albert Lortzings Oper
»Caramo« am Opernhaus Leipzig (unter dem Titel
»Das Fischerstechen«). Premiere am 27. Juni 1963.
Musikalische Leitung: Walter Hessel
Spielleitung: Erhard Fischer
Bühnenbild: Max Elten
Kostüme: Elisabeth Selle
Chöre: Armin Oeser*

Szene aus der Oper »Hans Sachs«;
Aufführung bei den »Schloß-Spielen« des Theaters
der Stadt Heidelberg. Premiere am 30. Juli 1986.
Musikalische Leitung: David Effron
Regie: Saskia Kuhlmann
Ausstattung: Klaus Teepe
Chöre: Wolfgang Seeliger

*Szenenbild aus der Oper »Casanova«. Aufführung am
Carl-Maria-von-Weber-Theater in Bernburg. – Spielzeit 1962/63.
Musikalische Leitung: Josef Kühberger
Inszenierung: Willy Jussen
Gesamtausstattung: Margot Puff
Chöre: Hans Schneider*

*Szene aus der Oper
»Der Wildschütz«.
Aufführung an der
Volksoper Wien.
Premiere am
23. April 1983 –
Wiederaufnahme am
21. Juni 1985.
Musikalische Leitung:
Caspar Richter
Inszenierung: Otto Fritz
Bühnenbild und Kostüme:
nach Entwürfen von
Rolf Langenfass
Einstudierung der Chöre:
Franz Gerstacker*

*Szene aus »Der Waffenschmied«. Aufführung
am Meininger Theater. Premiere am 13. Mai 1884.
Musikalische Leitung: Werner Storch
Inszenierung: Günter Hoffmann
Ausstattung: Günter Thielemann
Chöre: Wolfgang Liesk*

*Szenenbild aus der Oper »Regina«
aus der Aufführung am Elbe-Elster-Theater Wittenberg.
Premiere am 22. September 1984.
Musikalische Leitung: Klaus Hofmann
Inszenierung: Ernst Rollin
Ausstattung: Dietrich Kelterer
Chöre: Jordan Metschkunow*

*Seite vorher unten:
Szenenbild aus der Aufführung der Oper »Undine«
von Albert Lortzing am Nationaltheater Mannheim.
Premiere am 25. Dezember 1985.
Musikalische Leitung: Donald Runnicles
Inszenierung: Wolfgang Quetes
Bühnenbild und Kostüme: Hubert Monloup
Choreinstudierung: Frank Meiswinkel*

8 – 9 Uhr bei euch sein. Mithin dürfte mein Verweilen in Wien kaum vier Wochen sein. – Die zweite Wiederholung meiner Oper wurde mit gleichem Beifall aufgenommen. Also, meine lieben Leute, dies wären vor der Hand die letzten Zeilen; in ein paar Tagen habt ihr mich selbst und hoffe ich euch alle gesund und munter zu finden. Es küßt und umarmt euch bis über ein kleines Euer Albert Lortzing.«[48]

Als Lortzing zu seiner Familie nach Wien gereist war, schliefen seine alten Feinde keineswegs. Ihr Einfluß war nach der endgültigen Niederlage der Revolution auch in Sachsen eher noch größer geworden. Der Geist der Restauration, teils »liberal« maskiert, wurde in den städtischen Behörden und offenbar auch im Theaterbetrieb tonangebend. So schmiedeten denn die früheren Gegner des Komponisten unter maßgeblichem Einfluß des Leipziger Bürgermeisters Koch ein Komplott, nicht unähnlich jenen Machenschaften, durch die schon vor der Revolution Ringelhardt und Lortzing aus dem Theater gedrängt worden waren.

Als Lortzing nun mit der Familie von Wien kommend – nur die dort verheiratete Tochter Lina blieb zurück – in Leipzig eintraf, um sich hier wieder heimisch einzurichten und, wie er vermuten durfte, unter einigermaßen gesicherten Existenzbedingungen als Komponist und Kapellmeister zu wirken, da erwartete ihn und seine Familie erneut, diesmal allerdings völlig unerwartet, die bitterste Enttäuschung. Seine Gegner hatten es tatsächlich zuwege gebracht, dem bei den Leipzigern nach wie vor geschätzten und beliebten Meister ein Bein zu stellen und Theodor Wirsing unter Druck zu setzen, die mit Lortzing getroffenen Vereinbarungen wieder rückgängig zu machen sowie Rietz in seiner alten Position zu belassen. Der Theaterdirektor zögerte zunächst. Als aber auch ein aufgehetztes Mitglied des Theaters und selbst Orchestermitglieder eine Art passiven Widerstands gegenüber Lortzing organisierten, fügte sich Wirsing und teilte ihm schließlich mit, daß er sich – angeblich »wegen der Unzufriedenheit der Sänger« – gezwungen sehe, Kapellmeister Rietz erneut zu engagieren. Um Kompromißbereitschaft zu zeigen, gab Wirsing dem gekränkten Meister zu verstehen, daß er sich unter den gegebenen Umständen mit Rietz »in die Direktion der Oper als Kapellmeister zu teilen hätte«.

Vielleicht handelte Lortzing in seinem verständlichen Zorn über den eklatanten Vertragsbruch übereilt, als er in dem sicheren Gefühl, daß man ihn im Grunde ohnehin wohl zum Teufel wünschte, um seine sofortige Entlassung nachkam. Jedenfalls durchschaute er die Intrige und ihren eigentlichen politischen Hintergrund ziemlich klar:

»Bei meinen zahlreichen Bekannten«, so schrieb er noch Ende 1849 nach Wien an seine Tochter Lina, »das ist die Bürgerklasse, hat das Ereignis viel Aufsehen gemacht, aber das kommt nicht in Betracht, denn wie in politicis, so hat auch hier die Aristokratie die Macht auf ihrer Seite.«[49]

Das sollte sich übrigens sehr bald auch in der Hinsicht bestätigen, daß die der Zensur von Anfang an verdächtige Oper ROLANDS KNAPPEN in der Folgezeit von fast allen Bühnen boykottiert wurde. Es fand sich auch kein Verleger für das Werk. Nicht einmal ein Klavierauszug erschien im Druck.

Auch Raimund Härtel, der in seinem Verlag vor der Revolution – bis auf den CARAMO – alle Opern Lortzings, zuletzt den GROSSADMIRAL herausgebracht hatte, hielt sich entschieden zurück. Er hatte, wie erwähnt, schon REGINA als ein »heißes Eisen« in freilich gewohntermaßen höflicher Form mit der Begründung angeblich »mangelnder Originalität« zurückgewiesen. Jetzt erschien es ihm offenbar opportun, sich von Lortzing und seinem Schaffen betont zu distanzieren.

ROLANDS KNAPPEN kam – zu Lebzeiten des Komponisten – außerhalb Leipzigs nur in Chemnitz noch einmal zur Aufführung; am 4. April 1850 und unter Lortzings persönlicher Leitung. Mehr als zehn Jahre nach seinem Tod war diese Oper dann 1862 im Berliner Krollschen Theater sowie im Jahre 1906 im Bremer Stadttheater und im Berliner Theater des Westens auf dem Spielplan. Das Werk teilt das Schicksal auch anderer Opern Lortzings, die ihrer politischen Brisanz wegen schon bald nach dem Tod des Meisters durch eine an den meisten Theatern vorherrschende konventionell-routinierte Repertoire-Politik sang- und klanglos der Vergessenheit überantwortet wurden. Und wo sich Lortzings komische Opern, wie DIE BEIDEN SCHÜTZEN, ZAR UND ZIMMERMANN und der WILDSCHÜTZ, oder UNDINE und der WAFFENSCHMIED in der deutschen Theaterlandschaft über die Jahrhundertwende hinaus als Publikums-

und Kassenschlager behaupteten, da war dies bei den Bühneninterpreten fast durchweg mit den entschärfenden Mitteln der Verharmlosung, der textlichen Verfälschung oder einer »Entpolitisierung« Lortzingscher Zeitkritik erkauft. Nur so meinte man, sein musikdramatisches Œuvre auf Dauer hof- und salonfähig zu machen; kurz: man begriff und spielte »seinen« Lortzing ganz einfach so, wie man sich ihn und seine Opern vorzustellen wünschte.

Noch 1951 sah sich der Musikwissenschaftler und verdienstvolle Lortzing-Kenner Fritz Tutenberg herausgefordert, dem noch immer gegen Lortzing erhobenen Vorwurf der »Biedermeierlichkeit und Sentimentalität« entgegenzutreten und den Kritikern ins Stammbuch zu schreiben:

»Die Lortzing nachgesagte biedermeierlich-bürgerliche Rührseligkeit ist ... seit einem Jahrhundert die seiner Sänger, Darsteller, Dirigenten, Regisseure und seines aus dem Zeitalter des Plüschsofas und der mit Nippes verzierten Vertikos nicht herausgekommenen Publikums ...«[50]

Lortzings Einsamkeit gegen Ende seines Lebens jedenfalls war nicht Folge eines eigensinnigen Zurückziehens von früheren Freunden und Bekannten. Es war letzten Endes die politische Vereinsamung eines auch nach der Niederlage der Revolution unbeirrbar aufrechten Demokraten.

9. Das Ende –
Ausklang und Nachklang
(1849–1851)

*»Der deutschen Jugend
gilt mein Lied ...«*

Abschied von Leipzig –
und letzte Wanderschaft

Zur Jahreswende 1849/50 sah sich Lortzing in hoffnungsloserer Lage denn je. Seit dem 1. November 1849 war er nun erneut stellungslos. Bemühungen um eine Anstellung als Kapellmeister in Berlin oder in Dresden hatten sich als erfolglos erwiesen.

In Dresden, wo sich außer Lortzing auch Robert Schumann um eine Dirigentenstelle beworben hatte, zog man als Nachfolger des inzwischen steckbrieflich gesuchten Richard Wagner einen Kapellmeister Krebs aus Hamburg vor; und in Berlin hatte Lortzing natürlich noch geringere Chancen. Man holte sich als Nachfolger für den im Mai 1849 verstorbenen Otto Nicolai den vor allem als Wagner-Gegner bekannt gewordenen Kapellmeister und Komponisten der heute völlig vergessenen Oper *Der Schöffe von Paris*, Heinrich Dorn.

Schweren Herzens entschloß sich Lortzing, als Schauspieler wie ehedem, d. h. durch physisch und psychisch aufreibende Gastspielreisen, sein Brot zu verdienen. Lina, seiner Tochter in Wien, vertraute er schon im November 1849 seine diesbezüglichen Pläne an:

»Vielleicht wenn ich als Darsteller reussire, unternehme ich eine Gastreise, spiele, dirigiere dazwischen eine von meinen Opern oder nehme auch am Ende hier ein Engagement als Schauspieler wieder an; ... denn wenn gleich der Schritt vom Orchester wieder auf die Bühne für mich ein sehr saurer ist, so kann ich mir noch immer gratulieren, daß er mir überhaupt noch offen steht, und manches Publikum ist doch vielleicht neugierig, den Komponisten Lortzing Komödie spielen zu sehn.«[1]

Wenn sich ab und zu einmal die Möglichkeit bot, für die Aufführung einer seiner Opern irgendwo in der Provinz ein Gastdirigat zu übernehmen, war der Komponist, wo es sich nur machen ließ, auch da zur Stelle.

Wann und wo auch immer nur möglich, war Lortzing »nebenbei« mit Kompositionen unterschiedlicher Genres beschäftigt, wobei besonders sein Liedschaffen einen neuen Aufschwung nahm. So entstand in dieser Zeit eine Reihe neuer Lieder, teils für den Tagesgebrauch und als mögliches Angebot vor allem an den Verlag Breitkopf & Härtel oder an das Berliner Musikverlagsgeschäft Schlesinger in der Hoffnung auf ein kleines Honorar; teils zu Anlässen, die dem Komponisten ganz persönlich bedeutungsvoll erschienen und ihn unmittelbar bewegten. So war Lortzing von Goethes hundertstem Geburtstag angeregt worden, das »Türmerlied« und den Chor der »Himmlischen Heerscharen« aus Faust, 2. Teil, in Musik zu setzen. Das Bekenntnis zu den Idealen der revolutionären Achtundvierziger findet sich in Lortzings Vertonung des Gedichts von Albert Mödinger »Der deutschen Jugend gilt mein Lied«, dessen erste Strophe beredt das nationale Bestreben des Volkes zum Ausdruck bringt:

»Der deutschen Jugend gilt mein Lied, die tief für alles Hohe glüht,
sie stehe fest und wanke nicht, bis Bahn sich der Gedanke bricht,
der sie so lange hat beseelt und dess' Erfüllung stets gefehlt:
Die Einigkeit wird doch noch klar, die aller Edlen Traumbild war.
Und wenn auch manches Herze bricht,
es geht der Weg durch Nacht zum Licht!«

Ein in dieser Zeit entstandener Trauerchor für die Märzgefallenen von 1848 in Berlin zeugt gleichermaßen von der aufrechten Haltung des Komponisten.

Als am 10. Dezember 1849 sein Freund und Kampfgefährte Carl Herloßsohn im sechsundvierzigsten Lebensjahr plötzlich verschied, schrieb Lortzing für ihn einen Trauergesang nach einem Text von Friedrich Kaiser, zu dessen Theaterstück *Junker und Knecht* er wenige Monate später auch die Bühnenmusik komponierte. Der revolutionäre Demokrat Friedrich Kaiser war Lortzing schon von Wien her bekannt. Dort sind beide einander vor allem in der »Literarisch-artistischen Gesellschaft Concordia« des öfteren begegnet. Wie Blum und Fröbel geriet auch Kaiser nach der konterrevolutionären Wende im Herbst 1848 in die Fänge des kaiserlichen Standgerichts in Wien. Ein »Gnadenakt« bewahrte ihn – wie Julius Fröbel – vor dem erwarteten Todesurteil. 1874 ist er im Alter von sechzig Jahren verarmt und verelendet gestorben. Lortzing konnte nicht ahnen, daß ihn viel früher schon ein ähnliches Schicksal ereilen sollte.

Bei all den widrigen Umständen, nach dem plötzlichen Verlust der Kapellmeisterstelle in Leipzig und den damit verbundenen seelischen und materiellen Belastungen, ist es um so erstaunlicher, mit welch unglaublicher Energie er sich auch jetzt neuen Opernprojekten zuwandte. Schon Ende Dezember 1849 nahm er zwei neue Vorhaben in Angriff: DIE OPERNPROBE, nach der aus dem Französischen übersetzten *Komödie aus dem Stegreif* sowie CAGLIOSTRO, eine in drei Akten geplante komische Oper, mit deren Textentwurf sich der Komponist gleichzeitig zu beschäftigen begann.

Die unglaublichen Abenteuer des legendären Hochstaplers und »Magiers« Graf Alexander von Cagliostro, der – als Kind armer Leute 1743 in Palermo auf Sizilien geboren – eigentlich Joseph Balsamo hieß, waren noch bis weit ins 19. Jahrhundert hinein in aller Munde.

Als Gauner im Großformat, der als alchimistischer Hexenmeister vorgab, den »Stein der Weisen« gefunden zu haben und Goldmacherei zu betreiben, sein blind-gläubiges Publikum vor allem aber durch vorgegaukelte »Wunder« und wunderkräftige Lebenselixiere, Schönheitstinkturen und Verjüngungskünste zu »verzaubern« verstand, ging der exzentrische Gaukler in die Geschichte zweifelhafter Glücksritter ein. Von der Inquisition in Rom schließlich der Ketzerei bezichtigt, ereilte ihn das Todesurteil, das Papst Pius VI. 1791 in eine lebenslängliche Haftstrafe umwandelte. Cagliostro starb am 26. August 1795.

Auf eine der unzähligen mysteriösen Anekdoten aus seiner Pariser Zeit, vor der Ausweisung aus Frankreich 1786, greift das von Lortzing gewählte Sujet zurück.

Lortzing hat für sein Libretto das Original des gleichnamigen Textbuches von Scribe und Saint-Georges aus dem Französischen übersetzt; zunächst wörtlich, um es daraufhin in eine für seine operngemäßen Zwecke praktikable Versform umzugestalten. Schon 1844 war das französische Bühnenstück mit der Musik von Adolphe Adam an der Pariser Opéra comique erstmals aufgeführt worden. Ein Jahr später fertigte Lortzings Freund Gollmick eine deutsche Übersetzung an, die Lortzing jedoch für sein neues Opernvorhaben nicht geeignet erschien, so daß er sich unmittelbar auf das französische Original stützte.[2]

Die Personen der Handlung sind:
    Graf Cagliostro
    Corilla, Sängerin, geschiedene Frau Cagliostros
    Prinz von Volberg
    Marquise von Volméranges
    Cecilie, ihre Enkelin
    Chevalier de Saint Luc
    Die verschleierte Dame

Graf Cagliostro verblüfft die Pariser Gesellschaft immer aufs neue mit seinen unglaublich erscheinenden Zauberkünsten.

Den erstaunten Gästen führt er in seinem Laboratorium sogar vor, wie man Gold »zaubern« kann. Und dem in die Sängerin und geschiedene Frau Cagliostros, Corilla, verliebten Prinzen von Volberg verspricht der Zauberkünstler einen »Liebestrank«, durch den der Prinz seine Angebetete unzweifelhaft erringen werde. Der dünkelhaften alten Marquise von Volméranges verheißt er – durchaus nicht uneigennützig – ein Verjüngungsmittel, daß ihr Jugend und Schönheit zurückgeben soll; denn ihm ist an einer Ehe mit Cecilie, der Enkelin der Marquise, gelegen, erhofft er sich doch damit eine beträchtliche Mitgift.

Cecilie aber liebt den Chevalier de Saint Luc. Er ist ein erbitterter Gegner Cagliostros, den er als gefährlichen Scharlatan durchschaut, und er versteht es mit Hilfe Corillas, den betrügerischen Magier vor aller Augen bloßzustellen. Bei einer Abendgesellschaft, auf der Cagliostro beabsichtigt, den erstrebten Ehekontrakt mit Cecilie perfekt zu machen, führt er zur Unterhaltung der Gäste eine verschleierte Dame vor, die – in »magnetischen Schlaf« versetzt – »die reine klare Wahrheit spricht!« Doch die Sängerin Corilla, seine frühere Frau, die er einst treubrüchig im Stich ließ, durchkreuzt den Plan des Schwindlers. Es gelingt ihr, sich an Stelle der dem »Zauberer« als Medium dienenden verschleierten Dame einzuschleichen. Als Cagliostro ihren Schleier zurückschlägt, sieht er seine geschiedene Frau vor sich. Als Betrüger entlarvt, wird er von Corilla gezwungen, auf seine dubiosen Heiratsabsichten zu verzichten.

Dem ersehnten Liebesglück von Cecilie und ihrem geliebten Chevalier steht nichts mehr im Wege; und Corilla reicht dem Prinzen die Hand zum Liebesbund. Cagliostro gibt sich geschlagen.

Ihm bleibt als zweifelhafte Gönnerin nur noch die alte Marquise, die ihm aber auch nur noch so lange ihre Gunst erweisen wird, als sie auf die versprochene Wunderwirkung der »Verjüngungskur« zu warten bereit ist.

Zu der beabsichtigten Vertonung des Librettos kam es nicht mehr; sei es, daß dem Komponisten durch seine sehr bald einsetzenden Gastverpflichtungen als wandernder Schauspieler einfach die für ein neues größeres Opernprojekt erforderliche Zeit fehlte, sei es, daß den geplagten Meister andere, bescheidenere künstlerische Vorhaben im Augenblick vordringlicher erschienen. Jedenfalls schrieb Lortzing gleich zu Anfang des neuen Jahres zu einer Posse mit dem Titel IM IRRENHAUSE, EIN GENREBILD die erwünschte Bühnenmusik – eine Ouvertüre und zwei Gesangseinlagen. Noch schien die Schaffenskraft des Komponisten ungebrochen, obwohl die Sorgen um den nackten Lebensunterhalt der Familie immer bedrückender wurden. So sah sich Lortzing denn auch zunehmend zu verschiedenen Gastspielreisen gezwungen, auf denen er an einer Reihe von Theatern in bekannten Rollen auftrat, mit denen er früher Erfolg gehabt hatte.

Nachdem Theaterdirektor Wirsing ihm die Gelegenheit bot, selbst am Leipziger Theater noch einige »Gastrollen« zu spielen, begannen nun Tourneen, die äußerst anstrengend und durch notwendige Reisen, Quartiere, Gaststättenessen usw. auch noch kostspielig waren, an Gage aber herzlich wenig einbrachten. Oft mußte Lortzing dem sauer verdienten Honorar wochenlang nachlaufen und ein Mahnschreiben nach dem anderen abschicken.

Im Zusammenhang mit der zwar durch seine Gegner provozierten, von Lortzing letztlich aber selbst geforderten Entlassung als Leipziger Kapellmeister schüttete der Komponist dem Freunde Philipp Reger in einem Brief vom 4. Februar sein Herz aus:

»Ich sah alles im schwärzesten Lichte und forderte von Wirsing – obwohl mein gutes Weib sich dagegen stemmte – meine augenblickliche Entlassung, die er mir – da ich dreijährigen Kontrakt hatte – natürlich gleich bewilligte ... Alle schrien über meine Übereilung, und man hatte insofern recht, als ich mir hätte den Kontrakt abkaufen lassen können. Der Verlust der Gage ist zu verschmerzen, denn ohne weitere Resourcen (Opern-Verdienste), die mir leider schon seit Jahren versiegt sind, befände ich mich übler als jetzt ... Darauf fing ich an, die Umgegend unsicher zu machen, dirigierte, gastierte und verdiente und verdiene ganz passabel Geld, könnte mich auch wohl dabei fühlen, hätte ich in Leipzig nicht so mancherlei zu decken, daß wenig zum Unterhalte übrig bleibt, und wäre nicht mein Inneres – das gewiß von festem Zeuge war – so zerrissen.«[3]

Zu allem Übel stellte sich plötzlich ein Ohrenleiden ein, das ihm zunehmend zu schaffen machte und sich in der Folgezeit immer mehr verschlimmerte. Schon während der Leipziger Benefiz-Vorstellungen, die Lortzing als Valentin Holzwurm in Raimunds *Verschwender* mit dem berühmten »Hobellied« beendete, klagte er über ein andauerndes Ohrensausen, aber weder Geld noch Zeit ließen eine notwendige, langwährende, ordentliche ärztliche Behandlung zu.

Es gab keine Atempause. Zu Anfang des Jahres 1850 begann eine Reihe zahlreicher auswärtiger Gastspiele, die Lortzing zunächst an das Magdeburger Theater, die Uraufführungsstätte seiner UNDINE, führte, wo er nicht nur als Schauspieler in verschiedenen Lustspielen auftrat, sondern am Neujahrstag des Jahres 1850 auch seinen WILDSCHÜTZ dirigieren konnte. Die »Magdeburgische Zeitung« schrieb über dieses Ereignis:

»Der erste Abend des Jahres ließ sich gleich vortrefflich an; ein volles Haus, Spannung in allen Mienen, ein die ganze Versammlung durchbrausender Applaus, als der Erwartete den Dirigentensitz bestieg und sein musikalisches

Scepter ergriff, um das die Mitwelt frische Lorbeeren geflochten hat, das freundliche ›Willkommen‹, welches Magdeburg dem Componisten der BEIDEN SCHÜTZEN und von CZAAR UND ZIMMERMANN zurief, das Alles mag dem genialen Künstler sagen, wie theuer er dem deutschen Volke ist, das dankbar für seine trefflichen Schöpfungen und so viele frohe Genüsse den Namen Albert Lortzing verehrt.«[4]

Der Magdeburger Aufführung folgte noch im selben Monat ein ebenfalls mehrtägiges Gastspiel in Gera, von wo aus Lortzing seiner Frau am 1. Februar 1850 schrieb:

»Wollte man jemand das Theater verleiden, so müßte man ihn hierherschicken. Das leicht gebaute Schauspielhaus, vor dem Tore ganz allein dastehend, kann nicht geheizt werden; die Kälte ist daher fürchterlich. Dekorationen, Garderobe und Orchester entsetzlich; dazu ein immerwährender Lampendampf, denn da die Lampen einzufrieren drohen, werden sie höher und höher geschraubt. Mit einem Worte, es ist ein einziges Vergnügen ... Ich machte heute morgen einen Besuch bei der Direktion und rückte nach vielen Hin- und Herreden mit dem Wunsche heraus, die Errungenschaften des gestrigen Tages in Empfang zu nehmen. Man sagte mir, die Berechnung sei noch nicht gemacht, und man wolle sie mir später zusenden. Nun ist es schon 4 Uhr vorüber, und ich habe noch immer nichts erhalten. Ich mutmaße, daß man der gestrigen Einnahme benötigt war, um die Gagen zahlen zu können, und mich für nicht so bedürftig hält, wie ich es leider bin. Ich muß daher diesen Brief leer abschicken, so peinlich mirs auch ist ...«[5]

Allein in Gera, die düstere Zukunft, das elende Wanderleben und das Hungerdasein als Komödiant, das traurige Schicksal der ganzen Familie drastisch vor Augen, schrieb er den schon erwähnten, an Reger gerichteten Brief vom 4. Februar, aus dessen Zeilen das erschütternde, bittere Leid des Komponisten spricht:

»Der deutsche Komponist Albert Lortzing muß alle 8–10 Tage seine Familie verlassen! Ihre geringe Barschaft reicht kaum so weit, bis er wieder etwas verdient hat! Er selbst hat kaum so viel, um den Dampfwagen bezahlen zu können ... Dazu die Strapazen bei solcher Kälte auf solchen kleinen Theaters und vor allem: der gräßliche Widerwille gegen das Komödiespielen! Aber merkwürdig – alle Theater sind versessen darauf, an bedeutende habe ich noch gar nicht geschrieben, doch ich bin überzeugt, daß ich auch bei jenen willkommen bin und weshalb? Nicht weil ich der Schauspieler – nein, weil ich der Komponist Lortzing bin, und das ist eben das Bittere dabei. Mein braves Weib fühlt es tief, welche Überwindung es mich kostet und wie ich mich quälen muß ... Welchen Weg soll ich eigentlich für die Zukunft einschlagen? soll ich die seit sechs Jahren betretene Laufbahn, die mir bis jetzt kein Heil brachte, verfolgen? soll ich das alte Handwerk, das mir zuwider, wieder vornehmen? – ich möchte lange, lange mit dir sprechen, ich sehne mich nach deiner Unterhaltung, deiner gesunden Ansicht mehr als je! – mein ganzes Dasein dünkt mir ein verfehltes!«[6]

Besonders bedrückend war für Lortzing der Gedanke, daß die Theaterdirektoren in der Provinz den berühmten Opernkomponisten als Bühnendarsteller, besonders in komischen Rollen, engagierten, um dem Publikum eine willkommene Sensation bieten zu können. Die Aussicht beispielsweise, den Komponisten der BEIDEN SCHÜTZEN in dieser Oper als schon nicht mehr jungen Darsteller in der Buffo-Partie des dummen Peter und in der Arie Nr. 7 bei einem komischen »Contretanz« auf der Bühne herumspringen zu sehen, mag für das Publikum und die Intendanten immer gleichermaßend verlockend gewesen sein. Für die Theater war Lortzing so zum besten »Kassenschlager« zu machen.

Nach einer nur wenige Tage dauernden Atempause im Kreis der Familie begab er sich auf den Weg nach Lüneburg, wo neue Gastspielverpflichtungen wahrzunehmen waren; und hier – völlig unerwartet – schien es, als sollte für ihn noch einmal eine glückliche Wende zu neuem, sinnerfülltem künstlerisch-produktivem Schaffen eintreten. In Lüneburg erreichte ihn das überraschende Angebot des Berliner Friedrich-Wilhelmstädtischen Theaters und seines Direktors Friedrich Wilhelm Deichmann, dort eine feste Anstellung als Kapellmeister anzutreten.

Das Friedrich-Wilhelmstädtische Theater in der Schumannstraße war aus einer politisch-satirischen Sommerbühne hervorgegangen, für die Deichmann in der Zeit des revolutionären Aufbruchs, am 24. Mai 1848, die Konzession beantragt und auch erhalten hatte. Am 25. Juni 1848 war dieses erste politische Volkstheater in Berlin mit den Einaktern *Die Macht der Barrikaden, Ein Engel im Dachstübchen* und *Die Braut aus Pommern* eröffnet worden. Später wurde – mit der Bühnenmusik von Lortzing – Nestroys *Der Zerrissene* sowie dessen Posse *Einen Jux will er sich machen* mit einem Quodlibet des Komponisten gegeben. Zeitaktuelle, scharf pointierte, angriffslustige und respektlose Vaudevilles und Possen beherrschten in der Folgezeit das vielfältige Repertoire. Während der Revolution entwickelte sich die Deichmannsche Sommerbühne, zu der gegen ein für den »kleinen Mann« erschwingliches Eintrittsgeld jedermann Zutritt hatte, schnell zu einem echten Volkstheater.

Obwohl bereits am 25. September 1848 die Zensur allgemein wieder eingeführt wurde, riskierten es die Behörden zunächst nicht, gegen Deichmann und seine »aufrührerische Truppe« vorzugehen; denn die Deichmannsche Bühne konnte sich inzwischen eines Massenpublikums erfreuen, das man – etwa durch Schließung des Theaters oder eine grundlegende Änderung der Tendenz des Spielplans – noch nicht zu einem Protest herauszufordern wagte.

Während der Revolution und noch einige Zeit danach waren Deichmanns Theaterbesucher überwiegend die kleinen Leute der Friedrich-Wilhelmstadt im Norden der Berliner Innenstadt und der sich im Norden und Osten ausbreitenden Vororte außerhalb der Stadtgrenzen. Das waren kleine Handwerker und Gewerbetreibende, aber auch Laden- und Hausbesitzer, Quartierwirtinnen und Zimmervermittlerinnen. Es kamen auch Studenten und junge Akademiker der nahe gelegenen Charité, von denen viele zum Stammpublikum gehörten. Deichmanns politisches Volkstheater war aber auch Ziel vieler Arbeiter aus den umliegenden Maschinen- und Lokomotivfabriken von Egells und Wöhlert, von Pflug und Borsig.

Nach der im Herbst wieder eingeführten Zensur glaubten die Behörden möglicherweise, aus der Not gewissermaßen eine Tugend gemacht zu haben, wenn das Theater vorläufig als eine Art Ventil für politische Stimmungen »des kleinen Mannes« auf der Straße geöffnet blieb. Erst später, etwa seit 1851, ließen die Zensurbehörden alle Rücksichten fahren und erzwangen rigoros eine grundlegende Kursänderung in der Gestaltung des Repertoires. Schon im

Sommer 1849 sollte das Theater unter dem Vorwand einer zu großen Feuersgefahr geschlossen werden; doch dem unternehmungslustigen und wendigen Direktor gelang es, durch geschickte Verhandlungstaktik die Erlaubnis für die Neuerrichtung eines massiven, großen Theaterbaus – vor allem für Schau- und Singspiele – an gleicher Stelle zu erwirken. Möglicherweise gingen die städtischen Behörden auch davon aus, mit der Genehmigung eines Theaterneubaus einem »seriösen Geist« künftiger Spielplan-Politik Vorschub leisten zu können. Nachdem das neue Theater am 17. Mai 1850 festlich eröffnet worden war, bemühte sich Deichmann jedoch nach wie vor um einen zeitkritisch geprägten Spielplan. Gleichzeitig ging er davon aus, daß das künftige Repertoire unter den recht passablen Bedingungen des Neubaus und seiner Bühne auch die Spieloper mit einbeziehen müsse, um den Ansprüchen eines breiten Publikums zu entsprechen, dem die königliche Hofoper von vornherein versperrt war und in ihrer aristokratischen Repräsentanz auch wesensfremd sein mußte.

Für das vorwiegend auf die »kleinen Leute« zugeschnittene, zugleich aber auch den Mittelstand aller Schattierungen einbeziehende Anliegen des Friedrich-Wilhelmstädtischen Theaters mußte dem Prinzipal ein Mann wie Lortzing am Dirigentenpult als genau der Richtige erscheinen – auch als zugkräftiges »Aushängeschild« für sein Volkstheater.

Deichmann und der in seiner Theatertruppe künstlerisch besonders profilierte und beliebte Schauspieler Anton Ascher kannten Lortzing durch gemeinsame Freunde aus der »Urania«, in der sie auch gelegentlich selbst – sei es in der Regie, sei es auf der Bühne – bei Theateraufführungen mitwirkten. Als progressiver, demokratisch gesinnter Kapellmeister und Komponist erfolgreicher, in der Vergangenheit nicht selten verbotener Bühnenstücke bekannt, konnte Lortzing ihnen als neues Mitglied des Theaters nur willkommen sein. Er mußte sich nur selbst entscheiden, auf das Engagementsangebot einzugehen, und sich verpflichten, dort nicht nur als Dirigent zu wirken, sondern auch Spielopern im eigenen Hause aufzuführen. Nachdem sich ihm ein Angebot des Direktors des Londoner Covent-Garden-Theaters zu einem Gastdirigat des Zaren in der britischen Hauptstadt ebenso plötzlich eröffnet wie ohne ersichtlichen Grund wieder zerschlagen hatte, entschloß sich Lortzing ziemlich rasch zum Abschluß des von Deichmann vorgeschlagenen Kontraktes. Den gutgemeinten Rat seiner Freunde Düringer und Reger, ins Ausland, möglicherweise nach Frankreich zu gehen und als Komponist und Kapellmeister in Paris sein Glück zu versuchen, wo ihm allein durch die dort längst gewährten Autorenrechte ein größerer Schutz der künstlerischen Existenz sicher sei, griff dieser nicht auf; wohl zu Recht, wenn er zur Begründung seines Entschlusses am 4. März 1850 an Reger schrieb:

»Was ... dein Projekt betrifft, mich nach Paris zu schikken, so ist das sehr schön erdacht, aber die Ausführung würde Schwierigkeiten machen. Es kommt mir vor wie die Idee zu einem guten Operntexte: der Stoff ist vortrefflich, aber die Ausarbeitung schwer ... Zweitens, mein guter Philipp, erheischt seine Ausführung keine unbedeutende Summe, denn ich muß leben und die Meinigen, und drittens und hauptsächlich – ich bin ohne meine Familie ein halber Mensch, unfähig zu allem ... Dann mein lieber Philipp, um auf die Veranlassung dieses Projektes zurückzukommen, glaube ich noch gar nicht, daß es mir gelingen würde, eine meiner Opern auf einem französischen Theater zur Aufführung zu bringen; das Volk hat mehr Nationalstolz wie die Deutschen; in der italienischen Oper dürfte es eher möglich sein – doch davon später. Also wäre ich darauf angewiesen, eine Oper in und für Frankreich selbst zu komponieren. Ob mir das gelänge, ist eine große Frage!«[7]

Wie schon in diesem Brief, so teilte Lortzing aus Leipzig einen Tag später auch seiner Tochter Lina nach Wien mit, daß ihm »vom Direktor des neuen Friedrich-Wilhelmstädtischen Theaters in Berlin ein Antrag als Kapellmeister gemacht worden. Das Theater, welches jetzt schon mit der Königsstadt rivalisiert, wird nämlich zum nächsten Jahre auch eine Spieloper halten, jetzt hat es nur Singspiele, Possen und Vaudevilles. – Die Gage, die er mir geboten, ist zwar gering, jedoch mit dem bewilligten Benefiz und Honoraren für zu leistende Kompositionen summiert sichs doch, und hoffe ich mich doch mindestens so zu stehen wie früher hier.«[8]

Im April wurde er zum Antritt des neuen Engagements in Berlin erwartet; denn die Eröffnung des Theaters war zunächst für den 1. Mai 1850 vorgesehen. Bis dahin nutzte der Komponist die verbleibende Zeit für die Beendigung seiner schon vorher in Angriff genommenen Komposition zur Posse IM IRRENHAUSE, ein Genrebild, wie es im Untertitel heißt. Von der Musik zu diesem Bühnenstück war später im Nachlaß außer der Ouvertüre nur noch eine Buffo-Arie zu finden.

In der zweiten Hälfte des Monats März reiste Lortzing vor dem endgültigen Weggang aus Leipzig noch zu einem Gastspiel nach Chemnitz; und »dann«, so schrieb er in Erwartung der bevorstehenden bedeutsamen Veränderung und des in jeder Hinsicht neuen Wirkungsbereichs in seiner Geburtsstadt Berlin an einen Freund, »adieu, Komödie – hoffentlich pour jamais!«[9]

Daheim in Berlin.
Der Ausklang – DIE OPERNPROBE

Albert Lortzing traf – ganz sicher bequemer als bei den früher so strapaziösen Reisen »mit Mann und Roß und Wagen« – am 30. April mit der Eisenbahn in Berlin ein, um sein neues Engagement an Deichmanns Volkstheater termingerecht anzutreten. Die bauliche Fertigstellung des Theaters und vor allem seiner Inneneinrichtung hatte sich allerdings verzögert, so daß der Tag der festlichen Eröffnung endgültig auf den 17. Mai festgelegt wurde.

Der neue Theaterbau übertraf nach seiner Vollendung alle Erwartungen. Das Friedrich-Wilhelmstädtische Theater, späterhin als das besonders hinsichtlich der innenarchitektonischen Gestaltung fast unverändert gebliebene Deutsche Theater weltbekannt, konnte sich, vor allem, was sein Interieur, den Zuschauerraum, das Foyer und die trotz großzügig anmutender Geräumigkeit anheimelnde Atmosphäre anbetrifft, wirklich sehen lassen; und auch Lortzing war beim erstmaligen Betreten seiner neuen Wirkungsstätte überaus beeindruckt. Auch heute, nach der Wiedereröffnung des Deutschen Theaters im Ergebnis seiner denkmalpflegerisch gelungenen Renovierung und teilweisen Rekonstruktion im Jahre 1983, erscheint die ihm eigene Intimität und unverwechselbare Atmosphäre nacherlebbar, die seinerzeit schon Lortzing empfand.

Heute ist wohl nur noch wenigen Besuchern bewußt, daß die reiche theatergeschichtliche Vergangenheit dieses Hauses auch mit dem Wirken Albert Lortzings als Kapellmeister und Komponist aufs engste verbunden ist. Fast vergesen war über viele Jahrzehnte die Geschichte des Friedrich-Wilhelmstädtischen Theaters, das 1883 übrigens in der Berliner Chausseestraße eine neue Wirkungsstätte fand.

Zwar leistete bereits Lieselotte Maas mit ihrer 1965 vorgelegten Dissertation »Das Friedrich-Wilhelmstädtische Theater in Berlin unter der Direktion Friedrich Wilhelm Deichmanns in der Zeit zwischen 1848 und 1860«[10] einen verdienstvollen Beitrag zur Erforschung der theatergeschichtlichen Rolle und Wirkung dieses Theaters; aber erst in jüngerer Zeit haben beachtenswerte Veröffentlichungen sowohl des bekannten Schriftstellers und Theaterpraktikers Alfred Dreifuss[11] und der kenntnisreichen Theaterwissenschaftlerin Ruth Freydank[12] wieder verstärkt auf diesen bemerkenswerten Abschnitt der Berliner Theatergeschichte aufmerksam gemacht.

1881 kaufte der schon im Zusammenhang mit Lortzings Oper REGINA erwähnte, als Schriftsteller und versierter Verfasser überwiegend banaler Bühnenstücke zu erstaunlichem Reichtum gelangte ehemalige Kapellmeister Adolph L'Arronge das Friedrich-Wilhelmstädtische Theater für 900 000 Goldmark und gründete hier zwei Jahre später – nach dem Vorbild des Pariser Théâtre Francais – als ein Sozietätsunternehmen das Deutsche Theater, dessen Leiter er bis 1894 blieb. Die Geschichte des Deutschen Theaters zeugt von einer künstlerischen Entwicklung, die diese Stätte dramatischer Kunst schon bald zu einem national und international bedeutenden Ruf führen sollte.

Zu Lortzings Zeit versperrte den unmittelbaren Blick auf das Theater von der Straße aus noch die vordere Häuserfront, so daß der Berliner Volkswitz augenzwinkernd von einem »Hoftheater« sprechen konnte, befand es sich doch tatsächlich – ähnlich wie noch heute das Berliner Metropol-Theater in der Friedrichstraße – auf dem Hof hinter dem Haus des Grundstücks Schumannstraße 13.

Der heutige Besucher des Deutschen Theaters kann sich leicht vergegenwärtigen, wo Lortzing unmittelbar nach seiner Ankunft in Berlin einen ersten »Unterschlupf« fand:

In der Schumannstraße 15 stehen wir vor dem Mietshaus, in dem sich der aus Leipzig kommende Komponist als Untermieter einquartierte. Von hier zum Theater waren es nur ein paar Schritte; denn verließ der Neuankömmling das Haus, so war er »gleich links um die Ecke« schon an seinem Arbeitsplatz. –

Gleich nach seiner Ankunft in Berlin nahm Lortzing mit einiger Neugier seine neue Arbeitsstätte in Augenschein, um sich bei dieser Gelegenheit zugleich durch Direktor Deichmann auch mit den Mitgliedern des Theaters bekannt zu machen.

An seine Frau schrieb er wenige Tage später nach Leipzig: »Das neue Theater wird ein sehr hübsches Gebäude ... Mein hiesiger Empfang von seiten der Mitglieder war ein sehr freundlicher und hochachtender, wenngleich sich in ihren Mienen und Worten teils eine Verwunderung, teils ein Bedauern ausspricht, daß ich zu einem solchen Engagement gegriffen – und würde es nicht anders (die Verhältnisse nämlich), als wie es bis jetzt war, so dürfte ich allerdings zu bedauern sein.«[13]

Vorerst hoffte der Komponist auf den dringend notwendigen Vorschuß, den Deichmann bei den Vertragsverhandlungen zugesagt hatte; denn die in Leipzig zunächst noch zurückgebliebene Familie hatte jetzt kaum das Notwendigste zum Leben, und Lortzing selbst ging es in Berlin nicht besser.

Lortzings erste Behausung in Berlin war eigentlich nur eine kleine möblierte Kammer, so daß der Meister sich umgehend auf die Suche nach einer für die ganze Familie räumlich ausreichenden, größeren Wohnung begab; denn Regina und die Kinder sollten und wollten dem Gatten und Vater so bald wie möglich nach Berlin folgen.

Über sein Logis in der Schumannstraße schreibt Lortzing seiner Frau: »Wäre ich nur mindestens für meine Person eingerichtet und hätte meine Sachen, Klavier, Noten etc., aber dazu habe ich, solange ich Chambre garni wohne, keinen Platz, denn in meinem Zimmer kann kein Instrument stehen ...«[14]

Als dann Ende Juni die Vermieterin das Quartier, wie aus heiterem Himmel, plötzlich kündigte, blieb Lortzing nichts weiter übrig, als vorerst für ein paar Tage in »Töpfer's Hotel« an der damaligen Karlstraße 32 (heute: Reinhardtstraße) umzuziehen und weiter auf Wohnungssuche zu gehen. Immer wieder kommt in Briefen an Regina der Wunsch nach dem endlichen Wiedersehen der ganzen Familie in Berlin zum Ausdruck; alllerdings schreibt er seiner Frau zugleich illusionslos, auf welch' bescheidene Verhältnisse man sich auch in Berlin wird einrichten müssen. Über seine eigene Situation heißt es in einem seiner Briefe nach Leipzig:

»Es läßt sich hier ganz schön leben, aber – Geld muß man dazu haben. Nun ist noch das Unglück, daß man so fürchterlich weit und viel zu gehen hat, und so viel Appetit bekommt; ich wenigstens habe immer Hunger ...«[15] Und in einem anderen Brief schreibt er: »Für meinen Kaffee zahle ich morgens einen Groschen, freilich ohne Zucker und Butter, es schmeckt aber auch. – Mittags esse ich in irgend einem Keller eine Portion Warmes und abends eine Schinkenstulle, da ich meine Freunde nicht überlaufen mag. –

Der Platz auf der Eisenbahn kostet 3 Taler, Überfracht hatte ich einen ganzen Taler. Außer dem Stock habe ich auch meine Haarverschönerungstinktur vergessen –.«[16] Die Haartinktur: Der kränkelnde Meister leistete es sich – wie manche seiner Kollegen – seit einiger Zeit, mit kosmetischem Trick seinem langsam ergrauten Haar den Schein der ehemals natürlichen Färbung zu geben. Nun hatte er vergessen, seine »Tinktur« aus Leipzig mit auf die Reise zu nehmen; und so erinnert er schon in einem nachfolgenden Brief seine Frau: »... wickle mir, wohl emballiert, meine Haartinktur ... ein; da ich die Färbung nun einmal angefangen habe, muß ich sie auch fortsetzen.«[17]

Anfang Mai des Jahres 1850 stattete Philipp Düringer während eines Berlin-Aufenthaltes dem Komponisten einen kurzen Besuch ab. Es wollte aber bei diesem Wiedersehen die rechte Stimmung – so wie in früheren Tagen – nicht mehr aufkommen. Die sicher gut gemeinten Trostworte Düringers konnten dem Freund kaum helfen. Durch viele Briefe wußte der in Leipzig so vertraute Theaterkollege, der jetzt dem vorzeitig alt gewordenen Lortzing in Berlin gegenübersaß, wie es um den Freund in Wahrheit stand. Übrigens übernahm Philipp Düringer schon drei Jahre später am Berliner Königlichen Schauspielhaus die Position des »artistischen Direktors«, die er – bis kurz vor seinem Tode – über fast siebzehn Jahre innehatte. Nach seiner letzten Begegnung mit Lortzing blieb ihm merkwürdigerweise nur im Gedächtnis, daß sich der bedauernswerte Freund die Haare färbte ...

Bei Lortzing wird die »Stippvisite« Düringers kaum neue Hoffnungen geweckt haben, und Trost allein konnte dem leidgeprüften Meister am allerwenigsten helfen. Trotz allen Ungemachs war Lortzing bei durchaus verständlicher Skepsis gegenüber seinen neuen künstlerischen Wirkungsmöglichkeiten in Berlin, wo er auch seine Opern aufzuführen gedachte, noch immer nicht ohne Zuversicht. Von Anfang an ging er daran, ein seinen künstlerischen Ansprüchen genügendes Orchester zu schaffen und ein leistungsfähiges Sängerensemble zu entwickeln.

Mit Erleichterung dachte er an die nun endlich hinter ihm liegende Zeit aufreibender Gastspieltätigkeit in der Provinz zurück. Am 22. März hatte er bei seinen Auftritten in Chemnitz noch einmal den Peter in seinen BEIDEN SCHÜTZEN gesungen. Einen Tag später gab er in der von ihm so oft gespielten Rolle des Valentin im *Verschwender* seine Abschiedsvorstellung auf der Bühne mit den letzten Worten des berühmten »Hobelliedes«: »Da leg' ich meinen Hobel hin und sag' der Welt ade.«

Das Chemnitzer Gastspiel beendete der Komponist schließlich am 4. April mit der musikalischen Leitung der dortigen Erstaufführung seiner Oper ROLANDS KNAPPEN. Vor der Abreise nach Berlin kehrte er – nur für kurze Zeit – noch einmal nach Leipzig zurück, wo er schon wenige Tage später, am 9. April 1850, nach kaum mehr als dreimonatiger, zwangsläufig häufig unterbrochener Kompositionsarbeit sein neues Werk, DIE OPERNPROBE, mit der zuletzt fertiggestellten Arie Nr. 3, abschließen konnte.

Im Hinblick auf die bevorstehende Eröffnung des Friedrich-Wilhelmstädtischen Theaters ging Lortzing nunmehr unvermittelt an die Komposition einer FESTOUVERTÜRE, die dann am 17. Mai den würdigen Auftakt für die erste Vorstellung des neueröffneten Hauses in der Schumannstraße geben sollte und dem Komponisten beim Publikum ebenso wie bei der Fachkritik die ungeteilte Anerkennung einbrachte. Auf der Bühne erlebte das Publikum in der Eröffnungsvorstellung drei Einakter, *Die Zillerthaler* von Nesmüller mit einer von Lortzing eigens für das Stück komponierten Ouvertüre, Roquettes *Waldeinsamkeit* und von

David Kalisch *Peter Schlemihl*. Die Instrumentation der musikalischen Einlagen hatte Lortzing selbst besorgt.

Der in Berlin damals bekannte und geradezu gefürchtete Musikkritiker Ludwig Rellstab schrieb nach der festlichen Aufführung:

»Als ein Zeichen, daß auch für die innere Hebung des Theaters ein regsames Streben vorhanden ist, begrüßen wir namentlich den Gewinn eines Kapellmeisters von so begründetem Ruf und Verdienst wie Herrn Lortzing, der Componist der Oper ZAR UND ZIMMERMANN. Nach dem Prolog erschien Herr Kapellmeister Lortzing im Orchester und empfing den lebhaftesten und ehrenvollsten Beifallsgruß des ganzen Publikums. Ebenso die glänzende und zugleich angenehm melodische Festouvertüre seiner Composition.«[18]

Seiner Frau berichtete der Komponist über das Ereignis:

»Gestern wurde unser neues Haus eröffnet, nachdem bis halb sechs Uhr abends noch gehämmert, geklebt usw. wurde; auch dürften noch einmal sechs Wochen vergehen, bis man es ganz fertig nennen kann. Indessen kann doch gespielt werden, und das tut not, da am Sonntag bereits das alte Haus geschlossen wurde. Das Theater ist sehr schön, nicht zu groß, nicht zu klein und höchst elegant, die Dekorationen von Gropius; – kurz, es ist eine Freude, in diesem Hause zu wirken ... Als ich im Orchester erschien, wurde ich mit einem nicht enden wollenden Beifallssturm empfangen; dasselbe nach der Ouvertüre, ... die sich sehr schön macht und von hin und wieder noch sehr mangelhaftem Orchester, dessen Tyrann ich bin, recht brav exekutiert wurde ... Jetzt wird diese Vorstellung einige Tage hintereinandergepeitscht, währenddem gedenke ich meine neue Operette einzustudieren.«[19]

Lortzing spielt hier bereits auf seine Absicht an, DIE OPERNPROBE im Friedrich-Wilhelmstädtischen Theater zur Erstaufführung zu bringen. Doch stellten sich hinsichtlich eines angemessenen Sängerensembles beträchtliche, zum Teil auch gewiß ökonomisch bedingte Hindernisse in den Weg. Die finanzielle Lage des von Deichmann recht umsichtig geleiteten privaten Theaterunternehmens war alles andere als gesichert. Und politisch pointierte Possen sowie zeitkritische Schwänke hatten sich bisher am Theater als *die* »Kassenschlager« erwiesen. Sie brachten ein volles

Haus und waren zudem auch finanziell weniger aufwendig als die nun von Lortzing angestrebte Einstudierung und Aufführung von Spielopern. So hatte der Komponist denn zunächst im Sinne des Geschäftsgebarens und der bisherigen Praktiken des unternehmungstüchtigen Deichmann durchweg auch nur Possen und musikalische Einlagen der verschiedensten Einakter zu dirigieren. Lortzing selbst steuerte hierzu kompositorisch manches bei, u. a. ein Lied zu einem Einakter EIN MITTWOCH IN MOABIT und die Bühnenmusik zu der einaktigen Posse EINE BERLINER GRISETTE, deren Text Lortzings Kollege Otto Stotz »frei nach dem Französischen« verfaßt hatte. Auch dieses für den Tagesgebrauch geschriebene Werkchen war voller aktueller Zeitbezüge und politischer Anspielungen.

Eine treffsichere Parodie auf Spießer und »Stammtischstrategen« war das WEISSBIERLIED, das in jeder Vorstellung größten Beifall erzielte und das Publikum spöttisch mit der Aufforderung provozierte:

»Trinke Weißbier, liebe Jugend,
höre achtsam mein Gebot,
dann erreichst du jene Tugend,
die dem guten Bürger noth.

Hätten doch nur die Franzosen
dies Getränk gekostet schon,
wär' kein Unglück zugestoßen,
kam gar keine Revolution ...«

Lortzing wußte freilich nur zu gut, wie leicht auch dieses Stück seiner politischen Anspielungen wegen der Zensur zum Opfer fallen konnte. So schrieb er nach der ersten erfolgreichen Aufführung an seine Frau:

»Das Haus war voll, und das Ding hat gefallen. Schade nur, daß durch einige politische Witze, die von diesem Publikum immer mit Hurrah! aufgenommen werden, das Stück vielleicht verboten wird.«[20] Auf den versteckten und dennoch nicht zu überhörenden politischen Bezug im LIED VOM UNTERDRÜCKTEN GEFÜHL reagierte das gewitzte Publikum stets besonders lebhaft. Jeder wußte, von welcher Unterdrückung die Rede war, wenn es beispielsweise hieß:

»Der Druck ist schlimm,
glaubt's sicherlich –

Gefühlsdruck mein' natürlich ich,
wird das gewaltsam unterdrückt,
bricht's doch mal los,
dem Zwang entrückt.

Es gibt in unseren Zeiten jetzt
so manches, das uns tief verletzt,
und ich will jetzt einmal ganz frei
hier alles sagen – ohne Scheu ...
Doch besser ist's, ich schweige still,
sonst UNTERDRÜCKT MAN MEIN GEFÜHL!«

Die schon von der »Vossischen Zeitung« vom 22. Februar 1849 getroffene Feststellung, daß Deichmanns Bühne von Anfang an bestrebt gewesen sei, die »unmittelbaren Zeitereignisse und so recht eigentlich das tägliche Leben widerzuspiegeln«, blieb zunächst auch für das neue »Wintertheater« gültig. Im Spiegel des Spottes und der Ironie erlebte das Publikum in Kostüm und Maske von der Bühnenrampe herab die verhaßten Militärs und verächtlichen Bürokraten, die Leisetreter ebenso wie die Spitzel der Obrigkeit – aber auch den Proleten und die beherzte Frau aus dem Volke, mit Berliner Witz und Schnauze. Hier agierte der allen vertraute Typ des Barrikadenkämpfers der Märzrevolution ebenso wie der des dubiosen Bürgerwehrmanns und natürlich auch der mit Spott und Hohn bedachte »uralte« Adel wie der »Neureich« bürgerlicher Couleur.

Während der Abendvorstellungen trieben sich Tag für Tag Polizeischnüffler im Theater herum, deren Berichte über die jeweiligen Aufführungen, ihre politisch-aggressive Tendenz und die Wirkung beim Publikum die übergeordneten Instanzen ernsthaft beunruhigten. Das Publikum brach nach Deichmanns eigenen Worten »bei den kleinsten politischen Anspielungen in den größten Applaus aus«.

Man warf seitens der Polizeibehörden dem wiederholt zum Rapport befohlenen Theaterdirektor vor, daß es ja »seine Schuld sei«, Stücke zu spielen, die »unzweifelhaft eine Ovation an die Revolution« seien. Die »Spenersche Zeitung« meinte, daß »den vorkommenden Schärfen einige Mäßigung zu wünschen sei«; und in einem seiner Polizeiberichte äußerte ein zur Bespitzelung des Theaters beorderter Wachtmeister, daß »das preußische Militär ... förmlich lächerlich gemacht« werde.[21]

Deichmann mochte im stillen gewiß stolz sein auf solche Vorwürfe. Jedenfalls gelang es ihm – trotz aller polizeilichen Querelen – vorläufig noch der demokratischen Tendenz seiner geschickten Spielplan-Politik treu zu bleiben.

Mitte Juni gelang es Vater Lortzing endlich, in der Luisenstraße 53 eine geeignet erscheinende Wohnung für die ganze Familie zu mieten. Ein Brief an Regina kündete der Familie die frohe Botschaft an:

»Mein liebes gutes Weib!

Gestern habe ich den entschiedenen Schritt gewagt und eine Wohnung gemietet. Sie besteht aus 5 Piecen. Zwei Stuben vorne heraus, drei mehr oder weniger kleinere nach hinten; Küche, Keller und Bodenraum etc., zwei Treppen hoch – kostet aber hundertundvierzig Taler. Du wirst ach und weh schreien, aber es ging nicht anders; die kleineren Wohnungen zu 100 Taler waren alle für uns zu klein«, und ein wenig sarkastisch fährt Lortzing fort:»Was nun die Bemerkung betrifft, ich könnte mit der Miete nicht höher gehen als 100 Taler, so erwidere ich darauf, daß die Einnahme selbst kaum einen Taler für die Miete abwerfen kann, geschweige denn hundert; ich tröste mich eben damit, daß wo die hundert herkommen werden, auch die vierzig mehr aufzutreiben sein müßen. Es muß geschafft werden ...«[22]

Zwei Wochen später gab es denn endlich für die Lortzings das lange ersehnte Wiedersehen und Beisammensein in Berlin. Aber für die jetzt erforderliche Wiedererlangung eines dauernden Heimatrechts für sich und die Familie benötigte Lortzing eine Genehmigung von der Polizeibehörde. Er wandte sich deshalb sofort mit einem entsprechenden Antrag an das Berliner Polizeipräsidium, in dem es hieß:

»Ich bin geborener Berliner, verließ aber meine Vaterstadt schon mit dem zehnten Jahre und lebte – wie es bei Künstlern häufig der Fall – stets im Auslande: am Rhein, in Leipzig, Wien etc. Vor ungefähr zehn Jahren begehrte man in Leipzig einen Heimatschein von mir. Ich wendete mich sofort an das hiesige K. Polizei-Präsidium, wurde aber mit dem Bemerken, daß ich durch zu lange Entfernung von meiner Vaterstadt meiner Ansprüche verlustig wäre, abgewiesen. Auf das ernstliche Drängen der Leipziger Behörde ertheilte mir endlich die Stadt Cöln, in welcher ich früher sieben Jahre wohnte, freundlichst einen Interimsschein für mich und meine Familie und zwar auf drei Jahre, welcher bereits drei Mal verlängert wurde, allerdings aber auch mit der Andeutung, daß eine weitere Wiederholung nicht stattfinden dürfe. Seit dem Mai dieses Jahres führte mich nun das Schicksal in meine Vaterstadt zurück und hoffe ich nicht, sie wieder verlaßen zu müßen, es ergeht daher meine ergebenste Bitte an ein hohes Polizei-Präsidium, mir und meiner Familie das Recht meiner Heimath, falls es mir wirklich entzogen sein sollte, gütigst wieder zu ertheilen, mindestens aber doch mir geneigtest andeuten zu wollen, wo die Meinigen im Falle meines Ablebens ein bleibendes Asyl zu hoffen haben.«[23]

Heute erinnert an Lortzings letzte Wohnstätte in der Luisenstraße eine Gedenktafel mit der Aufschrift:
Hier starb am 21. Januar 1851
der Tonkünstler Albert Lortzing
Seinem Andenken
die Stadt Berlin 1889

Ja, es sollte die letzte Heimstatt des Komponisten sein. Immer trostloser wurde der Alltag schon in den letzten Monaten des Jahres 1850, vor allem überschatteten nackte Existenzsorgen das Leben der Familie.

Nach Düringers Berlin-Besuch hatte Lortzing dem Freund und Kollegen aus ehemals gemeinsamer Leipziger Zeit gestanden:

»Ich führe jetzt ein Leben, in welchem du mich nicht wiedererkennen würdest; ... und damit du nicht wieder schimpfst, weil ich dir kein Vertrauen geschenkt, so gestehe ich dir, was ich noch keinem gestanden, daß ich durch die letzten verhängnisvollen Jahre, das viele Übersiedeln, die mehrfache Engagementslosigkeit und hauptsächlich durch den seit drei Jahren gänzlich von mir gewichenen Opernsegen, so verarmt bin – so verarmt, daß Deutschland darob erröten könnte, wenn es anders Scham im Leibe hätte. Gott weiß es und die Meinigen, ich habe immer gearbeitet, aber ich habe seit drei Jahren mit drei neuen Opern Pech gehabt, das heißt: es ist keine durchgefallen, aber sie haben halt das nicht gemacht, was man von mir erwartete, und die Herren Intendanten, Direktoren, Oberregisseure und andere S ..., wenn sie nicht gleich Erfolg wie die des *Freischützen*, auch eines CZAR UND ZIMMERMANN wittern, lassen den deutschen Komponisten im Stiche – weil es eben ein Deutscher ist. Wie wurde und wird gleich nach französischen Opern geangelt! Welche Honorare hat sich hier Herr Bote und Bock für die Halévysche Oper *Das Tal von Andorra* zahlen lassen, und die Oper hat nirgendswo etwas gemacht. – O, entstände doch nur einmal eine Revolution beim Theater!! – gleich den Mördern Latours und Lambergs würde ich Hand anlegen und die oben genannten Herren aufknüpfen helfen ... meine kleine Gage beträgt (ohne Benefiz) 600 Taler und reicht natürlich kaum für den Magen aus; auch auf diese habe ich Vorschuß nehmen müssen, der mir wieder in Raten abgezogen wird. Ich darf dir zuschwören, daß es mir manchmal am Notwendigsten fehlt – zum Versetzen habe ich nichts mehr und kann mich doch vor der Welt nicht bloß geben, weil ich mich schäme – für die Welt! Ich arbeite nur für die Verleger, werde von diesen H... getreten und – muß mich treten lassen ...«

Und es klingt dann, gegen Schluß des Briefes, eine Vorahnung an, die sich in der mehrdeutigen Bemerkung äußert: »Ich weiß nicht, woher es kommt – aber es ist mir, als ob ich von Berlin nicht wieder fortkommen würde ...«[24] Lortzings früher Tod sollte sie nur zu bald bestätigen.

Auf dem Vorplatz des aus den Ruinen des zweiten Weltkrieges neu erstandenen Schauspielhauses im Berliner Stadtzentrum findet der Spaziergänger oder Konzertbesucher auf der rechten Seite eine neben anderen in das Straßenpflaster eingelassene Gedenkplatte. Sie erinnert an dieses so schwerwiegende Wort des Berliner Komponisten, der in seiner Geburtsstadt seine letzte Ruhe fand.

Im Großen Konzertsaal des Hauses erinnert eine Büste des Berliner Komponisten den Besucher daran, daß der bekannte Opernmeister auch als Schöpfer zahlreicher Lieder, Chöre und Instrumentalwerke, nicht zuletzt auch bemerkenswerter vokalsinfonischer Werke Aufmerksamkeit verdient.

Angesichts der im Laufe des Jahres 1850 für den Komponisten und Theaterkapellmeister immer hoffnungsloser werdenden Lage ist es erstaunlich, mit welcher Energie er nicht nur seinen Verpflichtungen bei Deichmann mit größter Gewissenhaftigkeit nachzukommen suchte, sondern wie hartnäckig er auch seine kompositorischen Vorhaben weiter betrieb.

Große Hoffnung knüpfte Lortzing an den baldigen Druck und die schnelle Verbreitung seiner OPERNPROBE, von deren Aufführung er sich – auch in finanzieller Hinsicht – viel versprach. Er schickte Textbuch und Partitur nach Leipzig an den Verlag Breitkopf & Härtel. Doch die Brüder Härtel zeigten sich nicht interessiert und sandten dem Komponisten das Werk zurück. Auch die Hoffnung, die Oper am Friedrich-Wilhelmstädtischen Theater selbst herausbringen zu können, sollte sich nicht mehr erfüllen. Es war ihm nicht vergönnt, die letzte seiner zahlreichen Opernschöpfungen selbst aus der Taufe zu heben und auf der Bühne zu erleben.

Der Komponist hatte sich bei der Gestaltung des Librettos seiner OPERNPROBE auf das von Johann Friedrich Jünger übersetzte französische Lustspiel *L'Impromptu de Campagne* von Philippe Poisson gestützt, doch Sujet und Handlung aus eigener gründlicher Kenntnis des Milieus und des Metiers in eine echte Opern-Parodie umgewandelt. In dem scheinbar harmlosen Verwechslungsspiel nach bewährtem Lustspielvorbild persiflierte Lortzing mit dem meisterhaft geführten Florett der Komik noch einmal all das, was die Oper zu einem inhaltsleeren und damit sinnlosen »reinen Ohrenschmaus« degradierte.

Die Personen der Handlung spielen in seinem Werk sozusagen – teils gewollt, teils ungewollt – »Oper in der Oper«, und das sind:

Der Graf
Die Gräfin
Louise, ihre Tochter
Hannchen, Louisens Kammermädchen
Der alte Baron Reinthal
Der junge Baron Reinthal
Johann, des letzteren Bedienter
Martin ⎱
       } Diener des Grafen
Joseph ⎰

Ein gräflicher Musiknarr und Opernbesessener, der mit seiner Dienerschaft nur in Rezitativen spricht, frönt der fixen Idee, auf seinem Schloß – gewissermaßen aus dem Stegreif – Opern unaufhörlich inszenieren und probieren zu lassen und dafür alle möglichen und unmöglichen Leute zu engagieren.

Diesmal nun hat das pfiffige Kammermädchen Hannchen die musikalische Einstudierung und Leitung eines neuerlichen »Opernvorhabens« übernommen. Die musizierende Dienerschaft plagt sich auf den Proben mit einem tösenden Spektakel herum. Da tauchen zwei harmlos scheinende Wanderburschen auf, die der Graf als vorgebliche Sänger natürlich sofort engagiert – Gelegenheit genug, herkömmlichen Opernschlendrian zu parodieren.

Die Fremdlinge werden sich zu guter Letzt als der junge Baron Reinthal und sein Diener Johann entpuppen. Reinthal entfloh mit seinem Diener der eigenen »freiherrlichen« Familie, um einer Konvenienzehe mit einer Grafentochter zu entgehen, die ihm zwar völlig unbekannt ist, aber nach dem Willen seines Onkels dennoch seine Frau werden soll.

Jetzt, auf dem Schloß des Grafen, hat der junge Reinthal gleich bei seiner ersten Begegnung mit des Grafen Tochter, Louise, Feuer gefangen, und schon zeigt sich klar: beide hat »die Liebe auf den ersten Blick« erwischt. Und als schließlich auch noch Reinthals Onkel zu aller Überraschung erscheint, um seinen alten Freund und Opernnarren zu besuchen, dabei aber zugleich seinen vermißten Neffen wiederfindet, da ist das junge Liebesglück vollkommen: Der junge Reinthal erkennt in Louise die ihm durch den Onkel ohnehin vorbestimmte Gattin. So wird die OPERNPROBE zur Verlobungsfeier; und natürlich kriegen sich auch Hannchen und Johann, die sich ebenso stürmisch ineinander verliebt haben wie die »junge Herrschaft«.

Die dem Werk zugrunde liegende Persiflage zielt bewußt gegen den verbreiteten anachronistisch-schablonenhaften Stil und pompösen Schwulst »großer« Prunk- und Schauopern.

Wenn nun auch für Lortzing zunächst keine Aussicht bestand, die OPERNPROBE am Friedrich-Wilhelmstädtischen Theater herauszubringen, so war es doch tröstlich für ihn, daß er bald von der Absicht der Theaterdirektion in Frankfurt/Main erfuhr, das Werk dort zu inszenieren.

In Berlin häuften sich indessen seit dem Sommer des Jahres 1850 Aufführungen Lortzingscher Opern an verschiedenen Theatern. Im damals neu errichteten Sommertheater in Hennigs Garten, dem späteren Woltersdorff'schen Theater, wurde wiederholt DER POLE UND SEIN KIND aufgeführt. Auf der Bretterbühne im Kroll'schen Garten wurde am 12. August der WAFFENSCHMIED und am 28. September im dort inzwischen neu errichteten »Wintertheater« auch UNDINE gegeben, worüber sich Lortzing einen Tag später in einem Brief an Tochter Lina und Schwiegersohn Carl Krafft in Wien lakonisch äußerte: »Gestern ist meine UNDINE auf eine scheußliche Weise draußen bei Kroll verarbeitet worden.«[25]

Im Kroll'schen Theatersaal dirigierte Lortzing im Oktober seine Oper ZAR UND ZIMMERMANN. Zur gleichen Zeit stand diese Meisteroper auch auf dem Spielplan der Berliner Hofoper Unter den Linden. Dem Komponisten brachten die Aufführungen seiner Opern – sieht man von dem geringen Honorar für ein Gastdirigat ab – in finanzieller Hinsicht nichts ein.

Ehrliche Freude aber bereitete es dem Komponisten, als dann am 18. Oktober endlich an »seinem« Theater in der Schumannstraße unter seiner musikalischen Leitung DIE BEIDEN SCHÜTZEN zur Aufführung kamen. Den Peter spielte und sang der beim Publikum besonders beliebte Komiker Heinrich Otto Stotz, der Albert Lortzing freundschaftlich verbunden war.

Der obligatorische polizeiliche Bericht über diese Aufführung vermerkt, daß Stotz den »aufreizenden Inhalt seiner Couplets« durch »vielsagende Gesten besonders unterstrichen« habe und im übrigen ein Schauspieler sei, »der überhaupt gern extra agiert.«[26]

Es mußte sich aber bei dem an die leichtere Kost der Possen und Schwänke gewöhnten Stammpublikum offenbar erst herumsprechen, daß auch ein Besuch der neuinszenierten Spieloper des Kapellmeisters mit ihren politischen Anspielungen durchaus unterhaltsam und vergnüglich sein kann; jedenfalls war das Haus – ganz im Gegensatz zu den ersten beiden Abenden der Aufffführung – bei der dritten Vorstellung überfüllt. Da der Komponist aber nur für die erste und zweite Vorstellung einen Benefiz-Anteil an der jeweiligen Tageseinnahme zugesichert bekam, ging er am dritten Abend, bei voller Abendkasse, wieder leer aus.

Ganz versiegt waren auch Einnahmen von Honoraren und Tantièmen aus Aufführungen seiner Opern an anderen Theatern. Als er noch kurz vor Weihnachten durch Zufall erfuhr, daß man in Weimar im Begriff sei, seinen ZAREN aufzuführen, wandte er sich sozusagen »postwendend« mit Schreiben vom 13. Dezember 1850 an den Intendanten des Weimarer Hoftheaters, Freiherrn von Ziegesar:

»›Die Kunst geht nach Brot‹, sagt der berühmte Lessing, und er hat sehr recht; ich wenigstens befinde mich in der Lage, ihm beistimmen zu müßen, und so manche meiner deutschen Kollegen werden es mit mir tun. Dies die Einleitung zu dem, was ich mir erlaube, folgen zu lassen. Aus Erfahrung weiß ich, geehrtester Herr, daß an Ihrer geschätzten Hofbühne neue Werke erst nach der Aufführung honoriert werden; wäre es indessen möglich, diesmal eine Ausnahme zu machen – ohne der Ordnung ihres Kassenwesens zu nahe zu treten, so würden Sie mich sehr verbinden, wenn Sie die Güte hätten, zu verfügen, daß mir das Honorar für die Oper CZAR UND ZIMMERMANN noch vor Weihnachten ausgezahlt würde. Es gibt Momente im Leben – doch in dem obigen Motto ist alles enthalten, was ein deutscher Komponist (das will so viel sagen, als ein armer Teufel) über diesen Gegenstand noch sagen könnte, darum genug.

In Erwartung einer freundlichen Rücksichtnahme verharre ich hochachtungsvollst und ergebenst
Albert Lortzing.«[27]

Inzwischen rückte die Jahreswende näher. Sie verhieß nichts Gutes. Der Gesundheitszustand des früh gealterten Komponisten begann sich zusehends zu verschlechtern. Herzbeschwerden häuften sich; und die Verschlimmerung des seit den letzten Gastspielreisen verstärkt auftretenden Ohrenleidens mußte Lortzing vor allem in seiner Kapellmeistertätigkeit als immer belastender empfinden. Doch eine Atempause gab es nicht. Am 12. November dirigierte Lortzing am Friedrich-Wilhelmstädtischen Theater seinen WILDSCHÜTZ. Die Aufführung war ein voller Erfolg; und wieder sprach sich auch die offizielle Kritik äußerst anerkennend besonders über seine inzwischen spürbare Orchestererziehung und das dadurch offenkundig verbesserte musikalische Niveau der Musiker aus. Immerhin konnte Lortzing nicht nur als Komponist, sondern auch als Kapellmeister mit seinen bisherigen Erfolgen in Berlin zufrieden sein.

Doch was half's. Immer mehr war ihm aus der unmittelbaren Kenntnis der Theaterverhältnisse unter der Direktion Deichmanns zur Gewißheit geworden, daß schon allein aus ökonomischen Gründen die Gewährleistung eines ständigen oder sich gar erweiternden Opernrepertoires am Friedrich-Wilhelmstädtischen Theater nicht zu erwarten war. Dem Prinzipal wurde der dafür notwendige finanzielle Aufwand allmählich zu groß; er drängte auf eine rigorose Verkleinerung des Orchesters und meinte während eines entsprechenden Disputs mit dem Komponisten: »Menschenskind, Lortzing, warum lassen Sie bei Ihrer Musik nicht Oboen und Fagotte einfach weg – das können doch auch die paar Geiger machen ...!«[28]

Inzwischen wurden Deichmanns Bestrebungen, eine satirisch-zeitkritische Spielplan-Politik wie bisher zu betreiben, immer größere Schwierigkeiten von offizieller Seite entgegengesetzt. Die städtischen Behörden waren jetzt allen Ernstes im Begriff, das bisher schon mehr oder weniger durch Polizeischnüffler und Zensoren belagerte Theater sozusagen im Sturm zu nehmen, um seinen geistigen Vätern die demokratisch-oppositionellen Ambitionen ein für allemal auszutreiben. Als Gottfried Keller, der damals bereits als Schriftsteller von sich reden machte, im April 1850 nach Berlin kam, zog ihn gerade dieser Geist des engagierten Volkstheaters unwiderstehlich an, und er wurde ein begeisterter Besucher des Friedrich-Wilhelmstädtischen Theaters. Keller, der 1854 in Berlin mit seinem hier geschriebenen Roman *Der Grüne Heinrich* beachtliches Aufsehen erregen sollte, war von der an Deichmanns Bühne erlebten Wechselwirkung zwischen Szene und Publikum, zwischen Volk und Kunst zutiefst beeindruckt. Seinem Freund Hermann Hettner schrieb er am 16. September:

»Wenn die tragische Schauspielkunst täglich mehr in Verfall gerät, so hat sich dafür in der sogenannten niederen Komik eine Virtuosität ausgebildet, welche man früher nicht kannte ...

Ein vortreffliches Element sind ... die Couplets, welche von den Hauptpersonen gesungen werden und gewöhnlich politische oder soziale Anspielungen enthalten ... Der deutsche Michel, Belagerungszustand, deutsche Einheit usf. sind meistens der Gegenstand dieser Couplets und ziemlich erbärmlich zusammengereimt, und doch ist an alledem mehr aristophanischer Geist als in den Gymnasialexerzitien von Platen und Prutz.

Die Schauspieler und befreundete Literaten machen diese Verse immer mehr nach den Tagesbedürfnissen neu und wechseln damit ab in den Stücken; das Volk bekommt deren nie genug und fordert den Komiker jedesmal, wenn er endlich abtreten will auf, noch mehr vorzutragen ... Es ist rührend anzusehen, wie unverkennbar hier Volk und Kunst zusammen, unbewußt, nach einem neuen Inhalte und nach der Befreiung eines allmählich reif werdenden Ideals ringen.«[29]

Und in einem am 4. März 1851 an den Freund gerichteten Brief ergänzt Keller diese Gedanken mit der Feststellung: »Inzwischen ist es immerhin schon ein bedeutendes Schauspiel, die Bevölkerung einer so pfiffigen Weltstadt wie Berlin vor der Bühne versammelt und dem mutwilligen Schauspieler, der ihr seine Anspielungen mit hochmütiger Laune vorsingt, eifrigst lauschen und zujubeln zu sehen ... Die Natur dieser Komödien bedingt es ..., daß vieles in Übereinkunft mit dem ganzen Personal der Bühne und nach den momentanen Vorkommnissen und Stimmungen der Öffentlichkeit eingerichtet werden muß, und daraus wird wieder etwas Lebendiges und Wahres entstehen. Denn es ist eine Lüge, was die literarischen Schlafmützen behaupten, daß die Angelegenheiten des Tages keinen poetischen und bleibenden Wert hätten.«[30]

Auf einsamem Posten ...

Das Jahr 1850 ging trostlos zu Ende. Die Drohungen der Behörden, das Theater seiner politischen Tendenz wegen zu schließen, wurden massiver. Noch im Dezember 1850 schrieb der Berliner Polizeipräsident Hinckeldey, um eine drastische Verschärfung der Zensur vor allem gegen dieses Theater durchzusetzen und zu rechtfertigen, an den Oberpräsidenten der Mark Brandenburg, daß »gerade das Friedrich-Wilhelmstädtische Theater sein Publikum daran gewöhnt hat, sich vorzüglicherweise auf Kosten der Regierung und bestehender Staatseinrichtungen zu belustigen«.

Am 20. November 1850 brachte Deichmann das Drama *Ferdinand von Schill* von Rudolph Gottschall heraus. »Die Ouvertüre und das Arrangement der zur Handlung gehörenden Musik ist von Kapellmeister A. Lortzing«, war auf dem Programmzettel zu lesen. Als Komponist wandte sich Lortzing wie Gottschall thematisch noch einmal der historischen Epoche der Befreiungsbewegungen in Deutschland gegen die napoleonische Unterdrückung zu. IM LIED EINES INVALIDEN wird der tapfere Kampf der Freischaren unter Schill besungen. Den Major von Schill spielte damals der bei der Polizei als »besonders gefährlicher Schauspieler« verdächtigte, beim Publikum aber als ehemaliger Barrikadenkämpfer um so geachtetere Freund und Kollege Lortzings, Anton Ascher. Man erinnerte sich daran, daß er in den revolutionären Stürmen des Jahres 1848 auf dem Alexanderplatz in Berlin eine rote Fahne entrollt und im Oktober 1848 als Deputierter am 2. Demokratenkongreß in Berlin teilgenommen hatte.

Ascher war wegen seiner politisch scharfen Extempores den Zensurbehörden besonders verhaßt, und oft legten die Theaterkollegen ihm das Geld für die mit Sicherheit zu erwartenden Geldstrafen schon vorher zusammen.

Die Eröffnungsvorstellung – zum Benefiz für Anton Ascher, den Darsteller der Titelrolle – wurde ein einhelliger Erfolg. Rudolph Gottschall war eigens von Hamburg aus zur Aufführung nach Berlin gekommen, um dem Ereignis beizuwohnen. Das war für Lortzing und den Bühnenautor, den alten Freund aus der Leipziger Zeit vor der Revolution, ein herzliches, wenn auch wehmütig stimmendes Wiedersehen nach langen Jahren. Man erinnerte sich der damals gemeinsam mit Blum verbrachten Zeiten und der fröhlichen Zusammenkünfte bei Wein und launigem Disput in der intimen Runde Gleichgesinnter. Was sie in den Jahren vor der Revolution politisch erträumt, wofür sie sich leidenschaftlich engagiert hatten – es hatte sich nicht erfüllt. Fast alles war nach dem Ende und der Niederlage der Revolution beim alten; auch die Zensur war wieder allgegenwärtig. Und sie wurde recht drastisch nach der Aufführung des *Ferdinand Schill* fühlbar. Gottschall mußte auf polizeiliche Order gleich nach der ersten Aufführung Berlin verlassen. Und bereits nach der zweiten Vorstellung wurde das Stück verboten und vom Spielplan abgesetzt. Kurze Zeit danach erhielt Lortzing vorfristig die Kündigung.

Am zweiten Weihnachtsfeiertag unternahm das Friedrich-Wilhelmstädtische Theater noch einmal ein politisch provokantes Wagnis mit der Aufführung der kleinen, aber äußerst frechen Farce *Müller und Schulze, oder: Die Einquartierung*. In diesem Stück von Rudolf Genée, dem Bruder des *Fledermaus*-Mitlibrettisten Richard Genée, äußerten die durch die politisch-satirische Zeitschrift »Kladderadatsch« populär gewordenen Berliner Typen Müller und Schulze »als mobil gemachte Landwehrmänner« ziemlich unverblümt ihre Meinung über die politischen Zeitverhältnisse, wobei sie sich vor allem dreist über das preußische Militär belustigten. Das für dieses Stück von Lortzing komponierte Lied DAS NEUNTE REGIMENT, nach dem Text von Strass, feierte die Verteidigung Kolbergs durch die Schillschen Freischaren 1807.

Es war die letzte Komposition des Meisters – ein letztes Bekenntnis, von der Idee der Freiheit ebenso bestimmt wie schon Lortzings Erstlingsoper ALI PASCHA.

Erst in den 60er Jahren, als sich nach der Restaurationsperiode in stärkerem Maße liberale Tendenzen im öffentlichen Leben durchzusetzen vermochten und die Arbeiterbewegung einen bedeutenden Aufschwung zu nehmen begann, erlebte das Friedrich-Wilhelmstädtische Theater eine neue Blütezeit, und es war mehr als nur reiner Zufall, daß hier – von Deichmann gefördert – seit 1860 Jaques Offenbach mit seinen respektlos-parodistischen und hintergründig-frechen Operetten geradewegs zum Mittelpunkt des allgemeinen Publikumsinteresses wurde.

Nicht nur die gleiche Wirkungsstätte verbindet Lortzing und Offenbach. Es ist vor allem die ideell-ästhetische und musikantische Grundhaltung der beiden Theatermusiker, die hier traditionsverbindende Zusammenhänge sichtbar macht. Erst Offenbach hat auf dem Weg der Weiterentwicklung des heiter-polemischen Musiktheaters die aus der französischen Opéra comique und dem deutschen Singspiel erwachsene und bereits in Lortzings Schaffen künstlerische Meisterschaft erreichende Traditionslinie des Komischen auf der Musikbühne fortgeführt.

Inzwischen war das längst Geahnte und doch Unfaßbare eingetreten. Lortzings Vertrag, der ohnehin zum 1. Mai 1851 abgelaufen wäre, wurde bereits zum 1. Februar gekündigt. Deichmann bezog sich in diesem Zusammenhang auf ökonomische Gründe und die Unmöglichkeit, unter den gegebenen Verhältnissen ein Qualitätsniveau des Orchesters und des Ensembles gewährleisten zu können, wie es die Aufführung von anspruchsvollen Spielopern verlange.

Vor dem Dichterkomponisten eröffnete sich nun eine absolut trostlose Zukunft. Und so war er denn in den letzten Tagen seines Lebens in den Mauern seiner Geburtsstadt ein ganz und gar Einsamer, in erbärmlichsten Verhältnissen lebend, allein von der rührend besorgten Familie umgeben. Am 18. Januar 1851 stand Lortzing im Friedrich-Wilhemstädtischen Theater zum letzten Mal am Dirigentenpult. Zwei Tage später, am 20. Januar 1851, fand am Stadttheater in Frankfurt/Main die Erstaufführung seiner letzten Opernschöpfung unter dem Titel DIE VORNEHMEN DILETTANTEN, oder: DIE OPERNPROBE, komische Oper in einem Akt, statt.

Lortzing hat eine Aufführung seines »Einakters«, den er so gern in Berlin selbst herausgebracht hätte, nicht mehr erlebt. Der Premierenabend der Uraufführung sollte zugleich der letzte Abend im Leben des Meisters der deutschen komischen Oper werden.

Am Morgen des darauffolgenden Tages war er entschlafen, für die zurückbleibende Familie, für die Kollegen am Theater, für alle, die ihn kannten, unfaßbar. Ein plötzlicher Schlaganfall hatte seinem Leben ein Ende gesetzt. »Sein Tod wirkte wie ein elektrischer Schlag«, sagte später Lortzings Freund Heinrich Otto Stotz. »Allen fielen förmlich die Schuppen von den Augen – so viele Thränen wahrhafter Teilnahme sind Wenigen geflossen.«[31]

Lortzings Frau, alleingeblieben mit ihren sechs noch lebenden Kindern, hat in einem Brief an ihre Nichte Christine über die letzten Stunden berichtet:

»Der harte Schlag, der uns alle getroffen, den edelsten, besten Gatten und Vater verloren zu haben, drückt mich tief, sehr tief zu Boden; mein Schmerz um ihn, der das beste Herz besaß, ist nicht zu beschreiben ... Der gute Onkel fühlte sich schon seit längerer Zeit so beklommen auf der Brust, wollte sich deshalb schröpfen lassen. Ich bat ihn deshalb erst den Arzt zu fragen, darauf nahm er zum Abführen ein und fühlte sich etwas leichter, und so vergingen wieder einige Tage, ohne daß er sich schröpfen ließ, er fühlte sich wieder wohl; am Montag, den 20. Januar ging er, nachdem er den ganzen Tag zu Hause war, ins Theater, kam um $^1/_2$ 8 Uhr wieder zu Hause, aß mit seinem kleinen Bubi, und legte sich $^1/_2$ 9 Uhr ins Bett, ließ Hänschen das ›Vater unser‹ beten, ich sagte beiden ›gute Nacht‹ und ließ sie ruhig schlafen ... Die ganze Nacht schlief er ruhig bis morgens $^1/_2$ 7 Uhr, wo wir beide aufstehen wollten; ich war schon im Ankleiden begriffen, als ich ihn mit einem Male schmerzlich stöhnen hörte. Ich wandte mich nach ihm um, fühle ihn an – kalter Schweiß steht auf seinem Antlitz. Ich rufe, ich rüttle ihn – keine Antwort; schnell rufe ich das Mädchen, sie solle Essig bringen und zum Arzt gehen, der bei uns im Hause wohnte. Währenddem wecke ich die Kinder, Fränzchen läuft noch zum Arzt; endlich kommt er mit dem Chirurgus, sie schlagen ihm an beiden Armen die Ader; es kommt auch noch Blut, er gibt noch einige Laute, schlägt das Auge auf, allein nur auf kurze Zeit, um es auf ewig zu schließen. Seine edle Seele war entflohen. Um $^1/_2$ 8 Uhr war er verschieden – den Jammer erlasse mir zu schildern. Der arme Hans weinte und sagte: ›Wacht Papa denn nicht wieder auf?‹«[32]

Am 24. Januar 1851, früh 9 Uhr, wurden die sterblichen Überreste des Toten auf dem Sophienkirchhof an der Invalidenstraße in Berlin in Anwesenheit der Größen des Berliner Kulturlebens beerdigt. Das offizielle Zeremoniell des Leichenzuges und Begräbnisses mußte jeden verwundern, der die letzten Jahre des einsamen, erniedrigten und um die Früchte seines Schaffens betrogenen Komponisten kannte. Die hundertmal verdiente Ehre, Anerkennung und Würdigung des jetzt Beklagten hatten ihm gerade jene versagt, die zu seinen Lebzeiten genügend Einfluß besessen hätten. Vor der Kulisse des äußeren Schaugepränges eines quasi staatsoffiziellen Geleits des Verstorbenen gingen die letzten Worte Anton Aschers am Grabe wohl jedem zu Herzen, der Lortzing geschätzt und verehrt hatte: »Nur wenige Worte will ich diesem teuren Toten im Namen seiner

Kunstgenossen als letztes Lebewohl nachrufen. – Ein redliches Herz, ein anspruchsloser Sinn, ein warmes, empfängliches Gemüt, begeisterte Liebe zur Kunst, ein großes Talent – alles das – in wenigen Augenblicken deckt es die Erde für immer! Dein Andenken aber, teurer, geliebter Freund, wird ewig leben unter uns, denn nie hat ein redlicheres Herz in einer Menschenbrust geschlagen! – Obgleich selbst vom Geschicke verfolgt und vielfach verkannt, kannte er weder Haß noch Neid. Der zärtlichste Gatte und Vater, der treueste Freund war er, ein wohlwollender, liebender Beförderer alles Guten und Schönen, eines jeden Strebens. Ich muß es anderen überlassen, und es ist hier wohl auch nicht der Ort, seine Verdienste als Künstler zu schildern; – das aber weiß ich, und das muß ich aussprechen, daß wohl selten eine so begabte Natur, ein so großes Talent so wenig nach Verdienst gewürdigt worden! – Während seine Schöpfungen Tausende entzückten, während seine Melodien in den entferntesten Ländern erklangen, während seine Lieder im Munde des Volkes lebten, lebte er kümmerlich ein sorgenvolles Dasein, und der angestrengteste Fleiß, das redlichste Streben konnten ihn nicht davor schützen, daß nicht die Sorge um das Wohl, um die Zukunft der Seinigen, seine letzten Augenblicke verbitterte. Armer, armer Freund! Und doch wird dein Name den von Tausenden deiner Zeitgenossen überleben! – So schlafe wohl, geliebter Freund, und ruhe aus von deinen Leiden! Uns aber sei sein Leben ein leuchtendes Vorbild, wir wollen sein Andenken heilig halten und es dadurch ehren, daß wir die Liebe, die Verehrung, die wir für ihn gehabt, auf die übertragen, die ihm die Teuersten waren, die er über alles geliebt, auf seine Gattin, auf seine Kinder!«[33]

Alle, die Albert Lortzing in seinem aufrechten Streben nach einer menschlicheren Welt verbunden waren, spürten am Schicksal des Toten die Misere seiner wie zugleich auch ihrer eigenen gesellschaftlichen Umwelt – unter ihnen der dem Verstorbenen auf seine Art geistesverwandte Humorist und Satiriker Adolf Glaßbrenner. Auch er hatte zu Lortzings engerem Freundeskreis gehört, in dem seit den politischen Stürmen des Vormärz der Geist demokratischer Haltung und Gesinnung zu Hause war.

Nicht zu übersehen ist im Rückblick aber auch eine bemerkenswerte geistige Nähe zwischen Lortzing und Heinrich Heine – diesen zwei exponierten Repräsentanten eines entschiedenen Demokratismus in den geistig-künstlerischen Auseinandersetzungen der Zeit des Vormärz und der 48er Revolution. Wie Heinrich Heine schon zu seinen Lebzeiten einer der meistgelesensten, aber vielfach auch abfällig taxierten zeitgenössischen Dichter war, so hat sich auch Lortzing des lebhaftesten Echos seiner Mitwelt ebenso erfreuen dürfen, wie ihn die professionellen Kritikaster denunzierten. So unterschiedlich Heines und Lortzings Lebensweg und die Eigenart ihres künstlerischen Schaffens auch waren, so nahe sind sie sich in ihrer demokratischen Haltung. Beide, Heine wie Lortzing, haben nicht ahnen können, welch echte Volkstümlichkeit ihr Schaffen mit seiner treffsicheren Parodie des Anachronismus damaliger deutscher Zustände, des feigen Philistertums und scheinaristokratischen Dünkels bei der Nachwelt erlangen würde.

Man könnte glauben, Heinrich Heine hätte in seinem Gedicht »Enfant perdu« zugleich auch seines Zeitgenossen gedacht:

»Ein Posten ist vakant! – Die Wunden klaffen –
Der eine fällt, die andern rücken nach –
Doch fall' ich unbesiegt, und meine Waffen
sind nicht gebrochen – nur mein Herze brach.«[34]

Wir finden Albert Lortzings letzte Ruhestätte auf dem Berliner Sophienkirchhof in unmittelbarer Nachbarschaft des Grabes von Wilhelm Bach, dem sechs Jahre vorher verstorbenen letzten Enkel Johann Sebastian Bachs.[35]

Und der noch heute durch eine Reihe weltbekannter Erfolgsoperetten populäre Komponist Walter Kollo, der am 30. September 1940 in Berlin verstarb, fand, seinem Wunsch gemäß, ebenfalls in unmittelbarer Nähe von Lortzings Grab seine letzte Ruhe.

Das Erbe und sein Widerhall – heute

Nach Lortzings Tode gab es wohl nur wenige, die dem Verstorbenen einen anhaltenden Nachruhm und seinen Werken eine weiterreichende Bühnenfähigkeit und Lebenskraft prophezeit hätten. Nur für kurze Zeit erlebte man an verschiedenen ehemaligen Wirkungsstätten Lortzings eine zum Teil fast kultische Ehrung des Toten durch Denkmalsenthüllungen, feierliche Einweihungen von Gedenktafeln sowie Benefizvorstellungen und -konzerte zugunsten der in armseligen Verhältnissen hinterbliebenen Familie.

In Berlin erfolgte schon kurz nach der Beerdigung ein durch Giacomo Meyerbeer, den kgl. Generalmusikdirektor und Hofkapellmeister, veranlaßter und neben anderen auch von Heinrich Dorn und Wilhelm Taubert mitunterzeichneter öffentlicher »Aufruf vom 10.2.1851 zum Besten der Hinterbliebenen Lortzings«:

»Das Bestreben, die Zukunft der Hinterbliebenen des zu früh verstorbenen Componisten Albert Lortzing sicher zu stellen, hat von allen Seiten eine rege Teilnahme gefunden. Auf den Wunsch der Wittwe und auf das Verlangen mehrerer Bühnendirektionen haben sich die Unterzeichneten bereit erklärt, die gesammelten Gelder und milden Beiträge in Empfang zu nehmen und zum Besten der Familie anzulegen und zur gegebenen Zeit der vormundschftl. Behörde zu übergeben.

Viel ist schon geschehen, doch bleibt noch mehr zu thun übrig, um der Wittwe mit fünf unversorgten Kindern ein spärliches Auskommen zu sichern. Viele Bühnendirektionen haben bereits Benefize gegeben oder vorbereitet, hoffen wir, daß die übrigen es als Ehrenpflicht betrachten werden, dem gegebenen Beispiel zu folgen.

Ebenso bitten wir die Freunde der Kunst und des Verstorbenen, so wie Alle, die warm für menschliches Leid fühlen, Jeder in seinem Kreise dahin zu wirken, daß die Beiträge zur Linderung desselben reichlich fließen!

Die Gelder sind an den mitunterzeichneten Herrn Commerzien-Rath Emil Praetorius, Königsstr. N.69 zu adressieren, der darüber in unserem Namen quittieren wird ...

Sämmtliche Redaktionen werden gebeten, diesen Aufruf in ihre Zeitschriften aufzunehmen.«[36]

Diese solidarische Aktion erbrachte für Lortzings Frau und die bei ihr lebenden Kinder eine monatliche Einkunft von etwa 40 Talern.

In Wien fand am 16. Februar unter der Direktion von Alois Pokorny, dem Sohn des einstmaligen, schon 1850 verstorbenen Prinzipals des Theaters an der Wien, Franz Pokorny, eine »große musikalisch-deklamatorische Akademie zum Besten der hinterlassenen Witwe und der Waisen des verstorbenen Tonsetzers Albert Lortzing« statt.

Ihren Schmerz über den unersetzbaren Verlust des geliebten Mannes und Vaters der hinterbliebenen Kinder hat Regina aber nicht verwinden können. Am 13. Juni 1854 ist sie – erst vierundfünfzigjährig – nach schwerer Krankheit dem geliebten Gatten in den Tod gefolgt.

Von den Kindern blieben zwei dem Theater treu. Anna Charlotte, Schauspielerin am Mecklenburgischen Hoftheater, starb am 23. Februar 1900 in Schwerin. Hans (Johann) Lortzing war zuletzt als Schauspieler am Königlichen Schauspielhaus in Berlin engagiert. Er verstarb am 27. November 1907. Zu erinnern wäre schließlich noch an den in Wien geborenen Sohn von Carl und Lina Krafft, den Enkel Reginas und Albert Lortzings, der unter dem Bühnennamen Carl Krafft-Lortzing als Kapellmeister und Komponist überwiegend im österreichischen Innsbruck wirkte; von dessen Sohn Albert, einem Urenkel des deutschen Opernmeisters, war bereits im Zusammenhang mit einer Aufführung der BEIDEN SCHÜTZEN in Braunschweig 1937 die Rede.

Düringer hat in seiner kurzen, nach Lortzings Tod verfaßten ersten Lebensbeschreibung des Freundes, die der Leipziger Verleger Otto Wigand herausbrachte, die Tragödie des Komponisten charakterisiert:

»Er war ein seltener Künstler, naiv harmlos, von ursprünglichem Humor im Leben der Kunst ... seine Lebenslust war der Boden der wahren Kunst: die Fröhlichkeit des Gemütes. Das Schicksal hat beide grausam ihm entzogen – was Wunder, daß sein edles Künstlerherz gebrochen. Mir ist unbestreitbar klar, daß Albert Lortzings Leben eine Unmöglichkeit geworden war, er hatte seinen Boden verloren, auf dem er einzig wurzeln konnte.«[37]

Hatte Lortzing doch voller Bitternis in einem seiner letzten Briefe an Düringer sarkastisch die Verse zitiert:

»Das arme Herz hienieden -
Von manchem Sturm bewegt -
Erlangt den wahren Frieden
Nur – wenn es nicht mehr schlägt!«[38]

Für die professionelle Musikwelt und vor allem für die Fachkritik schien der populäre Meister deutscher Volksopern schon bald nicht mehr der Rede wert zu sein. Den publizistischen Auftakt für die späterhin offizielle, »fachwissenschaftlich« betriebene Abwertung Lortzings gab gleich nach dessen Tod der ehemalige »Jungdeutsche« F. Gustav Kühne mit einem »Nachruf« in der von ihm herausgegebenen Zeitschrift »Europa, Chronik der gebildeten Welt«. Dort hieß es:

»... Albert Lortzing war ein ... lustiger Bruder. Sein Talent war leicht, gefällig und flüssig, es diente der Gelegenheit und den Launen der Welt. Seine leicht hingeworfene Musik war populär; und doch entging er kaum dem Hungertode ... Er war in Leipzig als Schauspieler ein Liebling des Publikums; er war als solcher kein denkender, kein feiner Künstler, aber sein naturwüchsiger Humor mit dem Anflug von Berliner Esprit und Grazie war auf den Brettern geboren und hätte die Bretter nie verlassen sollen ... Ihm fehlten die gründlichen wissenschaftlichen Studien in der Musik ... Lortzing ... verstieg sich in die große Oper und suchte auch dort durch Schnelligkeit sowohl den fehlenden Werth, als auch den mangelhaften Ertrag seiner Arbeit zu ersetzen.«

Mit dümmlich-dreister Arroganz spielte Kühne dann, bei völliger Mißachtung der Rolle Lortzings in den Jahren 1848/49, auf die revolutionären Ereignisse jener Zeit an:

»Die politischen Sturmjahre beseitigten den Luxus seiner unstäten Muse und es sah einem Bankerott ähnlich, als der arme, melancholisch gewordene Humorist, von Wien nach Leipzig zurückgekehrt, abermals als Komiker im Schauspiel unsere Bretter betrat, um sich ein Reisegeld zu machen.«

Und seinen Zynismus auf die Spitze treibend, fuhr Kühne schließlich fort:

»Es hat ... den Anschein von Reue und Gewissensbissen, wenn die deutschen Bühnen sich jetzt beeifern, dem Verstorbenen nachträglich einen schuldigen Tribut zu leisten ...; selbst das Gewandhaus, in dessen Hallen Lortzings Töne nicht hineingehörten, hat sich beeifert, den Manen eines Lieblings unserer Stadt den Tribut zu zollen ... Die Taschen des lustigen Musikanten waren leer, als er plötzlich starb ...; man mußte für die Begräbniskosten eine Collecte machen ...«[39] Dieser »Nachruf« erschien im Todesjahr des Dichterkomponisten.

Doch entgegen allen »Propheten« aus Kreisen der »Fachwelt«, denen sich nach dem Tode Lortzings auch der damals bekannte Musikschriftsteller und Lortzing-Kenner Johann Christian Lobe zugesellte, sollten Opern des Komponisten schon wenige Jahre nach seinem Tode eine Lebensfähigkeit und Publikumswirksamkeit beweisen, die bis heute kaum nachgelassen hat.

In konventionellem Denken befangene Apologeten eines »musikwissenschaftlich« drapierten Feuilletonjournalismus stellten sich sehr schnell auf diesen Sachverhalt durch eine herablassende, scheinbar wohlwollende Lortzing-Freundlichkeit ein.

Der Meister wurde zum vorgeblichen Idol einer Kleinbürgerlichkeit deklariert, die man später mit dem verschwommenen und irreführenden Begriff des »Biedermeier« umschrieb.

Für die herablassende Titulierung eines »Kleinmeisters« neben dem zu einer Art »Großmeister« erkorenen Repräsentanten des deutschen Musikdramas, Richard Wagner, fand sich kein besserer Kronzeuge als der stockkonservative, kleinbürgerlich-schwärmerische Kulturhistoriker Wilhelm Heinrich Riehl, der in feuilletonistischer Laune ein »Lortzing-Bild« nach eigenem Gusto entwarf.

Tatsächlich reflektiert sich aber in Lortzings Gesamtwerk wie in einem Prisma das ganze Spektrum der gesellschaftlichen Bewegungen und Entwicklungen vom Beginn der nationalen Befreiungskämpfe nach 1800 bis hin zur Revolution von 1848/49 und ihren Nachwirkungen. Dabei schließt Lortzings Schaffen und Wirken durchweg die Idee der Antizipation menschlicher Wertvorstellungen und ihrer theaterwirksamen Realisierung ein.

Dem politischen Blickfeld Lortzings entsprechen seine ästhetischen Positionen und Auffassungen, die in seinen Werken unmittelbar erkennbar und aus zahlreichen Äußerungen des Komponisten selbst ablesbar sind. Aus seinen Briefen an Fachkollegen und aus seiner Polemik mit dem Musikschriftsteller Johann Christian Lobe, die dieser mit seiner Veröffentlichung »Ein Gespräch mit Lortzing« für die Nachwelt aufgezeichnet hat, kennen wir Lortzings spezifisch opernästhetischen Standpunkt. In seinem Gespräch mit Lobe hat der Komponist die Maximen seines künstlerischen Schaffens und Wirkens deutlich zum Ausdruck gebracht und den Realismus seiner Bühnenwerke auch ästhetisch begründet. Ihm waren auf der Bühne wie im Alltag lebensfremde Idealisierung oder Heroisierung ebenso fremd wie spekulativer oder romantisierender Mystizismus. Lortzing hielt sich – wie Sujet und Aussage seiner Bühnenschöpfungen zeigen – an das unmittelbare wirkliche Leben, an das Konkrete, das Augenscheinliche, um es opernwirksam umzusetzen und im Scheinbar-Privaten und Einmaligen der musiktheatralischen Szene und in den Konflikten seiner Helden das Gesellschaftsbezogene der Handlungsvorgänge und der zwischenmenschlichen Geschehnisse kritisch sichtbar zu machen:

»Ich halte mich ... gern an das ..., was Figura mir als erreichbar und allen Menschen zugänglich zeigt«, sagte er zu Lobe.

Und mit einem Seitenhieb auf die damals noch durchweg idealistisch orientierte Ästhetik meinte Lortzing:

»Was schwafeln uns die Philosophen und Ästhetiker nicht alles vor!

Besieht man jedoch ihren gelehrten Krimskrams bei Lichte, so ist nichts daran und dahinter, was sich auf Dinge zurückführen ließe, wie sie uns Figura zeigt.«[40]

Es ging Lortzing in seinem Schaffen erklärtermaßen um »die Wahrheit des Ausdrucks«, wie er Lobe gegenüber im Zusammenhang mit der Frage des »Natürlichen« in der Kunstgattung Oper betonte; und er unterstrich dabei den realistischen Standpunkt, »daß die Natürlichkeit in der Kunst eine andere ist, als die in der Wirklichkeit...« »Die Kunst ist doch nur da«, erklärte er, »um in ein Verhältnis mit den Menschen zu treten.«[41]

Darum hat er als Opernkomponist und als sein eigener Librettist auch stets »sein« Publikum in alle Überlegungen und Absichten einbezogen.

Mit seinen vielfach geradezu »klassisch« gewordenen komischen Opern-»Helden« rückt uns der Meister noch heute den ewigen, menschlich-allzumenschlichen Widerstreit von Sein und Schein ins Rampenlicht – oft in historisch verfremdendem Gewande, doch letztlich immer wieder aktuell.

Dabei ist die nachhaltige Popularität und Wertschätzung musikalischer Bühnenwerke Albert Lortzings zweifellos auch dem wichtigen Umstand zu danken, daß der Dichterkomponist seine Operntexte selbst schrieb; die Arbeit am Libretto und die an der Partitur gingen bei ihm gewöhnlich Hand in Hand. In seinen Opern ist somit der Dichter vom Komponisten nicht zu trennen.

Wir wissen von der unglücklichen Textwahl komponierender Zeitgenossen Lortzings, von ihren Nöten und Kümmernissen mit Librettisten und mißlungenen Textexperimenten; das gilt für Weber, Marschner, aber auch für Mendelssohn Bartholdy und Schumann. Auch Beethovens Wunsch, sich außer seinem *Fidelio* weiterhin mit der Opernkomposition zu befassen, blieb durch das vergebliche Suchen nach einem ihm geeignet erscheinenden Textbuch unerfüllt. Große Erwartungen hatte er diesbezüglich an Kotzebue geknüpft, den er als Librettist für ein neues Opernprojekt zu gewinnen hoffte; doch machte dessen Tod im März 1819 derlei Hoffnungen zunichte.

Als sein eigener Librettist, der sich seine Textbücher entweder selber schrieb oder als Textbearbeiter fremder Vorlagen vorzugsweise französische Lustspiel-Literatur aufgriff, hat Lortzing das für die meisten Komponisten gravierende Problem des Operntextes durch seine universelle theaterpraktische und opernspezifische Disponibilität gelöst. Bei alldem war ihm der Erfolg seines Schaffens wesentlicher Maßstab für die eigene kritische Einschätzung seiner Bühnenwerke.

Lortzing hatte nicht den falschen Ehrgeiz, sich dem eitlen Selbstbetrug hinzugeben, daß man erst nach seinem Tode von der Nachwelt verstanden und gewürdigt werde. Er wollte und konnte seinem ganzen Wesen nach gar nicht anders, als für »sein« Publikum unmittelbar in seiner Zeit zu schaffen und zu wirken.

»Für wen schreibe ich denn aber, wenn nicht für das Publikum?«, meinte er in seinem Disput mit Lobe, als dieser sich über das Lied des Zaren im dritten Akt der Oper ZAR UND ZIMMERMANN mokierte.

Mit dieser erklärten Absicht befand sich Lortzing durchaus in bester Gesellschaft. Immerhin hielt bereits Molière, der Meister der klassischen französischen Komödie, das »Gefallen« seiner Bühnenstücke für die oberste Regel seines ganzen künstlerischen Schaffens, und uneingeschränkt teilte diese Auffassung auch der Komponist der französischen komischen Oper in den Revolutionsjahren nach

1789, André-Ernest-Modeste Grétry, mit dessen Schaffen und Wirken Lortzing bestens vertraut war.

Die kompositorische Meisterschaft des deutschen Opernschöpfers ist heute so gut wie unumstritten. In den modernen elektronischen Medien wie im heutigen Schallplattenangebot gehört Lortzing unvermindert zu den »Rennern« auf dem von ihm so wirksam bestellten Feld. Und seine Musik, ebenso kunstvoll erfunden wie weithin populär, dürfte auch künftig für den musikinteressierten Hörer einen anspruchsvoll-vergnüglichen Genuß bieten.

Unzählige, darunter vor allem namhafte deutsche und österreichische Gesangsstars, zählen Lortzing-Partien zu den Glanzrollen ihres Repertoires. Wir erleben Lortzings Opernkunst auf der Bühne, auf Schallplatten und Kassetten, im Rundfunk und im Fernsehen durch Sängerstimmen von Rang in überwiegend meisterhafter Interpretation. Und wenn Lortzing im Hinblick auf die Paraderolle des van Bett in ZAR UND ZIMMERMANN gegenüber einem Sängerkollegen schon seinerzeit die Meinung äußerte: »Die Baßbuffos können mir einmal wirklich eine Ehrenpforte bauen«, so bestätigen diese Äußerung bis heute unzählige engagierte Interpreten Lortzingscher Opernpartien – und dies nicht nur die »Baßbuffos«.

Und das Publikum? Da dürften seit Lortzings Tod wohl die nunmehr über 140 Jahre hin zu verfolgenden Aufführungszahlen meistgespielter Opernkomponisten und ihrer Werke auf deutschen Bühnen besonders aufschlußreich sein. Hier behauptet Lortzing hinsichtlich der Zahl der Inszenierungen, Aufführungen und der Opernbesucher seit der zweiten Hälfte des vorigen Jahrhunderts bis heute unverändert eine der Spitzenpositionen.

Konstatierte gegen Ende des 19. Jahrhunderts sein Biograph G. R. Kruse, daß zu dieser Zeit Lortzings Opern »an Zahl der Aufführungen den Klassikern weit voraus rangieren, von Tagesneuheiten natürlich abgesehen, unmittelbar nach Wagners Werken«[42], so zeigen die Aufführungsstatistiken unserer Tage inzwischen die seit langem erkennbare Tendenz: Mozart, Lortzing und unmittelbar nach ihnen Richard Wagner, Verdi, Puccini und Richard Strauss sind mit ihren Opern auf Deutschlands Bühnen die am meisten aufgeführten Komponisten.[43]

Dabei nehmen einen der ersten Plätze unter den meistgespielten Werken sowohl deutscher als auch ausländischer Komponisten ZAR UND ZIMMERMANN und wiederholt auch der WILDSCHÜTZ ein.

Lortzing hat, entgegen mancherlei Bestrebungen einer »Verinstrumentalisierung« der Oper, betont das Mimische, den Mimus auf der Opernbühne zur Geltung gebracht. Es gibt neben Weber und Wagner nur wenige komponierende Zeitgenossen Lortzings, in deren Opernschaffen sich die Untrennbarkeit von Gesang und Handlung, Musik und mimischem Gestus so komprimiert verdeutlicht wie in seinen Opern, die auch in dieser Beziehung eine aus der französischen Opéra comique gegen Ende des 18. Jahrhunderts erwachsene Tradition weitergeführt und in das Bewußtsein der Operninterpretation des 19. Jahrhunderts gehoben haben. Lortzings Musik läßt stets die ihr vom Komponisten zugedachte Funktion erkennen, den vom Libretto vorgegebenen Inhalt und seine ideelle Aussage musiktheatralisch zu verwirklichen. Sein Postulat der Lebenswahrheit und die eigene theaterpraktische Erfahrung ließen den Komponisten schon früh erkennen, daß Musiktheater mit ausschließlich gut singenden, im Grunde aber »unkomödiantischen« Solisten nicht möglich ist. Er schrieb deshalb seine Opernpartien vorwiegend für den Typ des singenden Darstellers, den er auf der Bühne selbst jahrelang verkörperte.

Zur eigentlichen Romantik gehört Lortzing nicht; auffallend ist vielmehr, daß er die Schwächen der deutschen Romantik in seinen Opern äußerst theaterwirksam parodiert.

In seinem Schaffen und Wirken wird seine geistige Verwandtschaft mit den Vertretern der kleinbürgerlich-demokratischen Volksliteratur des Vormärz und der 48er Revolution deutlich. Bemerkenswert ist sein Engagement als Kapellmeister für die zeitkritische Lokalposse. So verwundert nicht, daß er auch zahlreiche Bühnenmusiken für Stücke im Genre sowohl der Wiener als auch der Berliner Lokalposse geschrieben hat.

Wenn Lortzing nicht nur zu seinen Lebzeiten erfolgreich war, sondern sein Schaffen auch heute noch an vielen deutschen Bühnen lebendig ist, so ist dies nicht zuletzt darin begründet, daß er in einer bedeutsamen Zeit revolutionärer Bewegungen – wie nur wenige Komponisten jener Jahre – in sich und seinem Schaffen ein ungewöhnliches Maß der Übereinstimmung von politischer Erkenntnis und

Haltung, künstlerischem Bestreben und gesellschaftlicher Wirksamkeit zu finden vermochte.

In seiner Biographie über Lortzing meint Hans Christoph Worbs, sich einschränkend auf Eduard Hanslick berufen zu können, der vor mehr als 100 Jahren der Auffassung war, daß Lortzings »kleinbürgerliche Stoffe« in »Großstädten nicht die günstigste Atmosphäre vorfinden«.[44] Eine Fehleinschätzung, die nicht nur durch das Repertoire der Opernbühnen zu Lebzeiten Hanslicks, sondern bis heute von der Bühnenstatistik deutscher Theater widerlegt wird. Es sei nur an die publikumswirksamen Inszenierungen Lortzingscher Repertoire-Opern in der Deutschen Staatsoper und in der Deutschen Oper in Berlin, in Hamburg und München, in Dresden, Bremen, Leipzig oder Magdeburg, aber auch in der österreichischen Metropole Wien erinnert, durchweg mit hohen Aufführungs- und Besucherzahlen.

Unter dem Eindruck der Tragödie eines ungewöhnlichen Künstlerlebens hat schon wenige Jahre nach dem Tode des deutschen Opernmeisters und Dichterkomponisten wohl niemand so tief empfundene und zugleich vorausschauende Gedanken der Nachwelt ins Gedächtnis geschrieben wie einer der bedeutendsten Realisten deutscher Prosakunst in der zweiten Hälfte des 19. Jahrhunderts – Wilhelm Raabe. In seinem 1857 erschienenen Erstlingswerk, dem Berliner Roman »Die Chronik der Sperlingsgasse«, bekannte der damals kaum Fünfundzwanzigjährige weitblickender als viele seiner Zeitgenossen:

»Welch' eine Tragödie, welch' ein Kampf,
welch' ein Puppenspiel jedes Leben ...
Auf einem Berliner Friedhof liegt über der
Asche eines großen volksthümlichen Tonkünstlers,
der auch viel erdulden mußte in seinem
Leben, ein Stein, auf welchen eine
Freundeshand geschrieben hat:

›Sein Lied war deutsch und deutsch sein Leid,
Sein Leben Kampf mit Noth und Neid.
Das Leid flieht diesen Friedensort,
Der Kampf ist aus, sein Lied tönt fort!‹«[45]

ANHANG

I. Quellenhinweise und Anmerkungen

Kapitel 1

1 Siehe: Bernhard Körner, Deutsches Geschlechterbuch, Görlitz 1942.
2 Siehe hierzu auch: Ingrid Mittenzwei, Friedrich II. von Preußen, Berlin 1980, S. 123 und 132.
3 In: Albert Lortzing, Gesammelte Briefe; hrsg. von Georg Richard Kruse. Neue, um 82 Briefe vermehrte Ausgabe, Regensburg 1913, S. XII ff.
4 Karl August Varnhagen von Ense, Denkwürdigkeiten des eigenen Lebens; 2. Aufl., Berlin 1951, S. 152.

Kapitel 2

1 Siehe: Otto Weddingen, Geschichte der Theater Deutschlands, in 2 Bd., Band I., Berlin o.J., S. 472ff.
2 Entgegen einer früher lange Zeit verbreiteten Auffassung, wonach durch den Brand der Königlichen Schauspiele die Partitur der *Undine* von E.T.A. Hoffmann vernichtet worden sei, befand sich diese in der preußischen Königlichen Bibliothek; heute: in der Staatsbibliothek zu Berlin – Preußischer Kulturbesitz. Einen Klavierauszug der Oper hat Hans Pfitzner bei Edition Peters in Leipzig herausgegeben.
3 Albert Lortzing, Gesammelte Briefe, a.a.O., S. XI.
4 Russisch-Deutsches Volks-Blatt; hrsg. von August von Kotzebue, vom 1. April 1813.
5 Karl Immermann, Memorabilien, in drei Teilen; Erster Teil, Hamburg 1840, S. 245/246.

6 Carl Heinrich Alexander Pagenstecher, Lebenserinnerungen, in drei Teilen; hrsg. von Alexander Pagenstecher. Voigtländers Quellenbuch (Bd. 56/58), Leipzig 1913, Erster Teil.
(C.H. Alexander Pagenstecher schrieb seine Lebenserinnerungen bereits 1856; sie wurden erst später durch seinen Enkel, Alexander Pagenstecher, herausgegeben.)

Kapitel 3

1 Siehe hierzu: Hans Hoffmann, Albert Lortzing. Libretto eines Komponisten-Lebens, Düsseldorf 1987, S. 48ff.
2 Albert Lortzing, Gesammelte Briefe, a.a.O., S. 2 und 3.
3 Ebenda, S. 3.
4 Ebenda, S. 3/4.
5 Ebenda, S. 5/6.
6 Nach den Akten des Stadtarchivs Münster; zitiert nach: G. Engel, Versuch, über die wahre Art, sich mit Lortzing zu befreunden; in: Das Neue Forum, Darmstadt, 1956/57, Jg. 6, Sonderheft.
7 Albert Lortzing, Gesammelte Briefe, a.a.O., S. 8.
8 Zitiert nach: Willi Schramm, Aus Albert Lortzings Detmolder Privatleben; in: Festschrift zur Albert-Lortzing-Feier, Detmold 1926, sowie in: Ders., Albert Lortzing während seiner Zugehörigkeit zur Detmolder Hoftheatergesellschaft. Meyersche Hofbuchhandlung Verlag, Detmold; und ders., Lortzing in Detmold, bisher Unveröffentlichtes aus dem Schaffen Lortzings; in: Zeitschrift für Musik, Jg. 112, Heft 1/1951.
9 Albert Lortzing, Gesammelte Briefe, a.a.O., S. 26.
10 Ebenda.
11 Ebenda, S. 26/27.
12 Ebenda, S. 28.
13 Ebenda, S. 30.
14 Siehe: Wolfgang Steinitz, Deutsche Volkslieder demokratischen Charakters aus sechs Jahrhunderten, in zwei Bänden, Bd. I, Berlin 1954, S. 47 und 49.
15 Albert Lortzing, Gesammelte Briefe, a.a.O., S. 35.
16 Ebenda, S. 53.
17 Ebenda, S. 44.
18 Ebenda, S. 41/42.
19 Ebenda, S. 40.
20 Ebenda, S. 52/53.
21 Ebenda, S. 56.
22 Ebenda, S. 57.

Kapitel 4

1 Albert Lortzing, Gesammelte Briefe, a.a.O., S. 49.
2 Allgemeine Musikalische Zeitung, Nr. 6, vom 5.2.1840.
3 Johann Peter Eckermann, Gespräche mit Goethe in den letzten Jahren seines Lebens 1823-1832, in 3 Bänden, 6. Aufl., hrsg. von Düntzer, Leipzig 1884; Gespräch vom 1. Mai 1825.
4 Eduard Devrient, Geschichte der Schauspielkunst, Berlin 1967, S. 241.
5 Albert Lortzing, Gesammelte Briefe, a.a.O., S. 54.
6 Philipp J. Düringer, Albert Lortzing – Sein Leben und Wirken, Leipzig 1851, S. 8.
7 Siehe: Georg Richard Kruse, Albert Lortzing, Berlin 1899, S. 42.
8 Siegfried Schmidt, Robert Blum (1807-1848). Vom Leipziger Liberalen zum Märtyrer der Demokratie. Habil. Schrift, Phil. Fakultät der Friedrich-Schiller-Universität Jena, 1965, S. 51.
9 Otto Weddingen, Geschichte der Theater Deutschlands, in 2 Bänden, 1. Bd., o.J., S. 183.
10 Albert Lortzing, Gesammelte Briefe, a.a.O., S. 66.
11 Ebenda, S. 67.
12 Ebenda, S. 68.
13 Siehe: G.R. Kruse, Albert Lortzing, a.a.O., S. 41.
14 Albert Lortzing, Gesammelte Briefe, a.a.O., S. 65.
15 Siehe auch: Siegfried Schmidt, a.a.O.
16 Siehe: Gustav Kühne, Mein Tagebuch in bewegter Zeit, Leipzig 1863, S. 173.
17 Albert Lortzing, Gesammelte Briefe, a.a.O., S. 124.
18 Leipziger Tageblatt vom 23. Nov. 1835.
19 Ebenda.
20 Ebenda, vom 18. Nov. 1835.
21 Ebenda, vom 27. Nov. 1835.
22 Acta: Die Verpachtung des Theaters der Stadt Leipzig. XXIV A 30. – Stadtarchiv Leipzig.
23 Leipziger Tageblatt vom 28. Nov. 1835.
24 Acta: Die Verpachtung des Theaters der Stadt Leipzig, a.a.O.
25 Siehe: Walter Lange, Der Tunnel, von 1831-1931, Leipzig 1931.
26 Ebenda.
27 Richard Wagner, Die deutsche Oper; in: Zeitung für die elegante Welt, Nr. 111 vom 10.6.1834.
28 Ebenda.
29 Richard Wagner, Über deutsches Musikwesen; in: Gazette musicale vom 12.6.1840.
30 Albert Lortzing, Gesammelte Briefe, a.a.O., S. 69/70.
31 Nach dem Autograph. Mus. ep. 6. Staatsbibliothek zu Berlin – Preußischer Kulturbesitz.
32 Rudolf Schock, »Ach ich hab in meinem Herzen ...«, Erinnerun-

gen. F. A. Herbig, Verlagsbuchhandlung, München, Berlin 1985, S. 130/132.
33 André Ernest Modeste Grétry, Memoiren, Leipzig 1973, S. 240 und 414/15.
34 Giuseppe Verdi, Briefe, Berlin-Wien-Leipzig 1926, S. 144.
35 Heinrich Heine, Über die französische Bühne; in: H. Heine, Werke, Bd. IV, Leipzig und Weimar, o.J.; hrsg.; von Ernst Elster, S. 498ff.
36 Staatsbibliothek zu Berlin – Preußischer Kulturbesitz. Nachlaß R. Blum, K 2, Nr. 5.
37 Siehe: Albert Lortzing, Gesammelte Briefe, a.a.O., S. XII.
38 Nachlaß Robert Blum. Staatsbibliothek zu Berlin – Preußischer Kulturbesitz.
39 Siehe hierzu: Hans Hoffmann, Albert Lortzing. Libretto eines Komponisten-Lebens, Düsseldorf 1987, S. 204 und S. 306.
40 Hans Christian Worbs, Albert Lortzing in Selbstzeugnissen und Bilddokumenten, Rowohlts Monographien; hrsg. von Kurt Kusenberg, Reinbek bei Hamburg, 1980.
41 Allgemeine Musikalische Zeitung, Nr. 31, vom 1.8.1838.
42 Ebenda.
43 Dr. Christian Adolf Deutrich war von 1831 bis zu seinem Tode am 23.9.1839 Bürgermeister von Leipzig; ihm folgte in diesem Amt bis zum Beginn der Revolution von 1848 Johann Carl Groß. Während der Revolution war vom 13. Mai 1848 bis zum 16.6.1849 Hermann Adolf Klinger Bürgermeister der Stadt; danach bekleidete bis 1876 das Amt des Bürger- bzw. Oberbürgermeisters der Messestadt Otto Koch, vormals Actuar beim Zollamt.
44 Eine Mitarbeit Robert Blums am Libretto von ZAR UND ZIMMERMANN war bisher nicht nachweisbar. Es gilt als sicher, daß Lortzing den Opern-Text nach den genannten Quellen im wesentlichen selbst verfaßt hat. An der Versgestaltung des berühmten »Zarenliedes« im dritten Aufzug der Oper war Lortzings Theaterkollege Philipp Reger beteiligt; er verfaßte die ersten 5 Zeilen jeder Strophe, während der Schlußvers »O selig, o selig, ein Kind noch zu sein« von Lortzing stammt, wie Hellmuth Laue in seiner 1932 beim Ludwig Röhrscheid-Verlag in Bonn erschienenen Dissertation über »Die Operndichtung Lortzings – Quellen und Umwelt« nachgewiesen hat.
45 Neue Zeitschrift für Musik, Nr. 23, vom 19.3.1839.
46 Albert Lortzing, Gesammelte Briefe, a.a.O., S. 81.
47 Neue Zeitschrift für Musik, Nr. 27, vom 31.3.1840.
48 Ludwig Rellstab, Rezension zur Erstaufführung der Oper ZAR UND ZIMMERMANN an der Berliner Hofoper; in: Vossische Zeitung, vom 7.1.1839.
49 Joh. C. Lobe, Ein Gespräch mit Lortzing; in: Consonanzen und

Dissonanzen. Gesammelte Schriften aus älterer und neuerer Zeit, Leipzig 1869, S. 308.
50 Das Original des Zeugnisses Peters I. über Verlauf und Abschluß seiner Ausbildung im Schiffsbau in Holland befindet sich beim »Zentralen Staatsarchiv für alte Akten, Moskau«. Das Dokument liegt im Urtext in niederländischer Sprache vor, mit einer dem Zeugnis zugehörigen Nachschrift in russischer Sprache. – Die in vorliegender Biographie veröffentlichte deutsche Übersetzung des Dokuments ist zitiert nach: G.R. Kruse, Albert Lortzing, a.a.O., S. 131.
51 Albert Lortzing, Gesammelte Briefe, a.a.O., S. 80.
52 Ebenda, S. 90.
53 Joh.C. Lobe, Ein Gespräch mit Lortzing, S. 309.
54 Ebenda, S. 309 und 311.
55 Ebenda.
56 Nach der Partitur der Oper *Pierre le Grand* von André Ernest Modeste Grétry. Verlag Breitkopf & Härtel, Leipzig und Brüssel. – Erster Akt, Erste Szene; in freier Übersetzung (d.V.): Chor

der Zimmerleute	Laßt uns arbeiten und singen,
	Laßt verdoppeln uns`re Kraft;
	Denn der Arbeit Müh` und Plage
	Wird nur mit Gesang geschafft.
Le Fort	Wir vertreiben uns`ren Kummer,
	Überlassen uns der Lust.
	Das ist Balsam für die Herzen,
	Lebenslust erfüllt die Brust.
Peter	Schätze, Ehre, Zepter, Krone
	sind nur trügerischer Glanz,
	Überlassen wir die Herzen
	Lieber Fröhlichkeit und Tanz!

57 André Ernest Modeste Grétry, Memoiren, a.a.O., S. 383.
58 Philipp J. Düringer, Albert Lortzing – Sein Leben und Wirken, S. 2.
59 Ebenda.
60 Nach Aufzeichnungen des Lortzing-Biographen G.R. Kruse vom 31.10.1931. – Märkisches Museum, Berlin.
61 Zitiert nach der Photokopie des Autographs von Albert Lortzing, im Besitz der Lippischen Landesbibliothek, Lortzing-Archiv, Detmold; als Autograph im Archiv des Deutschen Freimaurermuseums e.V., Bayreuth.
62 Joh.C. Lobe, Ein Gespräch mit Lortzing, S. 307/308.
63 Allgemeine Musikalische Zeitung, Nr. 40, vom 6. Juni 1839.
64 Albert Lortzing, Gesammelte Briefe, S. 75/76.

Kapitel 5

1. G. R. Kruse, Albert Lortzing, a.a.O., S. 59.
2. Ebenda, S. 118.
3. Neue Zeitschrift für Musik, Nr. 2, vom 4.7.1840.
4. Meinhard Saremba, »Der vielgeliebte Unbekannte«; in: Rhein-Neckar-Zeitung, vom 11.8.1987.
5. Heinz Füßler, Robert Blum; hrsg. vom Städtischen Museum, Zwickau 1948, S. 21.
6. Heinrich Laube, Gesammelte Schriften, 1. Bd., Erinnerungen 1810-1840, Wien 1875, S. 39.
7. Ebenda, S. 30.
8. Rudolf von Gottschall, Aus meiner Jugend, Berlin 1898, S. 150.
9. Leipziger Allgemeine Zeitung vom 13.11.1840
10. Concedo (lat.); ich lasse gelten.
11. Neue Zeitschrift für Musik, Nr. 23, vom 16.9.1842.
12. Albert Lortzing, Gesammelte Briefe, a.a.O., S. 213/214.
13. Nach dem Autograph; im Besitz der Lippischen Landesbibliothek, Lortzing-Archiv, Detmold.
14. Zitiert nach: »Auch eine Theatererinnerung«, Beitrag zur Geschichte des Leipziger Stadttheaters mit ungedruckten Briefen von Dr. Felix Mendelssohn Bartholdy und anderen bekannten Leipziger Persönlichkeiten. Separatdruck aus dem Leipziger Tageblatt, Leipzig 1893.

Kapitel 6

1. Albert Lortzing, Gesammelte Briefe, a.a.O., S. 89/90.
2. Johann Wolfgang von Goethe, Biographische Einzelheiten. Aus meinem Leben; in: Goethes Werke; hrsg. von Karl Heinemann, Leipzig und Wien o.J., S. 409.
3. August von Kotzebue – Urtheile der Zeitgenossen und der Gegenwart; hrsg. von W. von Kotzebue, Dresden 1881, S. 71.
4. Ebenda, S. 88/89.
5. Ebenda, S. 96.
6. Ebenda, S. 150.
7. Karl Marx/Friedrich Engels, Werke, Bd. 2, Berlin 1957, S. 564ff.
8. Johann Wolfgang von Goethe, Aus meinem Leben, Dichtung und Wahrheit; in: Goethes Werke; hrsg. von Karl Heinemann, Leipzig und Wien o.J., S. 184.
9. Albert Lortzing, Gesammelte Briefe, a.a.O., S. 100.
10. Joh.C. Lobe, Ein Gespräch mit Lortzing, S. 304ff.
11. a.a.O.
12. Eduard Hanslick, Musikkritiken, Leipzig 1972, S. 115/116.
13. Neue Zeitschrift für Musik, Nr. 6, vom 19.1.1843.

14 Allgemeine Musikalische Zeitung, Nr. 29, vom 19.7.1843;
   1. transrhenanisch (latinisierte Wortprägung):
      jenseits des Rheins
   2. quando-quidem bonus dormitat Lortzingus (lat.):
      Da der gute Lortzing nun einmal schläft.
15 Albert Lortzing, Gesammelte Briefe, a.a.O. S. 93.
16 Zitiert nach: Walter Lange, Der Tunnel, Leipzig 1931.
17 Albert Lortzing, Gesammelte Briefe, a.a.O., S. 160.
18 Ebenda, S. 157/158.
   (Zar Nicolaus I. war mit Friedrich Wilhelm III. Tochter Charlotte verheiratet).
19 Ebenda, S. 94.
   »Wer wird mir nun meine Pfeile schnitzen«, in Anlehnung an das lateinische Zitat: ab alio amentates hastas torquere (Cic., de orat., I, 57, 242); »Die Pfeile verschießen, die ein anderer geschnitzt hat«.
20 Ebenda, S. 105/106.
21 Zitiert nach: G.R. Kruse, Albert Lortzing, a.a.O., S. 75.
22 Allgemeine Musikalische Zeitung, Nr. 40, vom 2. Oktober 1844.
23 Albert Lortzing, Gesammelte Briefe, a.a.O., S. 116.
24 Ebenda, S. 132.
25 Allgemeine Musikalische Zeitung vom 25.8.1847.
26 Albert Lortzing, Gesammelte Briefe, a.a.O., S. 268.
27 Ebenda, S. 140.
28 Ebenda, S. 143/144.
29 Acta: Die Angelegenheiten des Theaters der Stadt Leipzig betreffend. A 35. – Stadtarchiv Leipzig.
30 Magdeburgische Zeitung vom 21.4.1845.
31 Albert Lortzing, Gesammelte Briefe, a.a.O., S. 148/149.
32 Ebenda, S. 151.
33 Ebenda.
34 Ebenda, S. 163ff.
35 Brief Charlotte Sophie Lortzings an Christine Kupfer, Leipzig 1845; zitiert nach: G.R. Kruse, Lortzings Mutter – Ein Gedenkblatt von Alt-Berlin; in: Mitteilungen des Vereins für die Geschichte Berlins; hrsg. von Hans Brendicke, 27. Jg., 1910.
36 Brief Heinrich Laubes vom 3.4.1843 an den Rat der Stadt Leipzig; in: Friedrich Schulze, Hundert Jahre Leipziger Stadttheater. Ein geschichtlicher Rückblick, Leipzig 1917, S. 115.
37 Acta: Die Angelegenheiten des Theaters der Stadt Leipzig betreffend. XXIV. A 34. – Stadtarchiv Leipzig.
38 Ebenda.
39 Friedrich Schulze, Hundert Jahre Leipziger Stadttheater, S. 139 und 135.
40 Lortzings Briefe an Mendelssohn Bartholdy, Leipzig 1845; zitiert nach: Karl-Heinz Köhler, Die Frauen und die Sänger –

nach dem Gedicht »Die vier Weltalter« von Friedrich Schiller, für gemischten Chor komponiert von Felix Mendelssohn Bartholdy. Weihnachts- und Neujahrsausgabe der Internationalen Felix-Mendelssohn-Gesellschaft in Basel, Edition Bartholdy, Basel 1959.
41 Protokolle des Schiller-Vereins, im Besitz des Stadtarchivs Leipzig.
42 Lortzings Briefe an Mendelssohn Bartholdy; in: Karl-Heinz Köhler, Die Frauen und die Sänger – nach dem Gedicht »Die vier Weltalter«.
43 Ebenda.
44 Albert Lortzing, Gesammelte Briefe, a.a.O., S. 167.
45 Ebenda, S. 167.
46 Albert Lortzing, Gesammelte Briefe, a.a.O., S. 161/162.
47 Ebenda, S. 130.
48 Siehe: Walter Lange, Der Tunnel, a.a.O.
49 Siehe: Protokolle des Schiller-Vereins, a.a.O.
50 Ebenda.

Kapitel 7

1 Albert Lortzing, Gesammelte Briefe, a.a.O., S. 171.
2 Ebenda, S. 171/172.
3 Georg Hermann, Das Biedermeier im Spiegel seiner Zeit, Berlin, Leipzig, Wien und Stuttgart 1913, S. 34/35.
4 Georg Richard Kruse, Albert Lortzing, a.a.O., S. 90.
5 Stadtarchiv, Berlin. – Zeitungsdok. Sign. 5388.
6 Albert Lortzing, Gesammelte Briefe, a.a.O., S. 174.
7 Ebenda, S. 176.
8 Karl Marx/Friedrich Engels, Werke, Bd. 4, Berlin 1959, S. 464/465.
9 August Heinrich Hoffmann von Fallersleben, Mein Leben. Aufzeichnungen und Erinnerungen, in sechs Bänden. Hannover 1868, Vierter Band, S. 288/289.
10 Siehe hierzu: Hans Hoffmann, a.a.O., S. 281.
11 Albert Lortzing, Gesammelte Briefe, a.a.O., S. 179.
12 Ebenda, S. 196.
13 Ebenda, S. 180/181.
14 Ebenda.
15 Ebenda, S. 182.
16 Ebenda, S. 198/199.
17 GStA PK, I. HA; Akte 2.2.1., Geheimes Zivilkabinet, Nr. 21128, Personal der Köngl. Schauspiele 1846-1852. – (M)
18 Siehe hierzu: Oskar A. Straikher, Albert Lortzing in Wien; in:

Unsere Heimat. Monatsblatt des Vereins für Landeskunde von Niederösterreich und Wien, Jahrg. 21/1950, Nr. 3–4, S. 35.
19 Ebenda.
20 Ebenda, S. 36.
21 Albert Lortzing, Gesammelte Briefe, a.a.O., S. 194.
22 Ebenda, S. 192.
23 Ebenda, S. 204.

Kapitel 8

1 Karl Biedermann, 1840-1870. Dreißig Jahre deutscher Geschichte. Erster Band, 2. Aufl., Breslau 1881, S. 231ff.
2 Ebenda, S. 235/236.
3 Albert Lortzing, Gesammelte Briefe, a.a.O., S. 204.
4 Friedrich Engels, Der deutsche Bauernkrieg, Vorbemerkung vom 1. Juli 1874, Berlin 1949, S. 16.
5 Günther Kraft, Franz Liszt. Leben, Werk, Vermächtnis, Weimar 1961, S. 23.
6 Ebenda.
7 Autograph: im Besitz der Lippischen Landesbibliothek, Lortzing-Archiv, Detmold.
8 Autograph; im Besitz der Lippischen Landesbibliothek, Lortzing-Archiv, Detmold.
9 Siehe: G.R. Kruse. Neue Lortzing-Briefe; in: Zeitschrift für Musik, Jg. 93/1926. (Als Zeitpunkt der Aufführung dieser Posse wurde bis dahin das Frühjahr 1849 angenommen).
10 Albert Lortzing, Gesammelte Briefe, a.a.O., S. 201.
11 Siehe: Heinrich Heine, Deutschland, ein Wintermärchen, Kap. XVI; in: Heinrich Heine, Gesammelte Werke, in 6 Bänden, Zweiter Band, Berlin 1959, S. 52.
12 Albert Lortzing, Gesammelte Briefe, a.a.O., S. 205.
13 Richard Wagner, Sämtliche Briefe, 2. Bd., Leipzig 1970, S. 610.
14 Albert Lortzing, Gesammelte Briefe, a.a.O., S. 208.
15 Ebenda, S. 203.
16 Ebenda, S. 213/14.
17 Staatsbibliothek zu Berlin – Preußischer Kulturbesitz. Nachlaß R. Blum, K 3, 5A, Nr. 27.
18 Albert Lortzing, Gesammelte Briefe, a.a.O., S. 216.
19 Ebenda, S. 216/217.
20 Freie Blätter; hrsg. von Adolf Glaßbrenner. Illustrierte, Politisch-humoristische Zeitung, Nr. 1, Berlin, 6.5.1848.
21 Ebenda.
22 Ebenda, Nr. 2, 13.5.1848.
23 Albert Lortzing, Gesammelte Briefe, a.a.O., S. 207.
24 Auszug aus einem Brief der Fa. Breitkopf & Härtel an Albert

Lortzing vom 26.10.1848; als handschriftliche Kopie im Kopierbuch der Fa. Breitkopf & Härtel im Besitz des Sächsischen Landesarchivs, Leipzig (Cl. XV, Ser. 1, Bd. 28, Bl. 303).
25 Albert Lortzing, Gesammelte Briefe, a.a.O., S. 215.
26 Ebenda, S. 222.
27 Siehe: Siegfried Schmidt, Robert Blum, Habil.-Schrift/Phil. Fakultät der Friedrich-Schiller-Universität Jena, 1965, S. 288.
28 Karl Marx/Friedrich Engels, Werke, Bd. 21, Berlin 1973.
29 Georg Richard Kruse, Albert Lortzing, S. 96.
30 Hans Christian Worbs, a.a.O., S. 98ff.
31 Hans Hoffmann, a.a.O., S. 300ff.
32 Nationalzeitung vom 28.6.1898.
33 Münchener Allgemeine Zeitung vom 24.3.1899.
34 Klavier-Auszug Albert Lortzing, Regina von Albert Lortzing. Nach dem Autograph für die Bühne herausgegeben und bearbeitet von Wilhelm Neef, Edition C.F. Peters, Leipzig 1953; Günther Krafft: Zur Neuherausgabe der Oper »Regina« von Albert Lortzing sowie zur Neufassung, S. 5 und 6.
35 Frankfurter Rundschau vom 4.5.1981.
36 Ebenda, vom 3.1.1983.
37 Albert Lortzing, Gesammelte Briefe, a.a.O., S. 222.
38 Albert Lortzing, Gesammelte Briefe, S. 213/214.
39 Ebenda, S. 217.
40 In: J.K.A. Musäus, Märchen und Sagen, Berlin und Weimar 1981, S. 65.
41 Bernhard Grun, Kulturgeschichte der Operette, Berlin 1967, S. 191.
42 Johann Karl August Musäus, ebenda, S. 65.
43 Diese und die nachfolgenden Texte aus Partien der Oper »Rolands Knappen« sind zitiert nach einer handschriftlichen Partitur, Staatsbibliothek zu Berlin – Preußischer Kulturbesitz, Mus. ms 13127. Textbuch: Mus. TL 726.
44 Zitiert nach: Oskar Straikher, Albert Lortzing in Wien, S. 38.
45 Friedrich Wilhelm IV. von Preußen, Brief an Christian Josias Bunsen, vom 8.5.1849; in: Revolutionsbriefe 1848/49, Leipzig 1973, S. 332/333.
46 Albert Lortzing, Gesammelte Briefe, a.a.O., S. 227/228.
47 Ebenda, S. 228.
48 Ebenda, S. 228/229.
49 Ebenda, S. 233.
50 Fritz Tutenberg, Triumph der Oper – Gedanken zum Verdi-Lortzing-Jahr; in: Zeitschrift für Musik, Jg. 1951, Heft 1.

Kapitel 9

1 Albert Lortzing, Gesammelte Briefe, a.a.O., S. 233.
2 Zu Albert Lortzings Textbuch für die geplante Oper CAGLIOSTRO und seinen Quellen siehe: Hellmuth Laue, Die Operndichtung Lortzings – Quellen und Umwelt. Dissertation/Bonn 1932, Ludwig-Röhrscheid-Verlag, Bonn 1932.
3 Albert Lortzing, Gesammelte Briefe, a.a.O., S. 241/242.
4 Magdeburgische Zeitung vom 10.1.1850.
5 Albert Lortzing, Gesammelte Briefe, a.a.O., S. 239.
6 Ebenda, S. 242/243.
7 Ebenda, S. 247/248.
8 Ebenda, S. 244.
9 Ebenda, S. 251.
10 Vgl. hierzu: Lieselotte Maas, Das Friedrich-Wilhelmstädtische Theater in Berlin unter der Direktion Friedrich Wilhelm Deichmanns in der Zeit zwischen 1848 und 1860, Dissertation, Berlin, München 1965.
11 Alfred Dreifuss, Deutsches Theater Berlin. Schumannstraße 13a, Berlin 1983.
12 Ruth Freydank, Theater in Berlin. Von den Anfängen bis 1945, Berlin 1988.
13 Albert Lortzing, Gesammelte Briefe, a.a.O., S. 257.
14 Ebenda, S. 262/263.
15 Ebenda, S. 259.
16 Ebenda, S. 257/258.
17 Ebenda, S. 259.
18 Zitiert nach: G.R. Kruse, Albert Lortzing, a.a.O., S. 114.
19 Albert Lortzing, Gesammelte Briefe, a.a.O., S. 260/261.
20 Ebenda, S. 265/266.
21 Lieselotte Maas, a.a.O.
22 Albert Lortzing, Gesammelte Briefe, a.a.O., S. 264.
23 Nach dem Faksimile des Autographs, veröffentlicht in: Otto Weddigen, Geschichte der deutschen Theater, in 2 Bänden, 1. Band, S. 156.
24 Albert Lortzing, Gesammelte Briefe, a.a.O., S. 269/272.
25 Ebenda, S. 278.
26 Lieselotte Maas, a.a.O.
27 Albert Lortzing, Gesammelte Briefe, a.a.O., S. 279.
28 Lieselotte Maas, a.a.O.
29 Gottfried Keller, Briefe in einem Band, Berlin und Weimar 1967, S. 67/68.
30 Ebenda, S. 67/68.
31 Zitiert nach: G.R. Kruse, Albert Lortzing, a.a.O., S. 122.
32 Albert Lortzing, Gesammelte Briefe, a.a.O., S. 281/283.

33 Zitiert nach: Ph.J. Düringer, Albert Lortzing – sein Leben und Wirken, Leipzig 1851, S. 119ff.
34 Heinrich Heine, Ausgewählte Werke, Berlin 1947, S. 245.
35 Das Grabmal trägt die Inschrift: »Hier ruht in Gott der letzte Enkel Johann Sebastian Bachs, Wilhelm Bach, Kapellmeister der Königin Luise und Musiklehrer ihrer Kinder. Geb. 27. Mai. 1757, gest. Dezember 1845«.
36 Nach dem Faksimile des Autographs, veröffentlicht in: Otto Weddigen, Geschichte der deutschen Theater, in 2 Bänden, o.J., 2. Band, S. 244.
37 Ph.J. Düringer, Albert Lortzing – sein Leben und Wirken, a.a.O., S. 123.
38 Albert Lortzing, Gesammelte Briefe, a.a.O., S. 271.
39 F.G. Kühne, Nachruf für Albert Lortzing; in: Europa, Chronik der gebildeten Welt; hrsg. von F.G. Kühne, Nr. 12/1851.
40 Joh.C. Lobe, Ein Gespräch mit Lortzing, a.a.O., S. 302.
41 Ebenda, S. 304.
42 Georg Richard Kruse, Albert Lortzing, a.a.O., S. 127.
43 Deutscher Bühnenverein – Bundesverband deutscher Theater, Köln. Werkstatistik der jährlichen Spielzeiten. – Direktion für Theater und Orchester, Berlin. Bühnenrepertoire der jährlichen Spielzeiten in der ehem. DDR.
44 Hans Christian Worbs, a.a.O., S. 126/127.
45 Wilhelm Raabe, Chronik der Sperlingsgasse, Stuttgart 1870, S. 34/35.

II. Chronik und Daten

1775	12. Mai	Johann Gottlob Lortzing, Vater Albert Lortzings, in Berlin geboren
1779	6. April	Charlotte Sophie Seidel, Mutter Albert Lortzings, in Berlin geboren
1789	14. Juli	Ausbruch der großen Französischen Revolution – Das Volk von Paris stürmt die Bastille, das als Symbol des absolutistischen Despotismus verhaßte Staatsgefängnis
1791	5. Dezember	Wolfgang Amadeus Mozart gestorben
1792	29. Februar	Gioacchino Rossini geboren
	10. August	Das Volk von Paris stürmt das Königsschloß, die Tuilerien, und nimmt die königl. Familie gefangen
	28. August	Gründung einer bürgerlich-progressiven Privat-Theater-Gesellschaft, seit 1893 mit dem Namen »Urania«
1793	23. Januar	Zweite Teilung Polens durch Rußland und Preußen
	18. März	Konstituierung der Mainzer Republik als erste bürgerlich-demokratische Republik auf deutschem Boden durch den rheinisch-deutschen Nationalkonvent unter Führung von Johann Georg Forster und Andreas Joseph Hofmann
	21. Juni	Hinrichtung König Ludwigs XVI. von Frankreich
1794	28. Juli	Sturz und Hinrichtung Robespierres
1795	16. August	Heinrich Marschner geboren

	24. Oktober	Dritte Teilung Polens. Die europäischen Mächte Rußland, Österreich und Preußen teilen Polen vollständig unter sich auf
1797	25. September	Gaetano Donizetti geboren
	13. Dezember	Heinrich Heine geboren
1799	6. April	Johann Gottlob Lortzing und Charlotte Sophie Seidel schließen den Ehebund
	31. Oktober	Karl Ditters von Dittersdorf gestorben
	10. November	Staatsstreich Napoleons in Frankreich
	5. Dezember	Rosina Regina Ahles geboren; seit 1824 mit Albert Lortzing verheiratet
1801	11. Januar	Domenico Cimarosa gestorben
	23. Oktober	Gustav Albert Lortzing in Berlin geboren
	3. November	Vincenzo Bellini geboren
	1. Dezember	Christian Dietrich Grabbe geboren
	7. Dezember	Johann Nepomuk Nestroy geboren
1803	24. Juli	Adolphe Adam geboren
1804	20. Mai	Napoleon läßt sich zum erblichen Kaiser der Franzosen proklamieren
	16. Juni	Johann Adam Hiller gestorben
1805	9. Mai	Friedrich Schiller gestorben
	20. November	»Fidelio«, Oper von Ludwig van Beethoven, in Wien erstaufgeführt
1806	12. Juli	Gründung des Rheinbundes in Paris von zunächst 16 deutschen Fürsten – unter dem Protektorat Napoleons I.
	1. August	Kaiser Franz II. legt nach der Bildung des Rheinbundes die römisch- deutsche Kaiserwürde nieder. Ende des Heiligen Römischen Reiches deutscher Nation (offizielle Bezeichnung des deutschen Reiches 962–1806)
	14. Oktober	Niederlage Preußens durch Napoleon in der Schlacht bei Jena und Auerstedt
1807	9. Oktober	Reichsfreiherr vom und zum Stein erläßt in Preußen das Edikt über die Aufhebung der Leibeigenschaft
	10. November	Robert Blum geboren
1808	19. November	Erlaß der »Ordnung für sämtliche Städte der preußischen Monarchie« (Städtereform) durch den Freiherrn vom und zum Stein in Preußen
1808 bis 1812		Herausgabe der antinapoleonisch orientierten Zeitschriften »Die Biene«

		und (seit 1811) »Die Grille« durch August von Kotzebue
1809	3. Februar	Felix Mendelssohn Bartholdy geboren
	12. März	Bertha Elise Lortzing, Schwester Albert Lortzings, im 9. Lebensjahr gestorben (geb. 18.4.1800)
	31. Mai	Joseph Haydn gestorben
1809		Beginn der Erhebungen gegen die napoleonische Fremdherrschaft (Andreas Hofer, Ferdinand Schill, Ludwig Adolf Wilhelm Lützow, Wilhelm Kaspar Ferdinand Dörnberg u. a.)
1810	27. März	Adolf Glaßbrenner geboren
	8. Juni	Robert Schumann geboren
	9. Juni	Otto Nicolai geboren
1811	22. Oktober	Franz Liszt geboren
1812	4. Januar	Debüt Johann Gottlob Lortzings am Breslauer Stadttheater. – Engagement der Eltern Albert Lortzings als Berufsschauspieler in Breslau bis Juni 1812; danach folgen bis 1817 Engagements in Coburg, Bamberg, Straßburg und Freiburg im Breisgau
	27. April	Friedrich von Flotow geboren
	24. Juni	Einfall der napoleonischen Armee in Rußland
1813	Januar bis März	Stein, Scharnhorst und Gneisenau organisieren bewaffnete Erhebungen in Preußen gegen die napoleonische Fremdherrschaft
	22. Mai	Richard Wagner geboren
	24. September	André Ernest Modeste Grétry gestorben
	10. Oktober	Giuseppe Verdi geboren
	16. bis 19. Oktober	Sieg der verbündeten Armeen Rußlands und Preußens über das französische Heer in der Völkerschlacht bei Leipzig
1814	22. September	Eröffnung des Wiener Kongresses europäischer Fürsten unter Vorsitz des österreichischen Fürsten von Metternich. Mit der Schlußakte vom 9. Juni 1815 bewirkte der Wiener Kongreß politische und territoriale Veränderungen in Europa zugunsten der europäischen Großmächte
	1. Dezember	August Röckel geboren
1815	22. Mai	König Friedrich Wilhelm III. von Preu-

		ßen verspricht eine »freisinnige Verfassung mit Volksvertretung«
	12. Juni	Gründung der studentischen Burschenschaften in Jena
	18. Juni	Gründung des »Deutschen Bundes« unter der Hegemonie Österreichs und Preußens
	26. September	Rußland, Österreich und Preußen bilden die Heilige Alliance
1816	3. August	»Undine«, Oper von E.T.A. Hoffmann, in Berlin erstaufgeführt
	1. September	»Faust«, Oper von Ludwig Spohr, in Prag erstaufgeführt
1817	31. Mai	Georg Herwegh geboren
	1. September	Beginn eines neuen Engagements der Lortzing-Familie am rheinpreußischen A-B-C-Theater in Aachen, Düsseldorf und Köln
	18. Oktober	Etienne-Nicolas Méhul gestorben
	18./19. Oktober	Wartburgfest der studentischen »Deutschen Burschenschaften« in Eisenach
1818	14. November	Erstes Auftreten Albert Lortzings als Flurschütze Stüßi in Friedrich Schillers Schauspiel »Wilhelm Tell« am Theater in Aachen
1819	23. März	Der Theologiestudent Karl Ludwig Sand ermordet den Lustspieldichter, Literaten und Diplomaten August von Kotzebue
	20. Juni	Jacques Offenbach geboren
	20. September	Der Deutsche Bund faßt die Karlsbader Beschlüsse über die »Demagogenverfolgung« zur Unterdrückung der bürgerlich-progressiven, antifeudalen Opposition
1820	17. April	Der Mörder Kotzebues, Karl Ludwig Sand, wird zum Tode durch das Schwert verurteilt, das verhängte Urteil am 20. April vollstreckt
1821	18. Juni	»Der Freischütz«, Oper von Carl Maria von Weber, in Berlin erstaufgeführt
1821 bis 1827		Freiheitskampf der Griechen gegen die türkische Fremdherrschaft
1823	28. Juli	»Jessonda«, Oper von Ludwig Spohr, in Kassel erstaufgeführt

	25. Oktober	»Euryante«, Oper von Carl Maria von Weber, in Wien erstaufgeführt
1824	30. Januar	Albert Lortzing und Rosina Regina, geb. Ahles schließen den Ehebund
	4. Dezember	Bertha Lortzing, Tochter Albert Lortzings und seiner Frau Rosina Regina, geboren
	24. Dezember	Peter Cornelius geboren
1825	3. Mai	»Maurer und Schlosser«, Oper von Daniel François Esprit Auber, in Paris erstaufgeführt
	10. Dezember	»Die weiße Dame«, Oper von François Adrien Boieldieu, in Paris erstaufgeführt
1826	18. Februar	Charlotte Albertina (Bertha) Rosina, als zweites Kind Albert Lortzings und seiner Ehefrau geboren (gest. am 22. 12. 1860)
	12. April	»Oberon«, Oper von Carl Maria von Weber, in London erstaufgeführt
	5. Juni	Carl Maria von Weber gestorben
	1. November	Engagement Albert Lortzings und seiner Frau am Hoftheater in Detmold bis 31. Oktober bzw. (für Regina Rosina) bis zum 31. Juli 1833
	7. November	Erstes Auftreten Rosina Regina Lortzings zu Beginn des Detmolder Engagements in dem Schauspiel »Drei Wahrzeichen« von Clauren
1827	9. November	Albert Lortzing beginnt sein Detmolder Engagement als Darsteller in August von Kotzebues »Johanna von Montfaucon«; er tritt in der Folgezeit zugleich in Tenor- und Baritonpartien des Opernfachs auf
	9. März	Caroline Rosalie als drittes Kind Lortzings geboren
	26. März	Ludwig van Beethoven gestorben
1828	1. Februar	*Ali Pascha von Janina*, Oper von Albert Lortzing, am Theater der Stadt Münster erstaufgeführt
	29. Februar	»Die Stumme von Portici«, Oper von Daniel François Esprit Auber, in Paris erstaufgeführt
	8. März	Caroline (Lina) Elisabeth Henriette

		Charlotte als viertes Kind Lortzings geboren (gest. am 23.9.1917)
	29. März	»Der Vampyr«, Oper von Heinrich Marschner, in Leipzig erstaufgeführt
	8. August	Caroline Rosalie Lortzing gestorben
	15. November	*Die Himmelfahrt Jesu Christi*, Oratorium von Albert Lortzing, am Theater der Stadt Münster erstaufgeführt
	19. November	Franz Schubert gestorben
1829	16. Februar	François Joseph Gossec gestorben
	29. März	»Don Juan und Faust«, Tragödie von Christian Dietrich Grabbe, Musik von Albert Lortzing, in Detmold erstaufgeführt
	3. August	»Wilhelm Tell«, Oper von Gioacchino Rossini, in Paris erstaufgeführt
	29. August	Erste Aufführung des »Faust« von Johann Wolfgang Goethe am Weimarer Hoftheater. Mit der Rolle des Gretchen betraut Goethe die Cousine Albert Lortzings, Caroline Lortzing (seit 1. Dez. 1840 mit August Röckel verehelicht)
	25. September	Julie Eleonore Charlotte Luise als fünftes Kind Lortzings geboren
	22. Dezember	»Der Templer und die Jüdin«, Oper von Heinrich Marschner, in Leipzig erstaufgeführt
1830	28. Januar	»Fra Diavolo«, Oper von Daniel François Esprit Auber, in Paris erstmalig aufgeführt
	26./27. Juli	Julirevolution in Frankreich. Sturz König Karls X. – Errichtung der konstitutionellen Monarchie unter dem »Bürgerkönig« Louis Philipp von Orléans
	August bis Januar 1831	Unruhen und Aufstände in verschiedenen deutschen Staaten
1830	20. November	»Die Jagd«, Singspiel von Johann Adam Hiller, in der Neubearbeitung von Albert Lortzing am Theater in Osnabrück zum ersten Male aufgeführt
	29. November	Beginn des polnischen Aufstands gegen die zaristische Unterdrückung
1831	6. März	»Die Nachtwandlerin«, Oper von Vincenzo Bellini, in Mailand erstaufgeführt
	27. März	Die Zwillinge Carl Theodor und Johann

		Heinrich als sechstes und siebentes Kind Lortzings geboren
	8. September	Die endgültige Niederwerfung des polnischen Aufstands und der Fall Warschaus
	21. November	»Robert der Teufel«, Oper von Giacomo Meyerbeer, in Paris erstaufgeführt
	26. Dezember	»Norma«, Oper von Vincenzo Bellini, in Mailand erstaufgeführt
1832	22. März	Johann Wolfgang Goethe gestorben
	9. Mai	»Yelva, oder: Die Stumme«, Schauspiel von Theodor Hell, mit der Musik von Albert Lortzing, am Theater in Pyrmont erstmalig aufgeführt
	12. Mai	»Hambacher Fest« bei Neustadt (Pfalz); nationale Massenkundgebung für Einheit und bürgerliche Freiheit
	5. Juli	Der deutsche Bundestag beschließt »Maßregeln zur Aufrechterhaltung der gesetzlichen Ordnung und Ruhe im deutschen Bund« zur weiteren Verschärfung der Zensur und zum Verbot politischer Vereine und aller Volksversammlungen
	11. Oktober	*Der Pole und sein Kind*, Liederspiel von Albert Lortzing, am Theater in Osnabrück erstmalig aufgeführt
	27. November	Johann Heinrich Lortzing, noch nicht zwei Jahre alt, verstorben (sein Zwillingsbruder Carl Theodor starb am 26.2.1900)
	21. Dezember	*Der Weihnachtsabend*, ein Vaudeville von Albert Lortzing, am Theater der Stadt Münster erstmalig aufgeführt
	Gegen Jahresende	Beendigung der Arbeit Lortzings an seinem Singspiel *Andreas Hofer*; wegen des Verbots durch die Zensur zu Lebzeiten des Komponisten nicht aufgeführt. – In einer Bearbeitung von Emil Nikolaus von Reznicek erfolgte die erstmalige Aufführung des *Andreas Hofer* am 14.4.1887 in Mainz
1833	27. März	Julie Eleonore Charlotte Luise, im Alter von drei Jahren gestorben
	24. September	Die Zwillingsschwestern Anna Charlotte Henriette und Therese. Franziska

		(Fränzchen) geboren (erstere verstarb am 23.2.1900, ihre Zwillingsschwester am 22.1.1881)
	1. November	Engagement des Ehepaares Albert und Regina Lortzing am Stadttheater in Leipzig
	3. November	Albert Lortzings Debüt als Schauspieler am Leipziger Stadttheater als Carl Ruf in dem Lustspiel »Die Schachmaschine« von Heinrich Beck
	8. November	Rosina Regina Lortzing debütiert in Leipzig als Camilla in dem Trauerspiel »Das Bild« von Christoph Ernst Houwald
	10. Dezember	Albert Lortzing bewirbt sich um die Mitgliedschaft in der Gesellschaft »Tunnel über der Pleiße«, der er bis zum Ende seiner Leipziger Zeit vor dem Engagementswechsel an das Theater an der Wien im Jahre 1846 angehörte
1834	1. Januar	Konstituierung des deutschen Zollvereins unter der Hegemonie Preußens
	13. Januar	»Das Nachtlager von Granada«, Oper von Conradin Kreutzer, in Wien erstmalig aufgeführt
	12. Juni	Beschlußprotokoll der Wiener Ministerkonferenz zur weiteren Verschärfung der »Demagogenverfolgung«
	September	Albert Lortzing gastiert als Schauspieler am Hoftheater in Weimar
	8. Oktober	François-Adrien Boieldieu gestorben
1835	20. Juni bis 3. Juli	Gastspiel Albert Lortzings am Königstädtischen Theater in Berlin, als Schauspieler in fünf Bühnenstücken und in François-Adrien Boieldieus Oper »Die weiße Dame« in der Tenorpartie des Dickson
	24. September	Vincenzo Bellini gestorben
	25. Dezember	Gedächtnisfeier zu Ehren Johann Adam Hillers (geboren am 25. Dezember 1728) in Leipzig
1836	19. Februar	»Die Hugenotten«, Oper von Giacomo Meyerbeer, in Paris erstaufgeführt
	29. März	»Das Liebesverbot«, Oper von Richard Wagner, in Magdeburg erstaufgeführt
	12. September	Christian Dietrich Grabbe gestorben
	13. Oktober	»Der Postillon von Lonjumeau«, Oper

	7. Dezember	von Adolphe Adam, in Paris erstaufgeführt
		Eröffnung der ersten deutschen Eisenbahnlinie (Nürnberg-Fürth)
	9. Dezember	»Iwan Sussanin« (Ein Leben für den Zaren), Oper von Michail Glinka, in Petersburg erstaufgeführt
	29. Dezember	Johann Baptist Schenk gestorben
1837	20. Februar	*Die beiden Schützen*, Oper von Albert Lortzing, in Leipzig erstaufgeführt
	24. April	Erste Probefahrt auf der neu erbauten Eisenbahnlinie von Leipzig nach Althen, deren weiterführender Bau bis nach Dresden 1839 abgeschlossen wurde
	6. Oktober	Jean-François Lesueur gestorben
	22. Dezember	*Zar und Zimmermann*, Oper von Albert Lortzing, in Leipzig erstaufgeführt
1838	2. März	»Pascal et Chambord«, Vaudeville von Jacques Offenbach, in Paris erstaufgeführt
	10. Oktober	»Benvenuto Cellini«, Oper von Hector Berlioz, in Paris erstaufgeführt
1839	27. Januar	Jaques Offenbach veranstaltet in Paris sein erstes öffentliches Konzert
	20. September	*Caramo*, Oper von Albert Lortzing, in Leipzig erstmalig aufgeführt
1840	11. Februar	»Die Regimentstochter«, Oper von Gaetano Donizetti, in Paris erstaufgeführt
	23. Juni	*Hans Sachs*, Oper von Albert Lortzing, in Leipzig erstaufgeführt
1840	24. bis 26. Juni	Leipziger 400-Jahr-Feier zur Erinnerung an die Erfindung der Buchdruckerkunst durch Gutenberg
	5. September	»Un giorno di regno« (König für einen Tag), Oper von Giuseppe Verdi, in Mailand erstaufgeführt
	9. und 10. November	Erste öffentliche Schiller-Gedenkfeier in Leipzig
1841	23. Februar	Marie, als Lortzings zehntes Kind geboren
	2. Dezember	Lortzings Vater, Johann Gottlob, gestorben
	31. Dezember	*Casanova*, Oper von Albert Lortzing in Leipzig erstaufgeführt
1842	9. März	»Nabucco«, Oper von Giuseppe Verdi, in

		Mailand erstaufgeführt
	15. März	Luigi Cherubini gestorben
	1. April	Marie Lortzing im zweiten Lebensjahr gestorben
	28. und 29. August	Jubiläumsveranstaltung zum 50jährigen Bestehen der Theatergesellschaft »Urania« in Berlin mit der Aufführung des Festspiels »Uranias Festmorgen« von Heinrich Smidt. Musik von Albert Lortzing
	20. Oktober	»Rienzi«, Oper von Richard Wagner, in Dresden erstaufgeführt
	11. November	Erstmalige Aufführung der *Schiller-Kantate*, zur Festfeier des Schiller-Vereins von Albert Lortzing
	9. Dezember	»Ruslan und Ludmila«, Oper von Michail Glinka, in Petersburg erstaufgeführt
	31. Dezember	*Der Wildschütz*, Oper von Albert Lortzing, in Leipzig erstaufgeführt
1843	2. Januar	»Der fliegende Holländer«, Oper von Richard Wagner, in Dresden erstaufgeführt
	3. Januar	»Don Pasquale«, Oper von Gaetano Donizetti, in Paris erstaufgeführt
	23. Januar	Friedrich de la Motte Fouqué gestorben
	20. März	Albert Lortzing übernimmt als Nachfolger des am 10. März verstorbenen Komponisten und Gewandhausdirigenten Christian August Pohlenz die musikalische Direktion im Tunnel-Verein
1844	4. und 5. Juni	Aufstand der schlesischen Weber in Peterswaldau und Langenbielau am Eulengebirge
	12. Mai	Ende der Direktion Sebald Ringelhardt am Leipziger Stadttheater
	3. bis 20. Juli	Gastdirigate Albert Lortzings in Mannheim und Frankfurt am Main mit den Opern *Zar und Zimmermann* und dem *Wildschütz*
	10. August	Dr. Carl Christian Schmidt übernimmt in der Nachfolge Sebald Ringelhardts die Direktion und Pacht des Leipziger Stadttheaters
	30. Dezember	»Alessandro Stradella«, Oper von Friedrich von Flotow, in Hamburg erstmalig aufgeführt

1845	28. Januar	Robert Blum wird Ehrenmitglied des Tunnel-Vereins
	6. Februar	Kündigung Albert Lortzings am Leipziger Stadttheater zum Spielzeitende 1844/45
	15. Februar	»Die Jungfrau von Orleans«, Oper von Giuseppe Verdi, in Mailand erstmalig aufgeführt
	15. März	Philipp Viktor Ferdinand Johannes (Hans), als Lortzings elftes Kind geboren (verst. am 27.11.1907)
	21. April	*Undine*, Oper von Albert Lortzing, in Magdeburg erstmalig aufgeführt
	12. August	Die Leipziger »Bartholomäusnacht«; Massenprotest gegen die Verfolgung der oppositionellen deutsch-katholischen Bewegung in Leipzig und Feuerüberfall des Militärs auf die Demonstranten
	19. Oktober	»Tannhäuser«, Oper von Richard Wagner, in Dresden erstmalig aufgeführt
1846	28. Januar	Gastdirigat Albert Lortzings am Theater in Ballenstädt mit der Oper *Undine*
	30. Mai	*Der Waffenschmied*, Oper von Albert Lortzing, in Wien am Theater an der Wien unter der musikalischen Leitung des Komponisten erstaufgeführt
	13. und 14. August	August Heinrich Hoffmann von Fallersleben besucht in Leipzig Albert Lortzing sowie Felix Mendelssohn Bartholdy
	1. September	Neuengagement Albert Lortzings am Theater an der Wien unter der Direktion von Franz Pokorny mit Abschluß eines Zwei-Jahres-Vertrags als Kapellmeister
	8. Dezember	Albert Lortzings Mutter gestorben
1847	14. März	»Macbeth«, Oper von Giuseppe Verdi, in London erstmalig aufgeführt
	7. August	»Das Mädchen vom Lande«, Oper von Franz von Suppé, am Theater an der Wien erstmalig aufgeführt
	4. November	Felix Mendelssohn Bartholdy gestorben
	25. November	»Martha«, Oper von Friedrich von Flotow, in Wien erstmalig aufgeführt
	13. Dezember	*Zum Großadmiral*, Oper von Albert

1848	24. Februar	Lortzing, in Leipzig erstmalig aufgeführt
		Beginn der Februarrevolution in Frankreich. Sturz der Juli-Monarchie König Louis Philipps. Errichtung der zweiten Republik. – In der Folgezeit unter dem unmittelbaren Einfluß der Revolution in Frankreich beginnende revolutionäre Bewegungen in den Staaten des Deutschen Bundes als Teil gleichzeitiger Revolutionen in anderen europäischen Staaten
	13. März	Beginn der Revolution in Wien. Albert Lortzing nimmt in der Bürger-Garde aktiv an der Revolution teil
	18. März	Beginn der Revolution in Berlin
	8. April	Gaetano Donizetti gestorben
	16. April	Beginn des bewaffneten Aufstands durch den Kampf der von den Republikanern geführten Freischaren im Seekreis Konstanz im Großherzogtum Baden
	15. Mai	Revolutionäre Aktionen der Nationalgarde und der studentischen »Akademischen Legion« in Wien zur Verteidigung der Revolution gegen die Reaktion, unter unmittelbarer Teilnahme von Albert Lortzings Sohn Carl Theodor
	18. Mai	In Frankfurt am Main tritt die deutsche Nationalversammlung zusammen
	31. Mai	Albert Lortzing beginnt mit der Arbeit an seiner auf den Heckerschen Freischarenzug in Baden bezugnehmenden Oper *Regina*
	1. Juni	Die »Allgemeine österreichische Zeitung« veröffentlicht Richard Wagners Gedicht »Gruß aus Sachsen an die Wiener«
	31. August	Ende des Engagements Albert Lortzings als Kapellmeister am Theater an der Wien
1848	25. September	Wiedereinführung der Zensur in Preußen
	5. Oktober	Albert Lortzing schließt die Arbeit an seiner Oper *Regina* ab. Unter den Bedingungen der unmittelbar danach

	wieder eingeführten Zensur in Österreich und anderen Staaten des deutschen Bundes kommt es zu Lebzeiten des Komponisten zu keiner Aufführung dieser Oper.
	– In einer Bearbeitung der Oper nach dem Autograph der Partitur und des Librettos von Wilhelm Neef: Erste Auffführung der *Regina* am 8. 8. 1953 im Volkstheater Rostock (DDR); in einer Bühnenbearbeitung nach dem Autograph des Textes und der Dialoge von Frieder Reininghaus, Musik nach dem Autogaph herausgegeben von Wilhelm Neef: Erste Aufführung am 30. Mai 1981 im Theater in Oberhausen
6. Oktober	Beginn des revolutionären Aufstands gegen konterrevolutionäre Aktionen in Wien
25. Oktober	»Der Korsar«, Oper von Giuseppe Verdi, in Triest erstmalig aufgeführt
28. bis 31. Oktober	Niederschlagung der Revolution in Wien mit der Einnahme der Stadt durch die konterrevolutionären Truppen unter dem Fürsten Windischgrätz
9. November	Robert Blum wird auf der Brigittenau bei Wien standrechtlich erschossen
10. November	Einmarsch königstreuer Truppen in Berlin. Staatsstreich in Preußen
1849 9. Januar	»L'Alcôve«, Oper von Jacques Offenbach, in Köln erstaufgeführt (vorhergehende konzertante Aufführung am 27. 4.1847)
27. Januar	»Die Schlacht von Legnano«, Oper von Giuseppe Verdi, in Rom erstmalig aufgeführt
9. März	»Die lustigen Weiber von Windsor«, Oper von Otto Nicolai, in Berlin erstmalig aufgeführt; der Komponist starb am 11.5. desselben Jahres
28. März	Annahme der »Reichsverfassung« durch die Frankfurter Nationalversammlung
3. April	Eine Deputation der Frankfurter Nationalversammlung reist mit deren Mandat nach Berlin, Friedrich Wilhelm IV.

		die Kaiserwürde anzutragen; dieser weist den Antrag der Deputation zurück
1849	16. April	»Der Prophet«, Oper von Giacomo Meyerbeer, in Paris erstaufgeführt
	Anfang Mai bis Ende Juli	Reichsverfassungskampagne: Volkserhebungen und bewaffnete Kämpfe in Sachsen, Rheinland-Westfalen, in Baden und der Pfalz sowie in zahlreichen kleineren deutschen Staaten mit dem Ziel, in ganz Deutschland die Reichsverfassung durchzusetzen
	7./8. Mai	In der Nacht zum 8. Mai wird der revolutionäre Demokrat August Röckel durch sächsisches Militär gefangengenommen und zum Tode verurteilt, später zu lebenslänglicher Zuchthaushaft »begnadigt« und schließlich am 10. Januar 1862, nach fast 13jähriger Haft, als letzter »Mai-Gefangener« aus dem Zuchthaus Waldheim entlassen. Er schreibt über diese Zeit das Buch »Sachsens Erhebung und das Zuchthaus zu Waldheim«
	25. Mai	*Rolands Knappen*, Oper von Albert Lortzing, in Leipzig unter der musikalischen Leitung des Komponisten erstaufgeführt
	18. Juni	Die Deutsche Nationalversammlung in Frankfurt am Main wird durch reaktionäre militärische Kräfte auseinandergejagt
	1. Oktober	Erneutes Engagement Albert Lortzings als Kapellmeister am Leipziger Stadttheater. Unter dem Druck der unmittelbar gegen ihn gerichteter Intrigen der städtischen Behörden und einiger Theatermitglieder kündigt Lortzing bereits am 22. Oktober den Vertrag zum Monatsende
	1. November	Ohne festes Engagement unternimmt Albert Lortzing bis zum Frühjahr 1850 Gastspielreisen als Dirigent und Schauspieler wie als Opernbuffo bei Aufführungen eigener Opern an verschiedenen Bühnen, auch außerhalb Sachsens

	2.(14.) Dezember	Conradin Kreutzer (in Riga) gestorben
	8. Dezember	»Luisa Miller«, Oper von Giuseppe Verdi, in Neapel erstaufgeführt
	10. Dezember	Carl Herloßsohn in Wien im Alter von fünfundvierzig Jahren gestorben
1850	1. Mai	Beginn des letzten Engagements Albert Lortzings als Kapellmeister in Berlin am Friedrich-Wilhelmstädtischen Theater
	17. Mai	Festliche Eröffnung des Friedrich-Wilhelmstädtischen Theaters unter der Direktion von Friedrich Wilhelm Deichmann. Zur Eröffnungsfeier stellt sich Lortzing als neu engagierter Kapellmeister und Komponist dem Publikum mit seiner eigens zur Eröffnung des Theaters komponierten Festouvertüre vor
	25. Juni	»Genoveva«, Oper von Robert Schumann, in Leipzig erstaufgeführt
	28. August	»Lohengrin«, Oper von Richard Wagner, in Weimar erstaufgeführt
1850	20. November	»Ferdinand von Schill«, Drama von Rudolph Gottschall. Musik von Albert Lortzing; am Berliner Friedrich-Wilhelmstädischen Theater erstaufgeführt
	25. Dezember	Erste Aufführung der Posse »Müller und Schulze, oder: Die Einquartierung« von Rudolph Genée, mit dem Lied vom neunten Regiment nach dem Text von Strass, der letzten Komposition Albert Lortzings. Noch vor Jahresende erhält der Komponist die Kündigung seines Engagements durch Friedrich Wilhelm Deichmann zum 1. Februar des kommenden Jahres
1851	20. Januar	»Junker und Knecht« von Friedrich Kaiser, mit der Musik von Albert Lortzing, und – zum ersten Male – *Die Opernprobe*, Albert Lortzings letzte Oper, in Frankfurt am Main aufgeführt
	21. Januar	Gustav Albert Lortzing in Berlin gestorben
1854	13. Juni	Albert Lortzings Frau Rosina Regina gestorben

III. Werkverzeichnis

Opern, Singspiele, Liederspiele

    Ali Pascha von Janina
    Der Pole und sein Kind
    Der Weihnachtsabend
    Szenen aus Mozarts Leben
    Andreas Hofer
    Die beiden Schützen
    Die Schatzkammer des Ynka
    Zar und Zimmermann
    Caramo (Das Fischerstechen)
    Hans Sachs
    Casanova
    Der Wildschütz
    Undine
    Der Waffenschmied
    Zum Großadmiral
    Regina
    Rolands Knappen
    Die Opernprobe

Entwürfe für Opernlibretti	Opernneubearbeitung
Der Amerikaner	Die Jagd (J.A. Hiller)
Cagliostro	

Bühnenmusik und Theatergesänge zu

Der Schutzgeist (A.v. Kotzebue)
– Chor und Tanz
Der Kapellmeister von Venedig (Breitenstein)
– Italienische Ariette und Quodlibet
Viola (J.v. Auffenberg)
– Lied des Serini (»Ein Mädchen hold den Sänger liebt«)
Die Hochfeuer oder die Veteranen (H. Sachs)
– Bühnenmusik
Ein Held und seine Liebe (K. Elmar)
– Marsch
Don Juan und Faust (Ch.D. Grabbe)
– Bühnenmusik und Gesangseinlagen
Fanchon (A.v. Kotzebue/F.H. Himmel)
– Gesangseinlage »O laß dein Herzchen nicht mehr pochen«
Der Löwe von Kurdistan (J.v. Auffenberg)
– Ballett und Gesangseinlage »Gloria Patri«
Yelva (nach E. Scribe von Th. Hell)
– Bühnenmusik und Chor
Stablers Reiseabenteuer (A. Bäuerle)
– Gesangseinlage »Bescheidene Fragen«
Stablers Hochzeit (A. Bäuerle)
– Lied: »Auf denn zu dem Freudenfeste«
Festspiel »Uranias Festmorgen« (H. Smidt)
– Bühnenmusik mit Chor
Faust, II. Teil (J.W.v. Goethe)
– Türmerlied und Bühnenmusik mit Chor zur Schlußszene
Vier Wochen in Ischl (J.K. Böhm)
– Bühnenmusik und Gesangseinlagen
Der Zerrissene (J. Nestroy)
– Bühnenmusik und Gesangseinlagen
Einen Jux will er sich machen (J. Nestroy)
– Quodlibet
Der Talismann (J. Nestroy)
– Lied: »Der Rotkopf« nach einem Gedicht von Ph. Reger
Zu eb'ner Erde und im ersten Stock (J. Nestroy)
– Gesangseinlage »Es kommt auf die Art und Weise an«
Lumpacivagabundus (J. Nestroy)
– Gesangseinlage »Süße Erinnerung, wenn ich gedenke«
Der reisende Student (L. Schneider)
– Duett (Margarethe und Mauser): »Komm, folge er mir«
Die Zillerthaler (F.Nesmüller)
– Ouvertüre
Im Irrenhause (Ein Genrebild, Musik von A. Lortzing)
– Ouvertüre und Arie: »Vortrefflick sein Compositione«

Die drei Edelsteine (R. Benedix)
- Bühnenmusik

Eine Berliner Grisette (O. Stotz)
- Ouvertüre und Gesangseinlagen (Weißbierlied und das Lied »Vom unterdrückten Gefühl«)

Ein Mittwoch in Moabit
- Bühnenmusik und Schneiderlied: »O hätte ich Flügel«

Die Dreizehn (J.F. Halévy)
- Gesangseinlage »Zwar hat der Schönheit ...«

Die Übergabe des Zopfes Karls des Großen an die Friseur-Innung zu Schilda
- Für den »Tunnel« geschriebener heiterer Zweiakter
  Text und Musik von A. Lortzing (verschollen)

Der verkaufte Schlaf (C. Haffner)
- Quodlibet

Graf Benjowski (A.v. Kotzebue)
- Schlacht-Ouvertüre

Junker und Knecht (F. Kaiser)
- Bühnenmusik und Chor: »Die Sonn' droben am Himmel«

Ferdinand von Schill (R. Gottschall)
- Ouvertüre, Bühnenmusik und Leierkastenlied:
  »Bei Kolberg, an der Ostsee Strand«

Müller und Schulze (R. Genée)
- Das Lied vom 9ten Regiment, nach dem Text von Strass:
  »Wir sind Soldaten vom 9ten Regiment« – Letzte Komposition Lortzings

Lieder, Chöre und Chorwerke mit Instrumentalbegleitung

Sololieder

Die Bürgschaft (F. Schiller)
In der Väter Hallen ruhte ... (F. Stolberg)
Lied und Liebe (J.N. Vogl)
Die Post (J.N. Vogl)
Seemanns Grab (J.N. Vogl)
Abschied (J.N. Vogl)
Mein Allerseelenlicht (J.N. Vogl)
Der Invalide (A. Bube)
Dorf-Hammer (Th. Körner)
Weinlied
Mein Wunsch (Ernst Vincke)
Alles will jetzt größer sein (G.Th. Drobisch)
Acht Logenlieder (mit Klavierbegleitung) für die St. Joh. Loge zum Goldenen Rade

Mein Rock (nach P.J. Béranger von F.B.H.W. Gaudy)
Meine Haare (F.B.H.W. Gaudy)
Die Sterne leuchten durch die Nacht (Th. Apel)
Schenkt ein, es lebe der Wein
Lieb und Leben
Man preiset mich als reicher Mann
Ständchen (Schlumm're ruhig, liebes Leben)
Der deutschen Jugend gilt mein Lied (A. Mödinger)

Gemischte Chöre oder Vokalensembles

Das Mädchen aus der Fremde (F. Schiller)
Elisabethen-Walzer (Text und musikalisch nach Joh. Strauß [Vater] für 6st. Chor arrangiert von Albert Lortzing)
– »Strauß! Dir tönt unser Lob«
Lied an die Freude (F. Schiller)
– für Chor und Orchester arrangiert nach C.F. Schulz
Die Mönche (M. Tenelli-Millenet)
– Choral (mit Bläserquintett)
Lebe froh und zufrieden
– 4st. Kanon
Zwei komische Quodlibets (8st.)

Männerchöre

An den Frühling (F. Schiller)
Würde der Frauen (F. Schiller)
Wohlauf, Kameraden! Auf's Pferd, auf's Pferd
  (Reiterlied aus F. Schillers »Wallenstein«)
Tunnel-Lied: »Die Frauen und Mädchen, wie Rosen so rein«
  (für Tenorsolo, Männerchor und Orchester)
Ernste und heitere Festgesänge für den »Tunnel«
– Die verlorene Rippe (Neuendorff)
– Toast den Damen (Neuendorff)
– Gratulation (O.v. Teubern)
– Den Neuvermählten (K. Sydow)
– Das hat' ich ... (Enck v. d. Burg)
Du mit dem Frühlingsangesichte (G.A. Bürger)
In der Stadt, die du jetzt auf's neu ...
  (Begrüßung für F. Mendelssohn Bartholdy)
Ahnungsvoll, hoffnungsvoll, glaubensvoll
  (Liedkomposition für die Loge »Balduin zur Linde«)
Scheiden, leiden ... (E. Geibel)
Spielmannslied (E. Geibel)
Morgen wieder (J.N. Vogl)
Walzerlied (J.N. Vogl)

Des Hauptmanns Wunsch (G. Vincke)
Willkommen, o holde Wonnezeit
Trauerchor für die im Kampf Gefallenen (18.3.1848)
   Text nach C. Haffner
Die Garde der Nation (C. Cerry)
Neues Osterlied (O. Rick)
Das deutsche Studentenlied (A. Fischer)
Das Lied vom deutschen Kaiser (D. Jurende)
Das waren die braven Studenten (A. Buchheim)
Sieg der Freiheit oder Tod (C. Herloßsohn)
Grablied (zum Tode C. Herloßsohns), auf einen Text von F. Kaiser
Das Lied vom Brandenburger Tor

Zweistimmige Gesänge

   Zu den Zeiträumen
   Gloria in Exelsis
   Trinklied (»Schenk ein, es lebe der Wein«)
   Jubelhochzeit (Duett für Sopran und Baß)

Vokalsinfonische Chorwerke

   Hymne für Soli, Chor und Orchester (F. Matthisson):
     »Dich preist Allmächtiger«
   Oratorium: Die Himmelfahrt Jesu Christi
   Schiller-Cantate
     (nach einem vermutlich von Robert Blum verfaßten Text)
   Jubelcantate
     (zur Säcularfeier der Loge »Minerva zu den drei Palmen«)

Instrumentalwerke

   Konzertstück für Horn und Orchesterbegleitung (Andante maestoso con variazioni)
   Ouvertüre alla Turca
   Jubel-Ouvertüre (über den Dessauer Marsch)
   Ouvertüre in G-Dur
   »Warme-weeche-Bretzel«-Walzer
   Polacca
   Potpourri für Klappenhorn (über D.F.E. Aubers »Fra Diavolo«)
   Festouvertüre zur Eröffnung des Friedrich-Wilhelmstädtischen Theaters

IV. Zur Handlung der Opern

Ali Pascha von Janina	44 – 47, 59
Die beiden Schützen	115 ff.
Die Schatzkammer des Ynka	126 ff.
Zar und Zimmermann, oder: *Die zwei Peter*	132 ff., 141 ff., 146, 153
Caramo, oder: *Das Fischerstechen*	158 – 160
Hans Sachs	165 – 167
Casanova	175 – 178
Der Wildschütz, oder: *Die Stimme der Natur*	195 – 200
Undine	215 – 216
Der Waffenschmied	243 – 246
Zum Großadmiral	261 – 264
Regina	285 – 292
Rolands Knappen, oder: *Das ersehnte Glück*	307, 308 ff., 310 – 315, 318 f.
Cagliostro	326 – 328
Die Opernprobe, oder: *Die vornehmen Dilettanten*	346 – 347

V. Opern-Titelregister

Alessandro Stradella	388
Ali Pascha von Janina	32, 44 ff., 58, 59, 123, 353, 383
Andreas Hofer	21, 74 ff., 385
Barbier von Sevilla, Der	33, 54, 56
Beiden Schützen, Die	115 ff., 119 f., 121 f., 129, 134, 210, 260, 322, 330, 339, 348, 359, 387
Benvenuto Cellini	232, 387
Borgomastro di Saardam, Il	131, 142
Brauer von Preston, Der	84
Caramo	84, 123, 155, 158, 168, 169, 181, 275, 322, 387
Casanova	174, 175 ff., 387
Cosimo	155
Don Giovanni	33, 56, 58, 64, 85, 105, 214
Donna Diana	76
Don Pasquale	388
Dorfbarbier, Der	56
Dreizehn, Die	238
Due Foscari, I (Die beiden Foscari)	124
Entführung aus dem Serail	44, 46, 56, 85
Euryante	85, 383

Faust (L. Spohr)	388
Feensee, Der	84
Felsenmühle, Die	230
Fidelio	44, 46, 56, 130, 193, 380
Fledermaus, Die	181, 308, 309 ff.
Fliegende Holländer, Der	388
Foscari (siehe: Due Foscari, I)	
Fra Diavolo	56, 84, 238, 384
Frauenwerth, oder: Der Kaiser als Zimmermann	29, 130
Freischütz, Der	46, 85, 93, 151, 345, 382
Genoveva	393
Guido und Ginevra	84
Gustav III., oder: Der Maskenball (D. F. E. Auber)	84, 104
Hans Heiling	104, 113
Hans Sachs	60, 123, 163 ff., 169, 179, 232, 387
Hochzeit des Figaro	85, 90 f.
Hugenotten, Die	386
Iwan Sussanin	387
Jagd, Die	65, 114, 384
Jean de Paris (Johann von Paris)	84, 114
Jessonda	85, 382
Joseph in Ägypten	56, 255
Jüdin, Die	84
Jugendjahre Peters des Großen, Die	130
Korsar, Der	391
L'Alcôve	391
Leonore, ou L'amour conjugal	130
Liebestrank, Der	84
Liebesverbot, Das	386
Lohengrin	393
Luisa Millerin	393
Lustigen Weiber von Windsor, Die	391
Macbeth	389
Mädchen vom Lande, Das	389
Martha	389
Maurer und Schlosser	56, 105, 383

Meistersinger von Nürnberg, Die	164, 205
Méprises par ressemblance, Les	
Die Verwirrung durch Verwechslung)	115
Montecchi und Capuleti	
(I Capuleti e i Montecchi)	84
Nabucco	123, 387
Nachtlager von Granada, Das	152, 386
Nachtwandlerin, Die	384
Nordstern	131
Norma	84, 385
Nouveau seigneur de village, Le	
(Der neue Gutsherr)	56, 64
Oberon	85, 383
Opernprobe, Die,	
oder: Die vornehmen Dilettanten	49, 160, 326, 339, 340, 346 ff., 354, 393
Othello (G. Rossini)	85
Pascal ét Chambord	387
Perruquiér de la Régence;	
auch: Der Perückenmacher der	
»Régence«, oder: Der Pariser	
Perruquiér (Ch. L. A. Thomas)	85
Peter, der Erste	132
Peter, der Große (Ch. G. Hempel)	130
Peter und Kathinka	131
Pierre et Catherine	131
Pierre le Grand	130, 146, 147
Pietro il Grande	131
Postillon von Lonjumeau, Der	84, 386
Preciosa	54
Prophet, Der	392
Raoul Barbe-Bleue	130
Regimentstochter, Die	387
Regina	32, 47, 55, 124, 274 f., 278, 283 ff., 286, 289, 292 ff., 296 ff., 299 f., 301 ff., 305, 336, 387, 390 f.
Rienzi	388
Rigoletto	124
Rivale di se stesso	
(Der Rivale seiner selbst)	242
Robert, der Teufel	385

Rolands Knappen, oder: Das ersehnte Glück	306, 308, 310, 317 f., 322, 339, 392
Ruslan und Ludmilla	388
Schatzkammer des Ynka, Die	126 ff.
Schlacht von Legnano, Die	391
Schöffe von Paris, Der	324
Stumme von Portici, Die	66, 76, 82, 84, 114, 383
Tal von Andorra, Das	345
Tancred	85
Tannhäuser	389
Templer und Jüdin	84, 384
Titus	54, 85
Undine (E. T. A. Hoffmann)	28, 214, 215 ff., 382
Undine (A. Lortzing)	28 f., 160, 213, 221, 232, 241, 257, 260, 322, 329, 348, 389
Une folie	56
Un giorno di regno (König für einen Tag	387
Vampyr, Der	85, 106, 113, 214 ff., 384
Vestalin, Die	56
Waffenschmied, Der (F. Kauer)	242
Waffenschmied, Der (A. Lortzing)	14, 160, 169, 237, 241 f., 243 ff., 246, 251, 252, 256, 322, 348, 389
Wasserträger, Der	130
Weiße Dame, Die	56, 84, 92, 114, 383, 386
Wildschütz, oder: Die Stimme der Natur	123, 160, 186 ff., 189 ff., 195 ff., 200 f., 203, 210, 251, 256, 322, 329, 349, 365, 388
Wilhelm Tell	384
Zampa	56
Zar und Zimmermann, oder: Die zwei Peter	12, 29, 59, 60, 84, 123, 132, 133, 135 ff., 139, 160, 167 f., 181, 199, 200 f., 210, 218, 251 f., 256, 259 f., 280, 322, 330, 333, 340, 345, 349, 363 ff., 388
Zum Großadmiral	123, 251, 255, 257, 261, 315 f., 322
Zum treuen Schäfer	84

VI. Personenverzeichnis

Adam, Adolphe 84, 131, 327, 380, 386 f.
Ahles, Johann 32
Ahles, Regina Dorothea, geb. Kohlbrey 32
Albrechtsberger, Johann Georg 29
Alexander I., Zar von Rußland 34
Ali Pascha von Janina 32, 44 f.
Almagro, de Diego 126, 127
Alvensleben, Louis 102 ff.
Angely, Louis 290
Anton, König von Sachsen 97, 99
Ariost, Ludovico 124
Arndt, Ernst Moritz 19, 41
Arnim, Bettina von 22
Ascher, Anton 333, 352, 355 f.
Atahualpa, Ynka von Peru 126 ff.
Attila (Etzel), König der Hunnen 193
Auber, Daniel François Esprit 55, 56, 76, 80, 104, 105, 114, 238, 383, 384
Auffenberg, Joseph von 50, 238
August, Ernst Ferdinand 25 f.

Bach, Johann Sebastian 81, 357
Bach, Wilhelm 357
Bakunin, Michail Alexandrowitsch 90, 282
Ballmann, Max 227
Basedow, Johann Bernhard 195
Bäuerle, A. Adolf 238
Batz, C. W. 294
Baudius, Carl Friedrich 235
Bauernfeld, Eduard von 226
Baumgärtner, Julius A. 221
Beck, Carl 173
Beck, Heinrich 57, 64, 73, 92, 386
Beer, Jakob Herz 91
Beer, Michael 91
Beer, Wilhelm 91
Beethoven, Ludwig van 44, 48, 56, 106, 130, 193, 249, 258, 363, 380, 383
Bellini, Vincenzo 85, 380, 384, 385, 386
Benedix, Julius Roderich 238, 309
Béranger, Pierre, Jean de 238
Berlioz, Hector 232, 387
Bernet, Dietfried 304

Berthold, Gotthelf Leberecht 133, 143, 227
Bethmann, Heinrich 90
Beyme, Karl Friedrich von 41
Biedenfeld, Ferdinand von 129
Biedermann, Karl 269 f.
Binder, Karl 261
Binzer, August Daniel von 38
Blum, Hans 265
Blum, Karl 255
Blum, Robert 86, 97 ff., 106, 109, 111, 126, 136, 169, 170 ff., 174, 186, 219, 223, 225, 229, 234 f., 236 f., 254, 265, 268, 276, 278, 279 f., 282, 283, 326, 352, 370 (Anm. 4/44), 380, 389, 391
Blume, Carl 136, 143
Bock, Hugo 296, 298, 345
Böhm, J. K. 274
Börne, Karl Ludwig 42 f., 112, 192
Boieldieu, François-Adrien 56, 69, 71, 85, 92, 114, 194, 383
Boirie, E. C. 129
Born, Stephan 282
Borsig (Maschinenfabr.) 332
Bote, Eduard 296, 345
Bouilly, Jean Nicolas 130, 193
Boyen, Leopold Hermann Ludwig von 41
Breuning, Stephan von 130
Bruch, Wilhelm 195 f.
Bube, Adolf 238
Buchheim, A. 271
Büchner, Georg 62, 112
Bürger, Gottfried August 238
Bunsen, Christian Karl Josias von 317

Cagliostro, Alexander Graf von 326 ff.
Calderon de la Barca, Pedro 56
Casanova, Giovanni Battista 175

Casanova de Seingalt, Giovanni Jacopo 175
Cerf, Carl Friedrich 91 ff., 95, 96
Cerry, Cajetan 273
Chamisso, Adelbert von 42
Cherubini, Luigi 55, 69, 130, 388
Cicero, Marcus Tullius 373 (Anm. 6/19)
Cimarosa, Domenico 380
Clauren, Heinrich (Pseudonym von Karl Gottlob Samuel Heun) 54, 383
Cooke, Benjamin 131
Cords, Gustav 115
Cornelius, Peter 383
Cossé, Peter 304

Dalayrac, Nicolas-Marie 55
David, Ferdinand 232
Deichmann, Friedrich Wilhelm 331 f., 335 ff., 342 f., 346, 350, 352, 353 f., 393
Deinhardtstein, Johann Ludwig 60, 163
Demuth, Walter 86, 158, 187, 225
Dessoir, Theodor 227
Deutrich, Christian Adolf 136, 370 (Anm. 4/43)
Devrient, Ludwig 25
Devrient, Philipp Eduard 86
Dittersdorf, Karl Ditters von 65, 380
Dörnberg, K. F. Wilhelm 381
Donizetti, Gaëtano 85, 131, 182, 380, 387, 388, 390
Dorn, Heinrich 324, 358
Dreifuss, Alfred 336
Drobisch, Gustav Theodor 238
Dürer, Emile 295
Düringer, Philipp 33, 88, 111, 128, 167, 170, 174, 179, 182, 211, 212 f., 222, 225, 227,

228, 233, 245, 253, 257, 296, 334, 338 f., 344, 359
Dunkl, Johann Nepomuk 272
Dunschirn, Ernst 303
Duport, Paul 155
Duval, Alexandre Vincent Pineux 255
Duveyrier (Pseudonym: Mélesville), Anne Honoré Joseph 129

Eckermann, Johann Peter 85
Egells (Maschinenfabr.) 332
Effel, Jean 132
Eichrodt, Ludwig 247, 248 f.
Elmar, Karl (siehe: Swiedak, Karl)
Engels, Friedrich 195, 253 f., 271, 286, 296
Euripides, griech. Tragödiendichter 230

Fasch, Karl Friedrich Christian 15
Federici, Camillo 112
Ferdinand I., Kaiser von Österreich 271, 275 f.
Fetting, Hans 299
Fichte, Johann Gottlieb 22
Fink, Gottfried Wilhelm 135 f.
Fischer, August 271
Flotow, Friedrich von 131, 251, 381, 388, 389
Follen, August (später: Adolf Ludwig) 38 ff.
Follen, Karl 38 ff.
Formes, Karl 272
Forster, Georg 379
Fouqué, Friedrich de la Motte 28 f., 214 ff., 388
Franz II., bis 1806 röm.-deutscher Kaiser (seit 1804 als Franz I. Kaiser von Österreich) 380
Frege, Waldemar 110

Freiligrath, Ferdinand 62, 235, 250
Freydank, Ruth 336
Friedrich II., König von Preußen 11
Friedrich August II., König von Sachsen 317
Friedrich Wilhelm III., König von Preußen 18, 21, 28, 30, 96 f., 140, 381
Friedrich Wilhelm IV., König von Preußen 91, 188, 230, 274, 307, 312, 315, 316, 317 ff., 391 f.
Friese, Robert 236
Fröbel, Julius 278, 279 f., 326
Funk, Schloßhauptmann von 53, 79

Gaveau, Pierre 130
Geibel, Emanuel 238
Genée, Richard 309 f.
Genée, Rudolf 353, 393
Gensichen, Otto Franz 189
Gerhardt-Frege, Lidia 109, 110
Gilardoni, Domenico 131
Glaßbrenner, Adolf 95, 96, 107, 163 f., 250, 282, 356, 381
Gleich, Friedrich 107
Glinka, Michail 387, 388
Gluck, Christoph Willibald 257, 258
Gneisenau, August Wilhelm Anton, Graf Neidthard von 18 f., 381
Goethe, Johann Wolfgang von 10, 12 f., 36, 63, 82, 85, 86, 90, 144, 150, 163, 170, 191 f., 238, 325, 384, 385
Goethe, Katharina Elisabeth 192
Goldoni, Carlo 124
Gollmick, Carl 29, 200, 212, 217 f., 285 f., 337
Gossec, François Joseph 384

Gottschall, Rudolf von 172, 352, 393
Gotzkowsky, Carl Eckhard Wilhelm 10 ff.
Gotzkowsky, Franz Wilhelm Ludwig Robert 12
Gotzkowsky, Johann Ernst 10 ff., 94
Gotzkowsky, Johanna Sophie 10 ff., 94
Gozzi, Carlo 56, 124
Grabbe, Christian Dietrich 42, 43, 62 ff., 68, 79, 380, 382, 386
Grétry, André Ernest Modeste 47, 55, 114 f., 120, 122, 130, 146 ff., 364, 371, (Anm. 4/56), 381
Griebel, Johann Heinrich 15
Grillparzer, Franz 69, 215
Grolmann, Karl Wilhelm Georg von 41
Gronostay, Uwe 61
Gropius, Carl Wilhelm 340
Groß, Johann Carl 206, 370, (Anm. 4/43)
Günter-Bachmann, Caroline Wilhelmine 133
Günther, Georg 172
Gutenberg, Johann 163, 387
Gutzkow, Karl Ferdinand 40, 109, 171, 226

Härtel, Gustav 293
Härtel, Hermann 132, 238, 346
Härtel, Raimund 109, 135, 162, 238, 322, 346
Häser, Gustav 256
Haffner, Carl 308 ff.
Hain (genannt: Hellwig) 26
Halévy, Jacques François Elie Frommtal (eigentl.: Elias Levi) 84, 182, 238, 309, 345
Hamm, Christoph 162
Hanslick, Eduard 203, 366
Hanstein, Baron M. von 110

Hauff, Wilhelm 41
Haydn, Joseph 47, 48, 60, 381
Hecker, Friedrich 274, 285 ff., 390
Hegel, Georg Wilhelm Friedrich 42
Heine, Heinrich 42, 112, 123, 124, 125, 143, 151, 171, 187, 275, 357, 380
Heinrich V., König von England 261 ff.
Hell, Theodor (eigentl.: Karl Gottlieb Theodor Winkler) 68, 255, 385
Heller, Robert 230
Helmersen, Peter von 210
Hempel, Christoph Gottlob 130
Henning, Karl W. 259
Herloßsohn, Carl 196 ff., 109 ff., 182, 209, 234, 240, 273, 325, 393
Hermann, Georg 251
Hérold, Louis-Joseph-Ferdinand 56
Herwegh, Georg 143, 172, 250, 282, 285, 286, 382
Hessel, Walter 162
Hiller, Johann Adam 65 ff., 81, 114, 380, 384, 386
Himmel, Friedrich Heinrich 194, 238
Hinckeldey, Karl Ludwig Friedrich 351
Hochberg, Hans Heinrich Bolko Graf von 253, 298
Hofer, Andreas 21, 71, 74, 381
Hoffmann von Fallersleben, August Heinrich 172, 254 f.
Hoffmann, Ernst Theodor Amadeus 28, 214 ff., 367 (Anm. 2/2), 382, 389
Hoffmann, Hans 129, 297, 368 (Anm. 3/1), 370 (Anm. 4/39)
Hoffmann, Horst 300
Hofmann, Andreas Joseph 379
Hofmann, Klaus 304

Hofmeister, Friedrich 107, 162
Holtei, Karl von 69
Horn, Wolfgang 302 f.
Houwald, Christoph Ernst 386
Humboldt Wilhelm von 21

Iffland, August Wilhelm 12, 16, 243, 255
Immermann, Karl Leberecht 37, 42, 43, 74
Itzstein, Johann Adam von 172

Jahn, Friedrich Ludwig 22, 25, 41
Jauner, Franz 309 f.
Jean Paul (eigentl.: Johann Paul Friedrich Richter) 39, 186, 193, 250
Johann, Prinz von Sachsen; ab 1854 König von Sachsen 235
Jünger, Johann Friedrich 49, 326, 346
Julien, Guillome 131
Jurende, D. 271

Kaiser, Friedrich 326, 393
Kalisch, David 340
Karl I., der Große, König der Franken 307
Karl V., deutscher Kaiser (als Karl I. König von Spanien) 126
Karl VI., König von Frankreich 261
Karl X., König von Frankreich 66, 384
Karl Leopold Friedrich, Großherzog von Baden 285
Kauer, Ferdinand 242
Keller, Gottfried 250 ff.
Kindermann, August 231 f.
Kleinmichel, Richard 299
Kleist, Heinrich von 56
Klinger, Hermann Adolf 370 (Anm. 4/43)
Knothe, Dietrich 61

Koch, Otto 321, 370 (Anm. 4/43)
Köhler, Karl Heinz 373 (Anm. 6/40)
Körner, Theodor 19, 73, 76, 238
Kollo, Walter 357
Kosciuszko, Thaddäus 69
Kotzebue, August von 12 f., 25, 31, 34 ff., 43, 47, 50, 54, 56, 186, 187, 191 ff., 194, 200, 201 f., 238, 307, 380, 382, 383
Krafft, Carl 348, 359
Krafft, Caroline Elisabeth Henriette Charlotte (Lina), geb. Lortzing (siehe: Lortzing, Kinder)
Krafft-Lortzing, Albert 121, 350
Krafft-Lortzing, Carl 359
Kraft, Günter 376 (Anm. 8/34)
Krebs, Karl August 324
Kreutzer, Konradin 76, 152, 194, 251, 386, 393
Kroll, Auguste 322, 348
Kruse, Georg Richard 296 ff., 301, 364, 371 (Anm. 4/50)
Kühne, Gustav 98, 171, 360
Küstner, Theodor von 259
Kummer, P. G. (Verlag) 193
Kupfer, Christine 52, 56, 225, 354
Kupfer, Katharine 52
Kußmaul, Adolf 248 f.
Kutusow, Fürst Michail Illarionowitsch 27

Lachner, Franz 148
Lachner, Vincenz 148, 149
Lamberg, Franz Philipp von 345
Langhans, Carl Gotthard (d. Ä.) 28
L'Arronge, Adolph (eigentl.: Aronsohn) 297 ff., 336

Latour, Theodor von 275, 345
Laube, Heinrich 109 f., 113, 171, 225 f., 228 f., 236
Lauckner, Rolf 185
Laue, Hellmuth 370 (Anm. 4/44), 377 (Anm. 9/2)
Lebrun, Karl August 175
Lenau, Nicolaus (Niembsch Edler von Strehlenau) 69
Lessing, Gotthold Ephraim 12, 56
Lesueur, Jean François 55, 387
Levin, Rahel 22
Lichtenstein, Carl August von 28, 29, 130
Lind, Jenny 222, 232
List, Friedrich 116 f.
Liszt, Franz 272, 273, 381
Lobe, Johann Christian 141, 144, 151, 202 f., 217, 361 ff.
Löwe, Carl (Messerschmied) 174
Lodemann, Jürgen 303
Lortzing, Albert Gustav 7 f., 10, 14 ff., 16, 18, 19, 21 ff., 24 ff., 26 ff., 29 f., 31 ff., 36, 43, 44 ff., 52 f., 55 ff., 58 ff., 62 ff., 71 f., 74 ff., 77 ff., 81 ff., 90 ff., 95 ff., 99 ff., 105 f., 109, 114 ff., 121 ff., 126 ff., 129 ff., 132 f., 144 ff., 149 ff., 155 ff., 159 ff., 163 f., 174 ff., 182 ff., 186 ff., 189 ff., 200 f., 202, 203 ff., 205 ff., 210 f., 212, 213, 214, 220 ff., 229 ff., 232 ff., 237 ff., 240 ff., 242 ff., 247 ff., 253, 254 ff., 257 ff., 260 ff., 265 f., 269 ff., 274 ff., 279 ff., 285 ff., 304 f., 306 ff., 316 ff., 324 f., 326 f., 329 ff., 335 ff., 339 ff., 344 f., 346 ff., 351 ff., 354 ff., 357 ff., 361 ff., 380, 382 ff.
Die Eltern:
Johann Gottlob 8, 10, 12, 16, 22 f., 24 ff., 31, 51, 78 f., 87, 101, 129, 156, 174 f., 379, 380, 381, 382, 387
Charlotte Sophie (geb. Seidel) 14, 22 f., 24 ff., 31, 49, 51, 78 f., 87, 101, 133, 156, 212, 220, 225, 227, 234, 257 ff., 379, 380, 381, 382, 389
Die Großeltern:
Johann Heinrich (d. Ä.) 8, 10, 12
Johanna Sophie (geb. Bährens) 10
Die Vorfahren in Thüringen: 8 ff.
Die Schwester:
Berta Elise 14, 381
Die Ehefrau:
Rosina Regina 31 f., 44, 48, 52, 54, 55 f., 63, 76, 77 ff., 86 ff., 89, 96 f., 100, 156, 174, 220, 257, 260, 294, 320 ff., 330, 337 f., 340, 343, 354 f., 358 f., 359, 380, 383, 386, 393
Die Kinder:
Bertha 48, 52, 71
Charlotta Albertina (Bertha) Rosina 52, 383
Caroline Rosalie 49, 54, 77, 383, 384
Caroline Elisabeth Henriette Charlotta (Lina) 77, 225, 321 f., 324, 334, 348, 359, 383 f.
Julie Eleonore Charlotta Luise 77, 384, 385
Carl Theodor 76 f., 88, 261, 271, 272, 384 f., 390
Johann Heinrich (d. J.) 76 f., 88, 384 f.
Anna Henriette Charlotte 88, 359, 385 f.
Marie 174, 387
Philipp Viktor Ferdinand Johann (Hans) 149, 234, 260, 298, 355, 359, 389

Weitere Verwandte:
Lortzing, Auguste Emilie Beate (geb. Elstermann) 190
Lortzing, Caroline (geb. Brückmann) 212, 213
Lortzing, Johann Sophie (vermählte Gotzkowsky) 10 ff.
Lortzing, Johann Friedrich Thomas 93, 94, 212, 234 f.
Lortzing, Juliane Amalie 94
Lortzing, Susanna Eleonore Marie (verw. Steiner) 94
Lortzing, Wilhelm Ludwig 94
Lortzing-Röckel, Caroline 90, 384
Krafft, Carl; verh. mit Caroline (Lina) Lortzing 348, 359
Krafft, Caroline (Lina); siehe unter: A. Lortzing *Die Kinder*
Krafft-Lortzing, Albert (Urenkel Albert Lortzings) 121, 359
Krafft-Lortzing, Carl (Enkel Albert Lortzings) 359
Schmidt, Anna-Marie Charlotte 95

Lothar, Mark 183
Louis-Philipp, König von Frankreich 66, 384, 390
Ludwig XVI., König von Frankreich 125
Lützow, Adolf Freiherr von 19, 381
Luque, Hernando de 126

Maas, Liselotte 336 ff.
Marr, Heinrich 224, 232
Marschner, Heinrich 84, 104, 106 ff., 110, 113, 251, 258, 363, 379, 384
Marx, Karl 253 f., 296
Matthisson, Friedrich von 48
Maximilian I., deutscher Kaiser 134, 164, 167, 179

Méhul, Etienne-Nicolas 55, 56, 255, 382
Meilhac, Henri 309
Meisinger, Georg 261, 267, 270, 275, 278, 281, 306, 308
Mendelssohn Bartholdy, Felix 106, 110, 163, 187, 188, 206, 229 ff., 232, 237, 265 f., 363, 372 (Anm. 5/14), 381, 389
Mercadante Saverio 131
Merle, J. T. 129
Metternich, Clemens Wenzel Lothar, Fürst von; Österr. Staatskanzler, Mitbegründer der »Heiligen Alliance« 41, 82, 99, 112, 240, 269, 275, 381
Meyerbeer, Giacomo (eigentl.: Jakob Liebmann Beer) 91, 131, 358, 385, 386, 392
Mirani, Johann Heinrich 276
Mödinger, Albert 239, 325
Molière (eigentl.: Jean-Baptiste Poquelin) 36, 56, 112, 125, 192, 363
Mosen, Julius 71
Mozart, Wolfgang Amadeus 44, 47, 54, 56, 64, 73, 74, 85, 91, 105, 106, 121, 214, 232, 258, 364, 379
Mühldorfer, Josef 216
Müller, Wilhelm (1794–1827) 43, 44
Müller, Wilhelm (Klavierfabr.) 295 f., 298
Mundt, Theodor 171
Musäus, Johann Karl August 307, 312

Napoleon I., Bonaparte 18, 20, 22, 27, 30, 33, 34, 276, 380
Nedomansky, Leo 162
Neef, Wilhelm 299 ff., 304, 376 (Anm. 8/34), 390, 391
Nesmüller, Ferdinand 339
Nestroy, Johann Nepomuk 86,

212, 238, 240, 277 f., 332, 380
Nettelbeck, Joachim 21
Netzer, Joseph 214, 223
Neumann, Gustav 139
Nicolai, Otto 251, 259, 324, 381, 391
Nicolaus I., Zar von Rußland, und Charlotte (Alexandra), dessen Gemahlin 210 f., 373 (Anm. 6/18)
Nono, Luigi 302

Oettinger, Eduard, Maria 100, 225
Offenbach, Jacques 161, 303, 353, 382, 387, 391
Osten, Ludwig 175

Pagenstecher, Alexander 368 (Anm. 2/6)
Pagenstecher, Carl Heinrich Alexander 40
Palm, Johann Philipp 20 f.
Patrat, Joseph 115
Paul Alexander Leopold, Fürst zu Lippe 54, 66 ff.
Peroni, Adele 95, 96, 141 f.
Peter I., Zar von Rußland 129 ff., 141 f., 149 ff., 152, 179, 371 (Anm. 4/50)
Petrow, Andrej 132
Pfau, Ludwig 143, 248
Pflug (Maschinenfabr.) 332
Pichler, August 53, 54, 58
Pius VI., Papst (vormals: Giovanni Angelo Braschi) 326
Pizarro, Francisko 126, 127 f.
Platen, August von 42, 69, 351
Plenckner, Paul Christian 283
Poegner, Wilhelm 153, 188, 227
Pohlenz, Christian August 109, 206 f., 388
Poisson, Philippe 326, 346
Pokorny, Alois 358

Pokorny, Franz 224 f., 233, 237, 242, 253, 255 f., 257 f., 264 f., 276
Ponner, Johann Jakob Christian 187
Pool, Gerrit Claesz 141, 142
Praetorius, Emil 358
Prévost, Eugène Prosper 155
Prutz, Robert Eduard 143, 351
Puccini, Giacomo 364

Raabe, Wilhelm 366
Raimund, Ferdinand 274, 315, 329
Reclam, Anton Philipp 109
Redern, Graf Wilhelm von 139
Reger, Philipp 43, 111, 150, 164, 170, 205, 210, 211, 212 f., 216 f., 221, 227, 228, 233, 236, 241 f., 256, 258, 266, 278, 306, 329, 330, 334
Reichardt, Johann Friedrich 194
Reininghaus, Frieder 301 f., 391
Reissiger, Karl Gottlieb 69, 230, 237
Rellstab, Ludwig 140, 154, 157, 340
Reznicek, Nikolaus von 76, 385
Ricci, Luigi 260
Richter, Johann Paul Friedrich (siehe: Jean Paul)
Richter, Ludwig 250
Rick, Karl 271
Riehl, Wilhelm Heinrich 361
Rietz, Julius 320 f.
Ringelhardt, Friedrich Sebald 43, 44, 48, 49, 50 f., 71, 77, 82 ff., 85 ff., 98, 99, 101 ff., 109, 128, 136, 157, 205 f., 211 f., 220, 224, 225 ff., 229, 258, 388
Robespierre, Maximilian de 370

Röckel, Carl August 90, 283, 317, 381, 384, 392
Römer, Georg Christian 129
Röttger, Heinz 299
Rollin, Ernst 304
Romanelli, Luigi 242
Roquette, Otto 339
Rosenthal, Karl 60
Rossini, Gioacchino 56, 85, 379, 384
Rungenhagen, Carl Friedrich 15 ff.

Sachs, Hans (1494–1576) 163, 164 ff.
Sachs, Hans 300
Sagemüller, Ernst 301 ff.
Saint-Georges, Jules Henry Vernoy de 131, 327
Saint-Hilaire, A. Vilain de 155
Salieri, Antonio 74
Sand, Karl Ludwig 34 f., 38 ff., 382
Saphir, Moritz (eigentl.: Moses S.) 107, 158 f.
Saremba, Meinhard 372
Saß, Friedrich 172
Sauter, Samuel Friedrich 248 f.
Scharnhorst, Gerhard Johann David von 18 f., 381
Schartner, Walter 304
Scheffel, Victor von 249
Scheibe, Hans R. 183
Schenk, Johann Baptist 56, 387
Schill, Ferdinand von 21, 352, 381, 393
Schiller, Friedrich 12, 25, 47, 56, 57, 65, 86, 144, 170, 173, 174, 187, 193, 231 f., 238, 380, 382, 387, 388
Schindler, Anton 97
Schinkel, Carl Friedrich 61, 93
Schlegel, August Wilhelm 37, 49
Schlegel, Friedrich 37

Schleiermacher, Friedrich Ernst Daniel 22, 41
Schmidt, Carl Christian 109, 212, 214, 220, 223, 224, 226, 228, 229, 241 f., 307, 388
Schmidt, Heinrich 188
Schmidt, Maria Heinrich 271, 275, 277, 283
Schneider, Louis 120, 158
Schneider, Maschinka 94
Schock, Rudolf 120
Scholz, Edwin 301
Schröder, Friedrich Ludwig 243
Schubert, Franz 44, 47, 49, 76, 194, 249, 251, 384
Schulz, Carl Friedrich 173
Schum, Alexander 121
Schumacher, Carl 295 f.
Schumann, Clara (geb. Wieck) 109, 363
Schumann, Robert 81, 106, 110, 136, 167, 251, 324, 381, 393
Scribe, Eugéne 68, 182, 327
Seeburg, David 174
Semper, Gottfried 317
Seume, Johann Gottfried 193
Shakespeare, William 15, 56, 150
Smidt, Heinrich 189, 388
Somma, Antonio 123
Sonnleitner, Joseph von 130
Sontag, Henriette 92
Sophokles, altgriech. Tragiker 92, 187
Spitzweg, Carl 247 f.
Spohr, Ludwig 56, 64, 76, 85, 105, 194, 211, 258, 382
Spontini, Gasparo 55, 56, 140
Stegmeyer, Ferdinand 150, 221
Stein, Carl, Freiherr von und zum 18 f., 30, 35, 41, 380, 381
Steiner, Maximilian 310

Stifter, Adalbert 250
Stolberg, Friedrich Leopold 47
Stoltze, Friedrich 291 ff.
Stotz, Heinrich Otto 348, 354
Strauss, Richard 364
Strauß, Johann (d. Ä.) 238 f.
Strauß, Johann (d. J.) 181, 308, 310
Struve, Gustav 285 ff.
Stürmer 224
Sturm und Koppe (Musikverl.) 256
Suppé, Franz von 182, 255, 261, 389
Swiedak, Karl (Pseudonym: Karl Elmar) 274

Tasso, Torquato 123
Taubert, Wilhelm 358
Telemann, Georg Philipp 81
Thoma, Charles Louis Ambroise 85
Tottleben, Graf Gottlob Kurt Heinrich von 11
Treitschke, Friedrich 130
Truhn, F. Hieronymus 135 f., 153
Tutenberg, Fritz 183, 323

Uhland, Ludwig 42

Vaccai, Nicolo 131
Varin, Etienne Arago 175
Varnhagen von Ense, Karl August 20 ff.
Verdi, Giuseppe 123, 124, 260, 364, 381, 387, 389, 391, 393
Vial, Antonia 92 f.
Vincke, Gilbert von 238
Vogel, Wilhelm 112
Vogl, Johann Nepomuk 238
Voltz, Carl 295

Wachsmann, Karl Adolf von 126
Wagner, Friedrich 261
Wagner, Minna (geb. Planer) 276
Wagner, Richard 35, 69, 90, 109, 113 f., 164, 167, 205, 230, 259, 276, 282 f., 303, 317, 324, 361, 364 f., 381, 386, 388 f., 390, 393
Wagner, Rosalie 109 f.
Waldstein, Joseph Karl Emmanuel, Graf, Herr von Dux 175
Weber, Carl Maria von 47, 49, 76, 85, 93, 106, 113, 121, 151, 173, 251, 363, 365, 382 f.
Weerth, Georg 62
Weigl, Josef 130, 242
Weinlig, Theodor 109
Weiße, Christian Felix 65, 81
Wieck, Friedrich 109
Wieland, Christoph Martin 193
Wieland, Ludwig 43
Wigand, Otto 109, 172, 359
Wilhelm II., deutscher Kaiser und König von Preußen 297 ff.
Windischgrätz, Adolf, Fürst zu 279 f., 281, 391
Wirsing, Rudolph 307, 319 f., 321, 328
Wittgenstein, Ludwig Adolf Peter, Fürst von 27, 35
Wöhlert (Maschinenfabr.) 332
Wolf, Dietrich 162
Worbs, Christian 129, 296, 366
Woltersdorff, Arthur 348

York von Wartenberg, Hans David, Ludwig 27

Zelter, Karl Friedrich 15, 22
Ziegesar, Freiherr von 349
Ziegler, Friedrich Wilhelm 14, 242 f.

EBENFALLS IM HENSCHEL VERLAG ERSCHIENEN

Hubert Ortkemper
Engel wider Willen
Die Welt der Kastraten

Die materialreiche und unterhaltsame Darstellung holt ein wichtiges Kapitel der Musikgeschichte wieder ans Licht: die seltsame und berührende Geschichte der Kastraten. Im 18. Jahrhundert gab es auf der Opernbühne keine Heldentenöre, sondern Heldensoprane. Diese Kastraten waren die Superstars der Barockoper, sie erhielten die höchsten Gagen und konnten sich die Allüren einer Diva leisten. Obgleich die Kastration bei Todesstrafe verboten war, sahen die Ärmsten in Italien darin für ihre Söhne und damit für ihre Familien eine Chance, aus dem Elend herauszukommen. Doch nur für wenige der durch den chirurgischen Eingriff für ihr Leben Gezeichneten erfüllte sich der Traum von einer glanzvollen Zukunft, wie sie dem berühmten Farinelli beschieden war.

In sehr lebendiger Weise schildert der Autor anhand zahlreicher zeitgenössischer Quellen Leben und Schicksal der berühmtesten Kastratensänger aus drei Jahrhunderten. Im Anhang verzeichnet ein Lexikon jene Kastraten, die als Sänger Karriere machten und denen somit das Schicksal Tausender erspart blieb, die, aus der Gesellschaft ausgestoßen, als Bettler endeten.

416 Seiten, 33 Abbildungen,
gebunden mit Schutzumschlag, 12,5 x 20 cm
DM 49,80 sFr 50,80 öS 389,–
ISBN 3-89487-006-0

Henschel Verlag Berlin

Nora Eckert
Von der Oper zum Musiktheater
Wegbereiter und Regisseure

Als man in den zwanziger Jahren unseres Jahrhunderts die Krise der Oper und die Symptome ihrer antiquierten Erstarrung diagnostizierte, war die Musiktheateridee bereits geboren, die mit einer modernen Sicht auf die Opernstoffe auf die geistige Beteiligung des Publikums setzt. »Theater als geistiger Raum« verlangt auch für die Oper zwingend den Regisseur, der die Werke ironisch-kritisch hinterfragt, Widersprüche offenlegt und Zeitbezüge herstellt.
In dem Buch wird die Darstellbarkeit von Oper im zeitgenössischen Sinne behauptet und mit herausragenden Beispielen belegt.
Der erste Teil bringt einen Abriß der Opernregie im 20. Jahrhundert, angefangen von Gustav Mahler über Meyerhold, Rabenalt, Wieland Wagner bis zu Walter Felsenstein und Götz Friedrich. Der umfangreichere zweite Teil, bestehend aus 34 Porträts, beschäftigt sich mit jenen Opernregisseuren, die auf sehr verschiedene, zuweilen konträre Weise und dementsprechend mit unterschiedlichen szenischen Resultaten gegenwärtig für das Musiktheater-Ideal einstehen.
In seiner Gesamtheit vermittelt das Buch einen in dieser Breite bislang nicht existierenden Überblick über den Stand des avancierten Musiktheaters.

280 Seiten, 64 Abbildungen,
gebunden mit Schutzumschlag, 19,5 x 22 cm
DM 58,– sFr 58,– öS 429,–
ISBN 3-89487-207-1

Henschel Verlag Berlin

Christa Ludwig

»... und ich wäre so gern Primadonna gewesen«

Erinnerungen

Unter Mitarbeit von Peter Csobádi

Dies ist das Erinnerungsbuch der berühmten Mezzo-Sopranistin, die Ende 1994 nach einem fünf Jahrzehnte umfassenden Sängerinnenleben Abschied von ihrem Beruf nahm. Seit 1955 an der Wiener Staatsoper engagiert, sang sie regelmäßig bei den Salzburger Festspielen die großen Mozart- und Strauss-Partien. Gastspiele in allen bedeutenden Opernhäusern Westeuropas und in Übersee unter Klemperer, Böhm, Karajan, Solti und Bernstein ließen sie zu einem internationalen Star werden. Nicht weniger gefeiert als auf der Opernbühne war sie als Oratorien- und Konzertsängerin.

Christa Ludwig kann aber nicht »nur« singen. Daß sie auch Wesentliches zu Fragen der musikalischen Interpretation und der stimmlichen Bildung zu sagen hat, erfährt der Leser aus diesem Buch. Mit bezwingender Aufrichtigkeit schildert sie die Höhen, aber auch die Tiefen einer Karriere zwischen Wien und New York, Berlin und Tokio und verschweigt neben allen rauschenden Erfolgen nicht die Mühen und Ängste dieses Berufes, den sie manchmal gern gegen ein »normales« Leben eingetauscht hätte.

288 Seiten, 61 Abbildungen,
gebunden mit Schutzumschlag, 14,5 x 21,5 cm
DM 49,80 sFr 50,80 öS 389,–
ISBN 3-89487-191-1

Henschel Verlag Berlin